KB050778

철도로 보는 중국역사

이 도서는 2009년도 정부(교육과학기술부)의 재원으로 한국연구재단의 지원을 받아 출판되었음(NRF-2009-362-A00002).

중국관행연구총서03

철도로 보는 중국역사

저자 | 김지환

學古房

저자 **김지환(金志煥)**

- 고려대학교 사학과 졸업
- 동대학교 대학원 석사, 박사 졸업
- 중국 푸단대학 역사학박사
- 고려대, 명지대, 서울예술대 강사
- 일본 동경대학 객원연구원
- 고려대 중국학연구소, 평화연구소 연구교수
- 고려대 아세아문제연구소 HK연구교수
- 인천대 인문학연구소 교수
- 현재 인천대 중국학술원 교수

- 저서

『전후중국경제사(1945-1949)』, 고려대학교출판부, 2009.

『棉紡之戰』, 上海辭書出版社, 2006.

『中國國民政府의 工業政策』, 신서원출판사, 2005.

『中國紡織建設公司研究』, 復旦大學出版社, 2006.

중국관행연구총서 03

철도로 보는 중국역사

초판 인쇄　2014년　5월　15일
초판 발행　2014년　5월　30일

중국관행연구총서·중국관행자료총서 편찬위원회

위 원 장 | 장정아
부위원장 | 안치영
위　　원 | 장정아, 김지환, 박경석, 송승석

저　　자 | 김지환
펴 낸 이 | 하운근
펴 낸 곳 | 學古房

주　　소 | 서울시 은평구 대조동 213-5 우편번호 122-843
전　　화 | (02)353-9907　편집부(02)353-9908
팩　　스 | (02)386-8308
홈페이지 | http://hakgobang.co.kr/
전자우편 | hakgobang@naver.com,　hakgobang@chol.com
등록번호 | 제311-1994-000001호

ISBN　　978-89-6071-394-9　94910
　　　　978-89-6071-320-8　(세트)

값 : 37,000원

이 도서의 국립중앙도서관 출판시도서목록(CIP)은 서지정보유통·지원시스템 홈페이지(http://seoji.nl.go.kr)와 국가자료공동목록시스템(http://www.nl.go.kr/kolisnet)에서 이용하실 수 있습니다. (CIP제어번호: CIP2014014570)

- 파본은 교환해 드립니다.

『중국관행연구총서』 간행에 즈음하여

우리가 수행하는 아젠다는 근현대 중국의 사회·경제 관행에 대한 조사와 연구를 매개로 한국의 중국연구와 그 연구기반을 재구성하는 것이다. 이러한 작업은 무엇보다 인문학적 중국연구와 사회과학적 중국연구의 학제적 소통과 통합을 모색하는 과정에서 구체화될 수 있을 것이다. 또한 근현대 중국의 사회·경제관행 조사 및 연구는 중국의 과거와 현재를 모두 잘 살펴볼 수 있는 실사구시적 연구이다. 추상적 담론이 아니라 중층적 역사과정을 거쳐 형성되고 검증되었으며 중국인의 일상생활을 지속적이고 안정적으로 제어하는 무형의 사회운영시스템인 관행을 통하여 중국사회의 통시적 변화와 지속을 조망한다는 점에서 우리의 아젠다는 중국연구의 새로운 지평을 열 수 있는 최적의 소재라 할 수 있을 것이다.

우리 연구의 또 다른 지향은 중국사회의 내적 질서를 규명하는 것으로, 중국의 장기 안정성과 역동성을 유기적으로 파악함으로써 한층 더 깊이 있게 중국을 이해하고자 한다. 이러한 문제의식에서 우리는 중국사회의 다원성과 장기 안정성의 기반이라 할 수 있는 다양한 민간공동체 그리고 그 공동체의 광범위하고 직접적인 운영원리로서 작동했던 관행에 주목한다. 나아가 공동체의 규범원리인 관행을 매개로 개인과 공동체 그리고 국가가 유기적으로 결합됨으로써 중국사회의 장기 안정성이 확보될 수 있었다는 점을 규명하고자 한다.

5

이러한 문제의식에 기초한 연구는 궁극적으로 제국 운영의 경험과 역사적으로 축적한 사회, 경제, 문화적 자원을 활용하여 만들어가고 있는 중국식 발전 모델의 실체와 그 가능성을 해명하는 데 기여할 것이다.

『중국관행연구총서』는 인천대학교 HK중국관행연구사업단이 수행한 연구의 성과물이다. 이 총서에는 우리 사업단의 연구 성과뿐만 아니라 아젠다와 관련된 해외 주요 저작의 번역물도 포함된다. 앞으로 아젠다와 관련된 연구 및 번역 총서가 지속적으로 발간될 것이다. 그 성과가 차곡차곡 쌓여 한국의 중국연구가 한 단계 도약하는 데 일조할 수 있기를 충심으로 기원한다.

2014년 4월
인천대학교 중국학술원
HK중국관행연구사업단
단장 장정아

인류의 역사에서 철도가 가지는 의미는 매우 커서, 그것이 초래한 영향과 역사적 작용은 다양한 범주에 걸쳐 광범위하게 이루어졌다고 할 수 있다. 철도는 근대의 산물인 동시에 근대화를 가속화시켜 이를 전 지구적 범주로 확산시키는 핵심적 역할을 수행하였다. 철도는 근대화와 산업화의 상징이자 이를 추동하는 견인차였던 것이다.

산업혁명에서 철도는 증기기관만큼이나 혁명적인 요소였다. 영국의 일부 지역에서 서서히 무르익던 산업혁명이 철도가 탄생하면서 이 도시에서 다른 도시로, 다른 도시에서 다른 대륙으로 확산된 것이다. 기차라는 대량 운송수단이 공간적 한계를 극복하면서 산업혁명은 미국을 비롯하여 대륙의 먼 곳으로, 세계로 뻗어 나갔다. 이제 지극히 평범한 사람들도 자기가 태어나 자라온 마을을 떠나 지평선 너머로 가 볼 수 있게 되었으며, 사실상 역사상 처음으로 인류는 진정한 이동능력을 획득하였다. 대규모로 이루어진 농촌인구의 이동에 의해 농경사회가 진정한 산업사회로 바뀌게 되었다. 이런 흐름을 가만히 살펴 보면 어떤 획기적인 신기술이 그 가능성과 영향력을 발휘하는 것은 관련 인프라스트럭처 내지 생태계의 뒷받침이 있을 때 비로소 가능한 일임을 알 수 있다. 산업혁명을 촉발한 기술은 증기기관이었지만, 확산의 생태계를 조성한 것은 바로 철도였던 것이다.

경제적 측면에서 볼 때 철도는 산업혁명의 산물인 동시에 그 자체가 산업혁명을 이끈 기관차였다고 할 수 있다. 철도는 최초 탄광에서 광물을 운반하기 위해 고안된 것으로서, 레일 모양의 목재에 人力이나 馬力을 동원하여 철광, 석탄 등을 실어 나르는 원형이 존재하였다. 석탄은 수레바퀴를 통해 레일 위로 운반되었고, 물량이 많을 경우 마차로 실어 날랐다. 그러나 말의 사용은 사료 값의 인상, 말의 부족 등으로 점차 자취를 감추고, 그 대체 동력으로서 증기기관이 발명되었다. 최초의 증기기관차는 1804년 2월 25일 영국의 남부 웨일즈광산에서 10톤의 광석을 운반하였으며, 이 증기기관차는 리차드 트레비딕이 발명한 것이었다. 이후 1814년 스티븐슨이 증기기관차를 제작하였고, 1825년 9월 스톡튼—다링톤 간 40킬로미터 구간에서 증기기관차에 의한 세계 최초의 공용철도가 탄생하였다. 산업혁명은 철도의 부설을 통해 더욱 가속적으로 진행되었으며, 철도산업은 기계와 철, 기타 금속 및 석탄에 대한 수요를 통해 영국을 비롯한 기타 지역의 산업혁명에 박차를 가하였다.

군사적으로도 철도는 새로운 개념의 전술과 전쟁을 가능하게 하는 효용성을 지니고 있었다. 산업혁명은 구미 제국에 새로운 전술과 군사적 기능을 제공하였으며, 이를 통해 전통적인 전쟁의 양상이 획기적으로 변화되었다. 이러한 측면에서 철도는 여타 교통 및 운송수단과 명확히 구별되는 배타적 공공성을 강하게 내포하며, 국가권력 및 정치권력과 불가분의 관계를 형성해 왔다고 볼 수 있다. 따라서 국가와 철도의 전략적 결합은 군사적 효용가치를 매개로 한 필연적 과정이라고도 볼 수 있다. 이러한 성격은 서구열강이 중국 등 식민지, 반식민지를 침략하는 과정에서 매우 유용한 수단으로 활용될 개연성을 이미 내포하고 있었다.

이밖에 철도는 인류의 문화와 일상생활에도 적지 않은 충격을 던져주었다. 최초 산업혁명의 여파는 주로 도시 및 도시 인근지역으로 한정되었으나 철도의 등장 이후 각 지역으로 파급되어 도시와 시골 간의 차이를 균등화하기 시작하였다. 기존의 도로가 자연환경과 조건을 존중하였다면, 철도의 등장 이후 도로는 직선공간을 필요로 하였으며, 자연적 장애물은 교량, 터널 등의 토목공사를 통해 인위적으로 가공되기 시작하였다. 더욱이 철도는 사람들의 시간과 공간에 대한 개념을 변화시켰다. 이전에 자신이 태어나 성장한 지역을 거의 떠나보지 못했던 사람들에게 이제는 천리 여행길이 하루나 반나절에 끝나버리게 된 것이다. 지역단위의 시간이 국가단위의 시간으로 대체되었으며 시계를 통한 시간의 규율으로 말미암아 농촌의 평온함 대신 산업사회의 촉박한 시간이 일상을 지배하게 되었다.

철도의 속도에 근거한 공간과 시간에 대한 단축과 개념의 변화는 산업화와 근대화의 주요한 조건이자 본질이었으며, 유럽의 문인들은 철도의 영향을 '공간과 시간의 소멸'이라고 묘사하였다. 영국에서 초기 열차의 평균속도는 시속 32-48킬로미터로서 당시 우편마차 속도의 약 세 배에 달하였다. 전통적인 공간-시간-의식의 상호관계에 대해 독일의 하이네는 '철도에 의해 공간은 살해되었다'라는 문학적 표현을 남기기도 하였다. 1876년 조선수신사로 일본에 파견된 김기수가 "기차를 타고 담배 한 대를 피울 사이에 요코하마에서 도쿄까지 왔다"라고 탄식한 대목은 근대적 시간과 공간에 대한 새로운 인식을 보여준다.

더욱이 철도는 국내 및 국제정치의 역학관계에서 매우 중요한 역할을 부여받았다. 예를 들면 철도의 부설에서 궤간의 규격을 정하는 일은 국내외 정치적으로 매우 중요한 함의를 갖게 된다. 궤간이란 철도의 넓이(폭)를 가리키는 말로서, 궤간이 결정되면 기차는 반드시 여기에 맞는 기종만이 운행될 수 있게 된다. 궤간의 결정은 철도의 수송 능력 등 경제적 효율성뿐만 아니라 인접한 타국 철도와의 상호 연동문제와 불가분의 관계를 갖는 국제정치적 문제까지 내포하게 된다. 이러한 사실은 일찍이 러시아가 시베리아철도를 부설하는 과정에서 과거 외국의 침략을 경험한 바에 비추어 이를 미연에 방지하기 위한 목적에서 프랑스나 독일 등과는 상이한 궤간을 결정한 사례에서 잘 드러나고 있다. 구한말 한반도 철도의 부설 과정에서 궤간을 어떻게 결정할 것인가를 두고 일본과 러시아가 치열한 각축전을 전개한 사실은 한반도에 대한 지배권을 둘러싸고 전개된 일본과 러시아의 각축을 그대로 반영한 것이다.

철도는 정치적 현상을 타파하기 위한 주요한 동인으로도 작용하였다. 일찍이 독일의 괴테는 "나는 독일이 하나가 되지 못할까 두려워하지는 않는다. 우리의 잘 닦여진 도로와 앞으로 나타날 철도가 그들의 몫을 할 테니까"라고 지적한 바 있다. 괴테는 철도라는 근대의 이기가 가지는 본질적 속성 가운데 철도에 내재한 통합 혹은 결속의 속성, 즉 네트워크의 속성에 주목한 것이다. 공간적 거리의 극복 수단으로서의 철도는 괴테에게 교통수단이라는 의미에서 한걸음 더 나아가 독일의 소국분립주의의 극심한 분열상을 극복할 수 있는 정치, 경제적 통합의 방편으로 이해되었던 것이다.

비록 중국의 사례는 아니지만, 괴테의 지적은 우리의 상황과 관련하여 중요한 점을 시사하고 있다. 이와 같은 철도의 속성은 바로 '철의 실크로드', 즉 남북한철도의 연결과 이를 통한 유라시아철도 네트워크의 구축을 통해 충분히 구현될 가능성이 크다. 이와같은 구상이 결코 허황된 담론에 그치는 것은 아니다. 역사적으로 1945년 이전에 부산에서 기차를 타면 갈아타지 않고 경성, 신의주를 거쳐 압록강철교를 넘어 안동(단동), 봉천(심양)에까지 논스톱으로 다다를 수 있었다. 오늘날 심양에는 미국의 로스엔젤레스의 한인타운과 비견될 수 있는 한인집거지가 형성되어 있다. 그 역사는 매우 유구하여 로스엔젤레스가 건줄 바가 아니며, 그 유래는 바로 이와같은 철도의 존재와 불가분의 관계를 가지고 있었다.

현재 우리사회에서 뜨거운 화두가 되고 있는 남북한철도의 연결과 이를 통한 한반도 종관철도(TKR)의 부설, 유라시아철도와의 연계를 통한 철의 실크로드 구상은 역사적으로 이미 실현된 적이 있으며, 실현 가능한 프로젝트이기도 하다. 만일 이러한 유라시아철도의 구상이 실현될 수 있다면 우리는 한국에서 기차를 타고 유럽의 함부르크까지 단번에 갈 수 있게 되는 것이다. 실제로 한반도 종단철도(TKR)와 시베리아 횡단철도(TSR), 중국 횡단철도(TCR) 등의 연계를 통해 육상네트워크와 유라시아철도를 위한 구상이 활발하게 논의되고 있다. 러시아와 일본도 러시아-사할린-일본열도 간의 터널을 통한 시베리아 횡단철도와의 연계를 고려하고 있다.

냉전체제가 해체되고 지구촌시대가 전개되고 있는 작금에 철도의 역할은 비단 교통수단으로서의 역할뿐만이 아니라 일본, 한국, 북한, 중국, 몽고, 러시아가 전반적으로 관련된 정치, 외교 등의 국제적인 문제로 부상되고 있다. 이러한 의미에서 철도는 냉전적 갈등의 씨앗을 내포한 불안정한 지역에 조화와 화합을 이끌어 낼 수 있는 중요한 통로가 아닐 수 없을 것이다. 괴테가 지적했듯이 분립주의의 극복 및 화해와 협력, 나아가 한반도의 통일에 이르는 과정에서 철도가 중요한 역할을 수행할 수 있게 되기를 희망해 본다.

본서는 철도를 통해 근대 이후 중국의 역사를 조망하고 있다. 사족을 달자면 철도 자체에 대한 관심보다는 철도라는 매개를 통해 중국의 역사를 이해하려는 취지이다. 아편전쟁 이후 중국은 반봉건, 반식민지 사회로 전락하였으며, 이후 근대화의 성취와 함께 자주독립의 국민국가를 수립하는 일이 절대절명의 과제가 되었음은 주지하는 바이다. 철도는 산업혁명과 서구 자본주의의 발전 과정에서 선구적 역할을 수행했을 뿐만 아니라, 제국주의 열강이 식민지를 개척하고 경영하기 위한 필수적인 공구이기도 하였다.

앞서 지적한 바와 같이, 근대 이후 산업화 과정은 철도의 부설 및 발전과 불가분의 관계를 형성해 왔다. 산업혁명은 증기기관 등 원동기의 발전을 기축으로 하여 발전된 증기기관차와 기계, 면방직공업 등에 의해 수행되었다. 공업화는 기계에 의한 생산을 의미하며, 기계의 운전에서 석탄은 불가결한 원료가 되었다. 이와 같이 공업 및 원동설비의 발전은 기본적으로 철강, 석탄 등의 광업 개발 및 발전 없이는 불가능하였으며, 광업의 발전은 다시 수송을 위한 철도의 부설 및 발전을 전제로 하지 않으면 안 되었다. 이러한 의미에서 중국에서도 양무운동과 함께 등장한 강병과 부국 등의 근대화 과정에서 철도의 부설은 매우 중요한 의미를 가지고 있다고 할 수 있다.

이와함께 근대 중국에서 철도의 부설과 발전은 제국주의 열강의 침략정책과 불가분의 관계를 가지고 있었다. 철도 부설은 단순히 교통 운수를 넘어 석탄, 목재, 광물 등 주변자원의 개발권과 자국 거류민의 안전을 위한 치외법권, 철도의 수비를 위한 군대와 경찰의 주둔권, 철도 연선의 사법, 행정, 외교에 대한 일정한 권리 등을 포괄한다. 이와 같이 철도부설권은 단순한 교통운수를 넘어 그것이 관통하는 지역에 대한 광범위한 배타적 지배를 의미하며, 따라서 철도 부설권의 분포는 바로 각 지역간 열강의 세력범위와 분포를 그대로 보여주고 있다. 일찍이 러시아의 재무상 비테(Witte)가 '철도야말로 중국을 평화적으로 정복할 수 있는 수단'이라고 갈파한 바와 마찬가지로 철도는 은행과 더불어 제국주의 침략의 상징적 도구이기도 하였다.

서구문명은 철도 등의 이기로 다가왔으며, 중국으로서는 근대화와 자주독립이라는 양대 과제를 달성하기 위해서도 철도가 불가결한 수단이 아닐 수 없었다. 그러나 동시에 철도는 제국주의가 중국을 침략하는 전형적인 방식이기도 하였다. 이와같이 철도는 근대의 이기로서 근대문명의 전파자인 동시에 국민경제의 형성을 왜곡하고 현지의 주체적 성장을 억압하는 성격을 태생적으로 지니고 있었다. 철도의 도입 과정에서 경제, 군사적 유용성과 함께 열강의 수탈이라는 침략적 성격이 동시에 인식되었기 때문에 중국에서는 철도의 부설에 대하여 자연히 그 필요성과 위험성이 동시에 제기되고 논의될 수밖에 없었던 것이다.

이러한 이유에서 근대 이후 청일전쟁, 러일전쟁, 신해혁명, 만주사변 등 중대한 역사적 사건은 으레 철도문제와 불가분의 관계를 형성하고 있었다. 따라서 철도는 중국역사를 이해하기 위한 매우 유용한 통로가 될 수 있는 것이다. 본서는 종래 중국근현대사와 같이 시간의 전개에 따른 전통적인 서술방식을 탈피하여 근대의 이기이자 침략의 공구였던 철도를 통해 근대 이후 중국의 역사를 관통하여 살펴보고자 한다. 철도로 모든 역사를 빠짐없이 설명할 수는 없겠지만 적어도 근대 이후 주요한 역사적 사건에서 철도가 가지는 관계성과 비중을 고려할 때, 역사적 사건의 실체와 본질적 이해를 위해서 매우 적절한 실마리를 제공할 수 있을 것이다. 따라서 본서가 중국역사를 연구하는 연구자나 전공자뿐만 아니라 중국에 관심을 가지고 있는 일반독자들에게도 중국역사를 쉽게 이해할 수 있는 기회가 되기를 바라마지 않는다. 이러한 취지에서 서술의 과정에서도 가능한 한자의 표기를 최소화하고 전문용어 역시 가급적 풀어 쓰려고 노력하였다.

　20세기 중반 이후 자동차공업과 항공산업의 발전으로 말미암아 세계 각국의 교통 건설 중심이 점차 도로와 항공운수 방향으로 이동하면서 상대적으로 철도에 대한 투자는 감소하기 시작하였다. 그러나 산업 발전의 고도화와 전문화로 승객 및 화물의 운송량이 급증하면서 도로와 항공산업이 한계에 이르자 비로소 운송량이 방대하며 안전하고 시간에 맞출 수 있으며, 더욱이 환경오염이 적은 철도 운수에 주목하기 시작하였다. 따라서 21세기는 철도, 즉 고속철도의 시대라고 해도 과언이 아니다.

　중국에서 처음으로 출현한 철도는 1876년 부설된 오송(송호)철도였다. 이 철도 노선을 최초로 운행한 열차는 바로 파이오니어호로서, 운행 속도는 시속 32~48킬로미터에 달하였다. 마침 얼마 전 중국의 고속열차가 세계 최고속도의 시험운행에 성공하였다는 신문보도를 접하였다. 철도장비 제조전문 국영기업인 중국 南車는 최근 청도에 소재한 차량 생산기지에서 자체 개발한 고속열차를 시속 605킬로미터로 운행했다고 중국시보가 보도하였다. 이는 프랑스 고속열차 테제베(TGV)가 2007년 4월 기록한 종전 최고인 시속 574.8킬로미터를 능가하는 기록이다. 시속 600킬로미터를 돌파한 기록은 전 세계 주요 고속열차의 평균 운행 속도가 시속 300~320킬로미터인 점을 고려하면 두 배 가량 빠른 것이다. 더욱이 중국사회과학원 관계자는 머지 않은 장래에 중국의 고속열차가 시속 800~850킬로미터 전후에 달하여, 민용항공기의 속도에 도전하는 날이 올 것으로 전망했다.

　개혁개방 이후 중국경제는 생산관계에 새로운 요소를 도입하면서 생산력이 비약적으로 발전하기 시작하였다. 세계 500대 기업이 거의 모두 중국에 진출해 있으며, 중국은 세계의 자본과 기술력을 흡수하여 이른바 '세계의 공장'이라 불리우고 있다. '중국 특유의 사회주의 시장경제'란 전무후무한 실험의 주요한 골자는 바로 사회주의적 계획경제 내에 경쟁과 합리를 바탕으로 하는 자본주의적 시장경제의 요소를 적극 도입하는 것이라 할 수 있다.

OECD는 〈세계경제 장기전망〉이라는 보고서에서 2016년 중국의 경제규모가 미국을 추월하여 세계 최대의 경제대국으로 부상할 것이라 예측하였다. 이와같이 중국은 정치, 군사뿐만 아니라 경제적으로도 막강한 실력과 위상을 갖춘 명실상부한 G2로 부상하면서 '중국위협론'을 실증하고 있다.

중국철도의 발전 상황은 오늘날 중국의 총체적인 발전 양상의 단면을 잘 보여주고 있다. 중국의 발전과 팽창은 주변국인 우리나라에게 위기이자 기회도 될 수 있을 것이다. 이럴 때일수록 우리는 과거 역사를 되새겨 화해와 협력의 동아시아세계를 만드는데 노력해야 할 것이다. 중국의 발전과 팽창을 기회로 전환시키기 위해서는 무엇보다도 중국에 대한 이해를 높이고 이에 근거하여 철저한 대비와 대응전략이 필요함은 두말할 나위도 없다. 그리고 중국을 이해하기 위해서는 무엇보다도 과거로부터 오늘날에 이르기까지 중국의 역사적 경험을 공부하는 것이 첫 걸음이 되어야 할 것이다. 아무쪼록 이를 위해 본서가 작으나마 기여하기를 염원할 뿐이다.

본서를 저술하는 과정에서 여러 선생님들의 격려와 지원이 있었다. 인천대학교 중국학술원의 정종욱 원장님께서는 취임 이후 학술원의 비전과 발전을 위해 많은 노력을 기울이고 계신다. 이 자리를 빌어 감사의 말씀을 전한다. 중국학술원의 발전과 홍보를 위해 노력을 아끼지 않으시는 박승준 선생님께도 감사드린다.

서강대 사학과의 전인갑 선생님께서는 필자의 학문세계에서 잊을 수 없는 도움과 격려를 보내주셨다. 지면을 통해서나마 깊은 감사의 마음을 전한다. 신용권 선생님과 안치영 선생님, 장정아 선생님의 조언과 격려가 없었다면 이 글을 완성하기 어려웠을 것이다.

고려대학교 사학과의 조명철 선생님은 필자가 학문의 길을 걷는 과정에서 좌절하지 않고 정진할 수 있도록 항상 격려해 주셨다. 이 자리를 빌어 특별히 감사의 말씀을 전한다. 고려대학교 사학과의 민경현 선생님과 박상수 선생님에게도 감사드린다. 항상 필자의 옆에서 많은 제언을 주는 박경석 선생님과 출판을 위해 애써준 송승석 선생님께도 감사드린다. 교정에 많은 도움을 준 이화여대 김영숙 선생님과 서은미 사진작가님, 郁建華에게도 감사의 마음을 전한다.

마지막으로 얼마전 세상을 떠나신 부친의 영전에 부족한 본서를 바침으로 조금이나마 생전의 불효를 되돌아 보는 기회로 삼고자 한다.

2014년 5월
인천 송도 연구실에서
김지환

목 차

저자 서문   7

1 **근대화와 침략의 두 얼굴**

  - 철도 지식의 전래와 중국철도의 탄생 : 吳淞鐵道 (1876)   27
서론   29
1. 근대 철도 지식의 전래와 철도 부설론의 등장   31
2. 오송철도에 대한 관민의 상이한 대응   37
3. 철도 부설 논쟁과 중국철도의 초보적 발전   49
결론   60

2 **철도를 통해 세력을 확장한 러시아**

  - 러시아의 동방정책과 중러관계의 변화 : 東淸鐵道 (1895)   63
서론   65
1. 시베리아 횡단철도와 중국 관동철도   67
2. 청일전쟁과 중국의 전시외교   74
3. 삼국간섭과 일본의 대응   81
4. 청러밀약과 동청철도 부설권   89
5. 요동반도 조차와 중러관계의 변화   99
결론   108

3 **일본은 왜 간도협약을 체결하였나**

  - 간도협약과 일본, 러시아, 중국 그리고 조선 : 吉會鐵道 (1910)   111
서론   113
1. 동청철도에 대한 일본의 인식   114

2. 간도협약과 일본의 만주철도 부설권 획득   118

3. 吉長, 吉敦, 敦圖鐵道와 길회철도의 완성   126

4. 길회철도 부설에 대한 중국관민의 대응   133

5. 북선 종단항의 설정과 동청철도의 매입   142

결론   154

4 부산에서 만주에 이르는 직행열차

  − 한반도−만주 직통철도와 일화배척운동 : 安奉鐵道 (1911)   157

서론   159

1. 한반도 종관철도와 안봉철도   160

2. 안봉철도 개축에 관한 중일협상   169

3. 안봉철도와 일화배척운동   181

결론   192

5 새로운 철도가 시장을 변화시키다

  − 철도 부설과 중국동북시장의 변화: 安奉鐵道 (1911)   195

서론   197

1. 안봉철도 부설과 압록강철교의 가설   198

2. 철도운송화물에 대한 국경관세의 경감   207

3. 3선연락운임제와 물류 유통의 변화   216

결론   225

6 철도를 통해 중국을 지배한다

  − 열강의 중국철도 공동관리안과 북경군벌정부 : 川漢鐵道 (1920)   229

서론   231

1. 열강의 중국철도 분할과 사천보로운동   232

2. 일본의 팽창과 철도 공동관리안의 출현   242

3. 철도 공동관리안과 북경군벌정부   251

18

결론   261

7 세계를 놀라게한 중국발 열차강도사건

- 열차강탈사건에 대한 국제사회의 대응 : 津浦鐵道 (1925)   263
서론   265
1. 진포철도 연선지역의 旱災와 土匪의 발호   268
2. 임성사건에 대한 북경정부의 대응과 官匪 교섭   273
3. 철도관리안과 북경정부   283
결론   291

8 한국인의 눈에 비친 열차강도사건

- 상해임시정부 여운형의 탐방기록 : 津浦鐵道 (1925)   293
서론   295
여운형 소개   295
탐방기록   297

9 소련의 세력 팽창을 저지한 동서횡단철도

- 중국철도부의 설립과 서북개발의 의의 : 隴海鐵道 (1927)   313
서론   315
1. 중국철도의 전근대성과 철도이권회수운동   316
2. 소련의 土西鐵道와 신강문제   321
3. 남경국민정부 철도부의 설립   325
4. 철도 부설 정책과 롱해철도   336
5. 롱해철도와 서북개발   341
결론   347

10 철도 침략에는 철도 부설로 대항한다

– 일본의 만주침략과 동북교통위원회 : 南滿洲鐵道 (1931)　　　351

서론　　　353

1. 철도자판운동과 남만주철도 병행선　　　355

2. 만철 병행선의 정치, 군사적 성격　　　362

3. 동북교통위원회와 호로도 축항　　　371

4. 일본의 동북 침략과 철도　　　378

결론　　　388

11 철도를 둘러싼 동북아 각국의 각축전

– 중동철도 매각과 일본, 소련, 만주국, 그리고 중국 : 中東鐵道 (1935)　393

서론　　　395

1. 중소협정, 봉소협정과 중동철도의 성격 변화　　　396

2. 중국의 철도이권회수운동과 중동철도 매각론의 부상　　　402

3. 중동철도 매각협상과 중일소관계　　　406

4. 만주국 승인과 중동철도 매각과의 연관성　　　413

5. 매각가격의 협상과 결정　　　422

결론　　　427

12 소련은 왜 중동철도를 일본에 매각하였나

– 신유통망의 형성과 만주시장의 변화 : 中東鐵道 (1935)　　　431

서론　　　433

1. 중동철도와 남만주철도, 길회철도의 상호관계　　　436

2. 중국 동북지역 상품유통망의 변화　　　443

3. 상품 운송량의 감소와 중동철도의 매각　　　453

결론　　　465

13 고속철도와 21세기 중국의 굴기

- 환발해지역과 장강삼각주지역의 연계 : 京滬鐵道 (2011)　　　469

서론　　　471

1. 각국 고속철도의 발전과 중국철도의 현황　　　473

2. 경호고속철도 부설의 배경　　　477

3. 경호고속철도의 부설 계획　　　482

4. 경호고속철도의 경쟁력과 기대 효과　　　487

5. 경호고속철도의 개통과 중국경제의 발전　　　494

결론　　　498

참고문헌　　　501

* 사항색인　　　521
* 인명색인　　　527

도표 목차

〈도표 1〉 홍인간의 자정신편(1859) 33

〈도표 2〉 모리슨의 외국사략(1807) 33

〈도표 3〉 위원의 해국도지(1842) 35

〈도표 4〉 서계여의 영환지략(1850) 35

〈도표 5〉 파이오니어호 40

〈도표 6〉 이홍장 51

〈도표 7〉 설복성 51

〈도표 8〉 오송철도 각 구간역 및 거리 59

〈도표 9〉 오송철도 노선 60

〈도표 10〉 시베리아 횡단철도 69

〈도표 11〉 청일전쟁시기 중일 간 군함 비교 75

〈도표 12〉 청일전쟁시기 중일 간 어뢰정 비교 75

〈도표 13〉 청일전쟁에 참가한 일본군 수뇌부 82

〈도표 14〉 마관조약 (시모노세키조약, 1895년 4월 17일) 85

〈도표 15〉 여순항 88

〈도표 16〉 여순항 표지석 88

〈도표 17〉 삼국간섭을 풍자한 삽화 88

〈도표 18〉 러시아 재무상 비테 95

〈도표 19〉 동청철도 만주리역 98

〈도표 20〉 하얼빈 시가지 104

〈도표 21〉 이토 히로부미(伊藤博文) 107

〈도표 22〉 메이지 천황 107

〈도표 23〉 러일전쟁을 승리로 이끈 도고 헤이하치로(東鄕平八郎)
일본함대사령관 일행 119

〈도표 24〉 포츠머스조약 체결 직후 장춘역을 방문한
고무라 주타로(小村壽太郎) 120

〈도표 25〉 간도의 일본총영사관 125

〈도표 26〉 길장철도 길림역   128

〈도표 27〉 길회철도 노선도   129

〈도표 28〉 혼조 시게루(本庄繁) 관동군사령관   132

〈도표 29〉 만주국 국무총리 정효서(鄭孝胥)와 일본전권대표 關東軍司令官 무토
노부요시(武藤信義) 대장의 일만의정서 체결(1932년 9월 15일)   142

〈도표 30〉 웅기항(1920년대)   146

〈도표 31〉 나진항(1920년대)   146

〈도표 32〉 청진항(1920년대)   147

〈도표 33〉 일본 각 항구와 대련, 블라디보스톡, 나진항까지의 거리 비교   148

〈도표 34〉 각 항구와 대련, 블라디보스톡, 나진항까지의 톤당 운임 비교   148

〈도표 35〉 북만주에서 대련항과 북선3항까지의 운임 비교   148

〈도표 36〉 동청철도와 길회철도의 길항관계   150

〈도표 37〉 길회철도를 통한 일본의 만주 진출 구상   153

〈도표 38〉 일본이 수탈을 위해 작성한 한반도 경제지도   162

〈도표 39〉 안봉철도 노선도   167

〈도표 40〉 안동의 안봉철도 역사   168

〈도표 41〉 러일전쟁시 여순의 일본군사령부   170

〈도표 42〉 중일 양국대표 실지답사 현장   173

〈도표 43〉 안봉철도 개축을 위해 압록강 연안에 하적된 철로자재   178

〈도표 44〉 개축중인 안봉철도 (무순역)   178

〈도표 45〉 개축공사중인 안봉철도 구간   179

〈도표 46〉 영국, 미국, 일본산 면포의 수입량 비교(1900~1913)   181

〈도표 47〉 본계호탄광공사   182

〈도표 48〉 일화 거래 금지로 항일회에 의해 강제로 폐쇄된 상해의 상점   184

〈도표 49〉 일화배척전단   186

〈도표 50〉 운행중인 안봉철도   191

〈도표 51〉 신의주에서 안동현을 바라보며 찍은 압록강의 결빙 모습   201

〈도표 52〉 개폐식 압록강철교   203

〈도표 53〉 국제우편열차   216

〈도표 54〉 大阪발 대련 경유와 안동 경유의 물류 운송비용 비교   218

〈도표 55〉 대련항   220

〈도표 56〉 대련과 안동의 면제품 수입량 비교(1910~1914)   221

〈도표 57〉 1921년도 만주로 수입된 일본 및 중국, 기타 외국면포(항구별) 224
〈도표 58〉 제국주의열강의 세력권으로 나눠진 중국 235
〈도표 59〉 중국철도의 자본별 구성 비율 (1923년) 236
〈도표 60〉 기모노를 입은 일본제국주의가 군벌세력에게 수유하는 풍자만화 246
〈도표 61〉 중국철도 중 일본자본의 비중(1923년) 247
〈도표 62〉 천진-포구 간을 운행하는 진포철도의 천진역 265
〈도표 63〉 1920년도 화북 각 성의 한재 피해 268
〈도표 64〉 임성사건 발생 당시 상황을 표시한 지도 275
〈도표 65〉 1923년 산동독리 정사기 281
〈도표 66〉 여운형 296
〈도표 67〉 상해임시정부청사 유적지 312
〈도표 68〉 신강과 소련 간의 무역 현황 325
〈도표 69〉 중국과 소련 간의 무역 현황 (신강성 제외) 325
〈도표 70〉 1928년 철도 채무 331
〈도표 71〉 손중산 333
〈도표 72〉 장가오 333
〈도표 73〉 롱해철도 구성도 338
〈도표 74〉 중국 국유철도의 잉여자본 축적 341
〈도표 75〉 러일전쟁시 봉천에 입성하는 일본군 355
〈도표 76〉 러일전쟁시기 러시아와 일본의 장교(1905) 356
〈도표 77〉 상해에서의 배일운동 359
〈도표 78〉 만주철도 노선도 361
〈도표 79〉 남만주철도주식회사 본사(대련) 365
〈도표 80〉 상해사변 직후 일본군에 의해 연행되는 편의대원 366
〈도표 81〉 장학량과 동북군벌집단 366
〈도표 82〉 남만주철도 봉천역 367
〈도표 83〉 남만주철도 장춘역 368
〈도표 84〉 장학량 집무실 369
〈도표 85〉 장학량 동상 369
〈도표 86〉 만주사변 직후 만주와 대만을 집어 삼키는 개로 묘사된
일본제국주의 370
〈도표 87〉 동북교통위원회의 조직 구조 374

〈도표 88〉 동북지역에서 중국철도의 화물 운송 추세 382

〈도표 89〉 철도를 경계하는 일본철도수비대 386

〈도표 90〉 만주사변시 고지를 점령한 일본군 387

〈도표 91〉 제정러시아시대 러시아의 철도수비대 399

〈도표 92〉 치치하얼 시가지 414

〈도표 93〉 만주사변시 봉천으로 진격하는 일본군 415

〈도표 94〉 만주국 수도 신경(현재의 장춘) 416

〈도표 95〉 만주사변과 관련된 문제를 논의하기 위해 개최된 국제연맹총회 417

〈도표 96〉 국제연맹총회에 대한 대책을 협의한 이후 수상관저를

　　　　　　나서는 일본각료 418

〈도표 97〉 만주국 황제 부의 418

〈도표 98〉 만주국 수립 직후 부의와 만주국 내각관료 419

〈도표 99〉 만주국 황제 부의의 거처(위만황궁) 421

〈도표 100〉 철도로 병력을 수송하는 일본군 428

〈도표 101〉 러일전쟁 이후 동청철도와 남만주철도 수뇌부 회동 436

〈도표 102〉 남만주철도주식회사 본사(대련) 437

〈도표 103〉 만주지역 내 중동철도와 남만주철도의

　　　　　　상품 운송량 비교(1913년) 439

〈도표 104〉 나진항 축항 공사 445

〈도표 105〉 화물 운송 중의 대판상선 446

〈도표 106〉 장춘과 하얼빈 기점의 화물운송 거리 비교 447

〈도표 107〉 하얼빈과 장춘 기점 각 지역까지의 거리 448

〈도표 108〉 중동철도-블라디보스톡의 유통망을 통한 만주화물의 수이출도 448

〈도표 109〉 길회철도-나진의 유통망을 통한 만주화물의 수이출도 449

〈도표 110〉 대련, 블라디보스톡, 나진 출발의 운임 비교 450

〈도표 111〉 拉濱鐵道 노선도 451

〈도표 112〉 만주국 철도 노선도 452

〈도표 113〉 길회철도 연선지역의 곡물생산량과 전체 만주에서의 비중 454

〈도표 114〉 거래를 위해 산처럼 쌓여있는 대두(1) 455

〈도표 115〉 거래를 위해 산처럼 쌓여있는 대두(2) 455

〈도표 116〉 대두의 포장 456

〈도표 117〉 대두의 거래 시장 456

〈도표 118〉 블라디보스톡항으로부터 나진항으로 전환되는 물류 및 수량   457

〈도표 119〉 중동철도 화물 운송 상황   458

〈도표 120〉 중동철도 수송분담률 그래프   459

〈도표 121〉 일본 고속철도(신칸센) 속도의 발전   475

〈도표 122〉 프랑스 고속철도(TGV) 속도의 발전   475

〈도표 123〉 중국철도 여객 수송 분담률   476

〈도표 124〉 중국철도 화물 수송 분담률   477

〈도표 125〉 경호고속철도 노선도   478

〈도표 126〉 경호선 통과 4성 3시의 국민경제 중의 주요 지표(1997)   480

〈도표 127〉 상해의 마천루   480

〈도표 128〉 상해의 야경   494

1

근대화와 침략의
두 얼굴

철도 지식의 전래와 중국철도의 탄생 :
吳淞鐵道 (1876)

서론

철도는 산업혁명과 서구 자본주의의 발전 과정에서 선구적 역할을 수행했을 뿐만 아니라, 제국주의 열강이 식민지를 개척하고 경영하기 위한 필수적인 도구이기도 하였다. 이러한 의미에서 중국에서 철도의 도입은 경제, 군사적 유용성과 함께 열강의 수탈이라는 침략적 성격이 동시에 인식되었기 때문에 철도의 부설에 대해서도 자연히 그 필요성과 위험성이 동시에 제기되고 논의될 수밖에 없었다.

이와 같은 인식 및 대응과는 별도로, 근대 이후 산업화 과정이 철도의 부설 및 발전과 불가분의 관계를 가져왔음은 주지하는 바와 같다. 근대 산업혁명은 증기기관 등 원동기의 발전을 기축으로 하여 발전된 증기기관차와 기계공업, 면방직공업 등을 통해 이루어졌다. 또한 공업화는 기계에 의한 생산을 의미하며, 기계를 운전하기 위해서 석탄은 없어서는 안될 원료였다. 이와같이 공업 및 원동설비의 발전은 기본적으로 철강, 석탄 등 광업의 개발 및 발전 없이는 불가능하였으며, 광업의 발전은 다시 수송을 위한 철도의 부설 및 발전을 전제로 하지 않으면 안되었다. 이러한 의미에서 중국에서도 양무운동과 함께 등장한 강병과 부국 등의 근대화 과정에서 철도의 부설은 매우 중요한 의미를 가지고 있다고 할 수 있다.

중국에서 철도는 언제 출현하였으며, 이에 대한 중국관민의 인식과 대응은 어떠하였을까? 중국에서 처음으로 부설된 철도는 1876년 英商에 의해 완공된 吳淞鐵道(淞滬鐵道)이며,[1] 이 철도에 대한 중국일반의

---

[1] 기존의 연구에서 오송철도의 부설에 관한 전론적인 연구로는 馬長林, 周利敏, 「吳淞鐵路的斥除及其影響」, 『檔案與史學』2002年 3期;梁建中, 「悲哀的命運-中國第一條鐵路覆亡記」, 『中州今古』2004年 6期;兪政, 「吳淞鐵路事件中最佳方案的尋求」,

대응과 인식은 매우 중요한 의미를 가지고 있다고 생각된다. 기존의 연구에서 오송철도를 비롯하여 청말 외국자본에 의해 부설된 철도에 대한 전통적인 관점은 '제국주의 열강의 철도 부설에 대한 중국인민의 반제투쟁'을 강조하는 것이 대부분이었다고 할 수 있다. 예를 들면 "상해 인근의 주민들은 오송철도가 부설될 당초부터 각종 형식을 통해 분분히 반제의 기치를 올렸다"[2]거나, 혹은 "연선 인민들의 강렬한 반대는 철도를 부설하려 하는 양인들의 계획을 저지하였다"[3]는 등의 서술이 이에 속한다. 마찬가지로 철도관련 사료집 역시 대부분 이러한 관점에 의거하여 편찬되었다고 해도 과언이 아니다.[4]

『蘇洲大學學報』1991年 2期 등이 있을 뿐이다. 이밖에 초기 중국자본으로 부설된 철도에 관해서는 陳曉東,「中國自建鐵路的誕生-唐胥鐵路修建述略」,『蘇洲科學學院學報』2003年 1期;何一民, 「孫中山與中國早期鐵路建設」, 『四川大學學報』1998年 2期;史效邪,「金達與中國鐵路」,『鐵道知識』2004年 2期;周輝湘,「李鴻章與中國鐵路業的開創」,『湖南社會科學』2003年 5期;趙東喜,「論李鴻章與近代中國鐵路的興辦」,『河南職技師院學報』28卷 1期, 2000.3;高志華,「李鴻章與中國早期鐵路」,『學術界』, 1999年 1期;吳劍傑,「張之洞與近代中國鐵路」,『武漢大學學報』1999年 3期 등이 있다.

2) 宓汝成,『近代中國鐵路史資料』上冊, 文海出版社, 1977, p.16;馬長林, 周利敏,「吳淞鐵路的斥除及其影響」,『檔案與史學』2002年 3期, p.32

3) 梁建中,「悲哀的命運-中國第一條鐵路覆亡記」,『中州今古』2004年 6期, p.45.

4) 예를 들면 嚴中平,「鐵路-帝國主義對中國鐵路的控制」,『中國近代經濟史統計資料選輯棉』, 科學出版社, 1955.8;陳眞,『中國近代工業史資料』第4輯, 三聯書店, 1961 등을 들 수 있다. 중국 이외에 일본, 대만 등에서는 아직까지 오송철도에 대한 전론적인 연구 성과가 없는 형편이다. 영국 측의 연구는 중국인들의 편견과 오해, 중국당국의 간섭에서 오송철도의 해체와 중국철도의 발전이 실패한 원인을 찾고 있다.(K. H. Kent著, 李抱宏譯,『中國鐵路發展史』, 三聯書店, 1958.6) 일본 역시 전론적인 연구는 없으나 중국철도 일반에 관한 연구에서 일찍부터 이 문제를 일부 언급하고 있다. 대표적인 연구로 降矢英吾,「支那鐵道研究」,『支那經濟事情研究』,東亞事情研究會, 1935;石川順,『支那の鐵道』, 鐵道生活社, 1928;吾孫子豊,『滿支鐵道發展史』, 內外書房, 1944;滿鐵北京公所研究室編,『支那鐵道概論』, 中日文化協會, 1927;山本修平,『支那における鐵道權利と列强の政策』, 博文館, 1917 등을 들 수 있다. 주요한 내용은 영국제국주의 세력의 침략성과 동시에

여기에서는 오송철도의 부설과정에서 나타난 중국관민의 대응을 당시 사료를 통해 검증하고, 이를 통해 중국 최초의 철도라 할 수 있는 오송철도가 어떠한 역정을 거쳐 탄생하였으며, 이후 중국철도의 발전과 어떠한 계기적 연속성을 갖는지 살펴보고자 한다.

1. 근대 철도 지식의 전래와 철도 부설론의 등장

중국에 처음으로 철도와 관련된 지식이 소개된 것은 아편전쟁 이전에 서양선교사들의 중문판 번역서적을 통해서였다. 예를 들면 귀쯔라프(Karl Gutzlaff)의 『만국지리전도집』(1839년), 『무역통지』(1840년), 브리지먼(Elijah Bridgman)의 『美理哥合省國志』(1938년), 『지구도설』(1938년), 모리슨(John Robert Morison)의 『외국사략』(1845년) 등에서는 모두 철도 혹은 객차에 관한 내용을 소개하고 있는데, 특히 『무역통지』는 다음과 같이 기술하였다.

"증기기관은 비단 증기선뿐만 아니라 기차에도 활용된다. 열차 측면의 철통에서 물을 끓여 증기로 기관을 움직이며, 기관차가 뒤로 수십량의 객차를 함께 끌고 달린다. 한 시간에 40여 리를 달리는데, 말이나 노새가 끌지 않아도 마치 날개가 달려 날아가듯 빠르다. 기차는 구덩이나 구불구불한 지역을 평평히 고른 이후에 선로를 부설해야 비로소 운행할 수 있다. 도광 10년(1830)에 영국은 양대 도시 사이에 90여 리에 달하는 선로를 부설하였는데, 비용이 무려 은 400만 원에 달하였다. 이러한 이유에서 수도와 같이 번화한 지역이 아니면 부설하기 힘들다. 근래 서양 각국이 모두 이를 본받

이에 대한 중국인민의 저항을 강조하는 것으로서, 큰 흐름에서는 중국의 전통적인 연구동향과 맥락을 같이 한다고 볼 수 있겠다.

아 따르고 있다. 이러한 것이 중국에는 없으니, 중국 역시 마땅히
이를 본받아야 할 것이다."5)

중국인의 저서 가운데에 임칙서의 『사주지』는 최초로 철도에 관해
소개하였다. 이 책은 머레이(Murray)의 저서인 『지리(Geography)』의 일부
를 임칙서가 다른 사람에게 번역을 부탁한 이후 이를 기초로 출판한
책이다. 여기서 그는 미국의 철도를 소개하면서 "수운이 통하지 않는
지역이라도 기차를 통해 육운으로 화물을 수송할 수 있다. 한 시간에
20-30리를 달리고, 산맥을 관통하는데, 열차를 운행하기 위해서는 먼
저 길을 평탄하게 닦아야 한다. 기차는 막대한 인력의 소모를 절감시켜
줄 수 있다"6)라고 철도의 장점을 소개하였다.

그러나 번역서의 내용을 보면 번역자 역시 철도와 기차를 직접 타보
거나 본 적이 없어 양자의 관계를 명확히 이해하고 있지 못했음을 알
수 있다. 즉 번역하면서 철로 위를 달리는 것이 기차뿐만 아니라 마차
역시 그 위를 달릴 수 있다고 여겨, 우마차의 통행을 위해서라도 철도
를 시급히 부설해야 한다고 주장한다거나, 혹은 동절기에 하천이 얼어
붙어야만 비로소 그 위로 기차가 달릴 수 있다고 묘사하는 등은 이와
같은 무지를 잘 보여주고 있다.

이러한 가운데 1859년 태평천국의 홍인간이 『자정신편』의 「법법류」
속에서 자본주의를 발전시키기 위한 방책 29조를 제안하였는데, 여기
서 서양을 본받아 철도를 부설할 것을 주장하였다. 이것은 중국인이 자
력으로 철도를 부설하고자 하는 최초의 주장이었다. 그는 외국의 사례
를 살펴볼 때 철도를 통해 하루에 7-8천 리를 이동할 수 있다고 다음

5) 李國祁, 『中國早期的鐵路經營』, 中央研究院近代史研究所, 1976.12, pp.5-6.
6) 李國祁, 『中國早期的鐵路經營』, 中央研究院近代史研究所, 1976.12, p.6.

철도로 보는 중국역사

과 같이 그 효용성을 주창하였으며, 이에 홍수전도 찬동을 표시하였다.

"전국 21개 성에 21개의 간선철도를 건설하여 전국의 동맥으로 삼고, 이 간선도로에 군, 현, 시진 및 향촌에 이르기까지 도로를 연결시킨다. 이들 도로망을 이용하기 위하여 차마에 의한 교통을 발전시키며, 외국의 기차와 같은 것을 제조하는 자에게는 특허권을 인정하고 일정 기간이 지난 다음에 비로소 타인이 이를 모방할 수 있도록 허가한다. 만일 발명자가 자신의 발명을 세상에 공개하기 희망한다면 관청에 신청하도록 하여 허가하고 폐해가 발생하지 않도록 한다."[7]

|도표 1| 홍인간의 자정신편
(1859)

|도표 2| 모리슨의 외국사략(1807)
(일어판)

철도에 관한 소개는 위원의 『해국도지』와 서계여의 『영환지략』에도

7) 楊家駱主編, 『太平天國文獻彙編』卷二, 鼎文書局, 1973, pp.532-533.

근대화와 철학의 두 얼굴

기록되어 있다. 이 두 권의 책은 중국을 비롯하여 아시아 각국에 깊은 영향을 미쳤다. 청 말의 지식인인 양계초조차도 18세 되던 해인 1890년에 『영환지략』을 구하여 읽은 이후 비로소 처음으로 세계에는 5대주와 여러 국가가 있다는 것을 알았으며, 중국 역시 세계의 전부(중화제국)가 아니고 아시아의 일부임을 깨닫게 되었던 것이다.[8] 일본의 지식인들 역시 이 두 권의 책이 소개되고 나서 일본이 명확히 아시아의 일부임을 자각하게 되었으며, 이와 함께 명치유신에도 커다란 영향을 미치게 되었다.

『해국도지』는 지리서로서 미국의 사정을 상세히 설명하면서 "철도가 발달하여 한 번에 천 명을 태우고 한 시간에 180리를 주행할 수 있다"[9]라고 소개하였다. 그런데 서계여의 기록은 사실상 대부분 『해국도지』에 바탕을 두고 있었다. 그런데 『해국도지』에서 소개한 철도가 대부분 미국의 철도였기 때문에 철도의 발상지가 영국이라는 사실을 알지 못하고 미국이라고 소개하였다.[10] 어쨌든 철도의 발상국인 영국이나 기타 미국 등도 당시 철도 노선을 부설하여 기차를 운행한지가 10여 년에 불과한 실정이었으므로, 중국인이 이를 소개하는데 많은 착오와 오해가 있었던 것은 불가피한 일이었을 것이다.[11] 그럼에도 불구하고 서양의 지식을 소개하는 이와 같은 책들에서 철도의 유용성을 소개한 것은 이후 중국철도의 부설을 위한 논의를 이끌어 냈다는 점에서

---

8) 梁啓超,「三十自述」,『飲冰室合集:文集』11卷, 中華書局, 1936, p.16.
9) 魏源,「彌利堅西路」,『海國圖志』62部(中國木版本, 서초동국립중앙도서관소장), 1876, p.68.
10) 徐繼畬,『瀛環志略』(中國木版本, 서초동국립중앙도서관소장), 1873, p.40, p.52, p.70.
11) 각국에서 철도가 처음 부설된 시기는 다음과 같다. 영국: 1825년, 미국: 1827년, 프랑스: 1828년, 독일: 1835년, 러시아: 1837년, 이탈리아: 1839년, 일본: 1872년, 중국: 1876년. 吾孫子豊,『支那鐵道史』, 生活社, 1942, p.17.

의의가 있다고 생각된다.

|도표 3| 위원의 해국도지(1842)

|도표 4| 서계여의 영환지략(1850)

　한편, 아편전쟁 직후부터 열강의 주도 하에 중국에서 철도의 부설이 필요하다는 인식과 이에 근거한 계획들이 이미 수립되고 있었다. 아편 전쟁 직후인 1847년에 영국의 해군장교 골든(Golden)은 대만의 기륭탄 광을 시찰한 이후, 기륭항과 탄광 사이에 철도를 부설하여 석탄을 수송 해야 한다고 주장하였다. 이어 1854년 미국의 해군장교 페리(Perry)는 수하를 파견하여 이 탄광을 시찰하도록 한 이후 골든과 유사한 주장을 내 놓았다. 이들이 대만의 석탄에 주목한 이유는 모두 중국으로 항해하 는 선박, 특히 해군함정의 연료 보급의 편의를 위한 것이었다. 비록 이 러한 주장이 실현되지는 못했지만 바로 열강에 의해 중국에서 철도를 부설하고자 하는 최초의 움직임이었다고 할 수 있다.12)

─────────────

12)　宓汝成著, 依田熹家譯,『帝國主義と中國の鐵道』, 龍溪書舍, 1987.10, p.28.

1858년 상해의 미국계 상사인 瓊記洋行이 주중 미국공사의 비호 하에 청조정부에 상해에서 소주에 이르는 철도의 부설권을 요구하는 각서를 제출하였으나, 결국 받아들여지지 않았다. 같은해 영국외상도 중국의 철도 부설은 중국시장을 여는 영국의 국책사업이라는 뜻을 표명하였다. 1862년 영국공사관의 통역인 마이어스(Meyers)는 광주로부터 광동, 강서성의 접경에 위치한 大庾嶺을 답사한 이후, 광주로부터 강서에 이르는 철도의 부설을 주장하였다. 같은해 겨울, 영국공사 부르스(Bruce)는 공사관 직원인 브라운(Brown)에게 비밀리에 북경 인근의 제당에 있는 탄광을 조사하도록 하고, 이와함께 철도 부설 계획을 수립하도록 명령하였다.[13]

한편, 1864년 영국계 이화양행은 철도공정사 스티븐슨(Stephenson)으로 하여금 한구, 상해, 광주를 중심으로 한 입체적인 중국철도망을 계획, 입안하도록 하였다. 이 계획에 따르면 중국에 모두 3기점, 4대 간선의 철도를 부설하도록 되어있는데, 구체적으로는 첫째 한구 기점으로서, 한구로부터 장강을 따라 상해에 이르는 노선, 한구로부터 사천, 운남을 관통하여 인도철도와 접속하는 노선, 한구로부터 광동에 이르는 노선, 둘째 상해 기점으로서, 상해로부터 항주, 영파를 거쳐 복주에 이르는 노선, 상해로부터 진강으로 나아가 강을 건너 북상하여 천진을 거쳐 북경에 이르는 노선, 셋째, 광동 기점으로서, 광동으로부터 서쪽으로 나아가 한구, 운남선과 합쳐 인도 국경에 이르는 노선이었다. 이 노선은 영국의 세력권인 인도와 중국철도와의 연결을 도모한 사실로부터 영국의 이해가 깊이 반영되었음을 잘 알 수 있다.[14]

---

13) 宓汝成著, 依田憙家譯,『帝國主義と中國の鐵道』, 龍溪書舍, 1987.10, p.32.
14) 滿鐵北京公所硏究室編, 『支那鐵道槪論』, 中日文化協會, 1927.9, p.3.

2. 오송철도에 대한 관민의 상이한 대응

1863년 영국 및 미국군대로 구성된 양창대(洋槍隊)가 마침내 태평천국의 군대를 격퇴하자, 청조는 이에 크게 감격해 마지않았다. 종래 태평천국군에 의해 점령되었던 소주가 양창대에 의해 질서를 회복해 가자, 양상(洋商)들은 바로 이 시기를 상해−소주 간 철도를 부설할 수 있는 호기라 생각하였다. 이러한 인식에서 영국상인을 중심으로 27行 재상해 외국상사들이 청원단을 조직하여 1863년 7월 20일 강소순무 이홍장에게 철도 부설을 허가해 주도록 요청하였다. 비록 철도 부설 청원이 양상들에 의해 제기되기는 하였지만 그 배후에는 영국, 미국 등 정부의 강력한 뒷받침이 있었다. 1864년 광주주재 영국영사 로버트슨(Robertson)은 양광총독 모홍빈에게 철도의 부설을 요구하였으며, 상해주재 영국영사 파크스(Parkes)도 이홍장에게 상해−소주 사이의 철도 부설을 승인해 주도록 재차 요청하였다. 같은해 11월에도 영국, 프랑스, 미국 등의 영사가 재삼 이홍장에게 이를 요청하였다. 영국인 철도공정사 스티븐슨은 이 철도의 부설을 위해 광동으로 가서 중국상인들을 대상으로 철도의 필요성을 설득하면서, 이 철도가 장래 런던의 서북철도와 비견될 정도로 발전할 수 있을 것이라 역설하였다.[15]

최초 양상들의 요청에 대해 이홍장은 승인할 수 없다고 통보하였으며, 1864년 각국 영사가 이를 재차 요구하자 회신에서 "중국인만이 스스로 철도를 창설하고 관리할 수 있으며, 이렇게 해야만 중국에 도움이 되기 때문이다. 일단 철도를 부설하게 되면 중국인민의 토지를 수용해야 하는데, 이럴 경우 분쟁을 야기할 우려가 있다"[16]라고 명확히 거부

---

15) 米澤秀夫, 『上海史話』, 畝傍書房, 1942, p.67.
16) 宓汝成, 『中國近代鐵路史資料』1冊, 中華書局, 1984, p.4.

근대화와 침략의 두 얼굴

의 의사를 통지하였다. 그런데 이홍장의 회답은 그의 개인적 판단이 아니라 황제와 청조 조정의 뜻을 그대로 반영한 것으로 보인다. 이홍장은 양상들의 요구를 조정에 보고하고 하문을 요청하자, 황제는 "양인들이 중국영토 안에서 철도를 부설하는 일은 괴이하고 부당한 일로서 우리 대청황조의 법령과 부합되지 않는다"[17]라고 이홍장에게 회신하였던 것이다.

이와 같은 청조의 반대에 직면하여 양상들은 청조가 철도 부설을 쉽게 허가하지 않을 것이라 여겨 일단 먼저 토지를 구입한 이후 철도를 부설하면 청조로서도 이를 기정사실로 받아들이지 않을 수 없을 것이라고 계산하였다. 그리하여 자금을 모아 부지의 매입과 철도의 부설에 착수하였으나 자금 부족으로 중단하지 않을 수 없었다. 당시 모금된 부설자금은 총 2만 파운드에 불과하여 전체 소요 경비인 10만 파운드에 크게 미치지 못하였으며, 따라서 어쩔 수 없이 계획을 중단하지 않을 수 없었던 것이다. 더욱이 1868년 중국은 미국과 워싱턴에서 〈중미속약(中美續約)〉을 체결하였는데, 이 조약의 제8조에서 철도와 전선 등은 중국의 내정에 속하는 사항으로서 미국이 관여하지 않는다는 내용을 명문화하였다.[18] 이 조항은 중국에서 철도를 부설하려는 기타 열강에게도 부담이 아닐 수 없었다.

이러한 가운데 1872년 영미상인들이 자금을 모집하여 '오송도로공사'를 창설하였는데, 회사의 명칭으로만 보면 이 회사는 일반 도로를

---

17) 吳晏, 「淞滬鐵路創建始末」, 『20世紀上海文史資料文庫』, 上海書店出版社, 1999.9, p.422.
18) "통신, 철도 등은 중국의 내치에 속하는 일이므로, 미국은 결코 이에 간섭할 권리나 의도가 없음을 명기한다. 관련사항은 모두 중국의 자주권에 속하는 사항으로서 독자적으로 처리한다." 王鐵崖編, 「續增修約」, 『中外舊約章彙編』第1冊-1, 三聯書店, 1957, p.263.

부설하기 위한 회사임에 틀림없었다. 실제로 이 회사는 공공연히 부지를 매입하여 상해에서 오송에 이르는 총연장 9.25마일, 폭 15碼의 도로를 부설할 예정임을 공포하였다. 이 회사는 영미영사와의 연명으로 막 부임한 상해도대 심병성에게 도로 부설을 신청하여 허가를 받아낼 수 있었다. 만일 철도를 부설한다고 신청했다면 철도부지의 매입과 관청의 허가 모두 불가능했을 것임은 말할 나위도 없을 것이다. 심병성의 허가 이후 상해현은 오송도로공사가 상해에서 오송에 이르는 부지의 수용, 교량의 건조와 터널의 굴착, 난간의 설치와 차량의 통행을 위한 도로의 부설에 착수할 것임을 고시하였다.[19] 따라서 회사 명칭이나 이후 신청 조건으로 보아 이 회사는 도로의 부설에 착수한 것이며, 중국 정부도 이에 근거하여 허가를 내 주었음을 알 수 있다.

그러나 얼마 후 중국의 대표적인 신문인 『신보』는 상해에서 오송까지 철도가 부설될 예정이라는 기사를 게재하였다. 즉 양상이 조직한 회사가 이미 은 15만 량을 모집하였으며, 상해에서 오송까지의 철도 노선이 1, 2년 내에 완공될 것이라는 소식을 전하였다.[20] 또한 1874년 겨울 『字林西報』도 영국의 오송도로공사가 자금 부족으로 일시 공사를 중단하고 있으나, 이미 개조가 진행되어 회사 명칭을 오송철로유한공사(Wu-Song Railway Co. Ltd)로 변경하였으며, 총공사는 런던에 두고 이화양행이 중국 현지 대리인으로서 상해에서 오송에 이르는 철도를 부설할 예정이라고 전하였다.[21] 실제로 이 회사는 1874년 7월 28일 정식으로 성립되었으며, 기존 오송도로공사의 토지 등에 대한 일체의 권리

---

19) 薛理勇, 「淞滬鐵路的興建和拆除」, 『舊上海租界史話』, 上海社會科學院出版社, 2002.2, p.104.

20) 『申報』, 1873.5.6.

21) 薛理勇, 「淞滬鐵路的興建和拆除」, 『舊上海租界史話』, 上海社會科學院出版社, 2002.2, p.104.

를 승계하고 총 자본금은 10만 파운드에 달하였다.[22]

이후, 1874년 12월 회사는 철도 부설 공사에 정식으로 착수하였으며, 작업 노동자수가 2천여명에 달하였다. 공사는 순조롭게 진행되어 1976년 1월 20일부터 본격적으로 레일을 깔기 시작하여 2월 14일이 되면 이미 부설된 구간이 상해의 천후궁 지점에서 서씨화원 부근까지로 총 노선의 4분의 3에 해당되는 작업이 완료되었다. 그리하여 당일 석탄 수송 열차를 시험적으로 운행하였는데, 기관차의 명칭은 파이오니어(Pioneer)호로 명명되었으며, 이것이 바로 중국 최초의 기차였다. 기차는 하루 여섯 차례 왕복하였으며 1리당 매주 27파운드의 순익을 거두어 성황을 이루었다.[23] 오송철도는 전장 14.5킬로미터, 궤도 간격은 762밀리미터였으며, 궤조(궤도 중량)는 미터당 13킬로그램이었다. 기관차는 8-9량의 객차를 끌고 시속 32-48킬로미터로 달렸으며, 객차마다 약 30명 정도의 승객이 탑승하였다.

|도표 5| 파이오니어호

22) 宓汝成, 『中國近代鐵路史資料』1冊, 中華書局, 1984, p.36.
23) 滿鐵北京公所研究室編, 『支那鐵道概論』, 中日文化協會, 1927.9, p.4.

그러면 이에 대한 중국인들의 반응은 어떠했을까. 오송철도의 부설에 대한 상해주민들의 반향은 1942년에 출판된『上海史話』에 잘 나타나 있다. 예상 밖으로 지역주민들의 반대가 거의 없었으며, 이들은 오히려 호의와 흥미를 가지고 부설공사를 지켜보았다.『신보』와 기타 당시의 기록들도 이러한 사실을 증명하고 있다. 철도가 완공된 이후 연기를 토하며 기차가 레일 위로 왕래하는 모습은 이들에게 난생 처음 목격하는 진기한 사건임에 틀림없었다. 당시의『신보』는 "상해주민뿐만 아니라 수십 리 밖에서 구경꾼들이 마차와 인력거, 자전거 등을 타고 몰려 왔는데, 그 수가 매일 천여 명에 달하였다. 여기에 과일, 먹거리 등을 파는 노점상인들까지 합세하여 시장이 설 정도였다"[24]라고 보도하였다. 철도여행은 백성들의 흥미진진한 오락거리로 일대 사건이 되었으며, 철도역 인근 지역은 예전에는 사람들의 왕래가 거의 없는 적막한 곳이었으나 철도 개통 이후 일약 번화한 지역으로 변모하였다.[25]

이러한 모습은 '제국주의 열강의 철도 부설에 대한 중국인민의 반제국주의 투쟁'이라는 설명과 전혀 어울리지 않는 모습이다. 물론 이러한 과정에서 철도의 출현에 반감을 갖는 이들도 없지 않았을 것이다. 그러나 이러한 반감은 풍수지리나 기타 미신, 배외사상뿐만 아니라 현실적인 문제와도 연관이 있었을 것이다. 철도의 부설을 방해하거나 알력이 있었던 경우는 무엇보다도 교통수단 및 부지 매입과 관련된 이해의 문제였다고 할 수 있다.[26] 사료를 통해 살펴보면 철도의 개통이 선박 운수에 종사하는 수부와 마부 등의 영업에 타격을 주었음을 알 수 있으며,[27] 이들이 철도의 부설에 반대하였음은 예상할 수 있는 일이다.

---

24) 米澤秀夫,『上海史話』, 畝傍書房, 1942, p.72.
25) 王繼傑,「淞滬鐵路通車」,『舊上海社會百態』, 上海人民出版社, 1991.2, p.2.
26) 米澤秀夫,『上海史話』, 畝傍書房, 1942, p.71.

철도 부지의 매입과 관련해서는, 풍준광이 상해도대로 부임하고 나서 오송철도가 부설되는 과정에서 접수된 고발장들의 주요한 내용은 대부분 철도공사가 토지 수용 가격을 지나치게 낮게 책정하거나 토지 주인의 허가 없이 마음대로 철도를 부설한다는 내용이었다. 그러나 다른 사료를 통해 살펴보면 오송철로유한공사는 철도의 부설 과정에서 현지의 주민들을 노동자로 고용하였는데, 하루 임금이 200문에 달하여 다투어 참여하였으며, 양민의 토지 수용 과정에서도 현지 주민들의 반대를 우려하여 비교적 높은 가격에 매입하였기 때문에 회사와의 충돌이 거의 없었다고 기록하고 있다.[28] 당시 신문도 외상이 토지의 수용 시에 거액의 배상금을 지불하여 각 향촌의 농민들이 흔연히 토지 수용에 임하였다고 보도하였다.[29] 이렇게 볼 때, 철도 부설에 가장 반대했던 사람들은 바로 토지의 수용 과정에서 수매 가격과 밀접한 이해를 가지고 있던 철도 연변의 대지주였음을 알 수 있다.[30] 더욱이 철도 부설에 반대한 사람들 가운데 이후 철도의 부설을 금지하고 철거하기로 결정하자 오히려 지가의 상승 혜택을 보기 위해 145명이 연명으로 양강총독에게 철도를 계속 부설해 주도록 요청할 정도였다.[31]

오히려 이와같은 성황에 당황한 중국정부는 상해도대 풍준광을 통해 주상해 영국영사 메드허스트(Medhurst)에게 열차의 운행을 중단하도록 요청하였으며, 총리아문도 영국공사에게 운행 중단을 요구하였다. 이때 오송도로공사의 도로부설계획을 비준해 준 상해도대 심병성은 이미 하남성 안찰사로 자리를 옮겼으며, 풍준광이 그 후임으로 부임한 상태였

---

27) 宓汝成, 『中國近代鐵路史資料』1冊, 中華書局, 1984, p.42.
28) 薛理勇, 『舊上海租界社會』, 上海社會科學院出版社, 2002, p.104.
29) 『申報』, 1872.5.2.
30) 劉三林, 「淸政府興築鐵路國策的確立」, 『歷史敎學』1994年 1期, p.18.
31) 曾鯤化, 『中國鐵路史』1冊, 文海出版社, 1973, p.31.

다. 메드허스트는 철도의 부설이 이미 심병성으로부터 허가를 득한 사안이라고 주장하였으나, 풍준광이 허락한 것은 일반 도로의 개설이지 결코 철도의 부설이 아님을 지적하고 즉시 운행을 중단하도록 명령하였다. 양강총독 심보정 역시 철도 부설의 즉각적인 중단을 요구하였다. 이에 메드허스트는 1개월 간 열차의 운행을 중지하고 북경주재 영국공사 메이어(Mayer)의 훈시를 기다렸다. 이에 웨이드는 3월 17일 메이어를 이홍장과 풍준광에게 보내 여러 차례 중재하였지만 별다른 성과를 거두지는 못하였다. 메이어의 요청에 대해 3월 21일 풍준광은 "1872년 영상이 창립한 오송도로공사는 일반도로를 부설한다고 신청하여 전임 도대로부터 비준을 받은 이후 지금에 와서는 마음대로 철도 부설로 변경하였으니, 이는 월권행위에 속한다. 이에 양상과 전임도대와의 사이에 체결된 도로 부설의 건은 모두 무효로 한다"[32]라고 회답하였다.

이와 같이 양측이 공방을 벌이는 가운데에도 철도의 부설 공사는 부단히 진행되었으며, 이에 상해도대 풍준광은 모든 수단을 동원하여 철도의 부설을 저지하려 하였다. 당시 청조는 철도 부설에 반대하는 이유의 하나로 "관변의 보고에 의하면 철도 부설이 수많은 도로와 소로, 그리고 수로를 차단하고 있어 인근 주민들이 불편을 호소하고 있다"[33]라는 근거를 들었다. 그러나 당시 발행된 신문기사를 살펴보면, 청조정부가 반대의 이유로 철도 부설이 백성들의 생활에 불편을 초래한다고 하지만, 일반인들은 철도의 부설을 열렬히 환영하였으며, 이로 인해 매우 고무되었다고 전하고 있다.[34] 또한 상해, 오송 등의 상민들도 모두 철

---

32) 薛理勇, 「淞滬鐵路的興建和拆除」, 『舊上海租界史話』, 上海社會科學院出版社, 2002.2, p.105.
33) 宓汝成, 『中國近代鐵路史資料』1冊, 中華書局, 1984, p.42.
34) 『申報』, 1876.3.23.

도가 매우 편리하며 유용하다고 입을 모았다.[35]

이에 메이어는 상해의 영국적 대법관인 혼비(Edmund Hornby)에게 이와 같은 중국 측의 행위가 국제법을 위반한 조치인지의 여부에 대해 문의하였으나, 그의 대답은 부정적이었다. 그러자 메이어는 해군제독과 동승하여 천진으로 함대를 이끌고 가 1876년 4월 9일 이홍장을 예방하고 위압적으로 중재를 요구하였다. 마침 중영 사이에는 마가리사건이 발생하여 긴장이 고조된 상태였다. 이에 이홍장은 중국 측이 자금을 내어 오송철도를 매입하는 방안을 제안하였다.[36]

이에 메이어는 풍준광과 협의를 통해 중국 측이 매입한 이후 경영권을 여전히 영국자본 이화양행으로 하여금 승계하도록 하자고 제의하였으나, 풍준광은 이것이 중국의 주권을 침해하는 일이라 하여 동의하지 않았다. 이에 메이어는 다시 4월 30일과 5월 1일 이틀에 걸쳐 이홍장을 예방하여 중재를 요청하고, 이화양행으로 하여금 승계하도록 요청하였다. 그러나 이 조항이 너무 심하다고 여긴 이홍장이 거절하자 교섭은 교착상태에 빠지고 말았다. 그러자 영국 측은 중국이 이를 승인하도록 강박하기 위해 5월 9일 상해에서 강만까지 6.3킬로미터의 노선을 완공한 이후, 6월 12일 열차를 시험운전하였으며, 이후 6월 30일 외국교민들을 초청하여 개통식을 거행하였다.

철도의 운행은 수많은 중국인들을 서양이기의 경이로움에 빠져들게 하였다. 『런던타임즈』는 당시 기차 운행에 대한 중국인들의 반향을 다음과 같이 보도하였다.

　　"몇 리에 걸쳐 부설된 철도는 인근 주민들의 호기심을 자극하여

35) 樂正, 『近代上海人社會心態:1860－1910』, 上海人民出版社, 1991, p.29.
36) 李國祁, 『中國早期的鐵路經營』, 中央研究院近代史研究所, 1976.12, p.40.

며칠만에 수만 명이 새로운 이기를 구경하기 위해 도시로부터, 농촌으로부터 무리를 지어 모여 들었다. 이들은 레일은 물론, 궤도 아래에 깔려 있는 침목 하나하나까지 경이로운 눈으로 바라보았다. 철도에 대한 반감 같은 것은 생각할 수도 없으며, 노인도, 어린아이도, 남녀노소를 막론하고 모든 계층이 하루 놀러와서 즐겨 구경하곤 한다"37)

6월 30일의 개통식에서 기차는 한 시간에 15리의 속도로 달렸다. 7월 1일에는 일반 중국인들을 무료로 시승시켰으며 영업은 7월 3일부터 시작하여 매일 여섯 차례 열차가 왕복하였다. 『신보』의 기자는 개통 첫날의 성황을 다음과 같이 묘사하였다.

"오후 한 시에 이르자 남녀노소가 몰려들어 좌석은 순식간에 빈자리가 없었다. 열차가 출발하려 하자 사람들이 파도처럼 몰려 들었다. 기차를 타는 것은 여행이었으며, 상해에 살면서 일년내내 한번도 외지에 나가보지 못했던 사람들이 이 진귀한 물건을 보고, 타보기 위해 일가족을 모두 이끌고 왔다. 기차는 이전에 중국인들이 본 적이 없는 이기이므로 당연히 이것이 얼마나 위험한지도 알지 못하였다. 그리하여 출발 전에 먼저 벨을 요란하게 울려 출발을 알리면 승객들이 모두 착석해야 하며, 더이상 승차가 불가능함을 알린다. 이어 기적소리가 수차례 나면서 기차가 점점 속도를 더하게 된다. 승객들의 만면에는 희색이 만연하고 기차 양 옆의 사람들은 탄성을 지르며 이를 지켜본다. 기차는 속도를 더하고 순식간에 멀어진다. 상해에서 강만까지는 거의가 면화밭인데, 여기서 일하던 사람들도 모두 하던 일을 멈추고 이를 바라보고는 입을 다물지 못

37) 滿鐵北京公所研究室編, 『支那鐵道槪論』, 中日文化協會, 1927.9, p.4.

하고 탄성을 자아냈다."[38)

　이와같이 서양의 이기인 철도에 대해 중국인들의 초기 대응은 반제 투쟁으로 이야기되는 바와 같은 모습이 결코 아니었으며, 오히려 새로운 이기의 등장을 큰 호기심을 갖고 지켜 보았음을 알 수 있다. 오송철도의 개통 이후 상해에서는 기차를 타고 여행하는 것을 '遊鐵路'라고 불러 온 상해의 유행어가 되었다. 이러한 중국일반의 대응은 오히려 중국조정을 당황스럽게 만드는 것이었음에 틀림없었다.

　그러나 이러한 분위기를 반전시키는 사건이 터지게 되었다. 8월 3일 중국인 병사 한 명이 기차에 치어 사망한 사건이 발생하자, 상해도대 풍준광은 이를 이유로 다시 영국영사에게 즉각 기차의 운행을 중지해 주도록 요청하는 동시에 수백 명의 병사를 동원하여 시위를 벌였다. 이 사건이 계기가 되어 중국관방에서는 본격적으로 기차 운행을 저지하기 위한 조치에 착수하였다.

　그런데 주목할 점은 당시 열차사고를 목격한 사람들이 다음과 같이 사건을 묘사하였다는 것이다. "열차는 보통 속도로 진행하고 있었는데, 남자가 선로의 정면으로 열차를 향해 걸어갔다. 기적이 울리자 그는 일단 선로를 벗어났다가 열차가 2, 3척 앞으로 다가오자 돌연 기차의 정면으로 뛰어들었다."[39) 1924년에 출판된 증곤화의 『중국철로사』에서도 이 병사가 일단 궤도를 벗어났다가 기차가 가까이 다가오자 뛰어들어 사망하였다고 기록하였다.[40) 이후 이 사람은 재산도, 친구도, 연고도 없는 사람으로 판명되었다.

38) 王繼傑, 「淞滬鐵路通車」, 『舊上海社會百態』, 上海人民出版社, 1991.2, pp.2-3; 米澤秀夫, 『上海史話』, 畝傍書房, 1942, pp.73-74.
39) 米澤秀夫, 『上海史話』, 畝傍書房, 1942, p.75.
40) 曾鯤化, 『中國鐵路史』1冊, 文海出版社, 1973, pp.28-29.

이 사건을 자살이라고 단정할 수는 없으나, 어쨌든 이를 계기로 중국정부의 부설 중단 요청이 본격화되었다. 이와 같은 방식으로 철도 부설을 중지시키려는 기도는 이전에도 이미 수차례 발생한 바 있다. 예를 들면 오송철도의 운행 초기 상해신사들의 선동으로 인근의 촌민 가운데 철도의 부설에 반감을 가진 자가 있었으며, 또한 이들은 자살방식으로 이러한 반대활동을 추진하기까지 하였다.[41] 한 번은 실제로 어떤 사람이 기차에 몸을 던져 자살을 시도하였는데 기관사가 이를 미리 발견하고는 급히 열차를 멈춘 사실도 있었다.[42] 이러한 분위기 속에서 실제로 병사가 열차사고로 사망했을 때 사람들은 그가 지방관리의 사주를 받았다고 의심하였다고 한다.[43] 사실 여부를 떠다 이 사건은 철도 부설을 중단하도록 청조에 의해 적극 이용되었다.

이후 철도에 대한 원성의 소리가 민간으로부터도 터져 나왔다. 사건이 확대되자 영국공사 웨이드는 철도 운행을 일시 중단하도록 하였다. 결국 10월 24일, 남경에서 양강총독 심보정은 이 철도를 28만 5천 량에 매입하는데 동의하였으며 3기로 나누어 청산하고, 그 때까지는 영업을 계속할 수 있도록 허가하였다. 열차의 운행이 중지된 이후 교섭은 중국에 매우 유리한 상황으로 전개되고 있었다. 우선 영국의 여론이 중국에 매우 동정적이었다. 런던의 인권단체는 이화양행이 상해에서 자행한 사건을 부당한 것으로 규정하였다. 런던타임즈에는 'Justice(정의)'라는 필명으로 영국이 상해에서 철도를 부설한 행위는 국제법을 위반한 것이라는 투고의 글이 게재되었다. 그러자 이화양행 측에서 이에 반박하는 기사를 게재하여 신문에서는 일대 논전이 전개되었다. 상해에

41) 宓汝成, 『中國近代鐵路史資料』1册, 中華書局, 1984, p.40.
42) 宓汝成, 『近代中國鐵路資料』上册, 文海出版社, 1977, p.40.
43) 宓汝成, 『中國近代鐵路史資料』1册, 中華書局, 1984, p.41.

서 발행된 영문잡지는 "상해에서는 이화양행이 중국정부보다 권력이 더욱 크다"[44]라고 비난하는 내용을 게재하기도 하였다.

　마침 이 때 중영 간에는 마가리사건으로 연대에서 회의가 개최되었는데, 여기서 오송철도의 문제도 함께 논의되었는데, 이 자리에서 중국의 매입와 이후 철도를 중국의 자력(自辦)으로 경영한다는 데 의견이 모아지는 분위기였다. 9월 14일, 이홍장은 주기조, 성선회를 상해로 파견하여 풍준광과 함께 영국과의 모든 업무를 처리하도록 하였다. 그럼에도 불구하고 영국 측은 오송철도에 대한 경영권에 여전히 미련을 버리지 못하였다. 10월 5일 영국대표 메이어가 상해로 와서 쌍방이 회담에 임했는데, 메이어는 매수 이후 중외합판을 요구하였으나 중국이 동의하지 않자 아무런 성과도 거둘 수 없었다. 10월 17일 다시 남경에서 협상에 들어가 영국 측의 메이어와 청조의 성선회는 10월 24일 〈收買吳淞鐵路條款〉을 체결하고 1년 안에 3기로 나누어 매입비용을 청산하도록 하였으며, 이 기간 동안 임시로 영국이 경영하도록 하였다. 단 승객만을 탑승시키고 화물의 운송은 제한하며, 연장 공사를 할 수 없도록 제한하였다.

　마침내 12월 1일 오송철도는 영업을 회복하여 전 노선에 기차를 운행하였다. 당일 날씨는 흐리고 약간 비가 내렸다. 상해에서 송강까지 하루에 일곱 차례 운행하였는데, 일등석의 차비는 우등석이 상해에서 강만까지 5角, 오송항까지 1원, 이등석이 강만까지 2角 5分, 오송까지 5角, 삼등석이 강만까지 100文, 오송까지 200문으로 정하였다. 만일 개를 데리고 탑승할 경우 거리에 관계없이 1角을 지불하도록 하였다.[45] 오송철도의 여객 탑승수는 총 16만여 명에 달할 정도로 성황을

44) 李國祁, 『中國早期的鐵路經營』, 中央研究院近代史研究所, 1976.12, p.42.
45) 曾鯤化, 『中國鐵路史』, 文海出版社, 1924, pp.30-31.

이루었으며, 평균 매주 1영리 마다 순익이 27파운드에 달하였는데, 이는 영국 국내철도 객차의 수입과 별반 차이가 없는 액수였다.[46]

이러한 가운데, 12월 13일 중영 양국은 상해에서 28만 5천 량에 중국이 이 철도를 매수하는 것으로 결론을 지었다. 이후 중국은 이 철도의 처리에 대해 심보정의 결정을 기다렸는데, 최초 심도 중국 스스로 경영할 의향을 가지고 있었으나 이후 이를 철거하기로 최종 결정하였다. 1877년 10월 20일 마지막 1기의 대금을 청산한 이후 청조는 매입한 철도를 모두 해체하여 철거해 버렸다. 해체한 레일은 대만으로 옮겨 타구항에 쌓아 두었으며, 기관차는 장강에 던져 버렸다.

청조가 오송철도를 철거한다는 소식이 알려지자 상해, 강만, 오송 등의 상민 145명은 연명으로 양강총독 앞으로 철거에 반대한다는 상소를 주청하였다.[47] 당시 신문은 오송철도의 철거 이후 상해 주변 사람들은 이제 구래의 교통수단을 이용할 수밖에 없다고 탄식하였다고 보도하였다.[48] 이와같이 오송철도는 중국철도의 발전으로 그대로 이어지지 못하고 단지 효시라는 칭호를 부여받는 것에 만족하지 않으면 안되었다.

3. 철도 부설 논쟁과 중국철도의 초보적 발전

오송철도의 부설이 중국철도의 발전으로 직접 연결된 것은 아니지만, 이것이 중국사회에 미친 영향은 적지 않았다. 오송철도의 부설을 계기로 중국에서는 기존의 서양이기를 소개하는 정도의 차원에서 이제는 양무파 관료들을 중심으로 철도 부설의 필요성이 적극 제기되었으

---

46) 吳晏, 「淞滬鐵路創建始末」, 『20世紀上海文史資料文庫』, 上海書店出版社, 1999.9, p.425.
47) 曾鯤化, 『中國鐵路史』, 文海出版社, 1924, p.31.
48) 『申報』, 1877.10.26.

며, 이는 다시 청조조정을 중심으로 한 권력 수뇌부까지 철도 부설을 둘러싼 찬반의 격론에 휩싸이게 하는 차원으로 진입하게 되었다. 더욱이 오송철도가 부설되고 중국 최초의 기차인 파이오니어호가 실제로 이 노선 위를 운행함으로써 중국에서도 철도의 부설이 가능하다는 확신을 심어주게 되었다.

일찍이 왕도는 오송철도의 해체에 대해 이것이 중국철도의 발전을 위해 매우 애석한 일이라고 유감을 표시한 바 있다.[49] 그러나 오송철도를 해체하여 강물에 던져 버린 심보정의 행위 역시 철도 자체에 대한 무지의 소치로 해석할 수는 없으며, 그 역시 기본적으로 중국에도 철도의 부설이 필요함을 인식하고 있었을 정도로 당시 사회에서 철도 부설의 필요성이 적지 않게 확산되어 있었음은 부정하기 힘들다. 이는 심보정이 "진나라가 만리장성을 수축한 일을 당시에는 재앙이라고 여겼지만 후세에는 이것이 큰 도움이 되었다. 만일 철도가 중국에 부설된다면 장래 매우 큰 이로움이 있을 것이다"[50]라고 한 사실로부터도 잘 알 수 있다.

그렇다면 심보정은 이와같은 인식을 가지고 있었음에도 불구하고 왜 오송철도를 해체하고 기차를 강물에 던져 버렸을까. 기록에 의하면 심보정은 철도의 부설이 자신의 재임 기간 중에 이루어졌음을 불명예로 생각하고 있었음을 알 수 있다. 즉 심보정은 스스로 "철도가 비록 중국에 필요하기는 하지만 그러나 이후의 사람들이 이를 빌미로 심보정이 양강총독으로 있을 때 철도를 부설한 바가 있다는 빌미를 주지 않기 위해 이를 철거한 것"[51]이라고 밝혔다. 말하자면 심보정이 이와 같이

---

49) 李國祁, 『中國早期的鐵路經營』, 中央研究院近代史研究所, 1976.12, p.99.
50) 宓汝成, 『中國近代鐵路史資料』1冊, 中華書局, 1984, p.23.
51) 薛理勇, 「淞滬鐵路的興建和拆除」, 『舊上海租界史話』, 上海社會科學院出版社, 2002.2, p.109.

극단적으로 철도의 전 노선을 철거한 것은 열강에 의해 부설된 철도의 선례를 제거함으로써 이후 유사한 행위의 재발을 방지하고자 한 목적이 컸다고 볼 수 있다.

　최초로 오송도로공사가 철도 부설을 위해 부지를 매입하고 공사를 진행한 것이 이미 1860년대의 일이었으며, 이를 목도한 청조의 관료들 사이에서 중국도 자력으로 철도를 부설해야 한다는 필요성을 인식한 사람들이 나타나기 시작하였다. 이 시기에 철도 부설을 주창한 주도 세력은 바로 양무파 관료군이었으며, 특히 이홍장은 비교적 이른 시기부터 철도 부설의 중요성을 인식하고 있었다. 이러한 이유는 이홍장 예하의 관료 가운데 일찍부터 철도 부설의 필요성을 인식한 사람들이 적지 않았기 때문이다.

|도표 6| 이홍장

|도표 7| 설복성

　설복성은 일찍이 「創開中國鐵路議」라는 글을 발표하여 철도는 상업과 운송, 군사의 이동에 매우 편리하다는 주장을 개진하였다. 특히

그는 광서 6년(1880)에 이홍장에게 시급히 철도를 부설해야 할 필요를 상소하였다. 마건충은 이홍장의 막료 가운데 한 사람으로서 「철로론」, 「借債以開鐵路說」 등을 발표하여 외자의 도입을 통해 철도를 부설해야 함을 역설하였다. 종천위는 「中國創造鐵路利弊論」을 발표하고 은행을 개설하여 국채를 발행함으로써 철도를 부설해야 한다고 주장하면서, 중국이 스스로 철도를 경영함으로써 양인들의 이권을 회수해야 한다고 주장하였다.

이와같은 영향 하에서 이홍장은 철도 부설의 필요성을 일찍부터 인식할 수 있었는데, 이러한 동기는 주로 군사적 관점에서 찾을 수 있다. 이는 이홍장이 "철도를 부설하면 동서남북으로 교통이 편리하게 되어 적이 침입해 오더라도 병력을 집중하여 이에 대응할 수 있다"[52]라고 강조한 것으로부터 잘 알 수 있다. 1870년대 이홍장이 철도 부설을 주창한 것은 주로 일본의 위협에 대비하기 위한 군사적 목적을 가지고 있었다. 1871년 일본이 청조에 통상조약의 체결을 요구하자 이홍장은 상소를 올려 "들건데 일본이 서양과 조약을 체결하여 기계, 병선을 구입하고 무기와 철도를 부설하여 서양 각국의 기술을 습득하고 있어 중국의 우환이 되고 있다"[53]라고 주의를 환기하였다.

이러한 가운데 유구사건과 대만사건이 발생하자 이홍장은 일본의 세력 팽창에 깊은 우려를 표명하면서, 무엇보다도 海防의 중요성을 강조하였다. 이 때 좌종당과 이홍장을 중심으로 해방과 육방, 즉 해군과 육군의 양성 가운데 어디에 중점을 둘 것인가를 두고 치열한 논쟁이 전개되었다. 논쟁은 중국의 주적이 어느 나라인가로 확대되었다. 좌종당은 청의 주적은 러시아로서 이를 방비하기 위해서는 신강 수복이 시급하며,

52) 宓汝成著, 依田憙家譯, 『帝國主義と中國の鐵道』, 龍溪書舍, 1987.10, p.54.
53) 吳汝綸編, 『李文忠公全集-秦稿』17卷, 文海出版社, 1965, p.53.

이러한 이유에서 국방예산 역시 육방과 육군의 양성에 우선적으로 배정
해야 한다고 주장하였다. 반면 이홍장은 일본이 주적이며, 따라서 이를
방비하기 위해서는 해방과 해군의 양성을 우선해야 한다고 주장하였다.

1874년 12월 이홍장은 『籌議海防折』에서 "내지에 철도가 있으면
하루만에 천수백 리를 달릴 수 있어 수송에 편리하다"[54]는 뜻을 상주
하였다. 이와같이 이홍장이 철도 부설을 주창한 것은 특히 대만사건을
계기로 일본의 위협에 대비하기 위한 군사적 목적과 밀접한 관련을 가
지고 있었음을 알 수 있다. 이러한 차에 오송철도의 부설은 이홍장으로
하여금 중국철도 부설의 필요성을 한층 강하게 인식하도록 만들어 주
었다. 1875년 오송철도의 부설이 이루어지고 있을 때 이홍장은 공친왕
혁흔에게 철도의 부설이 필요함을 상주하였다. 이에 대해 혁흔은 자신
도 이홍장의 건의에 찬성하지만 조정대신들 가운데 수구파들이 철도의
부설을 반대하여 대신회의에서 찬동을 얻기 쉽지 않다고 회답하였
다.[55]

대만사건 직후인 1876년 12월 16일 복건순무 정일창도 대만은 사면
이 바다로서 적이 어느 곳에서나 배를 정박하여 상륙할 수 있음을 지
적하면서, 철도의 부설을 통해 신속히 병력을 이동시켜 집중시킬 수 있
는 역량을 갖추지 않으면 안된다고 역설하였다.[56] 이후 1877년 7월 20
일 정일창은 다시 철도의 부설이 대만의 군사적 방비에 절실함을 조정
에 상주하였다. 이홍장을 중심으로 한 양무파 관료들의 철도 부설 주장
은 청조조정을 비롯하여 중앙과 지방의 관료들 사이에서 찬반의 격론
을 야기하였는데, 그 계기가 된 것이 바로 1880년 11월 양무파 관료인

54) 吳汝綸編, 『李文忠公全集－奏稿』24卷, 文海出版社, 1965, p.22.
55) 李國祁, 『中國早期的鐵路經營』, 中央研究院近代史研究所, 1976.12, pp.30−31.
56) 宓汝成, 『中國近代鐵路史資料』1冊, 中華書局, 1984, pp.79−80.

유명전이 청조에 철도의 부설을 상주한 사건이었다. 이를 기점으로 1880년에서 1887년까지 양무파와 수구파 사이에는 철도의 부설을 두고 격론이 전개되었다.

유명전은 시급히 철도를 부설하는데 자강의 길이 있다고 주장하면서, 철도는 운송과 상업, 광업, 교통 등에 널리 유용함을 지적하였다. 그는 철도가 개통되면 동서남북이 서로 통하게 되어 적이 침략할 경우 비록 만리나 떨어진 곳이라 할지라도 철도를 통해 병력을 며칠만에 집중시킬 수 있다고 주장하였다. 중국이 모두 18개 성을 가지고 있어 병력이 적지 않으며, 군향도 부족하지 않다고 주장하면서 철도를 통한 병력의 신속한 이동과 집중의 필요성을 제기하였다. 그는 구체적으로 남로와 북로 양 철도 노선의 개통을 주장하였다. 즉 남로 가운데 한 노선은 청강으로부터 산동을 거치는 노선이고, 다른 한 노선은 한구로부터 하남을 거치는 노선으로서 모두 수도에 도달하도록 하자는 주장이었다. 이와함께 북로는 수도로부터 동쪽으로 성경으로 통하고 서쪽으로는 감숙으로 통하는 노선이었다.[57]

유명전의 주창에 대해 가장 먼저 반대를 제기한 사람은 수구파인 내각학사 장가량이었다. 유명전의 상소에 대해 장가량은 "철도 부설은 문을 열어놓고 도적을 부르는 것과 같기 때문에, 일단 유사시 외국군이 침입해 들어오기 편리하며, 평화시에는 외국인들이 상품을 가져오고 저렴한 중국의 상품을 싣고 가기 편리하여, 지방의 구석구석까지 양인들의 족적이 미치지 않는 곳이 없을 것"[58]이라고 주장하였다. 또한 淸江으로부터 수도에 이르기까지 1천 수백 리에 달하는 철도 노선이 가옥과 전지, 분묘, 교량 등을 침범하고 상호 소통을 저해하게 될 것이라

57) 宓汝成, 『中國近代鐵路史資料』1冊, 中華書局, 1984, pp.86-87.
58) 宓汝成著, 依田憙家譯, 『帝國主義と中國の鐵道』, 龍溪書舍, 1987.10, p.55.

주장하였다. 또한 이 길로는 차마와 사람이 다닐 수 없어 결국 백성을 해롭게 할 뿐만 아니라 부설을 위한 비용도 천만 량에 달하여 국고의 낭비를 초래할 것이라 주장하면서 철도 부설을 금지시켜 줄 것을 상주하였다.[59]

한림원 侍讀學士 주덕륜도 철도의 개통으로 말미암아 기존 운수업에 종사하고 있던 백성들의 생계가 박탈되어 관이 백성과 이익을 다투는 셈이라 하여 반대하였다. 통정사 유석홍도 철도의 부설은 백해무익하다고 주장하면서, 기차는 서양의 이기로서 중국이 본받아서는 안되며 본받을 수도 없다고 주장하였다. 특히 서양은 천주 예수를 받들고 산천의 신을 알지 못하나 중국은 역대로 명산대천에 제사드리고 있으므로, 철도 부설을 이유로 이를 훼손하여 굴을 뚫고 파괴하는 것은 산천의 신을 어지럽히는 일로서 상서롭지 못한 일이라 하며 반대하였다.[60] 어사 홍량품과 侍講 장해언 등과 군기대신 등도 유명전이 철도 부설을 상소한 것에 대해 수천만 량에 이르는 비용을 서양으로부터 차입하는 것은 더욱 위험하다고 하며 반대하였다.

바로 다음달인 12월에 이홍장은 유명전이 주장한 남로와 북로의 개설은 군사적 방비를 위해 매우 긴요한 사안임을 상주하면서 장가량의 주장을 비판하였다. 이홍장은 만일 철도의 부설이 위험하다면 왜 프랑스, 미국, 러시아, 독일이 모두 영국을 모방하여 자국의 철도 부설에 힘쓰겠는가라고 반박하면서 철도를 통한 병력의 이동은 군사적 방비를 위해 불가결한 조치임을 역설하였다. 이와 함께 유사시 철도가 오히려 열강의 군대를 불러들이게 될 것이라는 주장에 대해서도 "그럴 경우 철도의 일부를 파괴해 버리면 기차가 발이 묶여 전 노선이 무용하게 되

59) 宓汝成, 『中國近代鐵路史資料』1冊, 中華書局, 1984, p.88.
60) 曾鯤化, 『中國鐵路史』1冊, 文海出版社, 1973, pp.38−39.

어 이를 방비할 수 있다"[61]라고 주장하였다.

또한 이홍장은 철도의 부설이 민전과 분묘, 가옥 등을 침범할 것이라는 장가량의 우려에 대해 "철도의 부설을 위해서는 편도 7척, 왕복은 1장 2척이면 충분한데, 이미 확보하고 있는 남북의 官道가 2, 3장, 혹은 4, 5장에 이르고 있음에 비추어 관도의 절반만을 이용하더라도 철도를 부설할 수 있다"[62]고 주장하였다.

청조조정을 비롯한 수구파 세력이 반대한 주요한 이유는 철도의 부설이 이들의 생존 기반인 봉건적 자연경제의 기초에 타격을 주지 않을까 우려하였기 때문이라고 할 수 있다. 이와같은 논쟁에 대해 서태후는 조정대신들의 중론을 수렴한 결과 부설에 반대하는 입장을 취함으로써 철도 부설 논쟁이 일단락되었다. 그러나 철도 부설에 대한 필요성이 종식된 것은 물론 아니었으며, 오히려 철도 부설의 필요성은 시간의 경과에 따라 중국관민들 사이에서 더욱 널리 확산되어 갔다고 할 수 있다.

이러한 가운데 1883년부터 1887년까지 철도 부설에 관한 이차논쟁이 시작되었는데, 이는 국제정세의 변화 속에서 중국의 정치, 군사적 환경이 급변한 데 주요한 원인이 있었다. 즉 1884년 청프전쟁을 전후로 한 시기에 중국인들은 전쟁에 대비하기 위해 철도의 부설이 불가결함을 절실히 인식하기 시작하였으며, 특히 러시아의 변경 위협에 대한 인식이 고조되면서 철도를 통한 병력 수송에 한층 주목하기 시작하였다. 정관응은 중국이 철도 부설을 주저할 이유가 없다고 주장하면서 철도의 부설을 통한 이익을 열거하였다. 이와함께 러시아가 시베리아철도의 부설에 이미 착수한 사실에 주목하여 이것이 완공될 경우 러시아에서 중국의 신강, 이리, 길림 등 동삼성에 불과 며칠이면 도달할 수

61) 宓汝成, 『中國近代鐵路史資料』1冊, 中華書局, 1984, p.91.
62) 宓汝成, 『中國近代鐵路史資料』1冊, 中華書局, 1984, p.94.

있게 된다고 우려하면서 변방으로의 철도 부설을 적극 주창하였다. 탕진도 중국이 지나치게 海防에 치우치고 있다고 우려하면서 철도의 부설을 통해 변방의 방비에 나서야 한다고 역설하였다. 특히 시베리아철도가 완공되면 러시아의 수도로부터 훈춘까지 불과 보름이면 도달할 수 있다고 지적하였다.[63] 진규 역시 서양의 전기와 선박, 기차 등이 중국으로 유입되는 것은 중국의 화가 아니라 축복이라고 역설하였다. 1883년 6월 22일, 이홍장은 철도의 부설은 부국강병의 요체이며, 바다에 함선이 있고 육지에 철도가 있으면 외인들이 감히 쉽게 침범하지 못할 것이라 주장하였다.

그러나 1884년 9월 13일, 서치상은 철도의 부설을 위해서는 수천만량의 경비가 소요되어 백성들의 원성이 클 것이며, 서양이 반드시 교회의 증설을 요구하게 될 것이라 주장하였다. 더욱이 그는 철도의 부설이 군사적 방비에 적합하지 않다고 주장하면서 철도는 어느 한 구간만 훼손되더라도 운행될 수 없기 때문에 수천 리에 달하는 철도를 어떻게 다 지키겠는가라고 반문하였다. 더욱이 철도의 운행으로 말미암아 마소 등 기존의 교통운수에 종사하던 사람들이 실업자로 전락할 것이며, 이는 결국 국가 전체에 해가 될 것이라 주장하였다.[64]

이에 이홍장은 철도의 부설 경비는 서양으로부터 차관의 형식으로 2천만 원을 도입하여 10년으로 나누어 상환하면 된다고 하며, 석탄과 철을 개발하고 철도를 부설하여 상업을 발전시켜야 한다고 주장하였다.[65] 뿐만 아니라 한족 실력자인 좌종당 역시 1885년 7월 27일 철도

---

63) 러시아의 시베리아철도 부설과 중국과의 관계에 대해서는 金志煥, 「제정러시아의 제국주의와 東方政策의 역사적 고찰:東淸鐵道를 둘러싼 중러관계의 변화를 중심으로」, 『中國學報』50輯(韓國中國學會), 2004.12 참조.
64) 宓汝成, 『中國近代鐵路史資料』1冊, 中華書局, 1984, pp.103-104.
65) 宓汝成, 『中國近代鐵路史資料』1冊, 中華書局, 1984, p.106.

의 부설은 마땅한 것이며, 백성이 이를 통해 부유하게 되고 국가는 철도를 통해 강성해 진다고 하며 이로움이 크고 해가 없다고 주장하였다. 이러한 까닭에 철도를 부설하여 남북을 소통시켜야 한다고 주장하였다.[66) 좌종당의 상주는 이후 이홍장과 순친왕이 해군아문을 창설하는 데 적지 않은 힘이 되었다.

이상에서 살펴본 바와 같이 청프전쟁은 철도 부설에 관한 본격적인 찬반의 논쟁을 불러 일으키면서 중국철도의 부설을 위한 중요한 계기를 마련해 주었음을 알 수 있다. 이 전쟁을 기점으로 청조 역시 군사력을 강화해야 할 필요성을 절감하였으며, 이를 위해 철도의 부설이 불가결함을 인식하지 않을 수 없었다. 다시 말해 중국의 정치, 군사적 환경의 변화는 철도 부설 논쟁에서 양무파의 입지를 강화시켜 주었으며, 이는 중국철도의 부설을 위한 중요한 계기가 되었던 것이다. 특히 청프전쟁은 청조로 하여금 해군력의 취약성을 절실히 일깨워 주었으며, 이러한 결과 1885년에 총리해군사무아문을 설립하여 해군관련의 업무를 총괄하도록 하였다. 이와함께 철도가 군사의 요체임을 인식하여 철도의 부설을 추진하였으며, 철도 유관 업무를 해군아문이 총괄하도록 하였다. 해군아문의 설립은 이홍장과 좌종당 등 양무파 관료들의 주장이 청조에 의해 수용된 것으로 볼 수 있다.

1885년 공친왕 혁흔(奕訢)이 사직하고 순친왕 혁환(奕譞)이 총리해군사무아문의 대신으로 이홍장, 증기택이 방판대신으로 임명되면서 이때부터 철도는 신속히 발전하기 시작하였다. 중앙에서는 혁환, 증기택이 지지하고 지방에서는 이홍장과 대만순무 유명전 등이 남북에서 호응하여 중국의 철도 부설은 새로운 단계로 진입하였다. 1886년 순친왕은 천진

66) 李國祁, 『中國早期的鐵路經營』, 中央研究院近代史研究所, 1976.12, pp.61-62.

을 시찰하면서 이홍장과 철도에 관해 논의하고 철도의 부설이 시급하다는 사실에 공감하였다.[67]

청조는 이전에 해체된 바 있는 오송철도를 20년 만에 다시 부설하게 되는데, 이는 철도의 부설이 거스를 수 없는 시대적 대세임을 상징적으로 보여주는 사건이었다. 1896년 철도대신 성선회는 청정에 차관의 도입을 통해 오송철도를 재차 부설해야 한다고 주청하였다. 이러한 결과 1897년 4월에 오송철도의 부설에 착수하여 1898년 7월에 蘊藻濱까지 노선이 부설되었으며, 다음해 겨울에는 오송, 포대만까지 총 15.87킬로미터가 완공되었다. 열차는 보산로를 출발하여 天通庵, 강만, 高境廟, 張華濱, 蘊藻濱, 오송진을 거쳐 포대만에 이르렀다. 오송철도는 1903년 청조정부가 영국으로부터 차관을 도입하여 호녕철도를 부설하면서 차관의 담보로 제공되었으며, 이후 호녕철도 지선으로 변경되었다.

|도표 8| 오송철도 각 구간역 및 거리[68]

(단위: 킬로미터)

역 명	寶山路	天通庵	江灣	高境廟	張華濱	蘊藻濱	吳淞鎭	炮臺灣
역간거리	0.00	1.69	3.53	2.48	4.17	1.67	0.99	1.34
누계거리	0.00	1.69	5.22	7.70	11.87	13.54	14.53	15.87

철도의 부설에 관한 논쟁이 지속되는 가운데에도 청일전쟁 이전까지 당서철도, 진고철도, 관동철도, 대만철도 등이 속속 부설되면서, 1881년부터 1894년의 13년 동안 부설된 철도는 총연장이 300킬로미터에 달하였다. 철도의 부설은 정치, 군사, 경제적 환경의 변화에 발맞추어

---

67) 宓汝成, 『中國近代鐵路史資料』1冊, 中華書局, 1984, p.106.
68) 「吳淞區誌」, 『上海市地方誌』7篇(上海陸上交通－交通·郵電)
　　(上海市地方誌協會:www.shtong.gov.cn)

근대화와 침략의 두 얼굴

불가피하게 진행될 수밖에 없었으며, 바야흐로 중국철도는 본격적인
발전과 도약을 준비할 수 있게 된 것이다.

|도표 9| 오송철도 노선

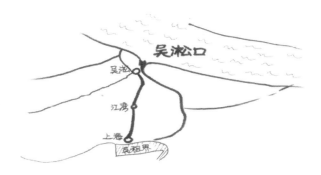

결론

중국에서는 서양의 선교사들을 통해 처음으로 철도에 관한 지식이
전파되었으며, 이들의 영향 하에서 중국의 선각자들도 서양지리서 등
의 번역을 통해 철도 지식을 속속 자국민에게 소개하였다. 철도라는 문
명의 이기는 아편전쟁으로 상징되는 제국주의의 중국 침략과 함께 소
개되었기 때문에 중국인들은 철도의 경제적, 군사적 효용성을 인식하
면서도 이를 통한 열강의 침략에 강한 경계심을 가질 수밖에 없었다.

이러한 가운데 영국상인들에 의해 오송철도가 부설되자, 철도는 서
양지리지를 통한 소개의 차원에서 이제는 중국에서도 실제로 부설이
가능할 뿐만 아니라 현실적으로도 매우 유용한 이기라는 인식을 중국
인들에게 심어 주었다. 특히 "제국주의 자본에 의한 철도의 부설과 이
에 대한 중국민중의 저항"이라는 전통적인 관점은 역사적 사실과 부합

되지 않는 것으로서, 중국 일반인들은 새로운 문명의 이기를 호기심과 호의를 가지고 지켜보았다. 철도는 교통 등 생활상에 적지 않은 변화를 가져왔으며, 서구문명에 대한 중국일반의 새로운 인식과 자각은 오히려 소수 만주족 정권인 청조정부의 위기감과 동요를 불러 일으켰던 것이다.

이러한 이유에서 중국철도의 발전은 순탄하게 전개되지 못하였다. 청조정부는 양상들로부터 이 철도를 매수한 이후 레일을 해체하고 기관차를 장강에 던져버림으로써 중국 최초의 철도가 곧바로 중국철도의 본격적인 발전으로 이어질 수는 없었다. 그럼에도 불구하고 오송철도의 부설은 중국철도의 발전을 위한 중요한 계기가 되었다. 즉 이를 계기로 청조 지배계급은 철도의 부설을 두고 찬반의 격론에 휩싸이게 된 것이다. 비록 지배계급 내 뿌리깊은 수구파 세력의 반대에 막혀 철도의 부설이 곧바로 실현될 수는 없었지만 철도의 부설은 피할 수 없는 시대적 요구이기도 하였다.

철도 부설을 위한 주요한 전기는 바로 중국의 정치, 군사적 환경의 변화로부터 마련될 수 있었다. 청프전쟁을 통해 철도의 군사적 효용성이 입증되면서 기존에 철도 부설에 반대하던 수구파의 입지는 날로 축소될 수밖에 없었으며, 이홍장 등의 양무파 관료들은 만주족 황실의 지지 하에 비로소 철도의 부설에 착수할 수 있었다. 따라서 오송철도의 부설이 비록 중국철도의 전면적인 발전으로 이어진 것은 아니었지만, 이후의 발전을 위한 첫 걸음으로서 그 초석을 마련하였다는 데 중요한 의의가 있다고 하겠다.

2

철도를 통해 세력을 확장한 러시아

— 러시아의 동방정책과 중러관계의 변화 : 東淸鐵道 (1895)

서론

　근대 제국주의의 식민지 및 반식민지에 대한 침략을 "철도와 은행을 통한 정복(Conquest by railway and bank)"으로 비유할 정도로 철도는 제국주의 침략의 상징적인 도구와 표현이었다. 일찍이 동청철도[1]의 부설과 러시아의 만주 침략에 앞장섰던 러시아 재무상 비테(Witte)는 철도야말로 중국을 평화적으로 정복할 수 있는 수단이라고 갈파한 바 있다. 또한 러시아의 황태자는 동청철도가 완성되고 나면, 10년이나 20년 안에 만주는 잘 익은 과일처럼 러시아의 손으로 떨어지게 될 것이라 낙관하였다.

　특히 청일전쟁과 그 결과로 러시아가 동청철도의 부설권을 획득한 이후 중국철도에 대한 적극적인 투자는 제국주의가 중국을 침략하는 보편적인 수단이 되었다.[2] 1896년의 청러밀약은 동청철도에 대한 러시아의 배타적 부설권을 규정하였을 뿐 아니라, 철도 연변의 30리 이내에서 광산 등에 대한 러시아의 독점적 권리를 설정하였다.[3] 이를 바

---

1) 동청철도는 赤塔에서 시작하여 만주리, 하얼빈, 綏芬河를 거쳐 블라디보스톡(Vladivostok)에 이르는 총연장 1,760킬로미터의 시베리아철도 만주 통과 노선을 말한다. 이 철도는 이후 중국(1927-1929), 만주국(1935)에 귀속된 바 있으며, 이차대전 종전 이후 중소 양국이 공동으로 소유하다가, 마침내 1952년 중국으로 귀속되었다.
2) 1840-1894년까지 중국에 대한 열강의 경제 침략은 상품 수출이 주요한 형식이었다. 그러나 청일전쟁 이후 제국주의가 중국에 투자한 새로운 항목이 바로 철도였는데, 이는 재중국 외국자본의 추세가 고정성의 투자로 향하고 있음과 더불어 식민지화의 성격이 일층 강화되었음을 의미한다. 왜냐하면 철도가 결코 중국 공상업이 발전한 결과가 아니라 제국주의가 중국을 분할한 결과로 발전하였기 때문이다. 김지환역, 『구중국 안의 帝國主義 投資』, 고려원, 1992, p.48.
3) 러시아는 동청철도 부설권 및 경영권에 관한 조약에 따라 철도 수비권, 철도부속지 수용권, 면세특권, 부속지에서의 행정권, 광산 채굴권 및 삼림벌 채권 등을 함께 획득하였다. 상세한 내용은 宓汝成, 『近代中國鐵路史資料』(中), 文海出版社,

철도를 통해 세력을 확장한 러시아

탕으로 러시아는 동아시아 국제질서를 주도적으로 재편해 나갔으며, 삼국간섭의 성공은 러시아가 자신의 제국주의적 침략성을 본격적으로 노정하게 되는 계기가 되었다.

여기에서는 청일전쟁 직후 청러밀약과 그 결과로 제정러시아가 획득한 동청철도의 부설권 문제를 중심으로 러시아의 동방정책과 이에 대한 중국의 대응을 통해 중러관계의 변화를 살펴보고자 한다. 특히 다음의 몇 가지 문제를 해명하는 것이 주요한 내용이라 할 수 있다.

첫째, 기존의 연구에서는 청러밀약과 동청철도의 부설권 문제를 주로 러시아와 일본, 혹은 러시아와 영국 등 열강 간의 관계에 초점을 맞추어 해석하고 있다. 다시 말해, 러시아가 동청철도 부설권을 획득한 목적과 과정에 대해 대부분 시기적으로 1894년 말경 청국의 무력함이 드러난 이후로 한정되어 있으며, 더욱이 만주를 둘러싼 러일 간의 대립이나 적대관계에 있던 영국과의 관계 속에서 살펴보는 것이 대부분이라 할 수 있다.4) 국경을 접하고 있는 중국 측의 역할과 관계에 대한 연구는 상대적으로 부족한 형편이다. 따라서 여기에서는 이 문제를 청일전쟁 이전부터 중러관계의 연속성 속에서 규명해 보려 한다.

둘째, 러시아의 동방정책은 주요 대상지인 중국의 외교적 인식과 전략에 긴밀하게 연동되었다고 본다. 이러한 의미에서 여기에서는 중국의 대응과 외교전략을 규명함으로써 러시아 동방정책의 성립과 변화의 근거를 도출해 내고자 한다. 이러한 과정을 통해 러시아의 동방정책과 중국의 대러시아 정책이 청일전쟁과 청러밀약, 그리고 요동반도 조차 등 일련의 사태를 중심으로 본질적인 변화를 보이고 있음을 규명하고

1963, pp.351−352 참조.

4) 예를 들면 石和靜, 「위떼의 東淸鐵道 부설권 획득 경위」, 『中蘇硏究』71, 1996 가을 참조.

자 한다.

셋째, 동청철도의 부설은 비단 철도문제뿐 아니라 이후 러시아의 요동반도 조차 및 러일전쟁의 발발로 이어지는 중요한 결절점이 된다고 생각된다. 따라서 여기에서는 동청철도의 부설권을 획득한 이후 삼국 간섭을 통해 요동반도의 조차권을 획득하기까지의 과정에서 일본의 인식과 대응을 살펴봄으로써 이후 러일전쟁으로 상징되는 러일 간의 무력충돌의 근거와 그 전개 과정을 살펴보고자 한다.

넷째, 요동반도의 조차 이후 러시아는 본격적으로 중국영토의 분할에 나서면서 제국주의적 침략성을 노정하게 된다. 그럼에도 불구하고 전체적으로 러시아의 중국에 대한 영향력은 상대적으로 축소되는 방향으로 나아가게 된다. 여기에서는 요동반도 조차 이후 러시아의 영향력이 축소되는 근본적인 원인을 중러관계의 변화 속에서 규명해 보고자 한다.

1. 시베리아 횡단철도와 중국 관동철도

러시아가 시베리아 횡단철도를 부설한 목적은 전통적인 가상적국인 영국과의 대결뿐 아니라 프랑스, 독일, 미국 등 구미 제국과의 관계, 나아가 일본의 팽창과 조선문제 등의 종합적인 구도 속에서 이해되어야 할 것이다. 그러나 역사적으로 오랜 기간 국경을 접해온 중국과의 관계에 대한 해명을 결여하고 이 철도의 부설에 대한 온전한 이해에 도달하기는 힘들다고 생각된다.

러시아는 크림전쟁(1853-1856)에서의 패배로 유럽으로의 팽창에 타격을 입고 나서 자신의 외교적 역량을 극동으로 전환시키기 시작했다. 1861년 3월 알렉산드르 2세가 농노해방을 단행하고, 1861년 4월 27일

이민법을 반포한 이후 러시아농민들은 유럽령 러시아로부터 본격적으로 동쪽으로 이주하기 시작하였다. 그리하여 식민정책을 추진하기 위한 필요에서 시베리아 횡단철도를 부설해야 한다는 주장이 부단히 제기되었다.

한편, 중국은 1689년에 러시아와 네르친스크조약을 체결한 이후 흑룡강 대안의 방비를 위해 각 요충지에 성채를 축조하였으며, 식민정책과 둔전촌락의 건설을 적극 추진하였다. 이미 17세기 말 중국의 강제이주민은 약 2만 명으로 추산되었으며, 러시아의 위협에 대비하기 위한 변경지역으로의 식민 정책, 한족의 이주에 의한 만주의 중국 본토화라는 병행적 과정이 나타나게 되었다.5) 더욱이 직예총독 이홍장은 1883년 북양함대를 창설하여 군비 증강에 본격적으로 착수하였으며, 요동반도의 여순에 요새화된 해군기지를 건설하였다. 적지 않은 러시아인들은 전쟁의 불가피성을 인식했지만, 러시아 참모본부의 장교들은 1천 마일 이상 중국국경과 마주해 있는 아무르지역이 주민수가 적고 전략적으로 허술하여 군사상 방어에 용이하지 않다고 판단하였다.

1884년 청프전쟁 이후 청조정부는 각 대신에 海防의 대책을 강구하라는 조서를 내렸는데, 이에 이홍장, 좌종당, 증기택 등이 해방의 요체는 시급히 철도를 부설하는데 있다고 주청하였다. 청정은 1885년 총리해군사무아문(해군아문)을 설립하여 순친왕 奕譞을 총리해군사무대신으로, 직예총독 겸 북양대신 이홍장을 회판으로 임명하여 모든 철도 업무를 주관하도록 하였다. 그런데 철도 부설의 필요성에 대한 이홍장의 인식은 공상업의 발전보다는 군사적 관점에서 제기되었음에 유의해야 한다. 이홍장은 1869년 이래 철도 부설에 매진하고 있던 일본을 목도한

---

5) 松岡洋右, 『滿鐵を語る』, 第一出版社, 1937.5, p.52.

이후 "내지에 철도가 있으면 병사를 변방에 주둔시키더라도 위급한 소식을 듣고 구원하러 달려 가는데 하루에 천 수백 리를 갈 수 있으니 군사를 통솔하는데 어려움이 없다"[6]라고 하여 철도 부설이 군사 전략상 불가결함을 강조하였다. 이러한 이유에서 이홍장을 중심으로 하는 양무파 관료들은 만주에서도 철도의 부설을 적극 추진했던 것이다.

1857년 시베리아총독 로바노프(Robanov)가 시베리아철도의 부설을 건의한 이래 중국은 러시아철도의 동점 현상에 주의를 기울이고 있었다. 시베리아 횡단철도의 부설 계획은 중국인들로 하여금 철도의 가치를 재인식시키는 계기가 되었다. 중국에 거주하던 외국인들도 시베리아철도 부설이 가지고 있는 침략성을 수시로 환기하였다. 예를 들면 영국인 리차드(Timorthy Richard), 미국인 알렌(Young John Allen) 등은 시베리아철도의 부설을 철도 침략으로 규정하고, 시급히 철도를 부설하여 러시아의 음모에 대비해야 한다고 경고하였다.[7]

|도표 10| 시베리아 횡단철도

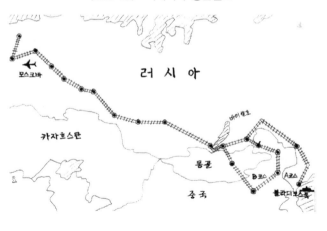

---

6) 鄭鎭奉, 「洋務運動期 철로부설에 대한 일고찰」, 『釜山史學』28, 1995, p.209.
7) 李國祁, 『中國早期的鐵路經營』, 中央研究院近代史研究所, 1961.5, p.106.

이홍장 등 양무파 관료들은 철도 부설을 적극 주창하면서 러시아의 침입에 대비해야 한다는 국방의 목적을 누차 강조하였다. 1888년 서태후는 길림성의 장군들이 조정에 입관할 때마다 러시아의 철도 부설 상황에 대해 상세히 문의하였을 뿐만 아니라 동북 및 서북의 관리들은 모두 러시아의 철도 부설 문제에 관해 수시로 서태후에게 奏摺을 올렸다. 1889년 이후 중국 일반에서도 철도의 부설을 통해 러시아의 시베리아철도 부설에 대비하자는 여론이 널리 확산되었다.8) 이러한 결과로 출현한 것이 바로 관동철도의 부설이었기 때문에, 중국 측의 움직임에 대해 러시아도 매우 민감하였다. 1889년 황팽년 등은 철도의 부설을 통해 동북국경의 방비에 나서야 한다는 주접을 청조에 올렸는데, 이 내용이 상해의 신문에 보도되자 러시아는 이러한 중국 방면의 소식에 신경을 곤두세우지 않을 수 없었다.

1890년 초 이홍장은 영국인 공정사 킨더(C.W.Kinder)에게 사람을 보내어 자신이 이미 서에서 동으로 남만주를 관통하는 철도의 부설 계획을 세워 두었음을 전하였다. 이홍장이 계획한 노선은 영구에서 심양, 길림을 거쳐 러시아 국경 부근에 위치한 도문강의 훈춘에 이르는 노선이었다. 뿐만 아니라 이홍장은 봉천에서 남으로 만주의 주요 항구인 우장(영구)에도 지선을 부설하려는 계획을 수립하였다.9)

1890년 3월 31일 총리아문이 동삼성에서 철도를 부설하기로 방침을 결정한 이후 관동철도의 부설 계획은 본격적으로 진행되었다. 1890년 4월 16일, 이홍장은 그의 측근인 오치창으로 하여금 영국인 공정사 킨더를 대동하고 비밀리에 철도 부설을 위한 측량을 개시하도록 지시하였다. 이홍장이 러시아에 대항하기 위한 관동철도의 부설 및 관측에 영

---

8) 李國祁, 『中國早期的鐵路經營』, 中央研究院近代史研究所, 1961.5, p.87.
9) 李抱宏, 『中國鐵路發展史』, 三聯書店, 1958, pp.37−38.

국인 공정사를 동원한 것은 다분히 以夷制夷의 원칙에서 암중 영국과 연대하여 러시아에 대항한다는 의미가 있었다.[10] 또한 철도의 레일도 모두 영국으로부터 구입하도록 계획을 마련하였다.[11]

4월 17일 이홍장은 총리아문의 순친왕에게 철도 측량을 모두 비밀리에 진행할 예정이라고 보고하였다. 순친왕은 다음날 이홍장에게 "관동철도의 부설은 우리에게 매우 중요한 일이며, 러시아의 질시를 받을 것이다. 따라서 이 철도는 국고 지출을 늘려 신속히 추진하지 않으면 안 된다. 그러나 현재의 예산 범위 내에서는 일년에 200리의 부설만 가능한 상태로 완공이 늦어질 수밖에 없다. 일전에 서태후를 만났을 때 그도 이 문제를 염려하고 있었다. 자금을 모으는 일도, 주식을 발행하는 일도 모두 어려우니 다른 방법이 없겠는가?"[12]라고 하여 철도 부설을 위한 자금의 동원이 쉽지 않음을 전하였다. 이로부터 우리는 청조정부가 서둘러 만주지역에서 관동철도를 부설하려는 계획은 바로 러시아의 시베리아철도 부설에 대비하기 위한 목적에서 이루어졌으며, 또한 서태후와 총리아문의 순친왕을 비롯하여 이홍장 등 청조 수뇌부는 이를 매우 긴요한 문제로 인식하고 있었음을 알 수 있다.

철도 노선을 부설하기 위한 관측에서 킨더는 영구를 기점으로 하는 노선이 불편하다고 판단하여 철도의 기점을 직예의 임서진으로 변경하고 관내에 이미 부설되어 있는 철도와 서로 연결하도록 건의하였다. 그러나 이후 다시 노선이 수정되어 임서에서 길림에 이르는 간선을 만들고, 다시 심양에서 영구에 이르는 지선을 부설하는 것으로 결정하였다.

10) 吳相湘, 『帝俄侵略中國史』, 國立編譯館, 1964, p.92.
11) 王業鍵, 「甲午戰爭以前的中國鐵路事業」, 『中央研究院歷史語言研究所集刊』31, 1960.12, p.181.
12) 吳相湘, 『帝俄侵略中國史』, 國立編譯館, 1964, p.91.

1891년 3월 청조는 이홍장을 관동철도 독판으로 임명하는 동시에, 호부에 당해년도부터 매년 200만 량을 관동철도 부설을 위한 專款으로 편성하도록 하였다.[13] 1892년 정월에 이홍장은 다시 이들을 파견하여 2차 측량을 실시한 후, 이 결과를 가지고 1892년 4월 25일 총리아문에 철도의 부설에 착수할 수 있도록 승인해 줄 것을 상주하였다. 총리아문의 승인 이후 이홍장은 영국인 킨더를 총공정사로 임명하여 그의 감독 아래 철도를 부설하도록 하였다.

그럼에도 불구하고, 관동철도의 부설에서 가장 문제가 된 것은 철도 부설 경비의 조달 방법이었다. 이 철도를 부설하기 위해 확보된 예산 가운데에서 이미 1891년부터 경비가 전용되기 시작했는데, 1895년까지 총 액수가 600만 량에 달하였다. 이 가운데 1894년 서태후의 60세 회갑연에 200만 량이 유용되었고, 1895년에 청일전쟁이 발발하자 철도의 부설 경비를 군량으로 일부 떼어 사용하였다. 이와같이 이 철도는 임서에서 시작하여 1892년 난주까지, 1893년 봄에는 산해관까지 부설되었으며, 계속해서 금주방면으로 진전되었다. 1894년에 산해관 밖 약 40마일에 위치한 中后所까지 부설되었을 때 청일전쟁이 폭발하여 공사가 중단되고 말았다. 약 3년 동안 부설된 철도는 예산의 부족으로 말미암아 120마일에도 미치지 못하였다.[14]

이홍장은 철도를 부설하기 위한 경비를 마련하기 위해 차관의 도입

---

13) 王業鍵, 「甲午戰爭以前的中國鐵路事業」, 『中央研究院歷史語言研究所集刊』31, 1960.12, pp.180~181.
14) 관동철도는 1892년에 당산-서객장까지 42킬로미터 구간이 완성되었는데, 총 비용은 30만량이 소요되었다. 1893년까지 난주-산해관의 112킬로미터, 1894년에 산해관-중후소의 64킬로미터가 완성되었으며 양 노선 합계 1,760,000량이 소요되었다. 許滌新, 吳承明, 『舊民主主義革命時期的中國資本主義』, 人民出版社, 1990, p.395.

을 적극 검토하였다. 그러나 이홍장의 계획을 적극 지지했던 순친왕이 갑자기 병상에 누운 이후 청조 중앙에서는 이 계획을 적극 지지하는 세력이 없었다. 이러한 과정에서 러시아는 관동철도 부설을 견제하기 위해 외교경로를 통해 외국으로부터의 차관 도입을 적극 저지하고자 하였다.[15] 이후 청조는 외국차관의 도입을 연기하기로 결정하고 원래 책정된 경비만을 가지고 관동철도를 부설하도록 명령하였다.

앞서 언급한 바와 같이, 1890년 초부터 킨더는 이홍장의 명령에 따라 비밀리에 측량을 진행하였다. 그러나 러시아의 정보기관은 이미 측량대가 출발하기 전부터 이들의 활동을 감지하고 있었으며, 이러한 사정은 러시아가 시베리아철도의 부설에 서둘러 착수하도록 만든 주요한 요인이 되었다.[16] 1875년에 제출된 시베리아철도 부설 계획이 이미 오랜 기간 동안 논의되어 왔지만 아무런 진전도 없었다. 1887년 6월 18일 페테르부르그에서 열린 고위당국자회의는 시베리아 횡단철도의 부설 필요성을 논의하면서, 철도 부설을 위한 측량을 교통상에 명령하였으나, 재정 등 여러 이유로 착공이 계속 지연되고 있었다.

1890년 7월, 킨더를 중심으로 한 중국관측대가 러시아와 조선의 경계지역인 훈춘을 측량하였을 때, 아무르구역 행정장관인 코르프(Korff)는 짜르에게 시베리아철도를 부설하여 블라디보스톡 및 남우수리지역을 방어하는 일이 시급하다고 보고하였다. 이 보고를 접한 알렉산드르 3세는 우수리노선만이라도 우선적으로 부설해야 할 필요성을 인정하였다. 1890년 8월 31일 대신위원회는 우수리노선을 부설하기 위한 예산

---

15) 傳啓學, 『中國外交史』上, 臺灣商務印書館, 1972, p.93 및 李國祁, 『中國早期的 鐵路經營』, 中央硏究院近代史硏究所, 1961.5, p.93은 이와 같은 청조의 결정이 북경에서 러시아가 전개한 외교활동과 밀접한 연관이 있는 것으로 설명하였다.
16) 李抱宏, 『中國鐵路發展史』, 三聯書店, 1958, p.41.

지출을 결의하고, 육군대신의 제안에 따라 전략상 분산된 철도 부설을 지양하고 일관된 시베리아철도를 부설하기로 합의하였다. 1891년 2월 21일의 내각회의에서 짜르는 시베리아철도를 시급히 부설하도록 지시 하였으며, 마침내 같은 해 3월 31일에 서둘러 착공에 들어가게 되었다. 이렇게 볼 때, 관동철도와 시베리아철도의 부설은 모두 중국과 러시아 간의 국경과 만주지역의 정치적 안정이라는 목적에서 적극 추진되었으며, 양자는 상호 밀접한 관계를 가지고 있었음을 잘 알 수 있다.

2. 청일전쟁과 중국의 전시외교

일찍이 1885년 천진조약을 체결할 때에 이홍장은 총리아문에 "이토 히로부미는 이미 구미로부터 교훈을 배워, 통상의 발전, 국부의 증진, 국방의 강화를 강조하고 있다……아마도 10년 내에 일본의 국부와 역량은 감탄할 정도로 증대될 것이다. 이것이야말로 현재는 아니라 할지라도 장래 중국의 화근이다"[17]라는 의견을 상주하였다. 이홍장의 예언은 불행히도 정확히 적중하였으며, 9년 후 청일전쟁에서 그대로 증명되었다. 이와 같은 인식 하에서 청조는 군비를 우선적으로 증강하는 양무운동에 매진하였으나, 청일전쟁에서의 패배는 양무운동의 총체적 실패를 의미하였으며, 나아가 양무운동에 대한 반성과 변법운동으로 나아가는 주요한 계기가 되었다.

북양함대의 부패와 허약함은 청일전쟁을 통해 충분히 증명되었지만, 개전 초기만 하더라도 일본은 북양함대의 위력에 두려운 마음을 가지고 있었다. 일찍이 1891년에 북양함대 제독 정여창이 함대를 이끌고

17) 信夫淸三郞, 『近代日本外交史』, 中央公論社, 1942, p.7.

橫濱港에 입항한 적이 있는데, 이 때 그 외관의 위용을 목격한 많은 일본인들은 중국함선의 위력을 두려워하게 되었다. 따라서 실제 일본이 청일전쟁의 선전을 중국에 포고할 때에도 일본총리대신 이토 히로부미(伊藤博文)는 혹시 중영 간에 군사밀약이 있지 않을까 염려하였지만, 해군대신은 북양함대의 위세를 우려할 정도였다.[18]

|도표 11| 청일전쟁시기 중일 간 군함 비교[19]

구 분	항 목	일 본	중 국
인원수	1척당 탑승 인원수	28	81
	1톤당 배수량 합계	57,632	73,179
평균수	실마력	3,395	1,434
	속력	13.9	11.8
	함정연령(年)	9.6	12.5
탑재병기 합계	중포	107	134
	경포(47밀리미터 이상)	31	136
	속사포	217	22
	기관포	106	231
	어뢰발사기	42	39

|도표 12| 청일전쟁시기 중일 간 어뢰정 비교[20]

항 목	일 본	중 국
1척당 탑승 인원수 (인)	24	25
1톤당 배수량 합계 (톤)	1,475	1,042
평 균 수 실마력	608	300
속력	18.0	17.5
함정연령(年)	4	8.1
탑재병기합계 어뢰발사기	48	37
속사포 및 기관포	26	22

18) 信夫淸三郎, 『近代日本外交史』, 中央公論社, 1942, p.69.
19) 信夫淸三郎, 『近代日本外交史』, 中央公論社, 1942, p.70.
20) 信夫淸三郎, 『近代日本外交史』, 中央公論社, 1942, p.70.

이상의 표로부터 명확히 알 수 있듯이, 청일전쟁 시기 청일 간의 해군을 비교해 볼 때, 양적으로는 중국이 우세하였음에도 불구하고 질적으로는 일본이 중국을 능가하였다. 이홍장은 중국 육해군의 취약성을 누구보다 잘 알고 있었기 때문에 즉시 개전에 나서지 못하고 不戰主和論을 주창하여 대일화해의 외교를 모색하였던 것이다.[21]

그러나 청조 내부와 일반에서는 비록 중국이 서양 열강의 무력에 굴복하기는 하였으나, 동방의 맹주로서 일본을 제압하기에 충분한 역량을 보유하고 있다는 신념을 가진 사람들이 적지 않았다. 예를 들면 옹동화는 "왜국이 감히 상국과 맞서려 하니 하룻강아지 범 무서운줄 모른다. 우리 중국이 이들과 맞서는 일은 식은 죽을 먹는 것과 같다"[22]고 하면서 주전론을 주창하였다. 이러한 영향으로 젊은 광서제도 시종 주전을 주장하였으며, 禮部侍郎 志銳와 翰林院侍讀學士 문정식 등도 신속한 군사행동을 촉구하였다.

7월 12일에 개최된 어전회의에서 광서제와 옹동화, 문정식 등 그 측근들이 주전론을 주장하였으나 북양함대의 이홍장 및 관계 실무자들은 열강을 통한 외교적 방법을 동원하여 전쟁을 회피해야 한다는 주화론에 기울어 있었다. 서태후 역시 신속히 분쟁을 마무리 하려는 의도에서 주화론을 지지하였으며, 서태후의 뜻을 받들어 조정에서도 군기대신 손육문, 서용의 등이 이홍장의 주화론을 지지하였다.[23] 이와 같이 청

---

21) 이미 1879, 1890년의 단계에서 이홍장은 중국의 대일군사력을 열세로 판단하였다. 高橋秀直, 『日淸戰爭への道』, 東京創元社, 1996.3, p.113. 이러한 이유에서 청일전쟁이 발발하기 직전에 이홍장은 광서제에게 "북양함대 가운데 실제로 해전에 참여할 수 있는 배는 8척에 불과하며 다른 함선은 수송용에 불과하여 해전에서 승산이 없다. 육군도 병력이 부족하며 국경을 넘어 출병하더라도 많은 인원을 동원하기 어렵다"라고 보고하였다. 栗原純, 「日淸戰爭と李鴻章」, 『日淸戰爭と東アジア世界の變容』下, ゆまに書房, 1997.9, pp.164-165.

22) 傳啓學, 『中國外交史』, 臺灣大學法學院, 1957, p.113.

일전쟁에 직면하여 청조 내부에서는 주전론과 주화론이 격렬히 대립하고 있어, 통일된 대응책이 아직 마련되어 있지 않은 상태였음을 알 수 있다.

청일전쟁 이전부터 청조는 기본적으로 이이제이의 전통적인 외교전략을 견지하고 있었다. 청일 간의 긴장이 고조되면서 비록 영국과는 서장문제로, 러시아와는 만주에서의 국경문제로 심각하게 대립하고 있었지만, 청조는 동아시아에서 일본과 이해가 첨예하게 맞물려 있던 양국의 역량을 이용할 필요가 있었다. 양강총독 장지동 등은 '연영항일'의 외교전략을 주장하였는데, 그 이유는 영국으로서는 특히 공업이 발달한 지역인 상해에 이해가 걸려있기 때문에 상해의 방위에 적극적으로 나서지 않을 수 없을 것이며, 이렇게 된다면 상해해관의 수입을 보존할 수 있을 뿐만 아니라 강남제조국의 무기 생산 역량도 유지할 수 있다는 판단에 기초한 것이다. 그 결과 중국은 영국의 원조에 의지해서만 아니라 자력으로도 일본과 일전을 치룰 수 있는 역량을 보존할 수 있게 된다는 논리였다.[24]

영국은 열강 가운데에서도 중국에 대한 투자가 가장 많은 액수를 차지하였으며, 중국의 대외무역에서도 가장 큰 교역 상대국이었다. 또한 청일전쟁 이전까지 청조가 차입한 20여 차례의 외채 가운데 절대 다수가 바로 영국의 은행으로부터 차입한 사실은 중영 간의 전통적 외교관계의 중요성을 웅변해 주는 것이다.

그러나 이와같은 중영 간의 외교관계에 변화가 나타나기 시작하는 것은 영국의 동방정책과 밀접한 관계를 가지고 있다. 일본이 조선과 대만, 유구열도 등에서 세력을 확대해 나가자, 영국은 전통적인 러시아의

23) 蕭一山, 『淸代通史』下, 商務印書館, 1967.5, p.1196.
24) 李國祁, 『張之洞的外交政策』, 中央研究院近代史硏究所, 1970.5, p.70.

남진저지정책의 일환으로 만주 등 동방에서 러시아와 이해가 상충되는 일본을 동방의 맹방으로 부식하기로 결정하였다.[25] 청일전쟁 전야인 1894년 7월 12일, 영국은 일본과 불평등조약을 개정하기로 합의하였는데, 이는 바로 일본 지지 정책의 구체적인 표현이었다. 영국의 신문은 "영국은 태평양에서 일본이 해군 역량을 강화하는 일에 반대할 필요가 없다. 이러한 사실이 러시아에 위협이 될 것임은 의심할 바 없지만, 우리와는 아무런 이해의 충돌도 없다"[26]라고 보도하였다. 이러한 이유에서 영국은 일본에 상해를 공격하지 말도록 요구한 이외에 사실상 적극적인 조정에 나서지 않았던 것이다.

이와같이 영국은 청일전쟁 기간에도 일본을 부지하는 태도를 취하였으며, 삼국간섭에도 참여하지 않았다. 영국의 동방정책에서 나타난 대일관계의 강화는 기본적으로 중국의 외교전략에 민감한 영향을 미칠 수밖에 없었다. 따라서 청일전쟁을 기점으로 하여 중국의 러시아에 대한 접근은 바로 이와같은 전통적인 중영관계의 변화 속에서 등장한 것이며, 나아가 영러 간의 전통적인 대립관계를 의식한 중국 자신의 고유한 외교전략이라고 할 수 있는 이이제이 정책, 즉 영국과 대립관계에 있던 러시아를 끌어들여 영국과 일본을 견제하려는 정책이었다고 볼 수 있다.[27]

---

25) 이러한 의미에서 적지 않은 연구자들은 이 시기를 포함하여 러일전쟁을 러시아를 상대로 한 영국과 미국의 대리전쟁으로 파악하고 있다. 1904년 4월부터 1905년 5월까지 영국과 미국이 네 차례에 걸쳐 일본에 제공한 총 4억 1000만 달러의 차관 중 약 40%가 일본의 전비로 충당되었다.

26) 劉培華, 『近代中外關係史』, 北京大學出版社, 1991, p.390.

27) 이와함께 1888년 2월에 영국은 서장을 침략하여 1890년 3월 17일 중국과 조약을 체결하고 서장 일부 지역에 대한 보호권과 무역상의 특권을 획득하였다. 청프전쟁 이후 서장을 비롯한 중국 서남지방에 대한 영국의 침략은 청일전쟁의 발발과 함께 중국이 외교전략을 수립하는 과정에서 영국을 군사동맹의 파트너로 선정하

이미 9월 하순에 서태후는 외교에 능한 공친왕 혁흔을 총리아문 대신으로 임명하고 옹동화를 천진으로 보내 이홍장에게 러시아에 화해를 주선해 주도록 요청할 계획을 전하였다. 그러자 이홍장은 "만일 특사를 파견하여 러시아와 상의한다면 양국 간에 우의가 군건하게 되어 반드시 방법이 있을 것"[28]이라고 주장하였다. 이에 대해 옹동화가 만일 러시아가 영국과 연합한다면 어떻게 할 것인가라고 묻자 이홍장은 결코 그럴 가능성이 없으며, 러시아가 동삼성을 점령하지 않을 것임을 장담하였다.[29] 이로부터 연러항일의 정책에 착수한 것은 바로 서태후의 결정이며, 이때까지도 서태후와 이홍장은 모두 러시아에 대해 지나치게 낙관적인 태도를 가지고 있었음을 알 수 있다.

이후 러시아는 청러밀약을 체결하는 과정에서 동청철도의 부설권을 요구하면서, 그 근거로서 군사력의 신속한 수송체계를 거론하였다. 즉 비테는 이홍장에게 "청일전쟁이 발발한 후 우리는 블라디보스톡에 군대를 파견하였으나 철도교통이 결여되어 행동이 지체될 수밖에 없었다. 군대가 길림에 도착했을 때 전쟁은 이미 끝나버린 상태였다"[30]라고 하여 철도 부설권의 필요성을 강변하였다. 그러나 청일전쟁 시기 러시아의 외교활동을 살펴보면 이와같은 주장은 근거가 희박한 것임을 알 수 있다.

6월 20일 이홍장은 주중 러시아공사 카시니(Cassini)를 통해 중재를 요

는데 적지 않은 장애가 되었다고 생각된다.

28) 劉培華, 『近代中外關係史』, 北京大學出版社, 1991, p.385.

29) 劉培華, 『近代中外關係史』, 北京大學出版社, 1991, p.385.

30) 宓汝成, 『近代中國鐵路史資料』(中), 文海出版社, 1963, p.348. 시베리아철도가 완공될 경우 당시 설계에 따르면 기차 속도는 시속 34리로서 여순에서 모스크바까지의 6,050리를 7일 10시간이면 주파할 수 있었다. 「西伯亞鐵路及東西洋之開通」, 『時務報』6冊, 1896.8.21, p.27.

청하였으며, 러시아는 이를 수용하였다. 러시아가 중재를 응낙한 이유는 첫째, 동아시아에서의 영향력을 증대시키고, 둘째, 중국이 영국에 중재를 요청하는 일을 사전에 차단할 수 있으며, 셋째, 동아시아에서 러시아가 원치 않는 전쟁을 사전에 방지하고자 하는 의도에서 비롯된 것이다.[31]

6월 25일 주일 러시아공사가 일본외무성을 방문하여 조선에서 청일 양국의 동시 철병에 대한 일본의 의향을 문의하였다. 러시아공사는 일본외상과의 회담을 통해 첫째, 일본이 군사를 이미 한국에 파견하여 철병할 경우 국내 여론이 비등하여 그 실현이 용이하지 않다고 판단하였으며, 둘째, 일본이 이미 조선의 자주독립을 보장하였을 뿐만 아니라 결코 다른 야심이 없다는 뜻을 밝혔기 때문에, 러시아로서는 특별히 중국을 감싸고 일본을 억압할 이유가 없다고 판단하였으며, 셋째, 만일 러시아가 중국을 원조한다면 스스로 소용돌이에 말려 반드시 영국의 적대 행동을 유발할 것이라고 예상하였다.[32]

8월 1일 중국과 일본이 선전을 포고한 이후, 알렉산드르 3세는 동아시아 위기를 논의하기 위해 8월 21일에 특별각료회의를 소집하였다. 회의는 청일전쟁에 적극 개입하는 일이 러시아에 도움이 되지 않으며, 러시아로서는 외교수단을 통해 다른 열강과 협력하여 분쟁을 해결한다는데 합의를 도출하였다. 8월 1일에 중국과 일본이 동시에 선전을 포고하자, 열강은 연이어 중립을 표명하였다. 8월 7일에 영국과 네델란드가, 8월 10일에는 이탈리아, 포르투갈, 덴마크가, 8월 28일에는 미국이, 9월 6일에는 독일이 각각 엄정 중립을 선포하였다. 이에 러시아도 조선에서의 권익이 침해당하지 않는한 간섭하지 않겠다는 뜻을 표명함으

31) 吳相湘, 『第一次中日戰爭』, 正中書局, 1959.5, p.196.
32) 吳相湘, 『第一次中日戰爭』, 正中書局, 1959.5, p.194.

철도로 보는 중국역사

로써 사실상 중립을 선언하였다.[33]

이와같이 영국과 러시아를 동원하여 일본을 견제하려는 중국의 전시 외교전략은 완전히 실패로 끝났다. 외교 수단을 통해 일본을 제어하려는 전략이 실패한 이후 필연적으로 청일전쟁이라는 군사충돌의 불가피한 국면이 전개되었으며, 마침내 중국은 청일전쟁에서 대패하고 양무운동은 총체적인 실패로 끝나고 말았다.

3. 삼국간섭과 일본의 대응

청일전쟁시기 러시아는 외면상 중국의 중재 요구에 적극 응하면서도 실제로는 중립적인 입장을 견지함으로써 불필요한 충돌을 회피하면서, 적어도 시베리아철도가 완성될 때까지 현상을 유지하려는 정책을 견지하였다. 그러나 청일전쟁 이후 러시아는 일본이 여순과 대련을 조차할 뜻이 있음을 감지한 이후 기존의 중립적 태도에서 적극적인 간섭의 태도로 전환하였다. 그러나 적어도 삼국간섭을 통해 일본의 여순, 대련 조차를 무산시킨 것은 앞서 언급한 현상의 유지라는 기조에서 출발한 것이라 할 수 있다.

청일전쟁에서의 승리에 도취된 일본에서는 청일전쟁 승전의 대가로 중국영토를 할양해야 하며 그 위치는 요동반도로 해야 한다는 여론이 충만하였다. 1895년 1월 27일 히로시마에서 열린 일본의 어전회의에서 외무성이 요동반도의 할양 방안을 제출하자, 적지 않은 참석자들은 금주로 할양지를 확대할 것을 주장하거나, 심지어 산동반도의 전체로 확대해야 한다는 주장까지 제기하였다.[34]

33) 沼田市郎, 『日露外交史』, 大阪屋號書店, 1943, p.94.
34) 信夫淸三郎, 『近代日本外交史』, 中央公論社, 1942, p.96.

　이러한 열광적인 분위기 속에서, 1895년 1월 31일 청조는 張蔭桓과 邵友濂 두 사람을 강화회의의 전권위원으로 임명하여 히로시마(廣島)에 파견하였다. 2월 1일에 개최된 제1차 협상회의에서 이토 히로부미는 중국대표가 전권위임의 칙서를 소지하지 않았다는 이유로 협상을 거부하면서, "두 대신이 위임 받은 권한이 매우 불완전하여 청조정부가 아직 절실히 화평을 구하고 있지 않은 것으로 판단된다"[35]라며, 중국이 다시 협상대표를 파견할 시 협상의 중임을 담당할만한 중신으로 결정해야 한다는 뜻을 전달하였다.[36] 이토 히로부미가 강조한 중임은 곧 주중 미국공사 덴비(Denby)를 통해서 총리아문에 전달되었다. 즉 이토 히로부미는 "토지의 할양, 배상금 지불 및 조선의 독립에 관해 전권을 가지고 독단적으로 결정할 수 있는 자가 아니면 어떤 사람이더라도 청국 전권으로 받아들이기 어렵다"[37]는 뜻을 통고하였다. 2월 22일 광서제는 중신회의를 소집하여 이 문제를 논의하였다. 여기서 옹동화 등은 토지 할양에 반대하고 대신 배상액을 증가시키는 방법을 제안하였으나, 혁흔 등은 토지의 할양 없이는 양국 간의 협상이 이루어지기 어렵

---

35) 蔣廷黻編, 『近代中國外交史料輯要』中, 商務印書館, 1959.5, p.557.
36) 『淸季外交史料』106卷 4-6(1895.1.21), 文海出版社, 1964, p.72.
37) 靑柳篤恒, 『極東外交史槪觀』, 世界堂書店, 1938.9, p.170.

철도로 보는 중국역사

다고 인식하였다.

3월 3일 개최된 군기처왕대신회의는 일본이 전권대신의 자격을 빌미로 시간을 지연시키는 목적이 군사 충돌을 의도한 것이 아닌지 우려를 제기하였다. 더욱이 일본이 가장 관심을 갖는 문제가 바로 토지의 할양이므로, 이 문제의 논의 없이는 협상이 진행될 수 없다고 인식하고, 이홍장에게 토지 할양의 권리를 부여하여 일본과 협상하도록 해야 한다는 뜻을 황제에 주청하였다.[38] 일본과 협상에 나선 이홍장은 4월 1일 총리아문에 영토의 할양 등 일본의 요구 사항을 상세히 보고하면서 영국과 러시아, 프랑스의 삼국공사에게 이를 내밀히 전하도록 건의하였다.[39]

이에 따라 청조는 주러시아공사 허경징을 통해 러시아로 하여금 대일 간섭에 나서도록 하기 위한 교섭에 착수하였다. 교섭 이후 허경징이 총리아문에 보고한 기록에 따르면, 만일 일본이 중국과의 협상과정에서 지나친 요구를 제출할 경우 러시아는 즉시 영국 및 프랑스와 합동으로 일본으로 하여금 그 요구를 철회하도록 권고할 것이라는 뜻을 전하였다. 여기에서 허경징은 러시아의 계획은 일본이 중국에서 영토를 할양할 경우 이를 저지하려는 의도로 보인다고 보고하였다.[40] 허경징의 보고로 볼 때, 러시아는 일본이 중국영토의 일부를 조차할 것에 대비하여 삼국간섭을 이미 준비하고 있었음을 알 수 있다. 유의할 점은 러시아가 연합을 위해 프랑스와 독일 이외에 영국을 배제하지 않고 있었다는 사실이다. 만일 러시아와 영국이 연합하여 일본에 간섭한다면 그 위력이 상당할 것임을 일본이 모를 리 없었다.

---

38) 蔣廷黻編, 『近代中國外交史資料輯要』中, 商務印書館, 1959.5, pp.566−567.
39) 蔣廷黻編, 『近代中國外交史資料輯要』中, 商務印書館, 1959.5, p.574.
40) 『淸季外交史料』106卷 19(1895.1.26), 文海出版社, 1964, p.80.

한편 1895년 2월 14일 주일 러시아공사가 일본외상을 방문하여 청일강화의 내용에 대한 의견을 교환하였다. 이 자리에서 일본외상은 일본이 중국영토의 일부를 조차할 뜻을 전달하였다. 이에 대해 러시아공사는 조차지를 대만으로 한정할 경우 이견이 없으나, 도서를 버리고 대륙으로 판도를 확장하는 것은 바람직하지 않다는 견해를 전달하였다. 그럼에도 일본외상이 이 의견을 수용하지 않자, 러시아공사는 중국대륙에서 영토를 확장하려는 일본의 시도에 대해 열강이 반드시 이의를 제기할 것이라고 경고하였다.[41] 유럽의 신문들은 러시아가 재외공사에 훈령을 내려 영국, 프랑스 등 강대국과 연합하여 청일전쟁에 간섭을 시도하고 있다고 보도하면서, 유럽 각국은 일본이 중국 대륙에서 한 치의 땅도 할양해서는 안된다는 입장을 견지하고 있다는 기사를 실었다.[42] 이렇게 볼 때, 러시아는 청일전쟁의 협상 개시와 함께 이미 삼국간섭의 의지를 가지고 있었으며, 영국, 프랑스와 협상을 개시하였음을 짐작할 수 있다.

일본으로서는 열강의 간섭을 회피하기 위해 특히 영국과 러시아의 불만을 해소하는데 적극 나섰다. 일본은 영국의 간섭을 회피하기 위한 대책을 강구하였는데, 가장 핵심적인 대책은 바로 청일전쟁의 결과 중일 간에 체결된 마관조약의 6조 4항에서 보장하고 있는 "개항장에서 열강의 設廠權(공장을 설립하여 경영할 수 있는 권리)" 조항이라고 할 수 있다.[43] 청일전쟁 이전에 열강이 중국에 설립한 공장은 모두 100여 개에

41) 稻坂吉, 『近世支那外交史』, 明治大學出版社, 1929, p.109.
42) 沼田市郎, 『日露外交史』, 大阪屋號書店, 1943, p.103.
43) 실제로 기존의 연구에서 설창권의 문제를 둘러싸고 자본수출의 여력이 충분치 못한 일본이 설창권을 요구하여 관철시킨 이유에 대한 논의가 분분하다. 이 가운데 현실적으로 중국 진출의 실력과 자본을 보유한 영국의 이해를 대변했다는 연구가 있는데, 대표적으로는 中塚明, 『日淸戰爭の硏究』, 靑木書店, 1968과 波多野善大,

달하였으며, 이 가운데 영국자본이 63개로 압도적인 비중을 차지하였다.[44] 그럼에도 불구하고 아직 중국 개항장에서 설창권을 획득하지 못한 상태였기 때문에 공장들은 모두 불법적인 처지에 놓여 있었다. 일본은 영국의 이해가 첨예하게 걸린 설창권을 마관조약 내에서 수용함으로써 우선적으로는 영국의 대일 간섭의 가능성을 차단하고, 나아가 러시아에 대한 영일동맹의 원칙을 견지해 나갔다고 생각된다.

|도표 14| 마관조약 (시모노세키조약, 1895년 4월 17일)

「下關條約第六條四項の成立した背景について」, 『中國近代工業史の研究』, 東洋史研究會, 1961이 있다.

44) 이 시기에 영국자본으로 설립된 대표적인 기업은 耶松船廠(1865년), 怡和紗廠(1882년), 太古糖房(1882년), 平和洋行(1870년), 隆茂洋行(1870년), 屈臣氏藥房(1850년), 正廣和酒廠(1864년), 江蘇藥水廠(1860년) 등을 들 수 있다. 김지환역, 『구중국안의 제국주의 투자』, 고려원, 1992, p.45.

일본이 마관조약을 통해 설창권을 획득하면 영국 등 열강은 최혜국 조약의 원칙에 따라 이 특권을 공유할 수 있었다. 따라서 청일전쟁을 계기로 영국이 동방에서의 경제적 이해를 보존하고 이를 확대하기 위한 필요에서 일본과의 교류를 통해 설창권을 획득하고 반대급부로 동방에서 영일동맹의 노선을 정립하게 되었다고 볼 수 있다.[45] 이와같이 기존 연구에서 그 주장이 분분한 설창권의 문제는 바로 청일전쟁 이후 삼국간섭의 외교적 배경 하에서 비로소 그 성립의 근거를 명확히 할 수 있다고 생각된다. 더욱이 일본정부는 3월 8일 영국에 "중국 전역을 통상을 위해 개방할 것이며, 결코 여하한 국가보다 우월한 조건의 특혜를 획득하고자 하지 않을 것임을 일본 최고위층이 보증한다"[46]는 뜻을 전하였다.

열강 가운데 한 국가는 친절하게도 일본정부에 권고의 형식으로 다음과 같은 내용을 전달하였다. 즉 "소문에 의하면 북경정부는 유럽 열강에 간섭을 요청하였으며, 2, 3개국이 이미 이를 수용하여 서로 내밀한 협정을 체결한 것으로 보인다. 따라서 이러한 사태를 가볍게 넘기지 말아야 한다. 일본정부는 심사숙고하여 중외 실세를 통찰하여 지나치게 과도한 강화 조건을 가지고 청국을 압박하는데 신중해야 한다. 특히 중국 본토에서 영토를 할양하고자 하는 일이 염려되는데 귀국의 뜻은 어떠한가?"[47] 비록 이 기록에는 이러한 사실을 일본에 통보한 국가가 어디인지 나타나 있지 않으나, 삼국간섭의 과정에서 영국이 여기에 참

---

45) "청일전쟁 이후 체결된 마관조약은 일본에 설창권을 부여하고 있는데, 이 권리는 최혜국대우에 기초하여 영, 미 등 제국주의 국가에도 동등하게 부여되게 되었다. 이러한 의미에서 영국, 미국은 사실상 청일전쟁의 동조자이며 공모자였다." 김지환역, 『구중국안의 제국주의 투자』, 고려원, 1992, p.47.
46) 劉培華, 『近代中外關係史』, 北京大學出版社, 1991, p.390.
47) 靑柳篤恒, 『極東外交史槪觀』, 世界堂書店, 1938,9, pp.171-172.

가하지 않고 오히려 일본에 호의적 태도를 표명하고 있음에 비추어 영국일 가능성이 높다.

한편, 2월 15일 일본외상은 주일 러시아공사를 통해 러시아에 "일본은 조선에서 러시아의 권익을 존중한다"는 뜻과 함께 조선에서 타국의 이익을 세심하게 배려할 것임을 전달하였다.[48] 그러나 이미 러시아의 대일인식은 청일전쟁이 발발한 직후의 중립적 태도에서 적극적인 개입으로 방향을 선회하였다. 4월 11일의 어전회의에서 비테는 "일본이 전쟁을 발동한 이유는 우리나라가 시베리아철도를 부설하고 있기 때문이다. 일본이 남만주를 점령하려는 계획은 러시아에 일대 위협이 아닐 수 없다……현재의 상황에서는 일본의 만주 점령을 단호히 저지하는 것이 유리하다. 러시아로서는 일본이 남만주를 점령하는 사태를 용인할 수 없다"[49]라고 하여 요동반도의 반환을 주장하였다.

4월 17일 청일 양국의 전권은 강화조약에 서명하였는데, 조약의 내용은 이미 4월 3일에 주중 러시아공사 카시니를 통해 러시아정부에 보고되었다. 러시아는 이 내용을 검토하여 대일간섭의 준비를 진행하였다. 마관조약이 조인되고 일주일만인 4월 23일에 동경주재 러시아, 프랑스, 독일 3국 공사가 일본외무성의 하야시 다다스(林董) 차관을 방문하여, "동양의 평화를 위해 강화조약 가운데 요동반도의 영유를 포기할 것을 권고한다"라는 뜻을 전하였다. 러시아는 만일 일본이 조약을 개정하지 않을 경우 병력을 동원하겠다는 뜻을 일본에 전하였으며, 허경징은 이 사실을 총리아문에 급전으로 타전하였다.[50]

48) 劉培華, 『近代中外關係史』, 北京大學出版社, 1991, p.391.
49) 傳啓學, 『中國外交史』, 臺灣大學法學院, 1957, p.120.
50) 『淸季外交史料』110卷 18(1895.4.6), 文海出版社, 1964, p.149.

|도표 15| 여순항 |도표 16| 여순항 표지석

　사안의 중대성에 비추어 바로 다음날이 4월 24일 이토 히로부미는 마쓰카타 마사요시(松方正義), 노무라 야스시(野村靖), 하야시 다다스 등과 어전회의를 개최하고 대책을 논의하였다. 이 회의에서 열국회의를 개최할 경우 강화조약 전체에 대한 간섭을 우려하는 의견이 제기되었으며, 이러한 결과 마침내 5월 6일 일본은 요동반도의 포기를 결정하였다.51) 이에 따라 일본정부는 러시아, 독일, 프랑스 등 3개국 앞으로 충고에 따라 요동반도의 영유를 포기한다는 뜻을 약속하는 회답을 발송하였다.

|도표 17| 삼국간섭을 풍자한 삽화

51) 成瀨恭, 『對支回顧錄』(上), 原書房, 1981, p.308.

삼국간섭 이후 일본에서는 이토 히로부미와 무쓰 무네미쓰(陸奧宗光) 외상의 외교를 비난하는 여론이 빗발쳤으며, 이와같은 여론을 무마하기 위해 5월 13일 일본천황이 조칙을 반포하였다. 이 조칙에서 천황은 러시아가 삼국간섭에 나선 이유는 시베리아철도의 부설, 청러은행의 설립, 군대의 파견 등 동아시아의 침략 정책에서 기인하였음을 지적하였다. 이와함께 일본의 적이 러시아라는 사실을 잊어서는 안되며, 10년의 와신상담을 통해 국력을 충실히 할 때 비로소 러시아를 제압할 수 있다고 강조하였다. 이로부터, 삼국간섭이 일본정부와 일반에 준 충격을 가늠할 수 있으며, 더욱이 이를 계기로 일본은 명확히 러시아를 가상적국으로 확정하여 매진하게 되었음을 알 수 있다.[52] 이는 바로 삼국간섭 이후 러일전쟁 발발의 필연성을 이미 예고하고 있다고 할 수 있다.

4. 청러밀약과 동청철도 부설권

로바노프는 회고록에서 청러밀약의 협상 과정 동안 이홍장에 수뢰가 건네진 것으로 기록한 반면에 비테는 이 사실을 부정하였다.[53] 이러한 상반되는 기록에도 불구하고 적지 않은 연구는 이를 청러밀약 체결의 불가결한 요인으로 설명하고 있다.[54] 그러나 청러밀약에서 러시아의

---

52) "일본이 어찌 하루라도 요동의 사건(삼국간섭)을 잊을 수 있겠는가. 일본은 아침, 저녁으로 절치부심하여 때를 기다려 반드시 잃어버린 권리를 회복하려 하고 있다."「論日俄將來大局」, 『時務報』31冊, 1897.6.1, p.21.
53) 大竹博吉, 『ヴィッテ伯回想記－日露戰爭と露西亞革命』上, 原書房, 1932, pp.53-63.
54) 석화정, 『러시아의 동아시아 정책』, 지식산업사, 2002.5, p.124와 依田憙家, 『帝國主義と中國の鐵道』, 龍溪書舍, 1987.10, p.86, 劉培華, 『近代中外關係史』下, 北京大學出版社, 1991, p.17 등 참조.

이해에만 주목할 경우 중국 측의 이해를 간과할 우려가 있으며, 따라서 청일전쟁 이후 중국 외교정책의 변화와 여론 속에서 그 성립의 동기를 찾아야 한다고 생각된다.

청일전쟁에서 패배한 이후 모든 책임은 이홍장에게로 쏟아졌다. 일찍이 1894년 10월 3일, 35명의 한림들은 연명으로 이홍장의 실책을 비난하는 상소를 올렸다. 이들은 여기서 이홍장이 媚日賣國(일본에 아첨하여 나라를 팔았다)하였다고 비난하면서, 만일 이홍장을 엄한 법으로 다스리지 않는다면 천하의 精兵猛將이 사력을 다하지 않을 것이므로 이홍장의 처벌은 종사의 안위와 직결되어 있음을 주청하였다. 같은날 장건은 이홍장이 전쟁에 패했을 뿐만 아니라 화의협상에서도 패배했다고 통렬히 비판하였다.[55] 이와같이 여론의 비난을 한몸에 받고 있던 이홍장에게 뇌물을 공여함으로써 동청철도 부설권의 요구를 일방적으로 관철하였다는 주장은 설득력이 약하다.[56] 말하자면 이홍장에 대한 뇌물의 공여 여부 자체가 중요한 것이 아니라, 청러밀약과 동청철도 부설권의 획득 과정에서 그것이 미치는 영향을 과대평가할 수 없다는 의미이다.

한편, 청일전쟁의 와중에 청조는 4,000여만 량에 달하는 외채를 차입하였으며, 전후 일본에 대한 배상금 2억 량과 함께, 요동반도 반환의 대가인 3,000만 량의 채무까지 지게 되었다. 당시 중국의 매년 세입은 8,000만 량에 불과한 상태로 이와같은 거액의 배상금을 상환할 능력을 가지고 있지 못하였다. 더욱이 외채는 중국경제에 큰 부담으로 작용하였는데, 예를 들면 1899년의 경우 차관의 원리금을 상환하기 위해 청

---

55) 蕭一山, 『淸代通史』下, 商務印書館, 1967.5, p.1237.
56) 王光祈, 『李鴻章遊俄紀事』, 臺灣中華書局, 1962.3의 서문에서도 "비테가 이홍장에게 뇌물을 전달하였는지는 명확하지 않으나 당시의 연구들을 보면 이홍장이 뇌물을 받지 않은 것 같다"고 언급하였다.

조정부는 매년 재정수입의 25.9%, 지출의 22.8%를 충당하지 않으면 안되었다.[57] 국내에서의 동원 능력이 결여되어 있었기 때문에 자연히 외채를 도입하여 배상금을 충당하지 않을 수 없었던 것이다.

삼국간섭이 진행되고 있는 와중에 러시아는 이미 중국이 지불해야 할 배상금을 염출하기 위한 방안을 마련하였다. 러시아외상 로바노프는 "중국으로 하여금 우리에게 의존하지 않을 수 없는 상태에 두어야 하며, 절대로 영국이 중국에서 자신의 영향력을 확대하도록 해서는 안된다"[58]고 주장하였다. 결국 1895년 7월 6일, 중국은 연리 4리로 1896년 3월부터 36년 후에 상환하며, 해관 수입을 담보로 하는 내용의 총액 4억 프랑(약 1억 량)에 달하는 차관 협정에 서명하였다. 삼국간섭을 통해 여순과 대련을 중국에 반환하게 하는 동시에 중국경제의 부담으로 작용하고 있던 배상금문제를 차관의 공여를 통해 해결해 준 러시아는 중국의 은인으로 등장하였다.

한편, 중국에서는 청일전쟁을 계기로 일본의 세력 확대에 대비하기 위한 방안이 활발하게 제기되었는데, 러시아와 연합하여 일본에 대항해야 한다는 주장이 가장 많았다. 1895년 5월 16일 유곤일은 상소문에서 '연러거일'의 주장을 상주하면서 "왜국이 강성해지는 것을 러시아가 바라지 않기 때문에, 왜국이 우리 동삼성을 침범하는 일은 러시아에게 가장 달갑지 않은 일이 될 것이다. 따라서 동삼성은 러시아와 연대할 수 있는 지역이며, 이럴 경우 왜는 감히 동삼성을 탐하지 못할 것이다"[59]라고 주장하였다.

6월 6일, 倉場侍郞 허응규도 상주문에서 예전에는 영국과 손을 잡

57) 王紹坊, 『中國外交史』, 河南人民出版社, 1988, p.247.
58) 王紹坊, 『中國外交史』, 河南人民出版社, 1988, p.250.
59) 『淸季外交史料』115卷 19-20(1895.5.16), 文海出版社, 1964, pp.221-222.

고 러시아에 대비했지만, 이제는 러시아와 손을 잡고 일본에 대비해야 한다고 주장하면서, 중국과 러시아가 연합한다면 어느 나라도 중국을 업신여기지 못할 것이라 주장하였다.[60] 8월 8일에 장지동 역시 "오늘날의 어려움을 해결하는 관건은 러시아와 상호 방위조약을 체결하는 길밖에 없다.....평시에 밀약을 체결하여 전시에 군사, 무기, 군항을 서로 원조할 수 있게 해 두는 것이다. 밀약 체결의 대상국은 러시아가 가장 적합하다.....러시아는 이미 중국과 200여 년 간 이웃하면서 분쟁이 없었으며, 다른 나라들이 수차 병사를 일으켰는데 러시아는 이들과 행동이 다르다"[61]라고 주장하였다. 심지어 장지동은 청러밀약을 체결한 이후 중국과 러시아가 육해군을 연합하여 운용할 것을 주장하기도 하였다.[62]

이상의 주장으로부터 삼국간섭 이후 청조 내에서는 청러밀약의 체결을 요구하는 주장이 수없이 제기되었음을 알 수 있다. 유곤일의 상소에서는 이미 청러밀약과 밀약의 핵심적인 내용인 동청철도의 부설을 통해 중러 간의 군사적 연대를 모색하고, 다시 이를 통해 일본의 만주 진출을 차단하고자 하는 전통적인 이이제이의 외교전략을 살펴볼 수 있다. 이와같이 청조 내부의 연러거일의 주장은 바로 청러밀약 체결의 객관적인 조건을 이미 준비하고 있다고 볼 수 있다. 이와 동시에 주목할 점은 러시아의 제국주의적 침략성이 노골화되지 않은 시점에서 이 문제에 대한 인식을 결여하여 낙관론에 빠져 있었음도 알 수 있다.

원래 청조는 호북포정사 왕지춘을 러시아 니콜라이(Nicholas) 2세의 대관식에 참석하도록 파견할 계획이었다. 그러나 러시아는 각국에서 특

---

60) 『淸季外交史料』116卷 5-7(1895.6.6), 文海出版社, 1964, pp.230-231.
61) 『淸季外交史料』116卷 5-7(1895.6.18), 文海出版社, 1964, p.244.
62) 吳相湘, 『第一次中日戰爭』, 正中書局, 1959.5, p.317.

사를 파견하는 마당에 왕지춘의 직위가 상대적으로 너무 낮아 예우에 어려움을 느끼고 있다면서 황족의 참석 여부를 타진하였다. 그러나 중국은 황족이 직접 외국에 나간 전례가 없다고 하여 이를 거절하자,[63] 어사 호부신은 이홍장을 파견하도록 주청하였으며, 이에 총리아문은 이홍장을 대관식에 참석시키도록 결정하였다.[64] 그런데 대관식에 이홍장의 참석을 적극 추진한 사람은 바로 주중 러시아공사 카시니였다.[65]

청조 내에서도 서태후와 협상의 당사자인 이홍장이 연러거일의 대열에 가장 적극적이었다고 할 수 있다. 이홍장이 러시아로 출발하기 전에 서태후는 그를 불러 하루 종일 이 문제를 논의하였는데, 이후 이홍장은 공개적으로 "서양과 연합하여 동양을 견제하는 일이 이번 방문의 요책"[66]임을 강조하였다. 이로부터 볼 때, 서태후와 이홍장의 회합에서 이미 청러밀약에 대한 기본적인 방침과 합의가 이루어졌음을 짐작할 수 있다. 또한 이홍장은 일기에서 "나는 산재한 영토와 섬을 가진 영제국보다 러시아제국이 일층 강고하며 실력을 갖추고 있다고 생각한다.... 러시아가 우리 내정을 지배하려는 야욕을 가지고 있지 않는한 우리는 강고한 동맹국을 다른 곳에서 찾을 필요가 없다"[67]고 기술하였다.

이렇게 볼 때, 중국이 청러밀약을 통해 러시아와 군사동맹을 체결한 사실은 청일전쟁을 겪으면서 내부적인 필요성에 근거한 강력한 의지가 실현된 결과라고 볼 수 있다. 반면 러시아의 주된 관심은 동청철도 부설권의 획득이었기 때문에 양자가 동청철도 문제를 통해 군사동맹을 체결하는 것은 필연적인 진행이었다고 볼 수 있다.[68] 이러한 의미에서

63) 李抱宏, 『中國鐵路發展史』, 三聯書店, 1958.6, pp.45−46.
64) 『淸季外交史料』119卷 25(1895.12.27), 文海出版社, 1964, p.300.
65) 吾孫子豊, 『南支鐵道發達史』, 內外書房, 1944, p.53.
66) 王紹坊, 『中國外交史』, 河南人民出版社, 1988, p.256.
67) 出石誠彦, 『ロシヤ東方經絡史』, 生活社, 1942, p.188.

1895년 7월 6일 중국의 신문들은 차관 조달과 요동 반환의 대가로 러시아의 두 가지 요구, 즉 시베리아철도의 만주 횡단과 교주만에서 러시아함대의 정박권 요구를 받아들여야 한다는 기사를 실었다. 이는 삼국 간섭을 주도한 러시아에 대한 고마움의 여론과 분위기를 잘 반영하고 있다고 생각된다.

한편, 청일전쟁 직후 군사 운송에서 철도의 중요성이 재차 인식되면서 중국에서는 자력으로 철도를 부설해야 한다는 주장이 끊임없이 제기되었다. 1895년 5월 2일, 강유위 등 603명이 청조에 公車上書를 올려 시급히 철도를 부설해야 한다는 의견을 상주하였다. 뿐만 아니라 1895년 4월 30일 이홍장의 외교 고문인 미국인 포스터(John W. Foster)도 이홍장에게 철도를 시급히 부설하여 부국강병을 추구해야 한다는 의견을 개진하였다.

이러한 분위기 속에서 7월 8일 양강총독 장지동은 "러시아가 철도 부설권을 획득하려는 이유는 동아시아 무역을 장악하기 위한 것"이라고 지적하고, 이 노선을 자력으로 부설할 것을 주장하였다.[69] 총리아문의 인식도 장지동과 큰 차이가 없었다. 허경징의 보고를 통해 총리아문도 러시아가 북만주를 관통하여 블라디보스톡에 이르는 철도의 부설 계획을 가지고 있음을 잘 알고 있었다. 주목할 점은 시베리아철도의 북만주 통과의 문제를 단지 상업 상의 문제로 인식하여 그것이 내포한 제국주의적 침략성을 경시하고 있음을 잘 알 수 있다.

---

68) 이홍장은 이미 본국에서 주중 러시아 공사와의 접촉을 통해서 러시아 측의 의도를 잘 알고 있었다. 百瀨弘,「東支鐵道をめぐる露支關係」,『歷史學硏究』1卷 1號, 1933.11, p.47 참조.
69) 長野勳,『日支外交六十年史』, 建設社, 1936, pp.41-42.

1895년 9월 3일, 허경징은 총리아문에 러시아의 움직임에 대비하기 위한 구체적인 방법으로 중국이 먼저 만주에서 철도의 자체 부설을 시작하면 러시아도 어쩔 수 없이 계획을 포기하게 될 것이라고 진언하였다.[70] 그러나 허경징이 러시아정부 당국자와 회합한 자리에서 중국이 철도를 자체 부설하겠다는 의향을 표시하자, 러시아는 오히려 중국 측의 부설에 감사하며 시베리아철도와 상호 연결시키는 문제를 제안하였다. 따라서 중국으로서는 철도의 자력 부설이 러시아의 부설 계획을 무산시키기는 커녕, 오히려 당장 재정을 염출하여 이를 부설해야할 지경에 처하게 된 것이다.

허경징의 상주에 대해 총리아문은 "내지에도 아직 철도가 불비한데 어찌 먼 변강에서까지 철도를 부설할 여력이 있겠는가. 더욱이 이를 위해서는 거액의 차관을 도입하지 않으면 안되는데, 현재 해마다 이미 차

---

70) 『淸季外交史料』118卷 4(1895.9.4), 文海出版社, 1964, p.270.

입한 차관의 이자를 상환하기도 어려운 처지에 어찌 거액의 차관 도입하는 일이 가능하겠는가"[71]라고 부정적인 반응을 보였다. 이러한 상황에서 러시아의 동향을 인지하고 있다고 하더라도 중국이 철도를 자력으로 부설하는 일은 쉽지 않은 형편이었다. 이렇게 볼 때, 청조는 이홍장이 러시아로 출발하기 전에 이미 내부적으로 청러군사동맹을 체결하고자 하는 확고한 방침을 세워 둔 것으로 보이며, 이를 실현하기 위한 매개로서 동청철도의 부설권을 러시아에 부여하는 일은 불가피한 것으로 간주하였던 것으로 보인다.

청러밀약의 협상 과정에서 비테는 이홍장에게 동청철도 부설권의 공여를 수용하지 않을 경우 중국에 대한 원조가 불가능하다고 설득하였다.[72] 더욱이 비테는 만일 중국이 교섭에 응하지 않을 경우, 러시아로서는 일본과 손을 잡을 수밖에 없다는 뜻도 전달하였다.[73] 이러한 러시아의 강박은 당시 주중 러시아공사 카시니에 의해서도 마찬가지로 행사되었다. 카시니가 청조의 慶親王과 옹동화를 방문했을 때, 이들이 동삼성 철도를 자영해야 하며, 公司로 하여금 경영하게 해서는 안된다고 주장하자, 카시니는 중국이 국교에 뜻이 없다면 러시아로서는 일본과 연계하여 다른 방법을 강구할 수밖에 없다는 뜻을 전달하였다.[74] 이렇게 된다면 청일전쟁의 와중에서 막 벗어난 중국에게 치명적인 일이 아닐 수 없었다.

5월 4일 러시아의 니콜라이 2세는 비밀리에 이홍장을 궁중으로 불러 동청철도 부설문제를 협의하였는데, 여기서 러시아는 땅이 넓고 사람

71) 李國祁, 『中國早期的鐵路經營』, 中央硏究院近代史硏究所, 1961.5, p.122.
72) 『淸季外交史料』120卷 21(1896.3.24), 文海出版社, 1964, pp.230−231.
73) 依田憙家, 『帝國主義と中國の鐵道』, 龍溪書舍, 1987.10, p.86.
74) 長野勳, 『日支外交六十年史』, 建設社, 1936, p.79.

은 적어 결코 타국의 영토를 한치도 침범할 뜻이 없으며, 동청철도의 부설을 통해 유사시 신속히 병력을 이동시켜 중국을 원조할 수 있다는 뜻을 전하였다.[75] 조약 체결 이후 이홍장은 귀국 길에 주위의 사람들에게 "이 조약으로 인해 앞으로 20년 간 중국은 안전할 것"[76]이라고 자랑하기까지 하였다.

그러면 이러한 일련의 사태에 대해 일본은 어떠한 인식을 가지고 있었을까. 일본외무성은 러시아가 동청철도 부설권을 획득한 사실에 대해 정치, 군사적 측면보다는 그 경제적 효과에 주목하였다. 1987년 1월 25일 일본외무성에 보고된 기록에는 "현재로서 러시아가 부설권을 획득한 것은 순수한 상업적 의도로 보이며, 더욱이 시베리아 횡단철도가 완성되는 시기는 아직 요원하다. 따라서 중국 내지에 철도를 부설함으로써 러시아가 점차 이 지방을 점령하려 한다는 등의 세평은 단지 억측에 불과하다"[77]라고 하였다.

한편, 총리대신 이토 히로부미는 동청철도의 부설과 관련하여 러시아가 장래 중국을 병탄해 나갈 것을 우려함과 동시에 조선의 동향에 더욱 큰 관심을 표명하였다. 그는 조선에서 바람직하지 못한 사태가 발생할 경우 일본으로서는 단호히 저지해 나갈 뜻을 표명하였다.[78]

반면 일본군부는 동청철도의 정치, 군사적 목적에 주목하였음을 알 수 있다. 일본참모본부는 이홍장이 러시아의 대관식에 참석하기 이전에 이미 청러밀약의 대강을 파악하고 있었다. 일본 측의 정보에 의하면 이홍장이 중국을 출발하기 전에 주중 러시아공사 카시니와 비밀교섭을

청도를 통해 세력을 확장한 러시아

75)『淸季外交史料』121卷 5(1896.4.29),文海出版社, 1964, p.319.
76) 劉培華,『近代中外關係史』,北京大學出版社, 1991, p.18.
77) 日本外務省,『日本外交文書』30卷(1897), 日本國際連合協會, 1964, p.437.
78)「某報館訪事伊藤問答節略」,『時務報』4冊, 1896.8.1, p.17.

통해 러시아는 일본이 중국의 영토를 분할하는 것에 반대하고, 영토 보전에 노력하며, 중국은 그 대가로서 국방상, 철도교통상의 편리를 러시아에 제공한다는 계획을 이미 세워 두었다는 것이다.[79]

일본참모본부의 마쓰가와 도시타네(松川敏胤) 대좌는 "이 철도를 통해 유럽령 러시아의 군대를 극동으로 수송하려는 계획에 특히 주의를 기울여야 한다. 러시아로서는 극동에서의 형세가 용이하지 않다고 판단하여 우수리 철도대대를 여단으로 확장하고 나아가 극동의 병력을 증가시키고자 한다. 아직 시베리아철도의 효력이 전시의 응급에 대처할 수 있을 정도에 이르지 않은 것이 러시아 당국자의 고심일 뿐이다"[80]라고 지적하였다.

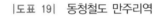

|도표 19| 동청철도 만주리역

79) 參謀本部, 『秘密日露戰史』, 巖南堂書店, 1977, p.5.
80) 參謀本部, 『秘密日露戰史』, 巖南堂書店, 1977, pp.51-52.

5. 요동반도 조차와 중러관계의 변화

비테는 청러밀약을 체결하는 과정에서 동청철도에서 황해 부근의 특정 항구에까지 이르는 철도 지선의 부설권을 요구하였으나, 이홍장은 중국철도에 적용되던 유럽식 궤간으로 레일을 부설하지 않으면 안된다는 이유를 들어 이를 거절하였다.[81] 이미 1896년 말 영국의 신문들은 여순에 대한 러시아의 이해에 주목하여 "만일 시베리아철도를 여순에까지 연결시킨 후....나아가 교주만에 해군기기창까지 건설하고 나서.....여순, 대련 등을 점용하게 된다면 이는 영국에게 매우 심각한 문제가 아닐 수 없다"[82]라고 경고하였다.

1897년 2월 3일 동청철도공사 이사회가 개최되었는데, 이사들은 대부분 비테와 밀접한 관계를 가진 사람들이었다.[83] 이사회는 동청철도에서 황해의 한 항구에 이르는 지선의 필요성을 논의한 후, 이사장 욱똠스키(Uchtomski)로 하여금 이홍장과 교섭해 주도록 요청하였다. 6월 욱똠스키는 이홍장에게 이 문제를 거론하였으나 이홍장과 총리아문은 동청철도의 남만주지선 부설요청을 일언지하에 거절하였다.

반면, 이홍장은 같은 지역에서 철도의 자판계획을 착실히 추진하였

---

81) 궤간이란 철도의 넓이(폭)을 가리키는 말로서, 궤간이 정해지면 기차는 반드시 여기에 적합한 기종만이 운행될 수 있었다. 당시 시베리아철도, 동청철도는 광궤(1520밀리미터)였으며, 중국(만주)와 유럽국가들은 표준궤(1,435밀리미터)를 채택하고 있었다.

82) 「論中俄專約」, 『時務報』12冊, 1896.10.21, pp.11-12.

83) 東淸鐵道公司는 1896년 12월 설립되었으며, 표면적으로 독립 경영을 표방하였으나 실제로는 러시아정부에 예속되어 있었다. 즉 공사의 자본금 500만 루블은 모두 주식으로 발행되었으며, 발행된 주식은 러청은행에 의해 매입된 이후 다시 러시아 국립은행에 보관되었다. 이 공사는 사실상 러시아 대장성에 의해 설립되어 운영된 기업이었다. 日華實業協會, 『支那近代の政治經濟』, 外交時報社, 1931.12, p.439.

다. 1897년 7월 31일 이홍장은 만주에서의 철도 부설 계획을 수립하여 황제의 승인을 얻은 후, 홍콩상해은행에서 근무한 경험이 있는 킨더 휘하 영국계 공정사들을 실행자로 선정하였다. 비테가 이러한 움직임을 외교적으로 저지하려 하였으나 9월에 이홍장은 영미 광산엔지니어그룹에 최종 개발을 위한 남만주의 조사 및 관측을 허용하였다. 이로부터 비록 중국이 러시아에 동청철도 부설권을 부여하기는 하였으나, 그 지선의 부설에는 강력히 반대하고 있었음을 잘 알 수 있다.

1897년 독일이 교주만을 점령하자 중국은 청러밀약에 의거하여 러시아에 군함을 파견하여 독일의 행동을 저지해 주도록 요청하였다. 그러나 독일은 이미 러시아와의 충돌을 우려하여 교주만 점령에 앞서 러시아에 교주만을 점령할 의도가 있는지 문의하였다. 이에 러시아는 자신들의 관심은 교주만보다 더욱 북쪽에 있다고 회답하여 독일의 점령에 묵시적으로 동의하였다. 이는 이 지역에 대한 영국 세력의 확대를 우려한 결과였다. 그 결과 독일은 러시아와의 교감 속에서 교주만을 점령하고 말았다.

러시아외상 무라비요프는 독일의 교주만 점령을 러시아가 중국의 여순이나 대련을 태평양함대의 근거지로 확보할 수 있는 호기라 주장하였으나 비테의 반대에 부딪혔다. 비테는 "우리는 중국의 영토 보전을 주장하였고, 이 주장에 의해 일본으로 하여금 요동반도를 포기하게 만들었다. 우리는 중국영토를 보전해야 할 의무를 가지고 있다"[84]라고 이에 반대하였다. 비테에 의하면, "여순과 대련을 조차할 경우 이 지역을 확실히 장악하기 위해 이들 지역과 연결되는 동청철도의 지선을 부설하는 것은 불가결하다. 그 지선이 인구가 조밀한 만주를 가로질러 청

---

84) 鹿島守之助, 『日本外交政策の史的考察』, 鹿島研究所, 1958, p.71.

조의 발상지인 봉천을 거쳐 부설되어야 하며, 이는 틀림없이 중국일반에 극도의 반감을 유발할 것"[85]이라는 점을 강조하였다. 그러나 니콜라이 2세는 "외무대신에 따르면 러시아가 이 항구를 점령하지 않으면 영국이 이를 탈취하려 한다는 정보가 있다"[86]라고 하여 외상의 손을 들어 주었다. 결국 12월 12일 러시아함대는 여순과 대련을 점령하고 말았다.

1897년 12월 14일, 러시아는 중국에 차관 공여의 대가로 종래 영국인이 담당하고 있던 총세무사직을 러시아인이 계임하도록 할 뿐만 아니라 만주와 화북에서 부설되는 모든 철도의 부설권을 요구하였다. 이 소식을 들은 영국은 러시아가 동청철도의 부설권을 획득한 진정한 의도는 바로 동방에서 영국을 몰아내기 위한 것이라고 비난하였다.[87] 영국의 신문들은 청러밀약과 동청철도 부설을 통해 러시아는 이미 중국의 화북지방을 대부분 자신의 세력 아래 장악하였으며, 여기서 다시 철도를 통해 영국의 이해가 걸려있는 장강 일대까지 통제할 가능성이 있다는 우려를 제기하였다.[88]

한편 영국은 총리아문에 차관의 공여를 약속하면서 그 대가로 대련을 개항장으로 개방해 주도록 요구하였다. 이 소식을 들은 러시아는 중국이 대련항의 개방을 받아들일 경우 국교를 단절할 것이라고 위협하였다.[89] 1898년 3월 1일 영국과 독일은 청조정부와 연리 4리 5분, 상환 기간 45년, 해관 수입을 담보로 하는 1,600만 파운드의 차관협정을 체결하였다. 이 차관이 체결된 이틀 후 러시아는 총리아문에 여순과 대

---

85) 岩間徹, 『露國極東政策とヴィッテ』, 博文館, 1941.4, p.132.
86) 鹿島守之助, 『日本外交政策の史的考察』, 鹿島硏究所, 1958, p.72.
87) 「英報論中俄鐵路」, 『時務報』22冊, 1897.3.1, p.36.
88) 「英人論俄在中國所得之權勢」, 『時務報』23冊, 1897.3.11, pp.11-12.
89) 王紹坊, 『中國外交史』, 河南人民出版社, 1988, p.270.

련의 조차를 요구하였으며, 압록강과 우장(영구) 사이의 해안에 이르는 동청철도 지선의 부설권을 요구하였다.

그러면 러시아의 제국주의적 성격이 본격적으로 노정되는 요동반도의 조차를 둘러싸고 청조 및 중국일반의 대응을 살펴보도록 하자. 1898년 1월 27일, 주러시아 중국공사 양유는 짜르를 방문하였는데, 여기서 짜르는 러시아의 군함이 여순을 점령한 것은 타국의 점령을 미연에 방지하기 위한 행동이라고 강변하였다. 이 자리에서 짜르는 동청철도의 연장 문제를 제안하였다. 3월 3일, 러시아는 정식으로 여순과 대련의 조차 및 철도의 연장 요구를 총리아문에 제출하고 5일 내에 회답을 주도록 강박하였다. 이에 총리아문은 허경징을 흠차대신으로 러시아에 파견하여 교섭하도록 하였다. 허경징은 3월 12일 러시아외상 로바노프를 방문하여 이 문제를 논의하였는데, 로바노프는 압록강에서 우장 일대의 적당한 지점을 선택하여 여기에 철도를 연장하여 접속할 수 있도록 요청하였다.

3월 15일 짜르는 허경징을 불러 러시아의 여순, 대련항 조차는 양국의 이익과 중국의 보호를 위해 불가피함을 설명하였다. 이 자리에서 무라비요프는 만일 3월 27일까지 조약이 체결되지 않으면 다른 방법을 동원할 수밖에 없다고 협박하였다. 이러한 협박 속에서 1898년 3월 27일, 이홍장이 청조를 대표하여 러시아와 여순, 대련의 조차협정에 서명하였다. 그 내용은 첫째, 25년 간 여순, 대련의 조차, 둘째, 여순 항구에 군사시설의 설치, 셋째, 동청철도의 간선에서 여순, 대련으로 연결되는 지선의 부설권 등이다.

특히 조약의 제8조는 "청국정부는 1896년 동청철도공사에 부여한 특허권을 본 조약을 조인한 날부터 적용하여 금후 이 철도 간선의 한 역에서 대련만까지, 필요시 이 철도 간선에서 또다시 영구 및 요동반도 연안에 이르는 연결 지선을 부설한다"[90])라고 규정하였다.

5월 7일, 허경징, 양유는 러시아외무성과 추가조약(속약6조약)을 체결하였는데, 이 조약의 제3조는 "서시베리아 철도 간선과 요동반도를 연결하는 철도 노선의 종점을 여순이나 대련만으로 하며, 이 철도가 통과하는 지방에서 철도 부설권을 다른 나라에 부여할 수 없다"[91])고 규정하였다. 1898년 5월 러시아는 심지어 동청철도에서 북경에 이르는 지선의 부설권을 요구하였으며, 이에 총리아문이 부정적인 회답을 보내자, 6월 8일 러시아공사가 재차 이 지선의 부설권을 강력히 요구하였다.[92]) 1898년 7월 6일 러시아와 중국은 동청철도에서 여순과 대련만까지에 이르는 지선의 부설 협약을 체결하였는데, 이것이 바로 남만주철도이다. 러시아는 1898년 5월에 동청철도의 부설 공사에 착수하여 1903년 7월에 완공하였다.[93]) 이러한 과정에서 하얼빈은 완연히 근대적인 도시의 면모를 갖추고 동방의 모스크바로서 극동 경영의 거점이 되었다. 1898년 9월, 러시아는 여순에 관동성을 설치하고 총독을 파견하여 지역 관할권을 행사하였다.

---

90) 北京大學法律係國際法敎硏室編, 「旅大租借條約」, 『中外舊約章彙編』 第一冊-2, 三聯書店, 1957, p.743.

91) 北京大學法律係國際法敎硏室編, 「續訂旅大租借條約」, 『中外舊約章彙編』 第一冊 -2, 三聯書店, 1957, p.755.

92) 宓汝成, 『近代中國鐵路史資料』(中), 文海出版社, 1963, pp.368-369.

93) 동청철도 노선을 포함하여 시베리아 철도는 전체의 21%가 복선으로, 나머지가 단선으로 구성되었다. 철도의 폭은 대부분 유럽에서 채택한 광궤철도(통상 4피트 8인치)보다 폭이 넓은 5피트의 레일을 사용하였다. 이는 유럽으로부터의 침략에 대비하기 위한 목적이었다. 堀竹雄, 『露國の實相』, 博文館, 1904, p.156.

그러나 요동반도의 조차 이후 중국에서 러시아의 세력은 쇠퇴의 일
로를 걷게 된다. 러시아가 여순, 대련을 조차한 이후에 중국은 이전의
친러적 환상을 깨고 러시아의 제국주의적 침략성을 비로소 명확히 인
식하게 되었으며, 이를 견제하기 위해 오히려 다른 제국주의의 힘을 끌
어 들이자는 여론이 형성되었다. 이와같은 분위기는 청조 내부의 변화
로부터 명확히 알 수 있다. 과거 연러를 주창했던 유곤일은 연영의 주
장으로 입장을 선회하였으며, 장지동은 영국 및 일본과의 연합으로 주
장을 바꾸었으며, 유신파의 강광인, 양심수 등도 영국 및 일본과의 연
합을 주창하였다. 사회진화론을 주창했던 엄복도 이전의 中露交誼論
에서 일변하여 러시아의 음모를 폭로하며, 영국, 일본, 미국과의 공조
를 부르짖었다.[94]

이와같은 분위기는 청조의 지배계급뿐 아니라 일반의 여론을 잘 반
영하는 것으로, 청러밀약을 통해 나타난 러시아에 대한 믿음, 즉 연러

94) 傅啓學, 『中國外交史』, 臺灣大學法學院, 1957, p.135.

의 환상에 대한 자각을 반영하는 것이다. 給事中 장중신은 상주를 통해 "러시아의 감언이설이 바로 근본적인 화근이다……조속히 영국, 미국, 일본과 동맹을 체결하고, 나아가 독일, 오스트리아, 이탈리아와 동맹을 체결하여 각국이 상호 견제하도록 하여 러시아의 침략을 막아야 한다"[95]고 주장하였다.

3월 28일 중국과 러시아가 여순, 대련의 조차조약에 서명한 다음날 영국은 위해위 조차의 요구를 총리아문에 제출하였다. 이 때 철도대신 성선회는 공공연히 위해위를 영국에 조차하여 러시아를 견제해야 한다고 주장하였다.[96] 이와함께 유곤일, 장지동, 왕문소 등도 모두 연영을 주장하였다. 이러한 결과 4월 2일 총리아문은 영국의 요구를 받아들여 위해위의 조차를 허가하였으며, 7월 1일 정식으로 조차조약을 체결하였다.

한편, 만주지역에 대한 러시아의 권리가 강화되면서 만주에서는 '拒露運動'이 속속 전개되었다. 금주의 주민들은 러시아 세력의 확대에 항의하여 항연, 항량 투쟁을 전개하였으나 러시아군이 이를 잔혹하게 진압하였다. 1899년 중러 간의 여순, 대련 조차 협약 시에도 동북 인민들은 집단적인 시위를 전개하였다. 만주에서는 6천 명 이상의 러시아 군인과 노동자, 6만 명 이상의 중국노동자들이 철도 부설 공사에 종사하였다. 1898-1900년 동안 이들에 대한 공격이 끊임없이 계속되었으며, 심지어 1899년에는 대포까지 동원되었는데, 이 과정에서 지방 행정당국은 이들의 공격을 부추겼다. 뿐만 아니라 군사시설과 역사에 필요한 도로와 부지의 매입 시에 러시아인들에 양여하는 것을 철저히 반대하였다. 반러적인 목단 총독은 우장의 영국회사들에게 석탄지대의 조차를 허용하였다.

---

95) 傅啓學, 『中國外交史』, 臺灣大學法學院, 1957, p.136.
96) 王紹坊, 『中國外交史』, 河南人民出版社, 1988, p.276.

이러한 분위기 속에서, 청조의 각료들이 친러그룹에 등을 돌리면서 마침내 이홍장은 8월에 해임되고 여순 조차 시 함께 조인한 장음환도 9월에 변방으로 유배되었다. 길림과 치치하얼에서는 러시아당국자들과 우호관계에 있던 총독들이 소환되고 총리아문의 반러적 인물들이 새로이 임명되었다. 남아있던 친러 성향의 관료들도 서둘러 자신들의 성향과 정책을 전환하였다.

한편, 1898년 가을부터 중국과 일본 사이에 화해의 움직임이 나타나기 시작하였다. 일본참모본부는 비밀리에 가미오 미츠오미(神尾光臣), 우쯔노미야(宇都宮太郎) 등을 중국에 보내 담사동 등과 회담을 통해 청일전쟁은 시행착오였으며, 일본은 중국과 동맹관계를 희망한다는 뜻을 전하였다. 일본특사의 감언이설에 당재상 등은 "천재일우의 기회가 왔으니 얼마나 다행스러운가"[97]라고 감격하였다. 1898년 가을, 이토 히로부미가 중국을 방문하자 청조 내에서는 "중국외교에서 가장 좋은 방책은 연일이다", "일본과 연합하여 신정을 추진하자"는 주장이 비등하였다. 이토 히로부미는 중국황제의 극진한 대접 속에서 중국학생들의 일본 유학 등을 약속하면서 청일전쟁을 통해 형성된 중국일반의 적대감을 해소하는 데 적극 나섰다.

97) 胡繩, 『帝國主義與中國政治』, 北京人民出版社, 1961, p.86.

|도표 21| 이토 히로부미(伊藤博文)　　|도표 22| 메이지 천황

　　1900년 의화단운동이 일어나자 북경 외곽의 러시아정교회는 불탔으며 러시아상인들은 생명의 위험을 본국에 보고하였다. 주중 러시아공사관은 관군이 의화단 편에 있는 것이 분명하다고 간주하여 공사관의 병력을 증원해 주도록 요청하였다. 이미 중국정부와 관민들은 러시아의 제국주의적 침략성을 명확히 인식하고 주요한 역량을 반러운동(거아운동)에 집중하였으며, 중국의 외교노선도 이를 반영하여 러시아의 이익을 제한하는 방향으로 전개되었다. 비록 러시아는 단기적으로 요동반도를 조차하고 이를 통해 중국에서의 이권과 영향력을 확대하려 하였으나 그 결과 중국인들의 전면적인 저항운동에 직면하게 되었다. 중국의 저항과 열강 간의 이해 충돌이라는 총체적 모순은 결국 1905년의 러일전쟁으로 폭발하였으며, 그 결과 러시아의 동방정책은 총체적 실패로 귀결되었다.

철도를 통해 세력을 확장한 러시아

결론

 러시아가 시베리아철도와 동청철도의 부설을 추진한 이면에는 열강 간의 세력관계가 모두 포함되어 있지만, 무엇보다도 전통적인 중러관계 속에서 만주에 인접한 국경의 안전을 도모하기 위한 것이 주요한 목적이었다. 중국은 러시아의 침입에 대비하기 위한 군사상의 목적에서 관동철도의 부설에 착수하였으며, 러시아는 다시 중국 측의 동향에 대응하여 오랜 기간 착공을 미루고 있던 시베리아철도의 부설에 서둘러 착수하였다. 그럼에도 불구하고 최초 중러 간의 국경문제에서 시작된 시베리아철도의 부설 문제는 19세기 동아시아 질서의 격변 속에서 단지 양국 간의 문제로 한정될 수 없었다.

 1894년 청일전쟁 이후 중국과 러시아의 양국관계는 각자의 이해에 근거하여 거대한 변화에 직면하게 되었다. 청일전쟁에서 패한 중국으로서는 연러거일의 외교전략을 채택하였으며, 이를 통해 일본의 침략을 방비하려 하였다. 따라서 청러밀약은 러시아가 자신의 이해를 일방적으로 강요하여 관철시킨 결과라 할 수는 없다. 이홍장은 러시아로 출발하기 이전에 이미 서태후와의 회합을 통해 청러밀약에 대한 원칙을 결정하였으며, 이는 당시 청조 내부의 공통된 의견인 연러거일의 구체적 표현이기도 하였다.

 그럼에도 불구하고 연러의 근저에는 러시아제국주의의 침략성에 대한 안이한 판단이 있었다. 러시아는 적어도 시베리아 횡단철도가 완공되는 1903년까지는 동아시아 질서의 현상을 유지하려는 정책을 견지하고 있었으며, 이러한 이유에서 제국주의적 침략성이 노골적으로 드러나지 않았던 것뿐이었다. 이것이 바로 비테가 말한 '평화적 침략', '경제적 침략'의 핵심적인 내용이었다. 반면 청조는 러시아의 외교정책에서 이 점을 간과하였으며 지나치게 낙관적인 태도로 일관하였다.

비테는 시베리아철도의 북만주 횡단에 대해 이는 경제적, 기술적인 요구에 부응한 결과이지 결코 정치적, 군사적, 침략적 의도는 없었다고 주장하였다.[98] 그러나 비테 역시 "동청철도의 부설은 경제적 의의뿐 아니라 정치적, 전략적 의의를 가지고 있다. 즉 이를 통해 러시아는 언제라도 최단시간 내에 군사력을 블라디보스톡과 만주, 황해 해안 및 중국 수도에서 가까운 지역으로 운송할 수 있다"[99]라고 역설하였다. 비록 비테는 삼국간섭 이후 요동반도를 조차해야 한다는 외상 무라비요프의 주장에 반대하였으며 훗날 이러한 결정을 러시아의 실책으로 회상하였으나, 비테의 반대는 단지 침략정책의 속도에 대한 이의 제기에 불과하였던 것이다. 다시 말해 비테는 어전회의에서 "중국의 독립 유지와 영토 보전"을 주장하였으나, 그 목적에 대해서는 스스로 "이와같이 중국의 구조자로서 역할함으로써 평화적인 방법을 통해 국경선을 개정할 수 있도록 하기 위함"[100]이라고 고백하였다.

바로 이와같은 침략의 과도한 속도는 동방정책의 핵심적인 대상지인 중국관민의 격렬한 저항을 불러 일으켰으며, 러일 간의 대립 구도를 격화시키면서 동아시아 국제질서를 급격히 재편하게 되었다. 즉 "일본에는 공러적(恐露的) 분위기는 있었어도 반러적 경향은 없었다. 만일 러시아가 극동정책을 비테가 해 나가는 정도로만 했다면, 즉 평화적 침략의 범주에 머물렀더라면 아마도 러일전쟁을 회피할 수 있었을 것이다. 그러나 비테의 평화적 침략정책은 1898년 러시아가 3년 전 일본을 구축한 요동반도의 일부를 스스로 조차함으로써 소실되기에 이르렀다."[101]

98) 王光祈, 『李鴻章遊俄紀事』, 臺灣中華書局, 1962.3, p.11.
99) 宓汝成, 『近代中國鐵路史資料』(中), 文海出版社, 1963, p.341.
100) 岩間徹, 『露國極東政策とウィッテ』, 博文館, 1941.4, p.70.

청도를 통해 세력을 확장한 러시아

비록 일본참모본부가 동청철도의 부설이 가지고 있는 정치, 군사적 성격에 주목하기는 했지만, 그러나 그 효력이 나타나기 위해서는 아직 많은 세월을 기다리지 않으면 안되었다. 러시아가 삼국간섭을 통해 일본으로부터 환수한 여순, 대련을 탈취한 사건은 일본으로 하여금 전쟁의 길로 나아가도록 재촉하였다. 삼국간섭 이후 일본은 러시아를 명확히 가상적국으로 확정하였으며, 일본천황은 10년의 와신상담을 통해 국력을 충실히 하여 러시아를 제압할 것을 전 국민에 지시하였다. 그리고 그 지시는 10년 후 러일전쟁에서 그대로 실현되었다.

101) 鹿島守之助, 『日本外交政策の史的考察』, 鹿島研究所, 1958, p.70.

3

일본은 왜 간도협약을 체결하였나

– 간도협약과 일본, 러시아, 중국 그리고 조선 : 吉會鐵道 (1910)

서론

"일본제국주의는 역사적으로 타국에 대한 지배와 약탈의 기본 통로로 철도를 이용하였으며, 철도 부설권과 그 경영권을 장악하는 것으로부터 다른 나라에 대한 침략을 시작하였다."[1] 실제로 일본은 만주를 중국 본토로부터 분리하여 자신의 세력권으로 편입시키려는 과정에서 철도 부설권과 경영권의 획득과 확대를 주요한 침략의 수단으로 사용하였으며, 철도 부설권과 경영권의 장악은 일본의 대륙침략 과정에서 중요한 의미를 가진다고 할 수 있다.

이는 당시 중국 동북지역의 실권자였던 장학량의 인식에서도 동일하게 나타나고 있음을 알 수 있다. 그는 스스로 "철도문제는 국가의 존망, 성쇠에 관한 중대한 문제이며, 따라서 제국주의가 약소민족을 압박하거나 식민지를 경영하기 위해서는 으레 철도문제를 선결조건으로 한다"[2]라고 강조하였다. 실제로 일본의 철도가 지나간 자리는 여지 없이 일본의 세력권으로 편입되고 말았다. 일본의 침략과 철도와의 연관성에 대해 장학량은 "러일전쟁 이후 길림 남부, 몽고 동부에서 일본인의 족적이 도처에 횡행하고 각처에 일장기가 휘날리며, 특히 남만주철도가 통과하는 곳은 완연히 일본영토와 같은 느낌"[3]이라고 토로할 정도였다.

근래 한중 간에 국경, 영토, 민족 문제를 둘러싸고 갈등관계가 지속되고 있으며, 나아가 고대사를 둘러싼 역사왜곡의 문제로까지 그 범위

---

1) 김일성, 『일제의 길회선 철도 부설공사를 저지 파탄시키자』(1928년10월7일), 조선로동당출판사, 1987. p.1.
2) 莊階三, 「支那の鐵道」, 『支那問題』7號, 1927.7, p.29.
3) 莊階三, 「支那の鐵道」, 『支那問題』7號, 1927.7, p.30.

가 확대되고 있다.[4] 이러한 과정에서 중일 간에 체결된 간도협약의 법적 구속력 문제까지 제기되면서, 간도는 한중 간 영토문제의 핵심으로 부상하였다. 그렇다면 일본이 간도협약을 통해 그 영토를 중국으로 귀속시키면서까지 달성하려 했던 목적과 대가는 무엇이었을까. 그것은 대체로 중국 동북지역에서 철도부설권의 획득, 구체적으로 말하면 길회철도의 부설권으로 요약될 수 있다. 그렇다면 일본의 대륙 침략 과정에서 길회철도는 어떠한 의미를 가지는 것일까.[5]

여기에서는 일본이 어떠한 과정을 통해서 길회철도 부설권을 획득하였으며, 이것이 일본의 만주 침략 정책 속에서 어떠한 의미를 가지는지 살펴보고자 한다. 나아가 길회철도가 청일전쟁 직후 러시아가 획득한 동청철도와 어떠한 연관성을 가지고 있으며, 마침내 일본제국주의가 만주국의 명의를 빌어 동청철도를 매수할 수 있게 된 일련의 과정과 그 경제적 기초도 살펴보고자 한다. 더욱이 이러한 과정을 통해 역으로 간도협약이 가지는 절차적 부당성을 마찬가지로 지적하고자 한다.

1. 동청철도에 대한 일본의 인식

청일전쟁 이후 중국철도에 대한 적극적인 투자는 제국주의가 중국을 침략하는 보편적인 수단이 되었다. 특히 1896년의 청러밀약을 통해 러시아는 시베리아철도의 만주 통과 노선인 동청철도의 부설권과 함께,

---

4) 중국은 이미 1990년대 중반부터 오히려 간도문제에 대한 한국의 역사교과서 기술을 역사 왜곡의 사례로서 기술하고 있다. 이에 대해서는 嚴志梁, 「關于間島問題」, 『歷史教學』1997年 5期, 1997.10, pp.32-34 참조.
5) 간도협약과 관련하여 많은 연구가 이루어지고 있으나, 그 대가로서 일본에게 넘겨진 길회철도 부설권에 대해서는 연구가 매우 부족한 실정이다. 이러한 의미에서 길회철도에 대한 연구는 일본의 대륙 침략 정책의 규명뿐만 아니라, 간도협약의 출현을 해명하기 위한 중요한 연구가 아닐 수 없다.

철도 연변의 30리 이내에서 광산 및 기타 권리에 대한 독점적 권리를 획득하였다.[6] 이와 함께 러시아는 삼국간섭을 통해 동아시아 국제질서를 주도적으로 재편해 나갔다. 따라서 동청철도의 부설권은 러시아가 자신의 제국주의적 침략성을 본격적으로 노정하게 되는 계기가 되었다고 할 수 있다.[7]

동청철도 부설권의 성격에 대한 기존의 연구는 대부분 그 정치, 군사적 성격과 역할에 주목함으로써 러시아의 제국주의적 침략성을 강조하는 것이 대부분이었다고 생각된다. 비록 제국주의의 경제 침략이 근본적으로 그 정치, 군사적 팽창과 밀접히 연계되어 있다고 하더라도, 동청철도 부설권이 가지고 있는 경제적 효과 및 동기에 대한 규명은 이후 동아시아 국제질서의 전개를 이해하기 위해 불가결한 작업이 아닐 수 없을 것이다.

그러면 러시아가 삼국간섭을 통해 동청철도 부설권을 획득한 사실에 대해 일본은 어떠한 인식을 가지고 있었을까. 일본참모본부는 이홍장이 러시아의 대관식에 참석하기 이전에 이미 청러밀약의 대강을 파악하고 있었다. 군부 측의 정보에 의하면 이홍장이 중국을 출발하기 전에 주중 러시아공사 카시니(Cassini)와 비밀교섭을 통해 러시아는 일본이 중국의 영토를 분할하는 것에 반대하며, 중국은 그 대가로서 국방상, 철도교통상의 편의를 러시아에 제공한다는 계획을 이미 세워 두었다는 것이다.[8]

---

6) 러시아는 동청철도 부설권 및 경영에 관한 조약에 따라 철도 수비권, 철도 부속지 수용권, 면세특권, 부속지에서의 행정권, 광산 채굴권 및 삼림 벌채권 등을 함께 획득하였다. 상세한 내용은 宓汝成, 『近代中國鐵路史資料』(中), 文海出版社, 1963, pp.351~352 참조.

7) 동청철도 부설의 목적과 경과, 그리고 이를 둘러싼 중러관계 및 외교정책의 변화 등의 구체적 내용은 김지환, 「제정 러시아의 제국주의와 東方政策의 역사적 고찰: 東淸鐵道를 둘러싼 중러 관계의 변화를 중심으로」, 『中國學報』50輯, 2004.12 참조.

8) 日本參謀本部, 『秘密日露戰史』, 嚴南堂書店, 1977, p.5.

일본참모본부의 마쓰가와 도시타네(松川敏胤) 대좌는 "이 철도를 통해 유럽령 러시아의 군대를 극동으로 수송하려는 계획에 특히 주의를 기울여야 한다. 러시아로서는 극동에서의 형세가 용이하지 않다고 판단하여 우수리 철도대대를 여단으로 확장하고, 나아가 극동의 병력을 증가시키고자 한다. 아직 시베리아철도의 효력이 전시의 응급에 대처할 수 있을 정도에 이르지 못한 것이 러시아 당국자의 고심일 뿐이다"[9]라고 지적하였다. 이렇게 볼 때, 일본군부는 동청철도가 가지고 있는 정치, 군사적 성격에 주목하여 우려하고 있었음을 잘 알 수 있다.

그러나 일본 내의 여론과 인식이 모두 군부와 일치하였다고 할 수는 없다. 일본외무성 내에서는 러시아가 동청철도 부설권을 획득한 사실에 대해 정치, 군사적 측면보다는 오히려 그 경제적 효과에 주목하는 의견이 적지 않았다. 1897년 1월 25일, 일본외무성에 보고된 기록에는 "현재로서 러시아가 동청철도 부설권을 획득한 것은 순수한 상업적 의도로 보이며, 더욱이 시베리아 횡단철도가 완성되는 시기는 아직 요원하다. 따라서 중국 내지에 철도를 부설함으로써 러시아가 점차 이 지방을 점령하려 한다는 등의 세평은 단지 억측에 불과하다"[10]라고 기술되어 있다.

실제로 일본 국내에서는 외무성의 판단, 즉 동청철도가 가지고 있는 경제적 침략성에 주목하여 우려하는 여론이 적지 않았다. 일본은 삼국간섭 직후부터 중러 간의 철도 연결 노선의 부설, 즉 동청철도의 부설에 대해 인식하고 경계하기 시작하였다.[11] 1896년 8월 26일, 일본의 『시사신보』는 동청철도 부설에 대한 일반의 인식이 어떠했는지 잘 보여주고 있다. 여기서 일본여론은 이 철도가 시간 및 운송비 등에서 경쟁력

---

9) 日本參謀本部, 『秘密日露戰史』, 巖南堂書店, 1977, pp.51-52.
10) 日本外務省, 『日本外交文書』30卷(1897), 日本國際連合協會, 1964, p.437.
11) 「論中俄鐵路兼及稅則事」, 『時務報』5冊, 1896.8.11, p.293.

을 가지고 있으며, 따라서 철도 부설 이후 동아시아 무역과 운송이 모두 이 철도로 집중될 것을 다음과 같이 우려하였다.

"시베리아철도는 여순항구까지 부설될 예정인데, 여순에서 모스크바까지는 6,050리, 기차로 매시 34리를 간다고 하면 7일 10시간이면 도달한다. 모스크바에서 영국 런던까지 약 60시간이 걸린다. 또한 상해에서 여순까지 약 50시간이 걸린다. 일본 下關에서 여순항구까지는 약 60시간 정도가 걸린다. 즉 일본으로부터 이 철도를 통해 영국 런던에까지 불과 13일이면 도달할 수 있다. 또한 런던에서 여순에 이르는 운임은 일등석이 21파운드, 이등석이 그 5분의 3, 삼등석이 그 5분의 2로서 선박과 비교하여 훨씬 저렴하다. 따라서 시베리아철도가 완성되고 나면 동서양의 화물이 틀림 없이 여기로 집중될 것이다."[12]

이와같이 시베리아철도와 동청철도가 갖는 경제적 우위에 대한 우려는 일본뿐 아니라 영국도 마찬가지로 공유하고 있었다. 영국의 여론도 시베리아철도의 경제적 효과에 대해 다음과 같이 지적하였다.

"시베리아철도는 유럽에서 동방에 이르는 일대 혈관이 될 것이며, 여기에서 다시 지선이 각지로 통하게 될 것이다. 현재 대서양을 통해 선박을 이용하여 유럽에서 중국이나 일본으로 갈 경우, 베를린에서 상해까지 적게는 약 37일 정도, 많게는 39일 정도 소요된다. 배삯도 일등석이 755루블, 이등석은 424루블이 소요된다. 같은 거리를 시베리아철도로 갈 경우, 런던에서 러시아 국경까지 약 하루 반이 걸리며, 일등석이 70루블, 이등석이 52루블이다. 다시 러시아

12) 「西伯利亞鐵路及東西洋之開通」, 『時務報』 6冊, 1896.8.21, p.393.

모스크바를 거쳐 블라디보스톡까지 기차로 약 14일이면 도착한다. 운임 또한 일등석이 190루블, 이등석이 65루블에 불과하다. 블라디보스톡에서 長崎나 상해까지 러시아선박으로 가면 6일이 소요되는데, 일등석은 80루블, 이등석은 54루블이면 간다. 즉 런던에서 상해에까지 불과 20일이면 도착할 수 있으며, 일등석은 380루블, 이등석은 270루블이면 올 수 있게 되는 것이다."[13]

이와 같이 동청철도가 갖는 정치, 군사적 성격을 제외하고도 이 철도가 가지고 있는 경제적 효과는 일본의 우려를 자아내기에 충분하였다. 즉 시베리아철도와 동청철도가 완성된 이후 이 철도는 유럽과 동아시아 간의 물자 운송을 독점할 수 있을 뿐 아니라 만주에서 생산된 물자의 운송을 독점할 가능성도 있었다. 앞서 지적한 바와 마찬가지로 철도 부설권의 확대와 그것이 가져오는 효과는 철도 연선지역에 대한 경제적 예속뿐 아니라 나아가 정치, 군사적 세력권을 형성하기 위한 기초가 아닐 수 없었다. 이러한 측면에서 일본에서는 동청철도의 부설에 대한 우려가 제기되었으며, 나아가 이에 대한 대비책을 강구하지 않을 수 없었던 것이다.

2. 간도협약과 일본의 만주철도 부설권 획득

러일전쟁 이후 1905년 포츠머스 강화조약에 의해 러일 양국 간에 양도된 각종 이권은 같은 해 12월 22일 〈회의동삼성사의정약 및 부약〉에서 청국의 확인을 통해 정식으로 일본의 소유로 귀속되었다. 강화조약 제5조, 제6조를 통해 일본은 여순, 대련 및 부근 영토 및 해안의 조차

13) 「西伯利亞鐵路便捷」, 『時務報』27冊, 1897.4.21, p.1827.

권, 그리고 장춘-여순 간의 철도 권리 등을 획득하였다.[14] 이에 따라 1906년 6월 9일 남만주철도주식회사의 설립이 공포되고, 같은 해 말 정식으로 성립되었다. 만철은 4개월 여의 준비기간을 거쳐 1907년 4월 1일 철도 및 부속지의 행정을 모두 인계 받아 본사를 대련에 두고 영업을 개시하였다. 만철의 자산은 1914년 현재 2억 1천만 원에 달해 중국에 대한 일본의 직접투자 가운데 약 55%, 그리고 만주에 대한 투자의 약 80%에 해당되는 사업재산을 소유하고 있을 정도로 방대한 규모를 자랑하였다.[15]

|도표 23| 러일전쟁을 승리로 이끈 도고 헤이하치로(東鄕平八郎) 일본함대사령관 일행

14) 포츠머스조약 제6조는 "러시아정부는 장춘-여순 간의 철도 및 일체의 지선, 그리고 이 지역에서 이에 부속한 일체의 권리, 특권 및 재산, 그리고 이 철도에 속하거나 그 이익을 위해 경영되는 일체의 탄광을 인계한다"라고 규정하였다. 日本外務省, 「日露講和條約」, 『日本外交年表竝主要文書』, 原書房, 1965, p.246.
15) レーマー, 『列國の對支投資』, 東亞經濟調査局, 1934.12, p.523.

|도표 24| 포츠머스조약 체결 직후 장춘역을 방문한 고무라 주타로(小村壽太郎)

한편, 일본은 러일전쟁기 강제로 본계호탄광을 점유하였으며, 탄광
의 채굴을 위해 봉천과 안동 사이에 간이 군용철도를 부설하였는데, 이
것이 바로 안봉철도였다. 1905년 12월 22일 중일 간에 체결된 〈회의동
삼성사의정약〉의 부약 제6조는 "안동과 봉천 사이의 군용철도를 일반
화물의 운송을 위해 사용하도록 하며, 이를 위해 철도를 개축할 수 있
도록 승인한다. 단 개축의 방법은 중국 측과 상의한다"16)라고 규정하
였다. 그러나 일본은 중국과의 협상 없이 1907년 여름에 철도 부설 용
지를 확보한다는 명목으로 사유지를 무단으로 점거하면서 안봉철도의
교섭 문제가 돌출하게 되었다.

동삼성총독은 원래 노선의 일부 개량만을 허용할 뿐, 노선 전체를
개축하려는 계획은 허가할 수 없다는 뜻을 통보하였다. 또한 철도 부설
을 위해 필수적인 건조물 이외에는 기타 토지를 구매할 수 없다고 규
정하면서, 안봉철도 연선에 주둔하는 일본수비병의 즉각 철수를 요구
하였다. 그러나 일본은 먼저 개축을 실행한 이후에 비로소 다른 사항도

16) 日本外務省, 『滿蒙問題ニ關スル交涉一件/滿蒙鐵道交涉問題』(연대미상)

논의할 수 있다는 뜻을 굽히지 않았다. 이러한 가운데 1909년 3월 초 일본이 협궤의 안봉철도를 표준궤로 전면 개축하기로 결정하고, 3월 9일 중국 측과 회합하여 이를 통고하였다. 그러나 청정은 일본이 안봉철도의 궤간을 변경하는 것에 반대하며, 단지 부분적 개량에만 동의한다는 뜻을 거듭 전하였다.

안봉철도를 개축하려는 일본의 움직임에 대항하여 일찍이 1907년 2월 3일, 중국군기처는 외자를 도입하여 신민에서 법고문까지, 여기에서 다시 遼源州와 치치하얼에 이르는 철도를 부설하여 만몽에서의 권리를 회복하고자 하였다. 이후 서세창이 동삼성총독으로 부임하면서 철도 부설 계획을 더욱 구체화하여, 신민에서 법고문까지를 1단계, 법고문에서 조남까지를 2단계, 조남에서 치치하얼까지를 3단계로 설정하고, 이를 실행하기 위해 1907년 11월 초에 영국의 한 회사와 협약을 체결하였다.[17]

그러나 일본은 만주에서 중국이 철도를 부설하려는 움직임에 대해 적극적으로 반대를 제기하며 이를 좌절시키고자 하였다. 일본은 먼저 신법철도가 남만주철도와 병행선으로서 그 이익을 심각하게 침해한다고 주장하며, 이를 결코 승인할 수 없다는 뜻을 청조에 전달하였다. 그러나 동삼성총독 서세창과 봉천순무 당소의는 "동삼성에서 외자를 도입하여 철도를 부설하는 일은 전적으로 중국의 내정에 속하는 일로서....단지 교통의 편리를 위한 정책일 뿐이며, 남만주철도와는 아무런 상관이 없다"[18]라고 회답하였다. 그러나 일본정부는 여전히 불승인 원

---

17) 馬永山, 「日俄戰爭后東北地方官反對日本掠奪路鑛利權的抗爭」『史學集刊』, 1998年 4期, 1998.10, p.51.
18) 馬永山, 「日俄戰爭后東北地方官反對日本掠奪路鑛利權的抗爭」『史學集刊』, 1998年 4期, 1998.10, p.51.

칙을 들이밀며 청조를 위협하였다. 더욱이 일본은 만일 청조가 신법철
도의 부설을 강행하여 남만주철도의 이권을 침해한다면 적당한 수단을
발동하여 이를 수호할 것임을 통보하였다.

이와 같이 동북지방 독무의 강경한 주장은 청조로 하여금 교섭에서
일정 정도의 항쟁을 견지하도록 하였으며, 더욱이 영국마저 일본의 태
도를 비난하였다. 그러자 일본은 어쩔 수 없이 중국이 신법철도를 부설
할 경우 일본이 철령에서 법고문에 이르고 다시 정가둔에 이르는 지선
을 건설할 수 있도록 허가해 줄 것과, 중국의 철도는 신민에서 서쪽으
로 향하여 법고문을 지나지 않아야 하며, 창무대문에서 북행하지 않도
록 요구하였다.

이와 같이 만주에서 철도부설권의 획득 및 부설을 두고 일본은 중국
과 첨예하게 대립하고 있었다. 이러한 가운데 일본으로 하여금 해결의
실마리를 제공한 것이 바로 간도의 영유권 문제였다. 간도지방은 중국
과 한국과의 국경이 분명하지 않고, 인구가 희박하며 토지가 비옥하였
다. 간도에 조선인이 이주하여 산 기원은 명확하지 않으나, 유구한 역
사를 가지고 있었다. 특히 1860-1870년 조선 북부에서 엄중한 한발이
몰아치면서, 조선인들이 끊임 없이 이주하였으며, 1907년에는 간도의
조선인을 보호하기 위해 일본의 통감부 임시파출소가 설치되었다. 이
후 조선인의 이주가 격증하면서 1933년의 통계에 의하면 그 수가 41만
5,458명에 달했는데, 이는 간도 총 인구의 약 80%에 해당되는 수치였
다. 더욱이 경지면적도 태반이 이미 조선인의 소유에 속하였다. 1936
년 6월 현재 만주에 거주하는 조선인 총 인구는 87만 5,908명으로, 간
도에만 45만 8,206명이 거주하여 재만 조선인 총 인구의 52%에 해당
되었다.[19)]

1712년 청조의 강희제는 백두산 일대를 자국의 영토로 편입시키고

자 기도하여, 烏喇總管 穆克登을 파견하여 국경 설정에 관한 일체의 권한을 부여하고 조선과 교섭하도록 하였다. 목극등은 조선의 군관과 함께 두만강과 압록강의 분수령에 이르러서는 마음대로 정계비를 세운 후 조선에 통고하였다. 그러나 당시 입회한 조선의 군관은 정식으로 임명된 것도 아니고, 단지 조사 시에 안내를 위해 이들을 수행했을 뿐이다.[20] 그런데 이 정계비의 비문을 둘러싸고 이후 국경분쟁이 재연되게 된다. 즉 정계비에 기재된 "동쪽은 土門으로 정한다"는 구문에 대해 중국은 土們은 圖們江(두만강)과 동음어로 도문강을 가리키는 것이며 따라서 도문강 이북이 바로 중국의 영토라고 주장한 반면, 한국은 토문강과 도문강은 실질적으로 전혀 별개의 강으로 토문강 이남이 한국의 영토라 주장하면서 이후 한중 간에 논쟁이 계속되었다.[21]

1885년, 조선국왕은 청에 경계의 관측을 요구하였으며, 청조도 이에 동의하여 같은해 9월 제1차 관측을 시작하였다. 그러나 조중 양국대표는 토문강의 발원지를 두고 의견이 갈라져 합의를 도출하지 못하였다. 1887년 4월에 양국이 다시 제2차 관측을 실시하였는데, 중국 측은 石乙水 지역을 발원지라 주장하며 이를 경계로 삼을 것을 주장하였으나, 조선대표는 紅土山水를 토문강의 발원지라 주장하였다. 이러한 가운데 1894년 청일전쟁이 발발하자 조선정부는 청국과 맺은 일체 조약의 폐기를 선언하였다. 이후 조중국경에서 종종 충돌사건이 발생하였으며, 조선은 여러 차례 국경의 측정 조사를 제안하였으나 청국정부의 반대로 무산되고 말았다.

청일전쟁, 러일전쟁 양대 전쟁을 거치면서 동아시아의 정세가 급변

---

19) 永丘智太郎, 『極東の計劃と民族』, 第一出版社, 1938.7, p.27.
20) 永丘智太郎, 『極東の計劃と民族』, 第一出版社, 1938.7, pp.3-4.
21) 朝鮮總督官房文書課, 『間島韓民保護に關する施設』, 朝鮮總督府, 1930.8, p.4.

하고, 한국이 일본의 보호국이 되면서, 간도에 대한 중한의 교섭은 중일 양국 간의 외교문제로 전환되었다. 이러한 가운데 조선통감부는 간도파출소를 설치하였으며, 이에 대해 중국 측은 영토 주권의 침해라는 이유로 강렬한 이의를 제기하였다. 당시 조선통감부는 간도가 한국의 영토임을 천명하고, 따라서 간도문제에 대한 일본정부의 단호한 결심을 요구하였다. 그러나 중일 간에 만주에 관한 여러 중요한 교섭이 교착상태에 있었으며, 이를 원만히 해결하는 일은 만주에서 일본의 장래를 위한 기반을 확립하는데 최대의 긴급 현안으로 간주되었다.

1908년 4월 7일, 일본정부는 주중공사를 밀사로 보내 국경분쟁에서 조선민의 보호를 담보로 중국과 교섭하도록 하였으며, 간도문제는 부득이할 경우 도문강을 국경으로 하도록 지시하였다.[22] 이러한 가운데 1909년 2월 6일, 주중 일본공사 이주인 히코키치(伊集院彦吉)는 청조외무부에 〈동삼성육안〉을 제출하고, 동북에서, 일본의 철도 부설권 및 광산권의 확대를 대가로 간도의 중국 영유권을 인정할 수 있다는 뜻을 전하였다. 결국 청조는 일본의 요구를 수용하는 대가로 간도에 대한 영유권을 획득할 수 있었다.

간도총영사 스즈키 요타로(鈴木要太郎)는 간도문제와 길회철도의 관계에 대해 "원래 간도는 조선과 중국 어느 나라의 영토라고 판명하기 어려워 양국 사이에 오랫동안 분쟁이 있어 왔다. 그런데 간도협약에 의해 일본이 중국 측의 주장을 수용하여 간도를 중국령으로 승인하는 보상으로서 길회선의 부설을 획득하게 되었다"라고 토로하였다.[23]

간도협약이 체결되기 직전인 8월 19일, 중국대표인 동삼성총독은 일본대표인 주봉천 일본총영사 고이케 초우조(小池張造)와 〈안봉철로절

---

22) 日本外務省, 『日本外交文書』41卷 1冊, 日本國際連合協會, 1964, pp.437-438.
23) 日本外務省史料館, 『吉會線問題方ノ件』, 1929.1.

략)에 서명하고, 중국정부는 일본이 안봉철도를 표준궤로 개축하는 것에 동의하고, 이와함께 부속지의 구매 등의 문제에도 합의하였다. 같은 해 11월 5일, 중일은 다시 〈安奉鐵路購地章程〉에 서명하여, 일본이 안봉철도 부속지의 구매 시 표준가격 등의 사항에도 합의하였다.[24] 안봉철도의 개축공정은 간도협약이 체결된 9월 중순에 개시되어 1911년 11월 1일 전선을 개통하기에 이르렀다.

|도표 25| 간도의 일본총영사관

〈동삼성육안〉을 통해 일본은 기존 중일 간의 첨예한 현안이었던 안봉선의 개축문제를 승인받았으며, 나아가 일련의 교섭을 통해 청조의 신법철도 부설계획의 포기를 약속받았다. 더욱이 일본은 1915년 5월 25일, 〈남만주 및 동부 내몽고에 관한 조약〉을 중국과 체결하여 여순, 대련의 조차 기한 및 남만주철도, 그리고 안봉철도에 관한 기한을 99개년으로 연장하기로 합의하였다.[25] 여기서 특히 주목할 점은 바로 일

24) 王鐵崖 編, 「安奉鐵路節略」, 『中外舊約章彙編』第2冊-2, 三聯書店, 1957, p.596 및 王鐵崖 編, 「安奉鐵路購地章程」, 『中外舊約章彙編』第2冊-2, 三聯書店, 1957, pp.614-619.

본제국주의가 〈동삼성육안〉을 통해 길회철도의 부설권을 재차 확인하였다는 사실이다. 일본제국주의는 안봉선 등의 철도문제뿐 아니라 길회철도의 부설권 문제를 명시함으로써 이후 만주를 자신의 세력권으로 포함시키는 중요한 단서를 마련하게 된 것이다.

1909년 9월 4일, 마침내 중일 양국은 간도협약을 체결하여 "청한 양국의 국경을 도문강으로 하고, 일본제국정부는 간도를 청국의 영토로 인정하며, 장래 길장철도를 연장하여 한국 회령에서 한국철도와 연결하도록 한다"[26]라고 규정함으로써 정식으로 길회철도 부설권을 일본에 부여하였다. 이와함께 도문강의 발원 지점으로 石乙水에 경계비를 세우기로 합의하였다. 같은해 10월 27일, 조선통감은 조선내각총리대신 이완용에게 중일 간에 〈圖們江中韓界務條款〉을 체결하였음을 통고하였으며, 11월 9일 이완용은 조선정부가 이 조약을 승인한다는 뜻을 전달하였다. 이렇게 하여 200여 년에 걸친 한중 국경분쟁이 일본의 간계에 의하여 외형적으로 일단락된 것이다.

3. 吉長, 吉敦, 敦圖鐵道와 길회철도의 완성

앞서 살펴본 바와 마찬가지로 일본은 간도협약을 통해 간도의 영유권을 중국에 넘기는 대가로 만주에서 철도의 부설권, 특히 길회철도의 부설권을 획득할 수 있었다. 길회철도는 길장철도의 연장선상에서 부설된 만주 횡단철도로서, 이후 길돈, 돈도철도의 완성을 통해 사실상 길회철도의 전선 부설이 완성되게 된다. 먼저 길장, 길돈, 돈도철도의

25) 金起田, 「間島協約」, 『朝鮮及國際條約集要』, 天道敎靑友黨本部, 1932.7, p.141.
26) 王鐵崖編, 「圖們江中韓界務條款」, 『中外舊約章彙編』第2冊-2, 三聯書店, 1957, pp.601-602.

부설과정을 통해 길회철도의 완성 과정을 살펴보도록 하자.

길장철도는 만주 제일의 부원인 길림성을 관통하는 노선으로서 이미 그 부설에 관해서는 1902년 7월 동청철도이사회와 청조조정 간에 길장철도에 관한 예비협정이 체결되었다. 러일전쟁 이후 1905년 12월 청일 간에 〈회의동삼성사의정약〉을 체결하고, 이 철도를 일본의 차관으로 부설하기로 결정하였다. 1907년 4월 15일에 체결된 〈신봉 및 길장철도에 관한 협약〉에서 중국은 일본이 부설하는 신민부-봉천부 간의 철도를 매입하기로 하고, 금액은 일화 166만 엔으로 정하여 이를 천진에 있는 일본의 正金銀行에 불입하며, 소요자금의 절반을 남만주철도주식회사로부터 차입하기로 결정하였다. 이 조약의 세목조약은 1909년 8월 18일에 만철과 청조 우전부 사이에 체결되었는데, 여기서 상환기간을 25개 년으로 하고 5년 거치 20개 년 상환으로 정하였으며, 일본인 기사장 및 회계주임의 고용을 명시하였다.[27] 이 철도는 1910년 5월에 착공하여 1912년 10월에 준공되어 영업을 개시하였으며, 이후 1917년 10월 만철에 경영을 위임하였다.

1915년 5월 말의 계산에 의하면 이 철도의 자본총액은 618만 2047원으로서, 일본화폐로 약 500만 엔에 상당하였다. 이후 1917년 10월 12일 신차관계약 및 세목이 〈남만주 및 동부 내몽고에 관한 조약〉 제7조에 기초하여 중국정부와 만철 사이에 성립되었다. 그 다음해 차관금액이 부설자금 전액인 650만 원으로 개정되고, 다음해 1918년 1월 1일부터 신계약을 실행하도록 하였으며, 이 계약 규정에 따라 차관 기간 중 남만주철도주식회사가 중국정부를 대신하여 이 철도를 경영하도록 하였다.[28]

---

27) 王鐵崖編, 「新奉吉長鐵路協約」, 『中外舊約章彙編』第2冊-1, 三聯書店, 1957, pp.376-378.

길장철도는 창업 이래 줄곧 경영이 어려웠으나, 1917년부터 만철에 위임되면서 경영이 호전되었다. 특히 시베리아로부터 남하하는 목재가 감소함에 따라 본선에 의해 길림으로부터 수출되는 목재가 격증하고, 장춘으로부터 길림으로 유입되는 화물도 크게 증가하였다. 이에 따라 1918년부터 수입은 일약 70만 원으로 증대되었으며, 이후에도 계속 증가하여 1931년이 되면 360만 원에 달하였다.[29]

|도표 26| 길장철도 길림역

길회철도는 바로 길장철도의 연장선상에서 부설된 노선이었다. 일본이 최초로 길회철도의 권리를 획득한 것은 1907년 4월 15일에 체결된 〈신봉 및 길장철도에 관한 협약〉에서 였으며, 이 협약의 제3조는 장래 길장철도에서 지선을 첨설하거나 혹은 이 철도를 연장할 경우 청국 정부의 자판으로 부설하며, 만일 자금이 부족할 경우 만철에서 차입하도록 규정하였다. 당시에 아직 길회철도의 이름이 거명된 것은 아니지만,

28) 滿鐵調査課, 『滿蒙鐵道の社會及經濟に及ぼせる影響』, 1931.7, pp.135−136.
29) 滿鐵調査課, 『滿蒙鐵道の社會及經濟に及ぼせる影響』, 1931.7, p.141.

중국은 길장철도의 지선 혹은 연장선의 부설을 승인함으로써 길회철도의 부설권을 일본에 공여하였다.

간도협약의 제6조는 "청국정부는 장래 길장철도를 연길 남쪽으로 연장하여 한국 회령에서 한국철도와 연결하며, 그 일체의 방법은 길장철도와 같게 한다. 개통의 시기는 청국정부가 상황을 고려하여 일본정부와 상의하여 결정한다"라고 규정하여 길회철도의 부설권을 명문화하였다.

길림−돈화 간을 연결하는 길돈선은 길회철도의 일부분을 구성하는 노선으로서, 일본에게 경제적으로나 군사적으로 중요한 의미를 가진 철도였다. 일본내각은 1924년 8월 22일 각의에서 "만몽에서 철도의 건설과 투자에 관해서는 남만주철도주식회사가 동삼성당국과 협의하여 처리한다"[30]라는 방침을 결정하였다. 이에 근거하여 일본대장대신과 외무대신은 만철에 길돈선을 부설하기 위한 준비에 착수하도록 지시하였다.

|도표 27| 길회철도 노선도 (점선은 중국과 한국의 국경선)

1925년 4월 일본정부는 만철 이사 마쓰오카 요스케(松岡洋右)를 봉천으로 파견하여 장작림과 회담을 거행하고, 길림에서 돈화에 이르는 길돈선을 부설하기 위한 교섭에 착수하였다. 마침 장작림은 전년도에 제

30) 日本外務省, 『吉會鐵道關係(2)』, 1922.

일본은 왜 간도협약을 체결하였나

2차 봉직전쟁을 치룬 직후로, 재정의 충실과 군비 강화를 위한 원조가 절실한 상태였으며, 이러한 이유에서 일본의 요구를 대체로 받아들였다. 이후 1925년 10월 마쓰오카 요스케는 길장철로국장 위무영을 사주하여 장작림을 움직여 마침내 〈길돈철도건설청부계약〉을 체결하고 공사비 1,800만 원을 책정하였다. 일본은 철도차관 가운데 600만 원을 준비 비용의 명목으로 장작림에게 건네 주었다.[31]

1926년 2월 1일, 장춘에서 길돈철도공정국이 발족되어, 같은달 20일부터 측량을 시작하였으며, 6월 1일에 길림에서 기공식을 거행하고 길림 방면에서부터 공사에 착수하였다. 1927년 10월 12일 길림-額赫穆 간의 43.3킬로미터에서 먼저 영업을 개시하였고, 마침내 1928년 10월 10일에 공사기간 2년 4개월 만에 길림-돈화 사이 210킬로미터를 완성하였다.[32] 만주사변 직후인 1931년 11월에 이르러 길장, 길돈 양 철도가 합병되어 남만주철도주식회사가 경영하도록 하였다.

돈도선은 돈화와 도문을 연결하는 길회철도의 주요 구성노선이며, 만주국 성립 이후 가장 먼저 부설되었을 정도로 일본의 대륙 침략 정책에서 중요한 위치를 차지하는 노선이었다. 돈도선을 부설하기 위한 답사가 이미 1911년 8월에 처음 시행되었으며, 이후 1918년 3월부터 5월에 걸쳐 다시 상세한 답사가 이루어졌지만, 중국관민의 반대에 직면하여 순조롭게 진행되지 못하다가, 1931년 12월에 이르러서야 비로소 실측을 개시할 수 있었다. 만주사변 직후인 1931년 12월 관동군은 만철에 돈화-도문 간의 철도를 조속히 부설하여 완성하도록 지시하였다. 이에 따라 만철은 측량 및 건설재료를 신속하게 수송하기 위해 측량대를 3대로 나누어 제1대는 1931년 12월 3일, 제2대, 제3대는 같은

---

31) 任松,「從"滿蒙鐵路交涉"看日滿關係」,『近代史硏究』, 1994年 5期, p.185.
32) 中村玄濤,『外地統治史』, 大陸之日本社, 1936, pp.96~97.

달 6일에 모두 장춘을 출발하도록 하였으며, 마침내 1933년 2월에 전 노선이 개통되었다.[33]

돈도선의 완성은 사실상 길회철도 전 노선의 완성을 의미하였으며, 이와 함께 도문에서 조선의 웅기, 나진, 청진 등에 이르는 새로운 노선 도 부설되었다. 이를 통해 일본은 20여 년 간 꿈에 그리던 일만 간의 최단노선을 마침내 실현할 수 있게 되었다. 길회철도의 완성은 일만선 경제블럭의 형성과 동아시아의 정치, 군사적 구도에 중요한 전기를 가 져다 주었다. 예를 들어 大阪을 기점으로 敦賀로부터 해로로 청진 혹 은 나진에 이르러 길회선을 타고 신경(장춘)에 이르는 거리를 대련 경유 와 비교하면 660킬로미터 내지 730킬로미터나 단축된다. 여객 수송시 간에서도 약 20시간이나 단축되게 된다.[34] 수송거리의 단축은 화물의 생산지와 소비지를 보다 근접시키게 되며, 이것이 다시 세력권의 확대 로 이어지게 됨은 자명한 일이었다. 이러한 사실은 다음의 기록에서도 잘 보여지고 있다.

> "일제가 지금은 만주지방의 풍부한 석탄, 광석을 비롯한 지하자 원과 목재, 양곡 등을 대련이나 안동을 거쳐 일본으로 실어가고 있 지만, 앞으로 길회선 철도가 부설되면 만주의 자원을 회령, 청진을 통하여 더 빨리 일본으로 실어가게 됩니다....또한 일본상품이 물밀 듯이 밀려들어와 만주땅이 일제의 상품시장으로 전락하게 될 것입 니다....길회선 철도가 부설되면 대륙에 대한 일제의 군사적 침략 야망도 용이하게 실현될 수 있습니다."[35]

33) 丁英順, 「試論滿鐵在朝鮮的鐵路經營及影響」, 『日本硏究』1994年 4期, p.53.
34) 中村玄濤, 『外地統治史』, 大陸之日本社, 1936, p.125.
35) 김일성, 『일제의 길회선 철도 부설공사를 저지 파탄시키자』(1928년10월7일), 조선 로동당출판사, 1987. p.1.

1932년 관동군은 만주국의 수립 계획 속에서 국방상 만주철도의 최고 관리권은 일본이 장악하고 남만주철도주식회사에 경영을 위임하기로 방침을 결정하였다. 이에 따라 1932년 4월 19일, 혼조 시게루(本庄繁) 관동군사령관과 우치다 고사이(內田康哉) 만철 총재 사이에 〈철도, 항만, 하천의 위탁 경영 및 신설에 관한 협정〉이 체결되고, 같은해 8월 7일 관동군사령관과 만주국정부 사이에 다시 〈철도, 항만, 수로, 항공로 등의 관리 및 선로의 부설, 관리에 관한 협약〉이 체결되었다. 1933년 2월 9일, 만주국정부와 만철 사이에 위탁 경영에 관한 계약이 체결되어, 같은날 만주국 교통부가 훈령을 발포하였으며, 3월 1일 만철이 다시 이를 발표하였다.[36] 만주국은 국유철도, 항만, 하천을 만철에 위임 경영하였으며, 만철의 경영은 관동군의 감독 아래 있었다.

|도표 28| 혼조 시게루(本庄繁) 관동군사령관

철도로 보는 중국역사

36) 高橋泰隆, 『日本植民地鐵道史論』, 日本經濟評論社, 1995.1, pp.346-347.

1933년 3월 1일, 만철은 봉천에 철로총국을 개설하고, 9철로국과 소속 10선의 종합 경영에 착수하였다. 특히 길장, 길돈선의 부설과 총 관리를 위해서 길장길돈철로국이 신경(장춘)에 설립되었다.[37] 길회철도는 만주국의 심장부를 동서로 관통하는 총연장 528킬로미터의 대간선이 되었다.

4. 길회철도 부설에 대한 중국관민의 대응

길회철도 부설은 일본의 대륙침략과 어떠한 상관관계를 가지고 있는 것일까. 당시 일본에서는 대륙침략의 도상에서 만주에서의 배타적 권익을 확보하기 위한 방법으로 두 가지 정책이 대립하고 있었다. 하나는 군벌을 중심으로 만주에 대한 무력침략정책을 추진하는 것이고, 다른 하나는 바로 만주에 대한 경제 침략을 진전시켜 이를 정치적 권리로 연결시키고자 하는 것이었다. 여기서 특히 후자의 주장은 미쓰비시(三菱)재벌을 배경으로 하는 민정당이 주도하였는데, 경제 침략의 핵심이 바로 교통의 개발을 통해 경제 세력을 확대하는 것이었다. 이 가운데에서도 길회철도의 부설은 경제 침략의 핵심으로서, 일본이 간도협약을 통해 중국의 영유권을 인정하면서까지 획득하려고 한 절대절명의 과제이기도 하였다. 이들은 남만주철도주식회사를 중심으로 경제침략을 진전시키며, 만주와 몽고를 중국과 분리하여 특수지역화시키며, 이를 위한 구체적 방법으로 길회철도를 부설함으로써 조선과 만주 및 몽고를 무형적으로 합병한다는 계획을 수립하였다.[38]

그러면 길장, 길돈, 돈도철도로 구성되는 길회철도의 부설에 대해 중

---

37) 中村玄濤, 『外地統治史』, 大陸之日本社, 1936, p.82.
38) 支那思想研究會, 『革命支那の思想研究』, 1929, pp.80-82.

국의 관민들은 어떻게 인식하고 대응하였을까. 일차대전 이후 중국에서는 민족적 자각이 고조되면서 만주 일대를 중심으로 철도이권회수운동이 활발하게 전개되었다. 만주지역의 화물 운송이 대부분 일본의 남만주철도와 소련이 관할하는 동청철도에 의해 장악되어 있음에 비추어, 중국의 자본과 기술로 철도를 부설하려는 철도자판운동이 확산되었다. 특히 남만주철도와 병행선을 건설하려는 움직임이 일어나면서 일본의 반발을 불러 일으켰다. 일본은 만주에서의 철도자판운동을 중국정부가 군사적, 정치적 필요에 따라 조종하는 것으로 인식하였다.[39]

일본은 중국관민이 부설하는 대통철도, 심해철도, 길해철도, 호해철도 등을 모두 남만주철도의 병행선으로 간주하고, 남만주철도를 압박하기 위한 목적에서 부설하는 것으로 인식하였다.[40] 장학량은 만주사변이 발발한 직후인 1932년 4월 11일, 국제연합조사단을 환영하는 만찬석상에서 치사를 통해 "이번 중일분쟁의 진정한 원인은 사실상 중국경제, 사회의 진보에 있다....일본은 철도를 동삼성을 장악하기 위한 도구로서 이용하였으며, 중국교통의 발전과 천연자원의 개발을 압살하였다. 따라서 철도문제는 사실상 중일분쟁의 첫 번째 주요한 원인이다"[41]라고 하여 일본의 만주 침략과 철도와의 연관성에 관하여 언급하였다.

동북에서 일본제국주의가 철도 부설권을 확대해 나가자 일찍이 1923년부터 동북에서는 이권회수운동이 격렬하게 발생하기 시작하였다. 봉천, 길림, 하얼빈을 비롯하여 여순, 대련에서는 군중집회가 그치지 않았

---

39) 滿鐵調査課, 『滿蒙鐵道の社會及經濟に及ぼせる影響』, 1931.7, p.52.
40) 安增一雄, 「滿洲に於ける鐵道運賃に就て」, 『滿洲に於ける關稅及鐵道運賃に就て』, 日滿實業協會, 1935.5, p.25.
41) 張德良, 「中日鐵路交涉案與九一八事變」, 『黨史縱橫』, 1997.12, p.18.

으며, 여기에서 여대 조차지의 회수 및 불평등조약 철폐 등의 요구가 분분히 터져 나왔다. 봉천 상공업계 영수들은 지방정부에 자력으로 철도를 부설하도록 요구하였다. 더욱이 『동삼성민보』 등 여론이 일본과 야합하는 장작림의 정책을 비판하기 시작하자, 장은 민심을 위무하고 통치를 안정시키기 위해 철도 자판의 요구를 수용하지 않을 수 없었다. 그리하여 1924년 5월 '동삼성교통위원회'의 성립을 선포하고, 개원에서 서풍, 봉천에서 해룡, 打虎山에서 통요에 이르는 철도 노선의 부설을 약속하였다.[42]

1923년 개원지방의 유지인 王恩榮과 康作民이 발기인으로서 참여하고 봉천 제6여장인 곽송령이 후원하여 개원-해룡 간 철도의 부설이 시작되었다. 이 철도를 부설하기 위해 봉천표 100만 원을 투자한 開拓長途鐵軌有限公司가 설립되었으며, 1925년 4월에 철도 부설에 착수하여 다음해 5월에 전선을 개통하였다. 그런데 이 철도는 1913년 일본이 획득한 철도 부설권의 하나인 개원-해룡 간의 철도 및 1918년의 개원-길림 간 철도의 일부 노선과 중복되었다.[43]

또한 1925년 8월 말, 중국은 팔도호-신립둔 간 25킬로미터의 철도 노선을 준공한 이후 같은해 9월 다시 신립둔으로부터 창무를 거쳐 통요에 이르는 노선의 부설계획을 발표하였다. 그러자 일본은 남만주철도 병행선 금지에 관한 조항에 저촉된다는 이유로 중국정부에 엄중히 항의하였다. 그럼에도 불구하고 중국정부는 공사를 서둘러 마침내 1927년 11월에 창무를 거쳐 통요에 이르는 전선 251킬로미터의 노선을 완공하였다.[44]

---

42) 任松, 「從"滿蒙鐵路交涉"看日滿關係」, 『近代史研究』, 1994年 5期, p.183.
43) 日華實業協會, 『支那近代の政治經濟』, 外交時報社, 1931.12, p.364.
44) 滿鐵調查課, 『滿蒙鐵道の社會及經濟に及ぼせる影響』, 1931.7, p.53.

일본은 왜 간도협약을 체결하였나

이밖에 심해철도를 들 수 있는데, 이 철도는 동삼성교통위원회가 성립된 이래 최초로 계획된 철도로서, 심양, 길림, 치치하얼의 세 지역을 연결하는 철도망 계획의 일부였다. 또한 순수한 중국자본 및 기술을 가지고 부설된 최초의 철도였다. 이 철도는 자본금 2천만 원으로 1925년 4월에 설립된 관상합판의 봉해철로공사가 부설한 것으로서, 1927년 9월 6일 봉천-해룡 간의 간선 234.5킬로미터의 공사를 완료하고 영업을 개시하였다.[45]

길해철도는 길림-조양진 간의 연결철도로서, 심해철도의 부설에 자극되어 1926년부터 부설 운동이 전개되었다. 봉천, 길림 양성 당국과 일반 여론의 고무와 지지 속에서 같은해 10월 길림성의회가 이 철도를 조속히 부설하도록 건의하였다. 같은해 11월 주비처가 설치되었으며, 총 공사자금은 1,200만 원으로 정해졌다. 1927년 3월 1일부터 측량을 개시하여 4월 7일에 완료하였으며, 6월 25일에 길림에서 기공식을 거행하고 공사에 착수하였다. 마침내 1929년 5월 15일 길림역에 이르는 174킬로미터의 전선 영업을 개시하였으며, 같은해 8월에는 길장철도의 길림역 부근까지 연장선을 부설하였다.

그런데 심해, 길해 양 철도 노선은 모두 일본의 철도 이권과 관련이 있는 개원, 해룡, 길림 간 철도의 일부 노선과 중복되어 일본철도의 부설 예정선과 충돌할 뿐만 아니라, 심해, 길해 양 철도는 서로 연결되어 남만주철도와 병행선을 이루게 되었다. 이에 따라 일본은 이것이 1905년 〈회의동삼성사의정약〉의 남만주철도 병행선 금지의 조항과 저촉된다고 중국정부에 엄중히 항의하였으나, 중국정부는 철도 부설을 강행하였다.

45) 日華實業協會, 『支那近代の政治經濟』, 外交時報社, 1931.12, p.364.

더욱이 중국정부는 부설한 철도를 운영하는 과정에서도 남만주철도 및 동청철도와의 경쟁을 의식하여, 운임의 할인을 통해 기존 양 철도를 통한 화물 운송의 지분을 회수하고자 노력하였다. 예를 들면 앞서 언급한 심해철도와 길해철도 양 철도는 1929년 11월 10일부터 화물 운송에서 상호 연계운송을 실시하면서, 화물의 운임을 일반 운임률보다 파격적으로 인하해 주기로 결정하였다. 곡류의 경우 4급품의 한 차량분 운임을 보통 운임률의 43%로 인하하였다.[46) 1930년부터 중국의 廣信公司가 제극철도 연선의 곡류를 수출하기 위해 중국 자판의 사조철도와 조앙철도의 양 철도와 각각 25%의 운임을 할인해 주는 내용의 이면계약을 체결하였으며, 1931년의 수확기에도 전자가 20%, 후자가 10%씩 각각 운임을 할인해 주었다.[47)

　1927년 일본의 다나카 기이치(田中義一) 내각이 성립된 이후 6월 27일부터 7월 7일까지 10일 간 동경에서 외무성의 주최로 '동방회의'가 개최되었다. 이 회의에는 다나카 기이치(田中義一) 외상(겸임)과 모리 쓰토무(森恪), 데부치 가쓰지(出淵勝次) 외무차관, 기무라 에이이치(木村鋭市) 아시아국장, 고무라 긴이치(小村欣一) 정보부장, 요시자와 겐기치(芳澤謙吉) 주중공사, 요시다 시게루(吉田茂) 봉천총영사 등 외무성 관료뿐만 아니라 하타 에이타로(畑英太郎) 육군성 차관, 아베 노부유키(阿部信行) 군무국장, 마쓰이 이와네(松井石根) 참모본부 제2부장, 무토 노부요시(武藤信義) 관동군 사령관, 오스미 미네오(大角岑生) 해군성 차관 등이 모두 참석하였다. 이 회의에서 제정된 〈대화정책강령〉은 일본의 국방 및 국민 생존에서 동삼성이 차지하는 중요성에 비추어, 만몽을 중국 본토와 구별하여 간주할 것을 명시하였다. 또한 위작의 논란은 남아 있지만, 7월 25일 다

46) 滿鐵調査課, 『滿蒙鐵道の社會及經濟に及ぼせる影響』, 1931.7, p.445.
47) 滿鐵調査課, 『滿蒙鐵道の社會及經濟に及ぼせる影響』, 1931.7, p.445.

일본은 왜 간도협약을 체결하였나

나카 기이치 총리대신이 일본천황에게 '만몽에 대한 제국의 적극정책'이라는 내용의 〈田中上奏文〉을 제출하고 "만일 중국을 정복하려면 반드시 먼저 만몽을 정복해야 하며, 세계를 정복하려면 반드시 먼저 중국을 정복해야 한다"[48]라고 주장하였다.

1928년 10월 다나카 기이치(田中義一)는 남만주철도주식회사 사장 야마모토 조타로(山本條太郞)로 하여금 장학량과 교섭하도록 지시하고, 장학량에게 차관을 공여할 용의가 있음을 전달하도록 하였다. 10월 11일 야마모토 조타로는 장학량의 군사고문인 마치노 다케마(町野武馬) 및 중일실업공사 상무이사인 江藤豊二의 도움으로 장학량과 비밀리에 회담을 개최하였다. 회담 중 야마모토 조타로는 장학량에게 막대한 이권을 건네줄 용의를 표명하였으며, 교섭이 이루어질 경우 먼저 500만 원을 지불하겠다고 제안하였다. 결국 이 회담에서 장학량은 돈화-도문 철도 노선을 비롯하여 만몽에서 일본의 철도 부설권을 승인하였다.

이미 10월 10일, 마쓰오카 요스케(松岡洋右) 만철 부사장은 『동경일일신문』에 〈금후의 만주 정책〉이라는 제하의 〈만몽개발정책〉의 대강을 발표하였다. 그는 여기서 〈철도를 중심으로 만몽을 개발하는 방안〉을 주창하였으며, 여기서 길회선의 부설 및 종단항의 문제를 거론하였다. 11월 20일에도 이 신문은 "봉천에서 장학량과 논의한 결과 내년 봄 길회철도의 부설 공사에 착수하기로 하였다"[49]라는 야마모토 조타로(山本條太郞) 만철 사장의 발언을 인용하면서, 20여년 래 중일 간의 숙원이 해결되었다고 보도하였다.

마쓰오카 요스케 만철 부사장과 야마모토 조타로 만철 사장이 길회철도의 부설에 관해 언급한 이후, 중국, 특히 만주에서는 배일운동이

48) 信夫淸三郞, 『日本外交史』(二), 每日新聞社, 1974.10, pp.349-350.
49) 上田恭輔, 「吉會鐵道問題に關する一考案」, 『支那』20卷 1號, 1929.1, p.43.

격렬하게 발생하였다. 중국의 신문들은 다투어 "장학량은 이미 일본의 괴뢰가 되었으며, 동삼성은 장차 일본의 식민지로 변하게 될 것"[50]이라고 보도하였다. 봉천성에서는 시민대회가 개최되어 국민외교후원회가 조직되었으며, 반일의 구호가 높아지면서 '타도 일본제국주의', '타도 장학량' 등의 구호가 터져 나왔다. 11월 11일, 길림성에서는 〈길회철도 부설 반대안〉이 의결되었으며, 장춘의 관리사범학당 학생 수백명은 '타도 일본제국주의, 동삼성철도매국노'라고 대서특필한 큰 깃발을 선두로 대대적인 시위운동을 벌여 길돈철도국장 조진, 길림성 교육청장 유수춘의 사직을 요구하였다.[51] 같은날 하얼빈에서도 격렬한 배일운동이 일어났으며, 격문 가운데에는 "길회철도 부설 반대, 매국노 타도, 길돈철도를 회령까지 연장하려는 일본제국주의 침략 정책을 타도하자"[52]라는 구호가 등장하였다. 국민정부 기관지인 『중앙일보』는 중일교섭이 일본의 교묘한 수단에 불과하다고 보도하였으며, 미국 워싱턴에서 시조기 공사는 연설 중에 미국자금이 만주의 일본인 기업에 투자되는 것은 극동의 평화를 해치는 일이라고 역설하였다.[53]

1921년부터 1931년까지 약 10년 간, 국유, 성유, 민유의 각종 형식을 통해 중국관민이 스스로 부설한 철도는 錦朝, 打通, 開豊, 沈海, 呼海, 鶴鳳, 吉海, 昂齊, 齊克, 洮索 등 10개 노선으로, 총연장이 1521.7킬로미터에 달하였다.[54] 이를 통해 중국관민은 동북에서 만철과 대련항에 맞서 물자의 운송을 일정 정도 회수하고자 하였다.

1928년 12월 28일, 장개석은 장학량을 동북변방군사령관으로 임명

50) 任松, 「從"滿蒙鐵路交涉"看日滿關係」, 『近代史研究』1994年 5期, p.192.
51) 上田恭輔, 「吉會鐵道問題に關する一考案」, 『支那』20卷 1號, 1929.1, pp.43-44.
52) 上田恭輔, 「吉會鐵道問題に關する一考案」, 『支那』20卷 1號, 1929.1, p.44.
53) 上田恭輔, 「吉會鐵道問題に關する一考案」, 『支那』20卷 1號, 1929.1, p.45.
54) 張德良, 「中日鐵路交涉案與九一八事變」, 『黨史縱橫』, 1997.12, p.18.

하였으며, 장학량 통제 하의 동북교통위원회는 동삼성 최대의 행정기관으로서 1930년 10월에 〈대철도망계획〉을 수립하였다. 이 계획의 핵심적인 내용은 만철을 포위하는 동시에 동청철도를 단절시켜 양 철도를 무력화시키는 것이다. 이를 위해 영미자본단의 재정적, 기술적 지원에 의지하여 15년에 걸쳐 방대한 철도망을 완성하고자 하였다.[55]

중국관민에 의해 부설된 만철 병행선과 대항선을 통해 중국은 상당한 성과를 거둘 수 있었다. 만주사변 직전의 3년 동안, 만철과 관동군 관할 하의 철도 운송량은 300만 톤이나 감소되었으며, 1930년 말 만철의 이윤은 전년도 말에 비해 3분의 1이 감소되었다. 바로 다음해인 1931년 만철은 2천 명의 종업원을 해고하지 않을 수 없었으며,[56] 만철의 영업 부진은 바로 만주사변 발발의 구실을 제공하였다.[57]

만주사변 이후 일본은 동북에서의 철도 노선 부설에 일층 박차를 가하였다. 일본외무성은 1932년 1월 6일, 육군성, 해군성과 함께 〈중국문제처리방침요강〉을 작성하여 관동군 참모장 이타가키 세이시로(板垣征四郎) 대좌에게 건네주었는데, 여기서 "만몽을 시급히 중국 본부 정권으로부터 분리, 독립시켜 독립국가의 형태를 갖추도록 유도한다"[58]라고 규정하였다. 즉 일본은 만주국의 수립을 통해 본격적으로 만몽의 경제를 일본에 부속시킴으로써 만주, 조선, 일본으로 이어지는 경제블럭을 형성하기 위해 박차를 가하였다. 1932년 9월 15일 일본정부는 〈일만의정서〉를 조인하고 정식으로 만주국을 승인하였다. 주요한 내용은 첫째, 만주국은 지금까지 일본과 중국 사이에 체결된 협정에 의해 일본

55) 吾孫子豊, 『支那鐵道史』, 生活社, 1942.3, pp.141-142.
56) 吾孫子豊, 『支那鐵道史』, 生活社, 1942.3, p.143.
57) 張德良, 「中日鐵路交涉案與九一八事變」, 『黨史縱橫』, 1997.12, p.18.
58) 兪辛焞저, 신승하외역, 『만주사변기의 중일 외교사』, 고려원, 1994.8, p.272.

과 일본인이 가진 일체의 권리와 이익을 존중하며, 둘째, 일만 양국의 공동 방위를 위해 일본군이 만주국에 주둔한다는 내용이었다. 일본은 일만의정서를 통해 기존의 골칫거리였던 만철 병행선 금지 조항의 시비에 종지부를 찍었다.[59]

만주국 수립 이후 만주지역에서 신설되는 철도는 모두 국유로 귀속되었으며, 부설공사는 만철로 하여금 일률적으로 시공하도록 결정되었다. 이러한 방침에 입각하여 만주국은 1932년 12월 16일 길회철도를 돈화 동쪽 71킬로미터까지 우선적으로 부설하기로 하고, 이와 함께 길회철도로부터 북쪽으로도 지선을 부설하기로 결정하였다.[60] 1935년 동북철도 전 구간의 총연장이 8,712킬로미터에 달하였는데, 이 가운데 약 2,600킬로미터가 만주사변 이후 새로 부설된 노선이었다.[61]

1932년 4월 11일, 장학량은 "지금 중일 간 충돌의 진정한 원인은 동삼성에 대한 일본의 야심으로부터 비롯된 것이다. 일본은 동삼성의 철도 발전을 침략의 공구로 삼았으며, 온갖 방법을 동원하여 중국의 교통 및 천연자원의 발전을 방해하였다. 따라서 철도문제는 사실상 중일분쟁의 주요한 원인이다"[62]라고 주장하였다.

59) 가토 요코저, 김영숙역, 『만주사변에서 중일전쟁으로』, 어문학사, 2012, p.176.
60) 日本外務省, 「各種情報資料·陸軍省新聞發表」, 『新聞發表』第938號.
61) 王成組, 「民元來我國之鐵路」, 『民國經濟史』, 華文書局, 1948.1, p.300.
62) 『張學良文集』上冊, 新華出版社, 1997, p.584.

5. 북선 종단항의 설정과 동청철도의 매입

　　일본제국주의가 철도 부설권을 장악하고 확대함으로써 만주를 중국
본토로부터 분리하고 이를 일만선 경제블럭으로 편입시키려는 과정에
서 중국관민들의 저항은 일본의 침략정책 수행에 적지 않은 장애가 되
었음에 틀림없다. 그러나 일본이 만주에 대한 침략정책을 추진하는 과
정에서 가장 큰 장애는 바로 소련이었으며, 철도 부설권의 확대에 가장
큰 장애는 동청철도였다. 만주사변 직후에도 일본은 소련에게 군사행
동을 남만주로 국한할 것이며, 동청철도에 대한 소련의 권리를 인정한
다는 뜻을 전달하였다. 일본은 치치하얼을 점령 다음날에도 소련을 안
심시키기 위해 소련주재 히로타 고키(廣田弘毅) 대사로 하여금 인민외교
위원 리트비노프(Maksim Maksmovich Litvinov)를 방문하도록 하여 "일본군은
동청철도에 대한 소련의 이권을 존중하며, 전투시에도 소련의 이권을
존중할 뜻"[63]을 전하였다.

한편, 만주에서는 북만주의 화물을 블라디보스톡항을 통해 수출하고
자 하는 동청철도와 대련항으로 흡수하려는 남만주철도 사이에 소위 화
물쟁탈전이 치열하게 전개되고 있었으며,[64] 특히 대두, 두박, 소맥, 소맥
분, 두유에서 경쟁이 가장 치열하였다. 양 철도 간의 경쟁은 일차대전
기간에 다소 완화되었으나, 종전 이후 1919년 말부터 동청철도의 수송
상태가 점차 안정되면서 다시 양 철도 사이의 경쟁이 본격화되었다.

1920년대 전반기 동청철도 철도국장은 북만주 물자를 블라디보스톡
으로 집중시키기 위한 정책을 강력히 추진하였으며, 이를 위해 여러 차
례 운임을 인하하였다. 1920년 1월, 동청철도 측은 운임률을 개정하여
하얼빈-블라디보스톡 사이의 대두, 두박, 소맥 등의 운임을 일률적으
로 인하하였다. 1921년 5월 11일, 만철은 이에 대항하여 장춘-대련 간
의 대두, 두박, 소맥의 운임에 대해 34.2%의 대폭적인 할인을 단행하
였으며, 이후에도 양자의 경쟁은 치열하게 전개되었다. 1921년 9월 대
두 1톤이 동청철도를 통해 블라디보스톡까지 운송되는 운임은 32.985
원이었음에 비해, 남만주철도를 통해 대련항에 이르는 운임은 39.20원
으로 전자가 후자보다 6.125원 저렴하여 경쟁력을 갖추고 있었다.[65]
당시 블라디보스톡과 대련항 사이의 물동량을 살펴보면 대련 55 대 블
라디보스톡 45로서, 전자가 약간 우세하였다.[66]

일본이 만몽에서 세력을 확대하는 과정에서 가장 큰 장애는 바로 러
시아의 존재였다고 할 수 있다. 일본은 1900년 초 이래 러시아의 위협
이 시베리아철도와 동청철도에 의해 언제라도 실현될 수 있을 것이라

---

63) 兪辛焞저, 신승하外역, 『만주사변기의 중일 외교사』, 고려원, 1994.8, p.161.

64) 滿鐵調査課, 『滿蒙鐵道の社會及經濟に及ぼせる影響』, 1931.7, p.417.

65) 滿鐵調査課, 『滿蒙鐵道の社會及經濟に及ぼせる影響』, 1931.7, p.412.

66) 町田耘民, 『滿蒙の鐵道戰』, 民衆時論社, 1926.1, p.3.

는 두려움을 가져 왔으며, 따라서 러시아의 철도가 조선으로 뻗어 나가는 것을 극력 저지해 왔다. 비록 러일전쟁의 결과 일본은 러시아의 세력을 북만주로 후퇴시키는데 성공하였지만, 동청철도 본선이 러시아의 수중에 남아 있는한 러시아의 재기를 경계하지 않을 수 없었던 것이다.[67]

1924년 중국과 소련이 〈중소협정〉과 〈봉소협정〉을 체결하여 동청철도의 공동관리를 시작하자, 일본은 동청철도의 존재를 만몽에서 자신이 세력 범위를 확대하는 데 주요한 장애물로서 인식하였으며, 따라서 갖은 수단을 동원하여 동청철도를 획득하고자 노력하였다. 이러한 의미에서 길회선을 완공하여 북조선의 종단항구와 연결하려는 목적은 명확히 소련의 팽창에 대비하기 위한 것이었으며, 이를 위해 동청철도를 무력화시키려는 의도를 가지고 있었다. 다음의 기록은 길회철도 부설의 목적을 잘 보여주고 있다.

"가령 소련과 일본이 충돌할 경우 길회철도는 무장세력의 충실을 위해서도 부설되어야 하지만......적어도 북만주와 동부 몽고에서 소련과 치열한 경제전을 전개해야 하는 상황임은 말할 필요도 없다......길회철도의 개통은 동청철도에 실로 막대한 위협이 될 뿐만 아니라, 나아가 블라디보스톡의 번영에 영향을 미쳐 거의 절망으로 몰아 넣게 될 것이다."[68]

현존하는 일본외무성의 사료는 동청철도에 대한 일본의 인식과 우려, 그리고 길회철도 부설과의 관계에 관하여 "중소 양국 모두와 관계있는 동청철도는 길림성과 흑룡강성을 관통함으로써 일본의 만주 독점에 큰

67) 井上勇一, 『東アジア鐵道國際關係史』, 慶應通信株式會社, 1990.2, p.152.
68) 山口昇, 「吉敦鐵道と東滿問題(1)」, 『支那』17卷 6號, 1926.6. p.56.

장애가 아닐 수 없다. 일본은 동청철도가 중국인의 손에 넘어가 중국의 경제력이 증강되는 것을 원치 않을 뿐만 아니라, 소련에 장악되어 블라디보스톡이 번영하는 것도 원치 않는다"[69]라고 기록하고 있다.

일본제국주의는 이러한 목적을 실현하기 위한 구체적인 방법으로서 종래 만철과 대련항으로 연결되는 1선 1항주의에서 길회선과 나진항으로 연결되는 노선을 신설하여 두 개의 간선으로 설정함으로써 2선 2항주의로 전환하게 된 것이다. 이는 다음의 기록에서 명확히 알 수 있다.

> "만철은 종래 대련을 종단항으로 두고, 동청철도와 격렬한 경쟁을 수행해 왔다.…최근 중국 측의 철도가 남만주철도주식회사의 경영으로 이관된 이후 만철은 종래 대련 1항주의를 포기하고 2선 2항주의를 근간으로 하는 정책을 수립하여 동청철도와 대항하게 되었다. 남만주 및 서북 만주의 화물은 종래와 같이 만철선에 의해 대련항으로 반출되며, 북만의 화물은 현재 건설 중에 있는 돈도선에 의해 북조선 나진으로 배출함으로써 두 간선으로 삼는 것이다."[70]

돈도선의 부설이 추진되면서, 동시에 길회선의 완공시 이것과 연결할 종단항의 건설 문제가 대두되었다. 이에 적합한 항구로서 나진과 청진, 그리고 웅기 등 북조선의 3항이 거론되었으며, 일본정부는 이 3항을 둘러싸고 종단항을 선정하기 위한 본격적인 검토에 착수하였다. 그런데 종단항의 결정에서 청진은 배후 철도의 거리가 멀며, 또한 수송 능력에도 제한이 있다는 단점을 가지고 있었다. 한편 웅기는 풍랑이 세고, 축항 설계도 수용 능력에서 최대 500-600만 톤에 불과한 결점을 가지고 있었다.[71]

69) 日本外務省, 『滿受大日記(普) 其6:東北事變の國際觀其他雜入者摘要』, 1933.4.1.
70) 朝鮮拓植銀行, 『敦圖線及其終端港』, 1933.2, p.10.

일본은 왜 간도협약을 체결하였나

결국 길회선의 종단항으로서 나진이 지정되었는데, 그 배후에는 일본군부의 입김이 강하게 작용한 것으로 보인다. 특히 1920년대 중반 이후 일본군부는 국방상의 관점에서 볼 때도, 중국에 있는 대련항보다는 조선 북부의 나진항을 선정함으로써 유사시 만주와 일본은 최단거리로 연결해야 한다는 주장을 견지해 왔다. 그리하여 "만몽의 화물을 나진에 집중시켜 블라디보스톡에 대항해야 하며, 이를 통해 전시에 일본의 경제적 독립을 보장할 수 있다"[72]고 판단하였다. 특히 육군성 내의 일부 '나진론자'들은 웅기의 경우 소련의 연해주 및 훈춘과 맞닿아 있어 유사시 적의 위협에 노출될 우려가 있다는 이유로 종단항으로서 부적합하다고 주장하였다. 이러한 이유에서 나진을 종단항으로 결정해야 하며, 나진-회령 사이에 직통철도를 부설하도록 주장하였다.[73]

|도표 30| 웅기항(1920년대)

|도표 31| 나진항(1920년대)

71) 鐵路總局,『敦化圖們間鐵道の完成と日滿關係』, 1933.9, p.23.
72) 山口昇,「吉敦鐵道と東滿問題(1)」,『支那』17卷 6號, 1926.6, pp.54-55.
73) 山口昇,「吉敦鐵道と東滿問題(7)」,『支那』18卷 3號, 1927.3, p.50.

|도표 32| 청진항(1920년대)

마침내 1932년 5월 11일, 일본외상의 지시로 나진을 종단항으로 결정하고 곧이어 8월에 조선총독부도 항만의 매립을 위한 토지수용령을 발표하였다. 설계에 따르면, 1933년 초에 기공하여 1937년 말에 완성할 경우 이 항구를 통한 만주 수출 물자는 총 1,350만 톤, 수입은 총 500만 톤, 수출입 합계 총 1,850만 톤을 목표로 추진되었다.[74]

돈도선의 개통을 통한 길회선의 완성은 만주의 수출입루트에 큰 변화를 가져왔다. 기존 30여 년 간 만주의 물류 유통은 크게 보아 대련과 블라디보스톡의 양대 수출 계통에 의존하였는데, 여기에 돈도선 등 길회선의 개통과 종단항으로서 나진항이 선정되고 웅기, 청진 등이 보조항으로서 신증설되면서 큰 변화가 발생하였다. 길회선의 부설과 종단항으로서 나진항을 선정한 것은 만주 물동량을 선점함으로써 블라디보스톡항의 기능을 저하시키기 위한 목적에서 비롯된 것이다. 반면 나진항은 대련의 번영에 아무런 악영향도 주지 않았다. 왜냐하면 두 항은 모두 만철이 그 경영을 통제하였기 때문에, 과거 대련 1항주의에서 합리적으로 수송 경로를 재편할 수 있게 된 것이다. 길회철도와 나진항을 통한 만주 물자 운송이 동청철도에 비해 경쟁력을 가지고 있음은 다음

---

74) 中村玄濤, 『外地統治史』, 大陸之日本社, 1936, pp.136−137.

일본은 왜 간도협약을 체결하였나

147

의 몇 가지 수치를 통해 명확히 알 수 있다.

|도표 33| 일본 각 항구와 대련, 블라디보스톡, 나진항까지의 거리 비교

(킬로미터)[75]

	下關	神戸	大阪	東京	鹿兒島
대 련	614	869	876	1, 225	695
블라디보스톡	567	807	813	953	802
나 진	515	756	767	1, 011	734

|도표 34| 각 항구와 대련, 블라디보스톡, 나진항까지의 톤당 운임 비교

(일본엔)[76]

	新潟	下關	大阪	小樽	長崎	基隆	釜山
대련	2,37	1,78	2,06	2,62	1,65	2,06	1,65
나진	1,58	1,69	1,96	1,77	1,83	2,55	1,52
블라디보스톡	1,60	1,70	2,12	1,60	1,84	2,57	1,71

|도표 35| 북만주에서 대련항과 북선3항까지의 운임 비교

(매톤당: 원)[77]

출발지	대련항	북선3항 평균
하얼빈	20,96	20,24
흑하	30,72	25,51
치치하얼	27,19	26,93
만주리	32,46	31,56
佳木斯		19,54

이상과 같은 몇 가지 통계자료를 통해 돈도철도 개통 이후 대두 1톤당의 요금을 장춘에서 大阪까지 수송할 경우를 비교해 보자. 블라디보스톡항을 경유할 경우 동청철도 및 우수리철도의 운임이 15.55엔이며,

75) 日本鐵路總局, 『敦化圖們間鐵道の完成と日滿關係』, 1933.9, pp.30−31.
76) 日本鐵路總局, 『敦化圖們間鐵道の完成と日滿關係』, 1933.9, p.37.
77) 『滿洲經濟年報』上., 1937, p.191.

접속비가 2.80엔, 배삯이 2.00엔으로 모두 20.35엔이 소요된다. 반면 대련을 경유할 경우 동청철도의 운임이 6.30엔, 만철 운임 13.90엔, 접속비 0.40엔, 배삯이 1.80엔으로 모두 22.40엔이 소요된다. 이에 비해 나진을 경유할 경우 철도운임 14.33엔, 접속비 0.60엔, 배삯 4.00엔으로 모두 18.93엔이 소요되게 된다.[78]

이러한 의미에서 일본의 여론은 블라디보스톡항과 나진항 사이의 길항관계를 지적하면서, 조만간 나진항이 블라디보스톡항을 압도할 것으로 예상하였다.[79] 실제로 길회철도의 완성과 나진항의 발전 이후 동북의 무역규모가 크게 신장되었음을 알 수 있다. 예를 들면, 1926년 연변지역의 무역액은 9, 332, 046원이었는데, 1933년에는 15, 437, 595원, 1934년에는 무려 34, 504, 950원으로 급속히 확대되었다. 조선 북부 3항의 주요 수출품은 만주 농산품의 대종인 대두와 두류로서, 1938년 수출액은 1억 4백만 원으로 전체 수출액의 73%를 차지하였다. 그 다음이 두병으로 7.2%를 차지하였고, 세 번째가 농산품으로 6.9%를 차지하였다.[80]

이상에서 알 수 있듯이, 일본제국주의는 길회철도의 부설을 통해 삼국간섭 이후 러시아가 획득한 동청철도의 경제적 효용성을 현저히 저하시켰으며, 사실상 동청철도에 대한 소련의 관심을 저하시키는데 성공하였다. 길회철도의 완성과 나진항의 발전으로 인해 기존 블라디보스톡항의 영화가 급속히 쇠퇴하면서, 기존에 무역 중심지로서 훈춘의 지위 역시 급속히 쇠락하였다. 반면 길회철도를 통해 조선으로 물자가

---

78) 日本鐵路總局, 『敦化圖們間鐵道の完成と日滿關係』, 1933.9, pp.38-40.

79) 日本鐵路總局, 『敦化圖們間鐵道の完成と日滿關係』, 1933.9, p.29.

80) 張景泉, 「朝鮮北部三港及其對中國東北貿易的影響」, 『吉林師範學院學報』1995年 7期, pp.54-55.

밀려들면서, 무역 중심지로서 도문의 지위가 크게 제고되었다. 예를 들면, 1932년-1938년간 도문을 거쳐 조선 북부 3항으로 수출, 수입되는 총액은 9, 795, 000원에서 172, 728, 000원으로 급속히 신장되었는데, 이는 불과 6년만에 17.6배로 성장하였음을 의미하였다.[81]

|도표 36| 동청철도와 길회철도의 길항관계

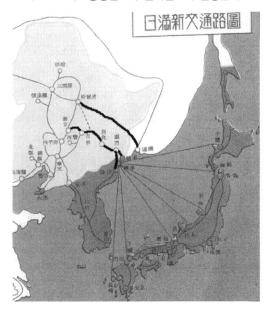

다나카 기이치는 길회철도 부설의 의의와 동청철도, 시베리아철도와의 관계에 대해 "종전에 만일 유럽으로 가려고 한다면 블라디보스톡을 거치지 않으면 안된다. 그러나 길회선이 완성된 이후에는 회령을 거쳐 시베리아철도와 연결할 수 있다. 사람이든 화물이든 모두 우리 영토를 거치지 않으면 안되며, 따라서 동양의 교통대동맥을 장악하게 된 것이

81) 張景泉, 「朝鮮北部三港及其對中國東北貿易的影響」, 『吉林師範學院學報』1995年 7期, p.65.

다……길회철도는 동청철도와 평행선이기 때문에 동청철도와 블라디보스톡은 심각한 영향을 받게 된다"[82]라고 설명하였다.

1931년 만주사변 이후 일본은 소련과 본격적으로 동청철도의 매각 교섭에 착수하였으며, 1933년 6월 25일 소련, 일본, 만주국 3개국 대표가 동경에서 제1차 회의를 개최하였다. 이미 살펴본 바와 같이 길회철도의 부설은 사실상 동청철도의 경제적 기능을 상당 부분 잠식하였으며, 소련으로서도 동청철도에 대한 경제적 기대가 자연히 저하될 수밖에 없었다. 이러한 이유에서 소련은 만주국, 사실상 일본제국주의에 동청철도의 매각을 서두르게 되었다.

1932년 12월 17일의 『부산일보』는 소련이 동청철도를 만주국(일본)에 매각하려는 움직임에 대해 "동청철도는 만주횡단철도의 부설 앞에서 북만주 왕좌의 꿈이 하루 아침에 무너지고, 자신이 가지고 있던 경제적 가치를 완전히 상실하고 말았다……동청철도 관계자는 이 철도의 장래가 소련에게 비관적일 수밖에 없다고 한다. 이러한 이유에서 이미 동청철도의 만철 매입설이 흘러 나오고 있다"[83]라고 하여, 동청철도의 경제적 효과 하락으로 설명하였다.

1933년 5월, 소련 외무인민위원회는 히로타 고키(廣田弘毅) 대사를 통해 동청철도의 매각 의향을 일본에 전달하였다. 바로 다음달인 6월 만주국이 상대국이 되어 소련과의 사이에 이권의 양도를 위한 회의가 개최되었다. 일본외상 우치다 고사이(內田康哉)는 협상을 알선한다는 명목으로 6월 26일의 제1차 매각협상을 주선하였는데, 이 회의에는 일본 측에서 우치다 외상과 시게미쓰 마모루(重光葵) 차관, 도고 시게노리(東鄕茂德) 구미국

82) 日本外務省史料館, 『滿州事變, 支那兵ノ滿鐵柳條溝爆破=因ル日 `支軍衝突關係 /排日 `排貨關係』第六卷.
83) 『釜山日報』, 1933.12.17.

장 등이 참석하였고, 만주국에서는 주일공사 丁士源, 외교차장 오하시 쥬이치(大橋忠一) 등이 참석하였으며, 소련에서는 주일대사와 외무인민위원회 극동이사, 동청철도부 이사장, 대사관 참사관 등이 참석하였다.[84]

소련은 동청철도의 매각 협상을 제안했을 뿐만 아니라, 실제 협상의 과정에서도 매우 적극적인 태도로 임하였다. 6월 28일의 제2차 회의, 7월 14일의 제5차 회의까지 양측은 매각의 가격을 둘러싸고 타협을 이끌어 내지 못하였다. 그러자 소련은 제6차 회의 직전인 8월 2일 일본 외무성을 통해 만주국에 철도의 양도 가격을 2억 5천만 루블에서 2억 루블로 인하할 의향을 전달하였다. 8월 4일의 제6차 회의에서 소련은 5천만 루블의 인하 방침을 정식으로 제기하면서 "이는 소비에트연방 스스로 교섭에 성의를 다하고 있음을 보여주기 위한 것이며, 만주국도 이에 상응하는 조치를 취해주도록"[85] 요구하였다. 이를 통해 매각 협상은 더욱 신속히 진행되었으며, 총 57차에 걸친 회합과 21개월의 시간이 경과한 후 마침내 1935년 3월 23일에 동경에서 소련은 만주국과 〈소만협정〉을 체결하였다.[86]

소련은 1억 4천만 원의 대가로 만주국, 즉 사실상 일본에 동청철도 및 그 부속 재산 일체를 양도하였다. 이러한 결과 이제 동북의 모든 철도 권리는 만철의 통제 하에 귀속되게 되었다. 일본제국주의는 만철의 통제 하에 만주에서의 철도 권리를 장악함으로써 사실상 만주 전 지역의 정치, 군사, 경제 등 모든 부문을 장악할 수 있게 되었다. 이차대전 종전 직전인 1945년 6월 동북에서의 공업자본 총액은 37억 9,184만 4

84) 黑田乙吉, 「北滿鐵道賣却交渉」, 『支那滿洲を繞る諸問題』, 東亞調査會, 1933.8, p.82.
85) 黑田乙吉, 「北滿鐵道賣却交渉」, 『支那滿洲を繞る諸問題』, 東亞調査會, 1933.8, p.87.
86) 邢麗雅, 「試論蘇聯向僞滿轉讓中東鐵路的性質和影響」, 『齊齊哈爾師範學院學報』, 1995年 5期, p.144.

천 원으로서, 이 가운데 만주국정부 혹은 일본재단이 자본 총액의
99.7%를 독점하였다.[87] 전 중국의 규모에서 볼 때도, 제국주의가 철도
에 투자한 자본은 1914년 현재 총 2억 9,200만 달러였는데, 이 가운데
일본이 철도에 투자한 자본이 총 4,900만 달러로 전체의 약 17%를 차
지하는데 불과하였다. 그러나 1930년에는 1억 9640만 달러 가운데 1
억 4,460만 달러로 약 74%, 동청철도를 매입한 직후인 1936년에는 총
4억 6,460만 달러 가운데 4억 1,210만 달러로 89%를 차지하여 사실상
독점적인 지위를 차지하였다.[88]

|도표 37| 길회철도를 통한 일본의 만주 진출 구상

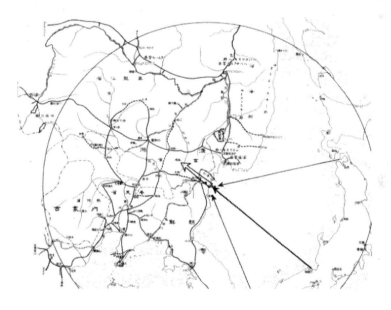

87) 張德良, 「中日鐵路交涉案與九一八事變」, 『黨史縱橫』, 1997.12, p.18.
88) 김지환역, 『구중국 안의 帝國主義 投資』, 고려원, 1992, p.209.

결론

러시아가 청일전쟁 이후 삼국간섭을 통해 중국으로부터 동청철도 부설권을 획득한 목적은 중소 국경문제의 해결을 포함하여 정치, 군사적 목적, 나아가 열강 간의 세력관계 등 다양한 이해가 포함되어 있었다. 그럼에도 적지 않은 일본관민은 동청철도가 가지고 있는 막대한 경제적 효과를 우려하였다. 동청철도는 만주의 물자 운송을 독점할 가능성을 가지고 있었으며, 이는 철도 연선지역에 대한 경제적 예속을 넘어 정치, 군사적 세력권을 형성하기 위한 기초가 될 것임에 틀림 없었다.

만주를 중국 본토로부터 분리하여 일만선경제블럭을 형성하려는 일본에게 동청철도의 존재는 가장 큰 장애가 아닐 수 없었다. 만철이 성립된 이후, 일본은 만철과 대련항으로 연결되는 만주의 물자 운송로를 통해 동청철도에서 블라디보스톡으로 연결되는 노선과 치열한 경쟁을 전개하고 있었다. 이에 일본은 동청철도의 병행선인 길회철도를 부설하여 종래 1선 1항주의에서 2선 2항주의로 전략을 수정함으로써 동청철도를 더욱 효율적으로 제어하고자 하였다. 이와 같이 길회철도는 명백히 동청철도에 대항하여 부설된 병행선이었다.

그러나 길회철도의 부설과 북선 종단항의 연결, 그리고 일만선경제블럭의 형성이라는 일본의 의도를 실현하기 위해서는 철도 부설을 위한 중국과의 합의가 불가결하였다. 이를 위해서는 러시아가 중러군사동맹이라는 대가를 제공함으로써 동청철도 부설권을 획득했듯이 상응한 대가를 지불하지 않으면 안되었다. 바로 이를 실현할 수 있는 수단이 당시 중한 간에 논쟁이 전개되어 왔던 간도를 둘러싼 영토문제였던 것이다.

1905년 조선이 일본의 보호국으로 전락하면서, 간도를 둘러싼 한중 간의 분쟁은 곧 중일 간의 분쟁으로 성격이 일변하였다. 이러한 가운데 일본은 길회선 철도의 부설권이라는 최대의 긴급현안을 해결하기 위해 간도 문제를 이용하였다. 일본은 비록 식민지 조선의 영토인 간도의 영유권을 중국에 양보하기는 하였지만, 이를 통해 길회철도 부설권을 획득함으로써 사실상 만주지역에서의 물자 운송 통제권을 확보할 수 있었다. 일본은 길회철도와 북선항의 연결을 통해 동청철도의 경제적 효용성을 급속히 저하시켰으며, 결국 소련은 동청철도를 일본에 매각하지 않을 수 없었다. 이러한 결과 마침내 일본은 만철, 길회철도, 동청철도 등 만주의 간선철도를 모두 장악할 수 있었으며, 이를 통해 만주 전 지역의 정치, 군사, 경제의 전 부문을 장악할 수 있게 되었다.

4

부산에서 만주에
이르는 직행열차

― 한반도―만주 직통철도와 일화배척운동 :
安奉鐵道 (1911)

서론

　역사학계에서 국경을 넘나드는 초국가적, 초경계적 공간과 인적, 물적, 자본의 이동과 교류에 대한 논의와 연구가 활발하게 이루어지고 있음은 주지의 사실이다. 동아시아로 연구의 범주를 한정하여 살펴보더라도 근대 이래 교류의 역사는 교통망의 발전과 불가분의 관계를 가지고 있다. 이러한 점에서 철도는 근대의 상징이자 동아시아지역에서 발생한 다양한 이주와 이동, 교류를 위한 불가결한 수단이었으며, 따라서 이 방면의 연구를 위한 매우 적절한 주제가 아닐 수 없을 것이다.

　철도는 근대의 상징이자 제국주의 침략의 첨병이라는 양단적 성격을 동시에 포괄하고 있다. 러일전쟁시기 일본제국주의는 군용 석탄을 채굴하기 위한 목적에서 무단으로 본계호탄광을 점거하는 동시에, 여기에서 채굴된 석탄을 실어 나르기 위해 임시로 안봉철도를 부설하였다. 이 철도는 봉천을 출발하여 渾河堡, 陳相屯, 石橋子, 本溪湖, 橋頭, 草河口, 鳳凰廳을 거쳐 안동에 이르는 총연장 303.7킬로미터, 궤간 0.762미터, 1미터당 궤조(중량) 12.5킬로그램의 협궤 경편철도였다.

　안봉철도는 일본과 한국, 중국관외와 중국관내를 긴밀하게 연계함으로써 동아시아적 범주의 이동과 교류를 위한 기초를 마련하였다고 할 수 있다.[1] 안봉철도가 이동과 교류를 매개로 다양한 지역과 국가를 포괄하고 있는 까닭에 일국사의 연구만으로는 이 철도가 내포하는 의미를 드러내는데 한계를 가질 수밖에 없을 것이다. 따라서 안봉철도에 대

---

　1) 안봉철도에 대한 기존의 연구로는 俞彤, 「日本强築安奉铁路始末」, 『丹东师专学报』2002年 1期; 连振斌, 「锡良與安奉铁路交涉」, 『兰台世界』2013年 4期; 尹虹, 「安奉铁路改築」, 『黨史纵横』2002年 12期; 王秀田, 「经济侵华的铁证─简述日本对安奉铁路的改築」, 『兰台世界』2006年 19期; 井上勇一, 「安奉鐵道をめぐる日淸交渉」, 『東アジア鐵道國際關係史』, 慶應通信出版社, 1989 등을 들 수 있다.

한 연구는 일국사의 연구 범주와 시각을 동아시아로 확대하는 당위성과 의미를 부여할 수 있다. 예를 들면 한국사의 영역에서 주요한 주제였던 철도 부설문제가 동아시아사의 범주 속에서 비로소 부설의 동기와 성격을 해명할 수 있는 개연성을 가지게 되는 것이다. 이러한 점에서 안봉철도는 한국철도의 부설 및 발전뿐만 아니라, 일본제국주의의 대외정책과도 불가분의 관계를 가지고 있다고 볼 수 있다.

여기에서는 안봉철도를 중심으로 한반도철도의 발전과정과의 상호 연관성을 추적하고, 그 결과 양자가 상호 긴밀히 대응하며 부설되고 발전되어 왔음을 드러내고자 한다. 이러한 연장선상에서 안봉철도 개축문제를 둘러싼 중일 간의 협상과정을 살펴보고, 결국 중국이 안봉철도에 대한 일본의 부설권과 경영권을 승인하게 된 근본적인 원인을 살펴보려 한다. 이와같은 결과 안봉철도에 대한 중국관민의 대응과 일화배척운동의 전개를 통해 안봉철도의 부설과 개축이 내포하는 목적과 성격을 규명해 보고자 한다.

1. 한반도 종관철도와 안봉철도

한국에서의 철도 부설은 일본제국주의의 침략정책과 표리의 관계 속에서 진행되었다고 해도 과언이 아니다. 한반도의 철도 노선 선정은 청일전쟁 이후 일본의 대륙 침략 정책의 구상 속에서 이루어졌는데, 이는 주한 일본공사 오토리 게이스케(大鳥圭介)가 본국에 서울과 주요 항구를 잇는 철도의 부설이 시급하다고 보고한 사실에서도 잘 드러나고 있다. 1894년 7월 20일 일본특명전권공사 오토리 게이스케와 한국외무대신 金允植 사이에 〈韓日暫定合同條款〉이 체결되었는데, 여기서 "경인철도와 경부철도를 부설하기 위해 조선정부의 재정이 부족할 경우 일본

정부나 일본회사가 대신 부설할 수 있도록" 하는 규정을 두었다.[2]

　1902년 10월 2일 일본의 내각회의는 "철도의 부설과 경영은 대한정책의 골간이며, 따라서 시급히 경부철도를 완성하기로" 결정하고, 이를 위해 우선 1500만 원 상당의 채권을 일본정부의 보증 하에 발행하기로 하였다.[3] 내각회의는 경의선 철도의 부설문제에 대해서도 논의하였는데, 주요한 내용은 경의선 철도를 부설하여 이를 경부선 철도와 연결한다면 한반도 종관철도가 완성되게 되며, 한국을 관통하는 간선철도를 일본의 소유로 귀속할 수만 있다면 한국은 바로 일본의 세력범위로 귀속될 것이라 지적하였다. 더욱이 이 철도를 만주로 연장하여 러시아의 동청철도 및 중국의 우장철도와 연결한다면 아시아대륙철도 간선의 주요 구간을 형성하게 되므로, '政略'상이나 '商略'상 매우 중요하고도 시급한 일이라 강조하였다.[4]

　1904년 2월 23일 한국을 사실상 보호국으로 전락시킨 〈한일의정서〉가 일본특명전권공사 하야시 곤스케(林權助)와 대한제국 외무대신 이지용 사이에 체결되었다. 5월 10일 일본원로회의는 〈대한방침에 관한 결정〉을 의결하였으며, 이 안건은 같은달 31일 일본내각회의를 통과한 이후 6월 11일 일황에 의해 최종 승인되었다.[5] 여기서 한반도철도에

---

2) 日本外務省, 「日韓暫定合同條款」, 『日本外交年表竝主要文書』上, 原書房, 1965, p.155.

3) 日本外務省, 「淸韓事業經營費要求請議」, 『日本外交年表竝主要文書』上, 原書房, 1965, pp.206-207.

4) 日本外務省, 「淸韓事業經營費要求請議」, 『日本外交年表竝主要文書』上, 原書房, 1965, p.207.

5) 한일의정서의 주요한 내용은 "대한제국은 시설개선에 관한 일본의 충고를 받아들일 것, 일본은 대한제국 황실의 안전을 도모할 것, 일본은 대한제국의 독립과 영토보전을 보장할 것, 제3국의 침략으로 대한제국에 위험사태가 발생할 경우 일본은 이에 신속히 대처할 것, 대한제국은 이와같은 일본의 행동을 용이하게 할 수 있도록 충분한 편의를 제공하고 일본정부는 목적을 달성하기 위해 전략상 필요한

관하여, "경부철도는 한국 남부를 관통하는 핵심 철도 노선이므로 기정의 계획대로 조속히 완성한다. 경의철도는 한국 북부를 종관하여 경부철도와 연락하여 한반도를 종관한 이후 그 연장선상에서 동청철도 및 관외철도와 접속하여 대륙간선의 일부를 형성하는 중요한 선로이다. 현재 군사상의 필요로 말미암아 군대에서 부설에 착수하고 있으며, 평화가 도래한 이후 본 철도의 경영 방법과 관련해서는 한국정부와 논의한다"[6] 라고 결정하였다.

|도표 38| 일본이 수탈을 위해 작성한 한반도 경제지도

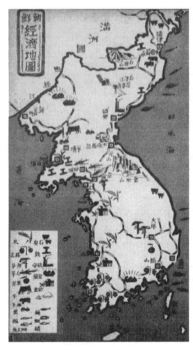

지역을 언제나 사용할 수 있도록 할 것, 대한제국과 일본은 상호 간의 승인을 거치지 않은 채 제3국과 협정의 취지에 위배되는 협약을 믿지 않을 것" 등이다.
6) 日本外務省, 「日韓議定書」, 『日本外交年表竝主要文書』上., 原書房, 1965, pp. 223-225.

1909년 3월 30일 일본총리에 제출된 〈한국병합에 관한 건〉은 최종적으로 7월 6일 일본내각회의에서 결정되었으며, 같은 날 일황의 재가를 받았다. 이 안건의 제3조는 "한국철도를 제국철도원의 관할로 편입하고, 철도원의 감독 하에 남만주철도와 긴밀히 연계시켜 일본과 대륙철도의 통일 및 발전을 도모한다"[7]라고 규정하였다.

이상에서 살펴본 바와 같이 한반도철도는 일본의 대한정책, 대중정책과 불가분의 관계 속에서 계획, 입안되고 부설되었음을 알 수 있다. 따라서 한반도철도는 태생부터 국제적 성격을 명확히 지향하고 있었으며, 일본의 대륙침략정책과 긴밀히 연동되었음을 잘 알 수 있다. 이러한 성격은 한반도철도의 궤간을 결정하는 과정 속에서도 마찬가지로 잘 드러나고 있다.

궤간이란 철도의 넓이(폭)를 가리키는 말로서, 궤간이 결정되면 기차는 반드시 여기에 맞는 기종만이 운행될 수 있게 되는 것이다.[8] 철도의 부설에서 궤간을 어떻게 결정할 것인가는 철도의 수송능력 등 경제적 효율성뿐만 아니라 인접한 타국철도와의 상호 연동문제와 불가분의 관계를 갖는 정치, 군사적 문제까지도 내포하고 있다. 예를 들면, 러시아가 시베리아철도를 부설하는 과정에서 과거 외국의 침략을 경험한 바에 비추어 이를 미연에 방지하기 위한 목적에서 프랑스나 독일 등과는 상이한 궤간을 선정한 사례에서 잘 드러나고 있다.[9]

그러면 한반도철도의 궤간은 어떠한 과정을 통해서 결정되었으며, 그 함의는 무엇인가? 1945년 8월 15일 한국철도의 총연장은 6,407킬로

---

7) 日本外務省,「韓國倂合に關する件」,『日本外交年表竝主要文書』上, 原書房, 1965, p.315.
8) 한국, 북한, 중국 및 유럽국가들은 대체로 1,435밀리미터의 표준궤를 채택하고 있으며, 러시아, 카자흐스탄, 몽골은 1,520밀리미터의 광궤를 채택하였다.
9) 정재정,『일제침략과 한국철도』, 서울대학교출판부, 2004, p.58.

미터로서, 이 가운데 표준궤(궤간 1.435미터) 선로는 5,038킬로미터로 88%, 협궤(궤간 0.762미터) 선로는 801킬로미터에 상당하였다. 이로부터 한반도철도는 당시 일본에서 채택하고 있던 50파운드 궤조(미터당 레일의 중량)와 협궤 선로가 아니라 중국의 간선철도와 직접 연결될 수 있는 75파운드 궤조와 표준궤 선로를 기본적으로 채택하고 있음을 알 수 있다.10) 이는 한반도철도와 만주, 중국철도와의 연결을 지향한 것이라 할 수 있으며, 그 배후에는 바로 일본제국주의의 강력한 의지가 있었다고 볼 수 있다.

1896년 7월 17일 한국정부는 철도국을 설립한 직후 〈국내철도규칙〉을 제정, 반포하여 모든 철도의 궤간을 표준궤로 부설한다고 선포하였다. 당시 한국정부는 중국의 간선철도가 모두 표준궤를 채택하였을 뿐만 아니라, 경인선 철도의 부설권을 소유한 미국 역시 표준궤를 채택하고 있었기 때문에, 표준궤가 가장 적합하다고 판단하였던 것이다. 그러나 아관파천 이후 시베리아철도를 광궤로 건설하고 있던 러시아가 압력을 넣어 결국 1896년 11월 15일 한국정부는 철도를 광궤로 부설하기로 방침을 개정하였다. 그러나 러시아의 남하를 우려한 미국과 일본이 이에 적극 반대하였으며, 이러한 과정에서 일본은 조선에 500만 원의 차관을 제공하기로 약속하면서 철도 부설권을 확보한 결과 다시 표준궤의 채택을 선언하였다.11)

그렇다면 일본은 한반도철도의 궤간을 결정하는 과정에서 어떠한 논의를 진행하였으며, 최종적으로 표준궤를 채택하기로 결정한 것은 어떠한 지향을 내포하는 것일까? 일본에서는 러일전쟁 이전에 이미 러시아와의 군사적 충돌을 상정하고 이에 대비하기 위해 한반도철도를 시

10) 정재정, 「근대로 열린 길, 철도」, 『역사비평』 2005년 봄호, 2005.2, pp.223-224.
11) 정재정, 「근대로 열린 길, 철도」, 『역사비평』 2005년 봄호, 2005.2, pp.237-238.

급히 부설해야 한다는 공감대가 형성되어 있었다. 이러한 과정에서 한반도철도의 궤간을 둘러싼 논의가 심도있게 진행되었다. 한편에서는 러시아와의 충돌에 대비하여 신속히 철도를 부설해야 할 필요성과 함께 부설 자금의 부족과 한정된 여객, 화물을 이유로 궤간 1미터의 협궤를 채택해야 한다는 주장이 제기되었다. 이는 일본 국내와 동일한 것으로서, 일본의 궤조와 차량을 신속히 전용할 수 있다는 장점을 강조한 것이다. 이러한 의견은 일본참모본부 등이 제기한 것으로서, 러시아와 일본의 경쟁이 전쟁으로 비화될 경우 신속히 대응해야 한다는 필요성에서 제기된 주장이라고 할 수 있다.[12]

그러나 경부철도주식회사 사장 시부사와 에이이치(渋澤榮一)는 경부선 철도가 대륙철도와 연결할 수 있는 국제간선으로서의 위상을 갖추어야 하며, 이를 위해서 궤간을 반드시 표준궤로 부설하지 않으면 안된다고 주장하였다.[13] 이러한 주장은 이미 장기간 견지해 온 일본의 국책과 일정 정도 부합하는 측면이 있었다. 다시 말해 1902년 일본내각회의가 한반도 간선철도를 만주로 연장하여 아시아대륙철도의 간선으로서 위치시킨다는 국책과 합치되는 것이다. 즉 한반도철도와 대륙철도의 연계를 명확히 지향한 것이라 할 수 있다.

일찍이 1894년 9월 한국 주둔 일본군 사령관 야마가타 아리토모(山縣有朋)는 총리 이토 히로부미에게 제출한 상주문에서 "부산-의주 사이의 철도는 동아대륙으로 통하는 대도로서, 장래 중국을 횡단하여 인도에 도달하는 도로(鐵道)가 될 것"[14]이라고 주장하였다. 더욱이 "의주로부터 철도를 연장하여 만주를 횡단하는 것은 兵略上, 商略上 중요한 일"이

12) 정재정, 「근대로 열린 길, 철도」, 『역사비평』 2005년 봄호, 2005.2, p.238.
13) 정재정, 「근대로 열린 길, 철도」, 『역사비평』 2005년 봄호, 2005.2, p.238.
14) 德富猪一郎, 『公爵山縣有朋傳』下, 山縣有朋記念事業會, 1933, pp.150-151.

라고 강조하며, "조선철도와 만주철도를 통일적 지휘 및 관리 하에 두어 경영하고, 설비를 일치시켜 전시의 요구에 부응해야 한다"라고 주장하였다.15) 상주문에서 야마가타 아리토모는 한반도철도의 국제적 역할을 명확히 규정하고 있으며, 대륙침략정책의 일환으로서 위치시키고 있음을 알 수 있다. 또한 '설비의 일치'라는 대목에서 알 수 있듯이 궤간의 통일은 이미 한반도철도를 표준궤로 부설해야 한다는 지향성을 명확히하고 있음을 알 수 있다.

1911년 야마가타 아리토모(山縣有朋)는 〈군사상의 요구에 기초한 조선, 만주에서의 철도 경영 방책 의견서〉에서 시베리아철도의 복선화가 완공된 이후 만주지역에서 전쟁이 발발할 경우 러시아는 개전 후 140일 만에 100만 명의 병력을 하얼빈까지 수송할 수 있지만, 일본의 능력은 50만 명의 병력과 병참을 수송하는데 불과하다는 우려를 표명하였다. 이와 같은 열세를 만회하기 위해 일본은 한반도 종관철도 및 안봉철도, 나아가 만주북부철도를 병력 수송을 위한 일대 간선으로 조성해야 한다고 주장하였다.16)

안봉철도는 바로 이와같은 인식과 정책 하에서 부설된 철도로서, 일본, 한국, 중국 동북지역을 연결함으로써 아시아에서의 간선교통로로서의 역할과 성격을 명확히 지향하고 있었다. 그러나 그럼에도 불구하고 안봉철도의 부설에는 군사적 목적뿐만 아니라 상업적, 경제적 목적역시 매우 중요한 요소로 고려되었던 것으로 보인다.

---

15) 山縣有朋, 『山縣有朋意見書』, 原書房, 1968, p.281 및 p.330.

16) 이수석, 「일본제국주의 정책과 한반도 철도건설의 역사」, 『동아시아 철도네트워크의 역사와 정치경제학』 I , 리북출판사, 2008, p.327.

|도표 39| 안봉철도 노선도

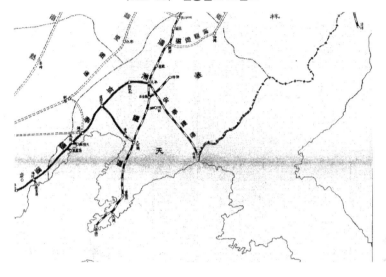

　이러한 사실은 "안봉철도는 러일전쟁 중에 군용으로 서둘러 부설한 경편철도로서, 철도의 실용적 기능을 제고할 수 있도록 개축할 필요가 있어 명치 38년(1905) 12월에 북경담판에서 이러한 목적에 근거하여 청국과 교섭을 진행하였다. 여기에서 일본은 철도를 상공업 발전 및 화물 수송을 위한 기능을 제고하도록 개축하여 경영할 수 있는 권리를 확인하였다. 이는 만한철도의 연계뿐만 아니라 부산으로부터 유럽에까지 이어지는 교통상의 편리를 위한 것으로서, 가능한한 조속히 이 철도를 개축할 수 있도록 요청하고 있다"[17]는 기록에서도 잘 나타나고 있다. 더욱이 일본은 용도의 변경을 위해서라도 궤간의 변경, 즉 기존의 협궤를 개축해야 한다는 사실을 강조하였다. 이러한 사실은 "현재의 군용 협궤철도를 상공업용의 철도로 용도를 변경하기 위해서는 궤간을 개축할 필요가 있다"[18]라는 기록에서 잘 나타나고 있다.

---

17)　日本外務省, 『安奉鉄道関係雑纂』第二巻-3, 1909, p.70.

이상에서 살펴본 바와 같이 한반도철도는 부설의 과정에서 일본의 정책적 고려가 깊이 반영되었을 뿐만 아니라, 일본의 대륙침략정책의 일환으로서 만주 및 중국으로의 연계를 이미 전제로 하였음을 알 수 있다. 다시 말해 일본-한국-중국 동북지역(만주)-유럽으로 이어지는 교통수단은 일본제국주의의 침략정책을 지탱하기 위한 불가결한 토대가 아닐 수 없었다. 뿐만 아니라 후발 자본주의국가로서 일본의 경제 발전과 시장의 확대를 위한 기초로서 한반도철도와 안봉철도의 연결이 매우 시급한 과제였음을 잘 알 수 있다. 이러한 방침을 관철하기 위해서는 무엇보다도 기존에 군용철도로서 부설된 협궤의 안봉철도를 개축하여 일본의 상품을 봉천까지 신속히 운반할 수 있는 유통망을 부설하는 것이 불가결하였던 것이다. 일본은 대륙침략정책을 추진하기 위해 이와같은 政略的, 商略的 간선철도의 완성과 더불어 만주지역에 대한 일본의 지배력을 제고하는 것이 매우 중요한 과제임을 잘 인식하고 있었다.

|도표 40| 안동의 안봉철도 역사

18) 日本外務省,『安奉鉄道関係雑纂』第二卷-3, 1909, pp.70-71.

2. 안봉철도 개축에 관한 중일협상

1903년 12월 러시아와 일본 사이에 군사적 긴장이 고조되면서 이듬해인 1904년 2월 일본은 한반도 종관철도의 군사적 역할에 주목하고 병참총감 아래 임시군용철도감부를 특설하고 경의선 철도의 기공을 결정하였다. 1904년 4월 하순에 일본군은 압록강 연안까지 진격하여 강북에 포진한 러시아군을 격퇴한 이후, 5월 초순 다시 봉황성으로 진입하면서 병참용으로서 안동현과 봉황성 사이를 연결하는 수압식 경편철도를 부설하기로 결정하고 즉시 기공에 착수하였다. 일본은 철도의 신속한 부설을 위해 임시철도대대를 조직하였는데, 이 부대는 7월 12일 안동현 철일포에 상륙하여 8월 10일 기공에 착수하였다. 마침내 11월 3일 안동현에서 봉황성 사이의 철도 전선을 완성하였는데,[19] 이것이 바로 안봉철도의 기원이다.

러일전쟁 직후인 1905년 12월 22일 북경에서 일본전권대표 외무대신 고무라 주타로와 직예총독 원세개는 〈會議東三省事宜正約〉을 체결하였다. 이 조약은 제1조에서 〈포츠머스조약〉의 제5조 및 제6조의 규정에 따라 기존 러시아의 권리를 일본에 양도하도록 정식으로 승인하였다.[20] 또한 〈부약〉의 제6조는 안동현으로부터 봉천성에 이르는 철도를 각국의 공상화물을 운송할 수 있도록 일본이 변경하는 것을 중국정부가 승인한다고 규정하였다.[21] 그러나 변경의 구체적인 방법은 중국의 동의를 전제로 하였다.

---

19) 南滿洲鐵道工務課, 『南滿洲鐵道安奉線紀要』, 1913, p.5.
20) 北京大學法律係國際法敎硏室編, 「會議東三省事宜正約」, 「附約」, 『中外舊約章彙編』 第二冊-1, 三聯書店, 1959, pp.338-339.
21) 北京大學法律係國際法敎硏室編, 「會議東三省事宜正約」, 「附約」, 『中外舊約章彙編』 第二冊-1, 三聯書店, 1959, p.340.

그런데 일본은 '기존 안봉철도의 변경'을 철도의 전면적인 개축으로 해석하고 이를 승인해 주도록 중국 측에 요구하였다. 일본이 중국의 승인없이 일방적으로 안봉철도의 개축에 착수하기 위해 1909년 8월 6일 중국에 통보한 〈안봉선 개축에 관한 통첩〉에서도 개축이라는 단어를 명확히 표기하고 있다.22) 그러나 중국은 안봉철도의 변경을 기본적으로 전면적인 개축이라기보다는 부분적 개량으로 한정하고 있었다. 양자의 해석과 입장의 차이를 확인하기 위해서는 1905년 12월 22일 중일간에 체결된 조약에 대한 양국의 기록을 확인해야 한다.

중국은 이 조약을 〈회의동삼성사의정약〉 및 〈附約〉으로 기록하고 있으며, 〈부약〉의 제6조에서 "이 철도의 개량을 완공한 날로부터 15년, 즉 광서 49년까지를 기한으로 한다. 기한이 되면 상호 타국에 공정 가격의 산정을 의뢰하여 철도의 가격을 산정한 이후 이에 근거하여 중국

---

22) 日本外務省, 「安奉線改築に關する通牒」, 『日本外交年表竝主要文書』上, 原書房, 1965, pp.317-318.

에 매도한다.....또한 개량의 방법은 마땅히 일본과 중국이 상의하여 결정하도록"[23] 규정하였다. 이와같이 중국은 1905년 일본과 체결한 〈회의동삼성사의정약〉과 〈부약〉에서 철도의 변경을 명확히 '개량'으로 인식하였음을 알 수 있다. 1907년 9월 11일 중일 간에 체결된 〈安奉鐵路不改路綫及沿路鑛業瓣法〉에서도 '장래 철도의 개량'[24]이라고 명기하였다.

한편, 일본외무성의 기록을 살펴보면 1905년 12월 22일 중일 간에 체결된 조약을 〈日淸滿洲に關する條約〉(만주에 관한 일청조약)으로 표기하고 있으며, 부약을 〈부속협정〉으로 표기하였다. 〈부속협정〉의 제6조를 살펴보면, "청국정부는 안동-봉천 사이에 부설된 군용철도를 일본국정부가 각국 상공업 화물 운반용으로 변경하여 계속 경영할 수 있도록 승인한다. 이 철도의 개량공사가 완공된 날로부터 계산하여...." 라고 기록하고 있다. 이로부터 조약의 체결 당시 중국과 일본은 모두 안봉철도의 변경을 개량으로 명확히 인식하고 있었음을 알 수 있다. 따라서 1909년 일본이 중국에 요구한 개축은 당초 조약의 내용과는 차이가 있었음을 알 수 있다.

이러한 가운데 1907년 일본이 중국과의 사전 협의과정도 없이 철도를 부설하기 위한 토지를 사전에 확보한다는 구실로 사유지를 무단으로 점거하자 중일 간에는 안봉철도를 둘러싸고 첨예한 갈등이 시작되었다. 중일 간에 긴장과 갈등이 고조되는 가운데, 안봉철도를 개축하려는 일본의 움직임에 대항하여 1907년 2월 3일, 중국군기처는 외자를

---

23) 北京大學法律係國際法教硏室編, 「會議東三省事宜正約」, 「附約」, 『中外舊約章彙編』 第二冊-1, 三聯書店, 1959, pp.340-341.
24) 北京大學法律係國際法敎硏室編, 「安奉鐵路不改路綫及沿路鑛業瓣法」, 『中外舊約章彙編』 第二冊-1, 三聯書店, 1959, p.434.

도입하여 신민에서 법고문까지, 여기에서 다시 遼源州와 치치하얼에 이르는 철도를 부설하여 만몽에서의 권리를 회복하고자 하였다. 이후 서세창이 동삼성총독으로 부임하면서 철도 부설계획을 더욱 구체화하여, 신민에서 법고문까지를 1단계, 법고문에서 조남까지를 2단계, 조남에서 치치하얼까지를 3단계로 설정하고, 이를 실행하기 위해 1907년 11월 초에 영국의 한 회사와 철도를 부설하기 위한 협약을 체결하였다.[25]

그러나 일본은 만주에서 중국이 철도를 부설하려는 움직임에 대해 적극적으로 반대를 제기하며 이를 좌절시키고자 하였다. 일본은 먼저 신법철도가 남만주철도의 병행선으로서 그 이익을 심각하게 침해한다고 주장하며, 결코 이를 승인할 수 없다는 뜻을 청조에 전달하였다. 그러나 동삼성총독 서세창과 봉천순무 당소의는 "동삼성에서 외자를 도입하여 철도를 부설하는 일은 전적으로 중국의 내정에 속하는 사안으로서....단지 교통의 편리를 위한 정책일 뿐이며 남만주철도와는 아무런 상관이 없다"[26]라고 회답하였다.

1909년 1월 일본은 중국에 선로의 실사를 위한 협상을 요구하였으며, 중국은 이를 수락하였다. 일본은 만철공무과 기사 시마다케 지로(島竹次郞)과 봉천공소장 조사역 사또 야스노스케(藤安之助) 2명을 위원으로 선정하였으며, 중국은 기사 黃國璋, 沈祺 2명을 위원으로 하여 같은해 3월 봉천아문에서 회동하고 제반 문제에 관해 논의하였다.[27] 이와 함께 일본은 중국에 재차 안봉철도의 개축을 승인해 주도록 요청하였다.

25) 金志煥, 「간도협약과 일본의 길회철도 부설」, 『中國史硏究』34, 2005.2, pp.257-258.
26) 金志煥, 「간도협약과 일본의 길회철도 부설」, 『中國史硏究』34, 2005.2, p.258.
27) 南滿洲鐵道工務課, 『南滿洲鐵道安奉線紀要』, 1913, p.59.

철도로 보는 중국역사

|도표 42| 중일 양국대표 실지답사 현장

 6월 24일 동삼성총독은 "안봉철도는 단순히 현재의 노선을 개량하는 데 한정되어야지 궤간을 넓히거나 선로를 변경하는 일에는 동의할 수 없다"[28]라고 회답하였다. 이와함께 중국은 일본이 철도를 수비하기 위해 파견한 군대를 즉시 철병할 것과 철도 연선의 일본경찰을 즉시 해산하도록 요구하였다.[29] 이에 대해 일본은 "안봉철도의 부설은 동서교통의 편리를 증진하고자 지난 1월 이래 경편철도 개축의 필요성을 전달하였으며, 이를 위해 조약상의 권리를 승인해 주도록 중국 측에 요청하였음에도 중국정부가 온갖 구실을 들어 개축을 방해하는 것은 부당하다"고 지적하며 중국정부의 반성을 촉구하였다.[30]

 1909년 8월 6일 일본내각은 〈안봉철도 개축 및 길장철도 차관 세목에 관한 건〉을 통과시키고 "안봉철도의 개축은 조약상 보장된 일본의

---

28)　南滿洲鐵道工務課, 『南滿洲鐵道安奉線紀要』, 1913, p.60.
29)　「日本報紙之安奉鐵路談」, 『東方雜誌』6卷 9號, 1909.10.8, p.405.
30)　南滿洲鐵道工務課, 『南滿洲鐵道安奉線紀要』, 1913, p.62.

부산에서 만주에 이르는 최행열차

권리에 속하는 사항일 뿐만 아니라 군사상, 경제상 하루라도 조속히 실행해야 한다. 특히 이 철도는 한국철도를 남만주철도와 동청철도 양 철도와 연계함으로써 부산을 최남단 종점으로 유럽과 아시아를 잇는 교통의 대도로서, 일본제국에 막대한 이익을 가져올 것이다. 청국정부가 조약상의 권리를 무시하고 있는 현실에서....제국정부는 개축공사를 단행하지 않을 수 없다"[31]고 결의하였다. 같은 날 일본외무성은 주중공사를 통해 중국에 다음과 같이 통고하였다.

1) 일본정부는 안봉선 문제에 대하여 누차 청국정부의 반성을 촉구하였으나, 그럼에도 성의를 보이지 않고 있음은 매우 유감스러운 일이다.

2) 안봉선 개축공사는 북경조약의 정신 및 종래 조약에서 승인한 내용으로서, 우리는 자유롭게 본 공사에 착수할 수 있는 권리를 보유하고 있다.

3) 개축공사와 관련된 현안은 양국의 담판을 통해 해결되어야 한다.[32]

이와같이 중국이 여전히 안봉철도의 개축 건을 승인하지 않았음에도 불구하고, 일본은 군대를 안봉선 철도 부근에 증파하는 동시에 중국정부가 안봉철도 개축에 대한 회답을 지연시키고 있는데 대한 최후의 방법으로 남만주철도주식회사로 하여금 즉시 개축공사에 착수하도록 할 것임을 선언하였다.[33]

---

31) 日本外務省, 「安奉鐵道改築竝吉長鐵道借款細目に關する件」, 『日本外交年表竝主要文書』上, 原書房, 1965, pp.313-314.
32) 日本外務省, 「安奉鐵道改築竝吉長鐵道借款細目に關する件」, 『日本外交年表竝主要文書』上, 原書房, 1965, p.314.
33) 「日英對於安奉鐵路之諤言」, 『中報』, 1909.8.10 및 「日人竟强自興築安奉鐵路」, 『中報』, 1909.8.8.

한편, 안봉철도를 둘러싼 중일 간의 갈등은 한중 간에 영유권을 두고 역사적으로 오랜 기간 동안 이견을 보여왔던 간도문제가 해결의 실마리를 제공하였던 것으로 보인다. 청일전쟁과 러일전쟁을 거치면서 동아시아에서 급속히 세력을 확대한 일본이 마침내 한국의 보호국이 되면서 간도문제를 둘러싼 한중 간의 협의는 바로 중일 양국 간의 외교문제로 전환되었다. 이러한 과정에서 조선통감부는 간도에 대한 한국의 영유권을 주장하였으며, 따라서 간도를 둘러싼 중일간의 갈등은 여전히 해결되지 못한 채 지속되고 있었다. 그러나 간도의 영유권 문제는 일본에게 단지 안봉철도를 비롯하여 만주에서 자국의 이권을 실현하기 위한 도구에 불과하였음을 스스로 증명하였다.

　일찍이 1908년 4월 7일, 일본정부는 주중공사를 밀사로 보내 국경분쟁에서 조선민의 보호를 담보로 청국과 교섭하도록 하였으며, 간도문제는 부득이할 경우 도문강을 국경으로 하도록 내밀히 지시하였다. 이러한 가운데 1909년 2월 6일, 주중 일본공사 이주인 히코키치(伊集院彦吉)는 중국외무부에 〈동삼성육안〉을 제출하고, 동북에서 일본의 철도부설권 및 광산권의 확대를 전제로 간도의 영유권 문제를 협의할 수 있다는 뜻을 전하였다.[34]

　일본이 안봉선 철도의 개축을 일방적으로 선언한 8월 6일 중국의 대표적인 신문인 『신보』는 "7월 30일 대련 방면의 소식에 의하면 일본이 이미 안봉철도의 개축과 관련된 준비를 완료하고 중국정부와의 교섭을 진행하고 있다. 곧 개축에 착수할 것이며, 필요한 철도 부지도 구입을 완료하였다"[35]라고 보도하였다. 이와함께 "남만주철도주식회사 총재가 이미 중국 측과 교섭을 진행하고 있으며, 곧 개축에 착수하여 2년 반이

---

34)　金志煥, 「간도협약과 일본의 길회철도 부설」, 『中國史硏究』34, 2005.2, p.261.
35)　「日人竟强自興築安奉鐵路」, 『申報』, 1909.8.8

면 완공할 수 있다"고 전하면서, 현재의 경편철도는 철거한 이후 레일을 무순탄광과 운대탄광의 채굴용으로 탄광 내에 설치하기로 결정했다고 구체적으로 보도하였다.[36] 더욱이 주일 중국공사 호유덕이 8월 6일 오전 일본외무성으로 고무라 주타로를 예방하고 안봉선 철도 개축 문제를 논의하였다고 전하였으며, 8월 8일 동경전을 인용하여 일본이 이미 안봉철도의 개축에 착수하였으며, 부지 구입도 특별한 어려움이 없다고 전하였다.[37] 이와 함께 8월 9일 주일 중국공사 호유덕이 중국외무부의 전문을 일본외무대신 고무라 주타로에게 전달하였는데, 여기서 중국은 일본과의 교섭에 적극 임할 뿐만 아니라 일본의 안봉철도에 관한 요구를 승인할 의향이 있음을 전하였다고 보도하였다.[38] 이와 같이 당시 신문은 일본과 중국의 협상이 상당 정도 진행되고 있다고 보도하면서, 협상의 타결 가능성을 전하였다.

8월 12일 북경에서 일본공사 이주인 히코키치가 중국외무대신과 제1차 안봉철도회의를 개최하였는데, 이 자리에서 철도를 보호하기 위한 경무권은 조약상 규정되어 있는 권리로서 결코 포기할 수 없다고 주장하였다.[39] 이와 함께 일본은 봉천총영사 고이케 초우조로 하여금 동삼성총독 석량 및 봉천성순무 정덕전과 적극 교섭하도록 지시하였다.[40] 마침내 1909년 8월 19일 봉천총영사 고이케 초우조와 동삼성총독 석량은 〈안봉철도에 관한 각서〉에 서명하고, 다음과 같이 합의하였다. 1) 안봉철도의 궤간은 경봉철도와 같게 한다. 2)양국은 대체로 양국 위원이 이미 답사를 통해 선정한 선로를 승인하며, 더욱이 진상둔으로부터

---

36) 「日人竟强自興築安奉鐵路」, 『申報』, 1909.8.8
37) 「日英對於安奉鐵路之讋言」, 『申報』, 1909.8.10.
38) 「中外對於安奉交涉之態度」, 『申報』, 1909.8.11.
39) 「中日會議安奉鐵路問題」, 『申報』, 1909.8.15.
40) 南滿洲鐵道工務課, 『南滿洲鐵道安奉線紀要』, 1913, p.63.

봉천에 이르는 선로는 양국이 협의하여 결정한다. 3)각서를 조인한 당일부터 바로 부지 구매 및 기타 일체의 세목에 대한 협의를 개시한다. 4)각서를 조인한 다음날부터 바로 공사를 진전시킨다. 5)중국은 철도가 지나는 연도의 지방관으로 하여금 공사의 시행에 대하여 각종 편리를 제공하도록 한다.[41]

〈안봉철도에 관한 각서〉는 비록 개축이라는 단어를 명기하고 있지는 않지만 궤간을 경봉철도와 같게 한다는 표기로부터 종래의 협궤를 표준궤로 변경하려는 일본의 주장이 관철되고 있음을 알 수 있다. 더욱이 1909년 11월 5일 체결된 〈안봉철로구지장정〉의 제1조는 "안봉철도의 전선은 철도 궤간을 부설하거나 정차역을 건설하고, 철교를 가설하며, 둑을 축조하기 위해 모래나 흙을 채취하거나 급수를 위해 토지를 구매할 경우....구지국에 이를 신청하여 가격을 산정한 이후 구매한다"[42]라고 규정하였다. 여기에서도 개축이라는 표현은 없으나 사실상 방대한 토지의 구매를 허가하면서 일본의 개축을 승인한 셈이다.

41) 日本外務省, 「安奉鐵道に關する覺書」, 『日本外交年表竝主要文書』上, 原書房, 1965, p.324 및 北京大學法律係國際法教硏室編, 『中外舊約章彙編』第二冊-2, 三聯書店, 1959, p.596.
42) 北京大學法律係國際法教硏室編, 「安奉鐵路購地章程」, 『中外舊約章彙編』第二冊-2, 三聯書店, 1959, p.614.

|도표 43| 안봉철도 개축을 위해 압록강 연안에 하적된 철로자재

|도표 44| 개축중인 안봉철도(무순역)

|도표 45| 개축공사중인 안봉철도 구간

　　1909년 9월 4일 체결된 간도협약에서 일본은 간도를 중국의 영토로 인정하였으며, 중국은 만주에서 일본의 철도 부설권 및 경영권의 확대를 상당 부분 받아들였다. 9월 5일 중일 양국대표는 북경에서 안봉철도와 관련된 협상이 평화적으로 마무리되었다고 선언하고, 동삼성 현안과 관련된 미해결 문제에 대해서는 다음과 같이 합의하였다.

1) 일본은 간도의 주권이 중국에 속한다는 사실을 승인한다.

2) 간도에 거주하는 일한 양국인은 일본정부에 의해 보호받는다.

3) 일본인과 한국인은 간도에서 영업에 종사할 때 중국정부의 보호를 받는다.

4) 중국은 신민부에서 법고문에 이르는 철도 및 남만주철도의 병행선을 일본의 승인 없이 부설할 수 없다.

5) 안봉철도의 일본수비병 및 경찰의 파견 여부는 이후 다시 논의한다.[43]

1909년 9월 8일, 봉천교섭사 등효선과 남만주철도 봉천공소장 사토 야스노스케(佐藤安之助)가 철도 부설에 따른 토지 구입과 관련된 제반 문제를 논의한 결과 안봉철로구지국을 개설하기로 합의하였으며, 이를 각 지방관에게 발송하여 적극 협조하도록 당부하였다.[44] 이와 함께 안봉철도의 개축과 부설을 위한 토지 매입에 관하여 다음과 같은 내용의 협약을 체결하였다.

1) 안봉철도를 부설하기 위한 토지를 구매하기 위해 구지국을 설립하며, 중국관헌과 남만주철도주식회사 인원이 업무를 협의하여 처리한다.

2) 구지국은 총국과 兩 分局으로 구성한다.

3) 총국은 봉천성에 설치하며, 국장 2명, 부국장 2명, 사무원 약간명을 둔다. 국장은 일체의 업무를 처리하며, 부국장은 중국관헌 및 남만주철도회사 인원으로 임명한다.

4) 매매계약서는 두 장을 작성하여 출매인과 신청인의 서명과 촌장의 도장을 찍는다.[45]

11월 5일, 중일은 다시 〈안봉철로구지장정〉에 서명하고, 안봉철도 부속지의 구매 시 표준가격 등의 사항에도 합의하였다. 안봉철도의 개축공정은 간도협약이 체결된 9월 중순에 개시되어 1911년 11월 1일 전선을 개통하기에 이르렀다. 일본은 기존 중일 간의 첨예한 현안이었던 안봉선의 개축을 승인받았으며, 나아가 일련의 교섭을 통해 중국의 신법철도 부설계획의 포기를 약속받았다. 1915년 5월 25일, 일본은 중국

---

43) 「中日議結東三省懸案」, 『申報』, 1909.9.6 및 「東三省中日條約宣布」, 『申報』, 1909.9.9.

44) 「安奉鐵路交涉近聞」, 『申報』, 1909.9.22.

45) 「安奉路線購地章程」, 『申報』, 1909.9.23 및 「安奉路線購地章程」, 『申報』, 1909.9.26.

과 〈남만주 및 동부 내몽고에 관한 조약〉을 체결하여 안봉철도의 경영
기한을 99개년으로 연장하기로 합의하였다.[46]

3. 안봉철도와 일화배척운동

러일전쟁에서 승리한 일본은 남만주지역에서의 배타적 권익을 확보
하면서 급속히 세력을 확대해 나갔다. 1909년도 동삼성의 무역총액은
1억 4,200만 량으로서 10년 전에 비해 3배 정도 급증하였는데, 주로 일
본과의 수출입 무역이 격증한 결과로 볼 수 있다. 이와같은 추세는 동
북지역 최대의 수입품인 면제품의 증감을 통해서도 확인할 수 있다.

|도표 46| 영국, 미국, 일본산 면포의 수입량 비교(1900-1913)

(단위: %)[47]

연도	영국	미국	일본	기타
1900	15.4	63.5	2.6	18.5
1901	8.1	71.7	4.9	15.3
1902	23.8	69.0	4.5	2.7
1903	48.9	42.9	6.5	1.7
1904	54.1	37.5	6.2	2.2
1905	39.3	53.8	3.3	3.6
1906	43.3	51.3	4.4	1.0
1907	77.2	8.8	12.7	1.3
1908	69.4	17.6	10.9	2.1
1909	55.1	31.9	11.5	1.5
1910	52.8	16.4	28.3	2.5
1911	60.0	16.3	23.1	0.6
1912	52.4	18.3	28.8	0.5
1913	47.0	15.0	37.5	0.5

---

46) 金起田, 「間島協約」, 『朝鮮及國際條約集要』, 天道敎靑友黨本部, 1932.7, p.141.
47) 彭澤益, 『中國近代手工業史資料』 2卷, 中華書局, 1984, p.457.

위의 표에서 보이듯이 1900년도만 하더라도 동북지역 무역에서 절대적인 비중을 차지하고 있던 미국의 비중이 급감하였음에 비해 일본과의 무역관계가 급속히 발전하고 있는 추세가 확연하다. 영국영사는 본국에 제출한 보고서에서 일본의 수출 신장이 국내시장의 경제적 위기를 타개하는 과정에서 만주와의 무역량을 제고한 결과라고 지적하였다.[48]

|도표 47| 본계호탄광공사

한편, 일본은 안봉철도 연선에 위치한 무순, 연대, 장춘 등의 광산을 무단으로 점거한 이후 러시아의 권익을 승계한다는 구실로 중국정부에 소유권을 이양하도록 요구하였다. 일본은 1903년 러일 간에 군사적 긴장이 고조되면서 안봉철도를 부설하고 군사용으로 공급하기 위해 본계호탄광을 무단으로 점거하였다. 1907년 9월 중국 측이 반환을 요구하자 중일합판 경영을 명목으로 1910년 본계호탄광공사를 설립하여 경영

48) 「Trade in Manchuria」, 『The North China Herald』, 1910.7.15.

을 일임하였으나, 실상은 日本大倉公司에 의해 운영되었다.[49] 1909년 중국은 일본의 압력에 굴복하여 무순탄광에 대한 일본의 소유권마저 승인하지 않을 수 없었다.[50]

더욱이 일본은 안봉철도를 부설하기 위한 토지를 구입하는 과정에서 중국정부의 승인 없이 현지 주민과 임의로 계약을 체결하였으며, 종종 강제적 수단을 동원하기도 하였다.[51] 중국언론은 남만주철도주식회사 가 철도 주변의 주민들을 임의로 안봉철도의 부설공사에 동원하는 행 위는 중국의 주권을 침해한 것이라 맹렬히 비난하였다.[52] 뿐만 아니 라, 개발과정에서의 지가 상승분을 고려하지 않고 강제적으로 토지를 수용한 결과 지가가 시세의 절반에도 미치지 못하는 경우도 종종 발생 하였다.[53] 더욱이 일본경찰이 안봉철도 연선의 중국인 호적, 직업을 상세히 조사하고 지역에 따라서는 주민단속령을 내리는 등 중국인에 대한 감시를 강화하였다.[54] 말하자면 안봉철도 연선 지역의 정치, 경 제적 명맥이 일본헌병과 경찰의 지배 하에 들어가게 된 셈이다.[55]

일본이 무단으로 안봉철도의 개축을 중국에 통첩한 1909년 8월 6일, 王用賓, 張文棟, 王蔭藩 등 중국 각 성 출신의 일본유학생 대표 40여 명이 동경 神田駿河台 鈴木町의 유학생회관에서 긴급회의를 개최하 여 안봉선문제에 대한 대응책을 논의하였다. 회의 결과 이들은 청소정 부에 각성을 촉구하는 동시에 민족적 자각을 환기하기 위해 일화배척

---

49) 孔經緯, 『日俄戰役至抗戰勝利期間東北的工業問題』, 遼寧人民出版社, 1958, p.4.
50) 孔經緯, 『日俄戰役至抗戰勝利期間東北的工業問題』, 遼寧人民出版社, 1958, pp. 4-5.
51) 孔經緯, 『日俄戰役至抗戰勝利期間東北的工業問題』, 遼寧人民出版社, 1958, p.3.
52) 「日人在東三省之近情」, 『東方雜誌』7卷 11號, 1910.12.26, p.338.
53) 「日本報紙之安奉鐵路談」, 『東方雜誌』6卷 9號, 1909.10.8, p.420.
54) 「日人在東三省之近情」, 『東方雜誌』7卷 11號, 1910.12.26, pp.337-338.
55) 孔經緯, 『日俄戰役至抗戰勝利期間東北的工業問題』, 1958, pp.3-5.

부산에서 만주에 이르는 직행열차

운동의 실시가 필요하다는 데 뜻을 같이 하였다. 그리하여 '유일각성학생연합회' 명의의 〈安奉鐵道警告同胞之函〉이라는 격문을 반포하고, 이를 각 성의 신문사, 잡지사에 전달하여 전국적인 일화배척운동의 실시를 촉구하였다.[56] 〈安奉鐵道警告同胞之函〉은 다음의 구체적인 행동을 일치하여 실천하도록 주창하였다.

1) 각 성시의 상업단체는 모든 일본제품의 거래를 정지한다.

2) 각 학계는 회의를 개최하고 유세를 통해 일화배척운동을 창도한다.

3) 철도 부근의 노동자 및 지주는 일본인에게 고용되지 않으며, 이들에게 토지를 매각하지 않는다.

4) 전국 인민들은 일화배척운동의 의무를 엄수한다.

5) 각 언론기관은 여론을 조성하여 이 운동을 전국적으로 확산시키도록 노력한다.[57]

|도표 48| 일화 거래 금지로 항일회에 의해 강제로 폐쇄된 상해의 상점

---

56) 「安奉鐵道問題ニ關スル在東京淸國學生聯合會」, 『淸国ニ於テ日本商品同盟排斥一件』 第八卷-2, 1909.9, p.10.

57) 「留日學界爲安奉鐵路警告同胞公函」, 『淸国ニ於テ日本商品同盟排斥一件』 第八卷-2, 1909.9, p.27.

이들은 "안봉선의 상실은 동삼성의 상실을 의미하며, 동삼성의 상실은 곧 전 중국의 위기를 초래할 것이다. 경부철도가 완성된 이후 조선 팔도의 판도가 일본에 종속되었듯이, 안봉철도가 일본세력으로 넘어가면 동삼성이 망하게 될 것이며, 동삼성이 망하면 곧 전 중국이 어렵게 될 것"이라고 주장하였다.[58]

이에 호응하여 중국의 언론도 "철도는 한 나라의 주권과 불가분의 관계를 갖는 것으로서, 일본이 이미 안봉철도를 조선철도 및 남만주철도와 함께 일괄적으로 지배하려는 야욕을 드러내고 있다. 이러한 행태는 중국의 주권을 경시하는 인식으로부터 비롯된 것"이라고 비판하면서, "철도 부지 수용은 만주의 토지 권리와 관련하여 생사존망의 문제로서 도저히 받아들일 수 없다"라고 역설하였다.[59] 또한 "만일 국세가 강하다면 정부가 일화배척운동을 주도하겠지만, 국세가 약하면 국민이 이를 주창해야 한다.[60] 그렇지 않으면 동삼성은 제2의 고려가 될 것"[61]이라고 보도하였다.

상해불매일화회는 〈日本强行改築安奉鐵路我當不用日本貨以抵日本的演說〉(일본이 안봉철도 개축을 강행할 경우 우리는 마땅히 일본제품을 불매하여 이를 저지해야 한다)라는 제목의 연설에서 "일본은 매년 약 6,000-7,000만 량 상당의 제품을 중국에 판매하고 있다....우리는 일본옷을 입지 않고 중국옷을 입을 것이며, 일본제품을 사용하지 않고 중국제품을 사용할 것이다. 그리하여 한 푼의 금전도 일본으로 흘러들어가지 못하도록 해야 한다. 다시는 일본제품을 구매하지 않는 것이

58) 「安奉鐵道ノ爲メ同胞ニ警告スルノ公翰」, 『清国ニ於テ日本商品同盟排斥一件』 第八卷-1, 1909.9, p.22.
59) 「中日會議安奉鐵路問題」, 『申報』, 1909.8.15.
60) 「留日各省聯合會爲安奉鐵道警告同胞公函」, 『國民報』, 1909.8.25.
61) 「鳴呼東三省」, 『國民報』, 1909.8.8.

바로 애국이다"[62]라고 강조하였다.

중국 동북지역에서는 동삼성국민단체의 명의로 일화배척운동을 독려하는 전단이 각지에 배포되었으며, 전단의 내용은 다음과 같았다.

1) 중국인이 아니라면 일본제품을 구입해도 무방하다.

2) 그러나 중국인이면서 일본제품을 구매할 경우 우리는 그를 반역의 무리로 규정하여 주살할 것이다.

3) 상인은 더 이상 일본제품을 구입하지 말아야 하며, 이미 구입해 둔 일본제품은 당분간 매매를 정지한다.

4) 금후 일본이 자신의 죄악을 통렬히 반성하고 교섭에서 양보한다는 확실한 증거가 있을 경우 이와같은 운동을 중지하고 평상의 교역을 회복할 수 있다.

5) 전단의 내용을 널리 전하여 많은 사람들이 숙지할 수 있도록 한다.

6) 중국상품은 일본의 기차나 윤선을 통해 운송할 수 없다.[63]

|도표 49| 일화배척전단

봉천총상회도 9월 4일 일화배척운동을 결의하였으며, 이 지역의 학생 5천여 명 역시 일화배척운동의 실천을 선언하였다. 장춘에서도 육군학당, 사범학당 이하 여러 학교가 일화배척운동의 중심에 섰다. 영구에서도 동삼성국

62) 日本外務省, 『清国=於テ日本商品同盟排斥一件』 第八卷-3, 1909.9, p.44.
63) 「制抵日貨傳單」, 『清国=於テ日本商品同盟排斥一件』 第八卷-4, 1909.9, p.2.

민단체의 격문에 호응하여 일화배척운동이 진행되었으며, 안동에서도 공의회(商會)가 9월 중순 봉천총상회 등의 격문을 받아 일화배척운동을 실시하기로 결의하였다.[64]

그러나 안봉철도를 둘러싼 일화배척운동은 연말에 이르러 상당히 약화되었으며, 결국 소기의 성과를 거둘 수 없었다. 그렇다면 중국, 특히 동북지역에서는 어떠한 이유에서 수개월 만에 일화배척운동의 세력이 급속히 약화되었을까? 이와 관련하여 일본의 기쿠치 다카하루(菊池貴晴)는 만주(동북지역)에서 공상업의 미발달과 이로 인한 자산계급 성장의 불충분에서 그 원인을 찾고 있다. 말하자면 만주에서는 상해, 강절지방과는 달리 工藝局이나 工藝傳習所 등 관영기관에 의한 공업의 발달이 현저하였으며, 따라서 그만큼 공상업에 대한 중앙정부나 지방정부의 영향력이 강하였다고 지적하였다. 즉 상해 등지에서 일화배척운동이 민족산업의 발달을 지향한 민족자산계급의 강력한 지원 하에서 전개된 것과는 대조된다고 할 수 있다. 반면 안봉철도문제로 시작된 일화배척운동이 자산계급의 지지 보다는 오히려 학교나 학생, 유학생의 주도 하에서 전개되어 소기의 성과를 거둘 수 없었다는 것이다.[65]

그러나 비록 공예국이나 공예전습소에 대한 정부의 영향력이 강했다 하더라도, 이를 바로 일화배척운동이 효율적으로 전개되지 못한 이유로 설명하기에는 충분치 않다고 보여진다. 봉천총영사 고이케 초우조가 본국에 보고한 전문을 살펴보면 공예국이나 공예전습소 역시 일화배척운동에 적극 참여한 경우가 적지 않았다. 고이케 초우조는 보고에

---

64) 菊池貴晴, 「安奉鐵路改築問題と對日ボイコット運動」, 『中國民族運動の基本構造』, 汲古書院, 1974, pp.125-127.
65) 菊池貴晴, 「安奉鐵路改築問題と對日ボイコット運動」, 『中國民族運動の基本構造』, 汲古書院, 1974, p.134.

서 "일화배척운동에 대해 총독 이하 (봉천성)당국자들이 단속에 주의를 기울이고 있으나, 현지 사범학교 교장은 교육회 부회장으로서 자의국 의원들과 함께 일화배척을 선동하고 있다. 또한 공예전습소에서도 배화의 격문이 인쇄되고 있으며, 여러 종류의 격문이 끊임없이 배포되고 있다"[66]고 하여, 봉천성에서 공예전습소 역시 일화배척운동에 적극 참여하였음을 알 수 있다.

일화배척운동이 소기의 성과를 거두지 못한 것은 일본 측의 적극적인 대처와 청조정부의 정치적 고려 및 타협이 주요한 원인이었던 것으로 보인다. 일본은 모든 수단을 동원하여 청조정부와 지방정부에 일화배척운동의 철저한 단속을 요구하였으며, 간도협약을 통해 이미 동북지역에서 일본의 철도 부설권 및 광산 개발권의 확대를 승인한 상태에서 청조정부로서는 혁명세력의 발전을 경계할 필요가 있었던 것이다. 당시 일본의 기록을 살펴보면 이러한 사실이 분명하게 드러나고 있다. 일본영사관 측은 수시로 동삼성총독을 예방하여 "양국 정부 간 교역이 극히 순조롭고 평화롭게 진행되고 있는 이때에 인민들이 요언에 현혹되어 양국 간 우의를 손상시키는 행위를 적극 단속해 주도록"[67] 요구하였으며, 동삼성총독은 "상당한 수단을 동원하여 엄중히 단속하겠다"[68]고 약속하였다.

더욱이 일본은 일화배척의 격문에 대응하여 이를 반박하는 인쇄물을 만들어 만주 각지에 배포하였다. 이러한 사실은 "본관은 극히 내밀히 배척론을 반박하는 인쇄물을 만들어 시급히 만주 각지에 널리 배포할 예정이며, 이를 위해 약 700만 엔의 비용이 소요될 것으로 추정하고 있

66) 日本外務省, 『清国ニ於テ日本商品同盟排斥一件』第八巻-3, 1909.9, p.30.
67) 日本外務省, 『清国ニ於テ日本商品同盟排斥一件』第八巻-1, 1909.9, p.48.
68) 日本外務省, 『清国ニ於テ日本商品同盟排斥一件』第八巻-3, 1909.9, p.30.

다. 이 비용은 우선 당 영사관의 기밀자금으로 충당하고 있다"[69]는 현지 일본영사관 측의 기록에서 잘 나타나고 있다.

1909년 8월 28일 주상해 일본총영사는 일본외무대신에게 보낸 전문에서 "일본에서 유학하던 학생 6명이 귀국하여 상해에서 일화배척운동을 주창하며 유세하고 있다....본관은 상해도대에게 일화배척운동의 단속을 요청하였으며, 현재 상해도대와 상업회의소는 이를 단속하기 위한 방안을 강구하고 있다"[70]고 보고하였다.

동삼성이나 상해 등 지방정부는 실제로 일화배척운동의 단속에 착수하였으며, 이러한 결정은 단순히 지방정부 차원의 결정이 아니라 중앙정부, 즉 청조정부와의 긴밀한 연계 하에서 진행된 것이다. 예를 들면 광동주재 일본총영사 세가와 아사노쓰케(瀨川淺之進)는 일본외무대신에 보낸 전문에서 "광동성정부가 이 문제와 관련하여 북경으로부터 이미 전통을 받았으며, 양국 간의 우의에 손상을 입히는 행위를 단속하겠다는 뜻을 전해 왔다"[71]고 보고하였다.

9월 9일 상해도대는 동삼성 교섭이 결실을 맺어 청조외무부와 일본공사 사이에 조약이 이미 체결되어 평화롭게 마감되었으므로, 일본제품 불매, 일화배척 등의 행위를 일체 금지한다는 지시를 내렸다.[72] 상해도대의 언급은 바로 9월 6일 체결된 간도협약이 안봉철도 문제로 발생한 일화배척운동에 큰 영향을 미치고 있음을 보여주고 있다. 9월 27일 봉천성 民政使 역시 "일화배척을 목적으로 집회, 연설하거나 격문을 배포하는 등의 행위에 대해 엄중 처벌할 것임"[73]을 선포하였다.

69) 日本外務省, 『清国ニ於テ日本商品同盟排斥一件』 第八卷-2, 1909.9, p.54.
70) 日本外務省, 『清国ニ於テ日本商品同盟排斥一件』 第八卷-1, 1909.9, p.15.
71) 日本外務省, 『清国ニ於テ日本商品同盟排斥一件』 第八卷-1, 1909.9, pp.48-49.
72) 「滬道示禁抵制日貨」, 『申報』, 1909.9.10.
73) 日本外務省, 『清国ニ於テ日本商品同盟排斥一件』 第八卷-3, 1909.9, p.50.

일본외무성에 보관되어 있는 〈안봉철도 개축문제에 관한 일청 교섭 전말〉을 살펴보면, 청조 내부에서는 일본과의 타협을 주창하는 목소리가 점차 힘을 얻어가고 있었음을 알 수 있다. 이러한 사실은 "숙친왕 등 청조 내의 일부 세력이 만주에 관한 현안 및 안봉선 철도 문제로 말미암아 중일 간의 무력충돌 등으로 파탄에 이를 것을 두려워하여 일본과의 타결을 주장하고 있다. 유력 대신인 端方, 良弼 등은 동의를 표시하고 이러한 주장을 지지하였다. 이와같은 분위기 속에서 청정 내부에서 이러한 주장에 동조하는 세력군이 형성되어 마침내 8월 4일 숙친왕을 비롯하여 端方, 良弼, 濤貝勒, 洵貝勒, 毓朗 등 섭정왕 주변의 인사들이 중일 간의 국면을 개선해야 할 필요가 있다는 데에 의견의 일치를 보았다. 이들은 섭정왕을 알현하는 자리에서 중일 양국의 현안을 해결하여 양국 간의 친교를 공고히해야 할 필요성을 주청하였다. 이에 섭정왕도 동의를 표하고, 那桐이 귀경하면 그로 하여금 중일 간의 교섭을 전담하도록 내정하였다"[74]라는 기록에서도 확인할 수 있다.

그러면 청조수뇌부는 왜 일본과의 타협을 서둘렀을까? 이 역시 일본외무성을 기록을 통해 그 원인을 추측할 수 있다. 9월 16일 일본공사 이주인 히코키치는 일본외무대신에 "어제 오후 일화배척운동에 앞장선 『中央大同日報』와 『滬報』가 발행금지 처분을 받았다"고 전하며, "일화배척운동을 선동하는 배후에는 단순히 유학생 출신뿐만 아니라 혁명파를 포함하여 여러 세력이 있다. 섭접왕 일파에 반대하거나 원세개의 재기를 희망하는 세력도 있다"[75]라고 보고하였다. 이주인 히코키치의 보고는 다분히 주관적이긴 하지만, 적어도 당시 청조정부의 인식과 입

---

74) 日本外務省, 「安奉鐵道改築問題に關する日淸交涉顚末」, 『外交要報』6號, 1909.9. 30, p.4.
75) 日本外務省, 『淸国=於テ日本商品同盟排斥一件』 第八卷-2, 1909.9, p.58.

장을 간접적으로 엿볼 수 있는 대목이다. 다시 말해, 일화배척운동이 자칫 혁명파 등의 세력 확대로 이어지거나 혹은 일반민중의 반청운동으로 비화될 것을 경계한 청조정부가 이를 사전에 차단하기 위한 조치로 해석할 수 있다.

이러한 결과 안봉철도 문제로 촉발된 일화배척운동은 지역적 범위와 효과가 매우 제한적이었으며, 결국 소기의 성과를 거둘 수 없었다. 이러한 사실은 중국 측의 기록에서도 잘 확인된다. 즉 "일화배척운동은 겨우 만주(동북지역) 일대로 제한되었으며, 전국적인 범위로 확대되지 못하였고, 더욱이 기간도 매우 짧았다. 따라서 일본이 받은 영향은 극히 경미하였으며, 수출도 전년에 비해 800만 원 감소하는데 불과하였다. 수입은 500만 원 감소하는데 그쳤다. 이는 역대 일화배척운동 가운데 가장 좋지 못한 성적이었다"76)라고 평가하였다.

|도표 50| 운행중인 안봉철도

76) 彭澤益, 『中國近代手工業史資料』 2卷, 中華書局, 1984, p.501.

부산에서 만주에 이르는 직행열차

결론

안봉철도는 러일전쟁 기간 중 일본이 러시아와의 군사적 대결 구도 하에서 부설한 군용 경편철도였다. 그러나 러일전쟁이 종결된 이후 남만주지역에서 러시아의 제반 권리를 승계한 일본으로서는 만주에서의 배타적 권리를 확대하고 이를 극대화하기 위해 안봉철도의 기능을 보다 제고할 필요성을 절감하였다. 이를 위해서는 궤간의 변경을 포함하여 대대적인 안봉철도의 개축이 불가결하였던 것이다.

안봉철도의 개축은 단순히 안동과 봉천을 연결하는 일 구간으로서의 의미뿐만 아니라 일본-한국-중국 동북(만주)-유럽으로 이어지는 간선철도의 일부로서 효용을 전제로 한 것이었다. 이러한 이유에서 경부철도와 경의철도는 일본의 대륙침략정책과 표리의 관계 속에서 부설될 수밖에 없었으며, 이미 중국철도와의 연계를 전제로 한 국제적 성격을 내포하고 있었다. 안봉철도의 개축은 일본의 대륙침략정책이라는 정략적 기능뿐만 아니라, 후발자본주의 국가로서 일본의 경제 발전과 시장의 확대를 위한 상략적 기능을 제고하기 목적에서 추진된 것이다.

러일전쟁 이후 일본은 남만주지역에서 급속히 세력을 확대하였으며, 대외무역 등 경제적으로도 이러한 추세는 확연하였다. 더욱이 일본은 포츠머스조약을 통해 기존 러시아의 권익을 승계하면서 광산을 무단으로 점거하거나 철도 부지를 수용한다는 명목으로 중국정부의 승인없이 주민들과 임의로 토지 매매계약을 체결하기도 하였다. 뿐만 아니라 철도 보호를 명목으로 군대와 경찰을 동원하여 철도 연선의 주민에 대한 통제를 강화하였다.

러일전쟁 이후 중국에서는 민족적 자각이 고양되고 이권회수운동이 진전되면서 대미보이코트에 이어서 대일보이코트운동도 빈번히 발생하였다. 각지에 근대적인 기업이 발흥하였을 뿐만 아니라, 열강에 의해 무단으로 탈취된 철도 및 광산 등 이권회수운동도 고양되었다. 이러한 과정에서 일본에 의한 일방적인 안봉철도의 개축 선언는 중국일반, 특히 동북지역 주민들의 반대와 분노를 촉발하였다. 이러한 결과 유일각성학생연합회에 의해 시작된 일화배척운동은 머지않아 중국 동북지역과 기타 지역으로 확산되었다.

그럼에도 불구하고 이 시기 일화배척운동은 단기간에 한정되어 연말에는 이미 상당히 세력이 약화되었으며, 자연히 일본제품에 대한 배척의 효과 역시 한정적일 수밖에 없었다. 이러한 이유는 특히 동북지역에서 일화배척운동을 지지할 수 있는 자산계급의 발전이 한정적이었으며, 학계 주도의 운동이었다는 점에서도 찾을 수 있을 것이다.

그러나 보다 주목할 만한 사실은, 일화배척운동을 저지하기 위한 일본정부의 적극적인 정책과 노력이 있었으며, 실제로 상당한 성과를 거두었다는 점이다. 이러한 배경에는 다음과 같은 요인이 있었다고 생각된다. 우선, 안봉철도 개축을 둘러싸고 오랜 기간 협상을 진행해 온 중국이 간도협약을 통해 간도의 영유권을 확보한 대가로 중국 동북지역에서 일본의 철도 부설권 확대를 승인하였기 때문에, 안봉철도의 개축문제 역시 상당 부분 수용될 수 있었다는 점을 들 수 있다. 다음으로는 일화배척운동이 혁명파의 세력 확대나 반청운동으로 비화될 것을 우려한 청조정부의 정책적 판단이 있었다고 할 수 있다.

5

새로운 철도가 시장을 변화시키다

— 철도 부설과 중국동북시장의 변화:
安奉鐵道 (1911)

서론

일본은 안봉철도의 부설과 개축을 통해 한반도철도를 중국동북지역과 긴밀히 연계하였으며, 이를 통해 대륙침략정책이라는 정략적, 군략적 목적을 달성하고자 기도하였다. 이러한 이유로 기존 안봉철도에 대한 연구는 주로 일본제국주의의 침략성을 규명하거나 혹은 이에 대한 중국 측의 대응, 나아가 철도 부설과 개축을 둘러싼 외교관계를 중심으로 이루어졌다고 할 수 있다.

그러나 후발자본주의 국가인 일본의 입장에서 볼 때, 안봉철도는 정치, 군사적 역할뿐만 아니라 수출의 증진과 시장의 확대를 추진하기 위한 상략적 성격을 동시에 지니고 있었다. 더욱이 일본은 안봉철도의 개축을 통해 안동과 봉천을 연결하는 구간적 교통운수로서의 기능뿐 아니라 일본-한국-중국 동북지역(만주)-유럽으로 이어지는 간선 유통망으로서의 역할을 지향했다고 할 수 있다. 그럼에도 불구하고 안봉철도가 가지는 상략적 성격, 즉 사회경제적 역할과 의의에 대한 연구는 매우 드문 실정이다.

여기에서는 특정 구간의 교통운수적 기능 및 목적뿐만 아니라 물류 유통망의 형성 및 운용 속에서 안봉철도가 가지는 역할과 의의를 규명해 보고자 한다. 철도의 개통이 유통망을 형성하기 위한 필요조건이기는 하지만, 개통 자체가 그대로 유통망의 형성이나 활성화를 의미하는 것은 아닐 것이다. 다시 말해 물류 유통망의 형성과 운영은 교통운수적 조건뿐만 아니라 이를 활성화하기 위한 정책적, 제도적 방안과 체계 속에서 비로소 가능한 일이라 할 수 있다.

구체적으로 안봉철도 개축과 동시에 추진된 압록강철교의 가설, 안봉철도를 통한 국경통과화물에 대한 관세의 경감조치, 그리고 3선연락운임제라는 주요 정책을 통해 일본이 정책을 실시한 배경과 목적을 규명할 것이다. 또한 이와같은 문제를 실증적으로 규명하기 위해 당시 중국 동북지역에 대한 일본의 최대 수출품인 면제품의 변화를 통해 결국 이러한 정책이 중국 동북시장에서 어떠한 결과를 초래했는지 살펴보고자 한다.

1. 안봉철도 부설과 압록강철교의 가설

일본은 한국을 식민지로 전락시킨 이후 한국철도를 만주철도와 긴밀히 연계시켜 대륙철도로 통하는 간선을 구축하기 위한 정책을 적극 추진하였다. 이러한 사실은 1909년 3월 30일 일본내각회의에 제출된 〈한국병합에 관한 건〉 제3조에서 "한국철도를 제국철도원의 관할로 편입하고, 철도원의 감독 하에 남만주철도와 긴밀히 연계시켜 일본과 대륙철도의 통일 및 발전을 도모한다"[1]라고 규정한 사실로부터 잘 알 수 있다. 안봉철도는 한반도철도와 대륙철도를 잇는 연계철도로서, 일본은 한국, 중국 동북지역을 연결하는 아시아 간선철도의 부설을 지향하고, 이를 통해 자국의 군사적, 경제적 이해를 관철시키고자 의도하였다.

일본의 입장에서 안봉철도는 "한반도철도를 연장하여 만주로 나아가는 것으로서, 병략상, 상략상 매우 중요한 국책"[2]이었다. 안봉철도가 가지는 병략상, 즉 군사적 의의는 한국 주둔 일본군사령관 야마가타 아리토모(山縣有朋)가 1911년 제출한 〈군사상의 요구에 기초한 조선, 만주에서의 철도 경영 방책 의견서〉에서 일본의 병력을 수송하기 위해 한

---

1) 日本外務省, 「韓國倂合に關する件」, 『日本外交年表竝主要文書』上, 原書房, 1965, p.315.
2) 山縣有朋, 『山縣有朋意見書』, 原書房, 1968, p.281 및 p.330.

반도철도와 안봉철도, 그리고 만주철도를 간선으로 삼아야 한다는 주장으로부터 잘 알 수 있다.[3]

러일전쟁이 종결된 이후 안봉철도는 군사적 목적뿐만 아니라 경제적, 상업적 목적이 보다 중요한 과제로 부각되었다. 후발자본주의 국가인 일본으로서는 안봉철도를 통해 일본-한국-중국-유럽으로 연결하여 자국의 상품을 판매할 수 있는 새로운 유통망의 확보가 절실한 형편이었다. 이러한 사실은 "군용 경편철도인 안봉철도를 개축하여 화물운송의 기능을 제고할 수 있도록 하여, 만한철도의 연계뿐만 아니라 부산으로부터 유럽에까지 이어지는 교통로를 구축하고"[4], 또한 "군용 협궤철도를 상공업용의 철도로 용도를 변경하기 위해서는 궤간을 변경하지 않으면 안된다"[5]라는 기록으로부터 잘 알 수 있다.

1905년 12월 22일 일본외무대신 고무라 주타로와 직예총독 원세개사이에 〈회의동삼성사의정약〉이 체결되었다. 이 조약은 제1조에서 포츠머스조약의 제5조 및 제6조의 규정에 따라 기존 러시아의 권리를 일본에 양도하도록 정식으로 승인하였다.[6] 또한 〈부약〉의 제6조는 안동현으로부터 봉천성에 이르는 철도를 각국의 공상화물을 운송할 수 있도록 일본이 변경하는 것을 중국정부가 승인한다고 규정하였다.[7]

마침내 1909년 8월 19일 동삼성총독 석량과 주봉천 일본총영사 고이케 초우조는 〈안봉철도에 관한 각서〉에 공동으로 서명하고, "철도의

---

3) 이수석, 「일본제국주의 정책과 한반도 철도건설의 역사」, 『동아시아 철도네트워크의 역사와 정치경제학』 I, 리북출판사, 2008, p.327.

4) 日本外務省, 『安奉鉄道関係雜纂』第二卷-3, 1909, p.70.

5) 日本外務省, 『安奉鉄道関係雜纂』第二卷-3, 1909, pp.70~71.

6) 金志煥, 「安奉鐵道 改築과 中日協商」, 『中國近現代史研究』59輯, 2013.9, pp.51~52.

7) 北京大學法律係國際法教研室編, 「會議東三省事宜正約-附約」, 『中外舊約章彙編』第二冊-1, 三聯書店, 1959, p.340.

새로운 철도가 시장을 변화시키다

궤간을 경봉철도와 같게 한다"[8]라고 규정함으로써 궤간을 종래의 협궤로부터 표준궤로 변경하려는 일본의 주장을 수용하였다.[9] 이러한 결과 마침내 1911년 11월 1일 안봉철도의 개축이 완료되고 전선이 정식으로 개통되었다. 안봉철도는 일본, 한국, 중국 동북지역을 연결함으로써 아시아의 간선교통로로서 새로운 유통망의 출현을 의미하였다.

그런데 새로운 간선교통로를 구축하기 위해서는 중한 간을 가로지르는 압록강을 횡단할 수 있도록 철교를 가설하는 일이 불가결하고도 시급한 과제로 대두되었다. 압록강철교의 가설은 안봉철도와 더불어 '일만선' 신유통로를 구축하기 위해 매우 중요한 의미를 가지고 있었다. 압록강철교는 1909년 8월에 착공되어 1911년 10월 말 완공되었다. 압록강철교의 가설은 기존 압록강 양안 간 수운을 통해 물류를 유통하던 방식으로부터 안봉철도를 통한 육상운송으로의 전환을 의미하는 것이다. 그렇다면 선박을 통한 수운으로부터 철도를 통한 육운으로의 전환은 어떠한 배경과 목적에서 추진된 것일까?

압록강철교에 대해서는 안봉철도의 부설을 관장했던 조선총독부 철도국이 작성한 『압록강교량공사개황』에 가설의 경위와 공사 진행 과정 등 일련의 상황이 상세히 기록되어 있다. 기존 압록강 양변지역에서는 선박에 의한 수운을 통해 물류의 유통이 이루어지고 있었는데, 자연지

---

8) 北京大學法律係國際法教研室編, 『中外舊約章彙編』 第二冊-2, 三聯書店, 1959, p.596.

9) 당시 철도의 궤간을 살펴보면, 한국, 중국 및 유럽국가들은 표준궤를 채택하였으며, 러시아, 카자흐스탄, 몽골은 광궤를 채택하였다. 안봉철도는 표준궤로서 광궤를 채택한 시베리아철도 및 동청철도와는 달랐다. 안봉철도를 표준궤로 개축한 것은 중국동북지역과의 연계를 전제로 한 것으로서, 일본의 대륙침략정책이라는 政略的 목적과 함께, 후발자본주의 국가로서 일본의 경제발전과 시장의 확대를 위한 商略的 기능을 제고하기 목적에서 추진된 것이다. 이에 대해서는 金志煥, 「安奉鐵道 改築과 中日協商」, 『中國近現代史研究』59輯, 2013.9 참조.

리적, 기후적 조건으로 말미암아 교통상 종종 장애가 발생하였다. 압록강은 통상 7월 초순부터 8월 하순까지 우기에 해당되어 홍수가 빈번히 발생하였으며, 이 때 목재나 가옥 등이 유실되어 떠내려 오는데, 유속이 매우 빨라 사실상 선박의 운행이 불가능한 실정이었다. 또한 매년 12월 초순부터 다음해 3월 말까지는 동계에 해당되어 결빙으로 인해 선박의 운행이 불가능하였다. 이밖에도 결빙기와 해빙기를 전후한 각 10일 동안에는 거대한 유빙이 떠다니며 흘러 내려오는데, 서로 부딪혀 깨지는 소리가 천지를 뒤흔들 정도였다. 이와같이 일년 중 절반 정도는 사실상 선박을 운행할 수 없는 형편이었다.[10] 따라서 국경간 화물 운송의 안정성을 담보하기 위해서는 철교의 가설과 직통철도의 부설이 불가결하였던 것이다.

|도표 51| 신의주에서 안동현을 바라보며 찍은 압록강의 결빙 모습

조선총독부 역시 "1904년 러일전쟁 발발 직후 경성-의주 간 철도(경의선 철도)를 부설하였으나, 이 철도의 종단인 압록강은 만한 간의 교

---

10) 朝鮮總督府鐵道局, 『鴨綠江橋梁工事槪況』, 1914, p.2.

새로운 철도가 시장을 변화시키다

201

통에 다대한 장애가 될 뿐 아니라, 안동현과 봉천 간의 철도 부설을 통해 유럽과 아시아교통을 연계하는 정책에 일대 장애가 되고 있다. 따라서 하루라도 조속히 이 철교를 부설해야 한다"[11]고 주장하였다. 이에 따라 1904년 7월 임시군용철도감부는 압록강의 도강점을 결정하여 경의선 철도의 종단으로 결정하고, 의주-안동현 부근 양안의 지형 및 기술상의 제반 조사를 실시하였다.

1905년 2월 철교의 가설을 위해 설계 및 예산상의 계획을 세우고, 동시에 하저지질 조사, 수심 측량, 유수량의 관측 등을 실시하여 7월 설계도 및 예산서를 확정하고, 이를 일본참모본부에 제출하여 10월에 재가를 받았다. 당초 압록강철교는 부설 방법을 둘러싸고 다음과 같은 세 가지 방안이 상정되어 심의에 부쳐졌다.

1) 단선철도교로 가설한다.

2) 복선철도교로 가설하고, 이 중 한 선을 인도로 대용한다.

3) 단선 철도의 양측에 인도를 가설한다.[12]

이상의 세 방안 가운데 첫 번째 방안은 사람의 왕래를 위해 인도교를 별도로 가설해야 하는 필요성으로 말미암아 반대에 부딪혔다. 두 번째 방안은 후일 철도의 왕래가 증가하여 복선의 필요성이 대두될 경우 바로 이에 대응할 수 있어 편리하다는 장점이 있는 반면, 다액의 예산과 오랜 시일이 소요되어 바람직하지 않다는 의견이 제기되었다. 세 번째 방안은 가설 비용이 적지 않지만 후일 복선이 필요할 경우 인도의 폭을 늘려 복선화할 수 있으며, 경비에서도 두 번째 방안보다 저렴하다는 점이 고려되었다.[13] 이러한 이유에서 결국 세 번째 방안에 따라 철

---

11) 朝鮮總督府鐵道局, 『鴨綠江橋梁工事槪況』, 1914, p.3.

12) 朝鮮總督府鐵道局, 『鴨綠江橋梁工事槪況』, 1914, p.6.

13) 朝鮮總督府鐵道局, 『鴨綠江橋梁工事槪況』, 1914, pp.6-7.

교를 가설하기로 결정하였다.

더욱이 철교가 遊氷과 홍수 등의 압력을 견딜 수 있도록 견고하게 가설되어야 한다는 점에서 이에 합당한 교각을 축조해야 할 필요성이 제기되었다. 이러한 가운데 1906년 9월 임시군용철도감부가 폐지되고 이 사업을 통감부 철도관리국이 계승하여 조사를 진행한 결과 1907년 5월 교각의 기초를 모두 철근 콘크리트로 통을 만들어 땅 속에 묻고 기초를 시공하는 潛函工法[14]으로 가설하기로 계획을 변경하였다.

이 밖에도 압록강철교는 당초의 고정식 철교의 설계를 변경하여 개폐식 철교로 가설하였는데, 이러한 사정에 대해 〈한국민족문화대백과사전〉에는 "철교를 회전식 개폐교로 가설한 까닭은 당시 영국의 구축함이 압록강을 항행하도록 하기 위해 영국의 요망에 따라 건설되었다는 이야기도 있으나 확실하지 않다"[15]라고 기록하고 있다.

|도표 52| 개폐식 압록강철교

---

14) 구체적인 기초공사의 개요를 살펴보면, 먼저 평균 50척에 달하는 견고한 지반으로 형성되어 있는 지질 위에 통형 상자 구조물을 침하시켜 여기에 異形煉瓦石을 채워 넣고, 상부 5-6척은 단단한 석재를 사용하여 축조한 이후 틈새를 콘크리트로 메우도록 하였다. 상부에는 반원형의 아치형 곡면구조로 연결한 후 상부에 교각을 축조하도록 하였다. 朝鮮總督府鐵道局, 『鴨綠江橋梁工事槪況』, 1914, p.8.
15) 韓國學中央研究院, 『韓國民族文化大百科辭典』참조.(http://encykorea.aks.ac.kr/Contents/Index)

이 문제와 관련해서는 1908년 1월 9일 조선통감 이토 히로부미가 총리대신 가쓰라 다로(桂太郞)에게 보고한 문서에 설계를 변경하게 된 경위가 잘 기록되어 있다. 압록강철교를 부설해야 할 필요성은 러일전쟁 중 일본의 임시군용철도감부에 의해 제기되었다. 임시군용철도감부는 논의를 거쳐 고정식의 철교를 가설하기로 결정하였으며, 이후 철도관리국도 이 계획을 승계하였다. 그러나 북경주재 영미 양국공사가 주중 일본공사에게 예정가교 지점은 안동시가 및 각국 거류지의 하류에 위치하고 있어 이 곳을 출입하는 선박에 지장을 초래할 것을 우려하여 철교를 개폐식으로 가설해 주도록 요청하였다. 이와함께 가능하다면 철교의 가설 지점을 상류로 이전해 주도록 요청하였다. 이에 조선통감부는 미국, 영국 등의 통상상 이익을 존중하는 취지에서 철교의 설계를 개폐식 가교로 변경하기로 하고, 이러한 의견을 일본외무성에 건의하였다.[16] 결국 일본정부는 논의를 거쳐 1908년 11월 선박 항행의 편의를 위해 압록강철교를 개폐식으로 가설하기로 결정하고, 이에 따라 1909년 3월에 설계 변경을 완료하였으며, 6월에 공사를 위한 모든 준비를 완료하고, 마침내 8월 가설공사에 착수하였다.[17]

1909년 6월 19일 통감부는 훈령 제16호를 발포하여 통감부 철도청 압록강출장소를 설치하고 같은해 7월 1일 업무를 개시하였다. 같은날 용산 철도청 내에도 임시사무소를 설치하여 업무를 시작하였으며, 8월 1일 신의주 압록강안청사로 이전하였다. 12월 16일 관제 개정의 결과 철도원 한국철도관리국 압록강출장소로 명칭이 변경되었으며, 1910년 2월 10일 압록강 건설사무소로 개칭하였다. 한국 병합 이후인 1910년 9월 12일에 이르러 종래 한국을 조선으로 개명하고 1910년 10월 1일

16) 日本外務省, 『明治四十一年中ニ施行又ハ計劃セル事務ノ槪要調書』, 1909, p.33.
17) 朝鮮總督府鐵道局, 『鴨綠江橋梁工事槪況』, 1914, p.9.

조선총독부 철도국 압록강건설사무소로 개칭되었다.[18]

압록강철교가 완공되고 안봉선철도의 개축도 완료된 이후 신의주 및 안동 양 지역에서 일본과 중국이 각각 세관을 설치하여 검사할 경우 수속이 번잡하여 운송 및 통상의 지연 등 많은 지장을 초래할 우려가 제기되었다. 따라서 조선총독부는 조선 세관관리를 안동역에 파견하여 여기에 조선 및 중국 세관관리가 상주하며 업무를 처리하도록 중국과 대체적인 합의를 이루었다. 일본은 남만주철도주식회사로 하여금 안동역에 세관검사장과 창고, 그리고 세관관리원 대기소 등의 설비를 조속히 완비하도록 지시하였다.[19]

압록강철교가 완공된 이후 열차가 조선과 안동 사이를 직통 운행하게 되면서 중국과 일본은 이와 관련된 제반문제를 협의한 이후 1911년 11월 2일 〈국경열차 직통 운행에 관한 일청협약〉을 체결하였다. 이 조약에는 일본총영사 고이케 초우조(小池張造), 조선총독부 철도국장관 大尖權平, 남만주철도주식회사 부총재 國澤新兵衛, 조선총독부 세관장 矢野人三郎, 남만주철도주식회사 이사 田中淸之宇, 대청제국 봉천교섭사 許鼎霖, 대청제국 우전부낭중 阮惟和가 서명하였다. 조약의 주요한 내용은 다음과 같다.

1) 중일 양국정부는 세계교통의 편리를 위해 양국 국경 간 열차를 직통으로 연락하는 것을 승인한다.

2) 양 철도의 열차를 직통으로 운행하기 위해 압록강철교의 중심을 획정하여 양국의 국경으로 삼고, 중심의 서편을 중국국경, 동편을 일본국경으로 한다.

3) 열차가 국경을 통과한 직후 기관차를 변경한다. 조선철도의 기관

18) 朝鮮總督府鐵道局, 『鴨綠江橋梁工事槪況』, 1914, p.33.
19) 日本外務省, 「鮮滿鐵道連絡一件」, 『日本外交文書』44卷 2冊, 1911, pp.101−102.

차는 중국 안동역 이서로 운행할 수 없으며, 안봉철도의 기관차
는 신의주역 이동으로 운행할 수 없다.

4) 양국의 열차는 조선철도 노선과 중국 국경의 남만주철도주식회
   사 노선만을 운행할 수 있다.

5) 양 철도의 각 열차가 안동역에 도착하면 양국 세관관리가 화물,
   수하물, 소하물 등에 대한 검사를 실시한다.

6) 양국 세관관리는 안동에서 공동으로 검사를 실시하며, 각각 자국
   의 세관세칙에 따라 처리한다.

7) 안동역을 출발하거나 도착하는 여객이 휴대한 수하물이나 소하
   물은 안동역에서 검사한다.

8) 안동역을 통과하는 여객이 휴대한 수하물 또는 소하물은 역내에
   서 검사한다. 만일 검사가 발차시간에 맞추지 못할 경우 세관관
   리가 탑승하여 운전 중에 검사를 실시할 수 있다.

9) 세관관리가 검사한 이후 세금을 부과해야 할 필요성이 있을 경우
   여객에게 직접 세금을 징수할 수 있다.

10) 남만주철도주식회사 및 조선총독부 철도국은 세관관리가 열차 내
    에서 검사할 수 있도록 이들에게 양 철도를 왕복할 수 있는 장기
    무임승차권을 지급한다.

11) 양국 국경을 통과하는 열차는 군대를 수송할 수 없다. 조약에 의
    해 주둔을 허락받은 군대는 이 규정에 저촉되지 않는다. 단 국경
    을 왕래할 경우 반드시 사전에 통고해야 한다.[20]

20) 日本外務省, 『國境列車直通運轉に關する日淸協約調印書』, 1911.11.2, pp.2−6
    및 北京大學法律係國際法敎硏室編, 「安東鐵路與朝鮮鐵路國境通車章程」, 『中外
    舊約章彙編』 第二冊−2, 三聯書店, 1959, pp.768−769.

2. 철도운송화물에 대한 국경관세의 경감

청일전쟁 종전과 마관조약의 체결 이후 러시아는 삼국간섭을 통해 일본의 여순, 대련 조차 시도를 무산시켰으며, 이홍장-로바노프 간의 청러밀약을 통해 중국에 대한 러시아의 군사적 보호를 약속하였다. 청러밀약 직후 이홍장은 "이 조약으로 인해 향후 20년 동안 중국은 안전할 것"[21)이라고 장담하였다. 중국은 밀약의 반대급부로서 시베리아철도의 만주 관통노선인 동청철도의 부설권을 러시아에 제공하였다.

주지하다시피 러일전쟁 이후 체결된 〈러일강화조약〉 제6조에서 러시아는 장춘으로부터 여순에 이르는 동청철도 지선(남만주철도) 및 기타 특권을 일본에 양도하는데 합의하였다. 이후 동청철도로 대표되는 러시아세력과 남만주철도로 대표되는 일본세력은 중국 동북지역에서 첨예한 경쟁을 전개하였다. 러시아는 "동청철도를 통해 러시아제품을 북만주로 수입하여 만주시장을 장악하고, 만주상품의 수출은 동청철도-블라디보스톡 노선을 경유하도록 한다"라는 목표를 설정하였다. 일본 역시 "과거 20년 간 일본의 만주정책은 바로 대러시아정책이었으며, 그 핵심에 동청철도와 블라디보스톡이 있다"라고 인식하였다.[22) 이와같이 일본과 러시아는 동북지역의 물류를 가능한한 자국 세력의 철도로 흡수함으로써 만주시장을 장악하기 위해 치열한 경쟁을 전개하고 있었다.

일본이 안봉철도의 개축과 압록강철교의 가설을 서두른 배경에는 바로 이와 같은 러시아와의 경쟁관계가 자리하고 있었다. 이러한 사실은

---

21) 金志煥, 「제정러시아의 제국주의와 동방정책의 역사적 고찰」, 『동아시아 철도네트워크의 역사와 정치경제학』Ⅰ, 리북출판사, 2008, p.197.

22) 金志煥, 「中國 東北地域 상품유통망의 변화와 東淸鐵道의 매각」, 『歷史學報』217輯, 2013.3, pp.338-340.

"압록강철교가 완공되고 안봉선이 완성되어 철도로 국경을 통과할 수 있게 되어.....조선철도 경유선의 번영을 도모함으로써 블라디보스톡과 대항하는 것이 반드시 필요하다"[23]는 기록으로부터 잘 알 수 있다.

그런데 주목할 점은 러시아가 동청철도를 통해 중러국경을 넘나드는 화물에 대한 관세 경감의 혜택을 획득하였다는 사실이다. 1896년 9월 8일 중국과 러시아는 〈合辦東省鐵路公司合同章程〉에 서명하였으며, 이 조약의 제10조는 "동청철도를 통해 중국으로 수입되는 화물, 혹은 중국으로부터 이 철도를 통해 러시아로 수출되는 화물은 통상세칙에 따라 당연히 수출세와 수입세를 납부해야 하지만, 이 경우 세칙에서 정한 정세의 3분의 1을 경감한다"[24]라고 규정하였다.

1911년 10월 안봉철도의 개축과 압록강철교 가설 공사의 완공을 앞두고 일본에서는 중러 간 국경무역에서 동청철도를 통한 국경통과화물에 대한 관세 경감의 혜택을 안봉철도를 통한 화물의 수출입에도 동등하게 적용해야 한다는 주장이 속속 제기되었다. 일본은 이와 같은 요구의 근거를 1905년 중일 간에 체결된 조약상의 권리에서 찾고 있다. 즉 일본과 중국은 1905년 12월 22일 북경에서 〈회의동삼성사의정약〉을 체결하면서 〈부약〉의 제11조에서 "만한 국경의 육로통상은 상호 최혜국조약의 규정에 따라 처리한다"[25]라고 규정하였다. 다시 말해, 러시아가 중국과 체결한 국경무역에서 관세의 3분의 1을 경감하는 혜택은 최혜국조약에 따라 일본에게도 동등하게 적용되어야 한다는 의미이다.

일본으로서는 안봉철도의 개축과 압록강철교의 가설을 앞두고 국경

---

23) 河合治三郎, 『私の鐵道生活』, 二水閣, 1936, p.289.
24) 北京大學法律係國際法敎硏室編, 「合辦東省鐵路公司合同章程」, 『中外舊約章彙編』第一冊-2, 三聯書店, 1959, p.674.
25) 北京大學法律係國際法敎硏室編, 「會議東三省事宜定約-附約」, 『中外舊約章彙編』第二冊-1, 三聯書店, 1959, p.339.

통과화물의 관세 경감을 관철하는 것이 매우 시급한 일이었다. 즉 "일본제국은 수십만 동포의 희생(즉 러일전쟁)을 통해 만주에 대한 무역의 권리를 획득할 수 있었다. 이미 중국과 러시아는 육로무역조약을 체결하여 동청철도를 통해 만주로 수입되는 화물의 관세를 3분의 1 경감하는 규정을 두고 있다"라고 지적하며, "러시아가 대중국무역에서 매우 유리한 지위를 차지하고 있으나, 일본 역시 동일한 혜택을 부여받을 조약상의 권리를 보유하고 있다. 현재 압록강철교의 가설이 완료되고 만한 간의 철도가 연계되어 이 조약을 적용할 시기에 이르렀음에도 제국의 화물은 러시아와 동등한 권리를 향유하지 못하고 있다"[26]라고 하여, 이를 매우 시급한 과제로 인식하고 있었음을 잘 알 수 있다.

따라서 일본은 중국정부에 "본국철도원은 11월 초부터 안봉철도를 운행할 예정으로서, 조선철도와 안봉철도를 연계하는 직통열차는 이미 모든 준비를 완료하였다. 따라서 운행 전에 일본과 중국 양국은 〈국경화차화물세법〉을 결정해야 한다. 1905년 양국이 정한 〈회의동삼성사의정약〉 제11조에서 이미 만한 국경의 육로통상에 대해 피차 최혜국조례를 적용하기로 결정했음에 비추어 조선-안동 간 직통열차의 화물세법은 이에 근거하여 조속히 처리되어야 한다"[27]고 중국 측에 관세 경감 조치를 강력하게 요구하였다.

이와 같은 인식과 정책의 추진에도 불구하고 중일 양국은 협상의 과정에서 좀처럼 합의에 이르지 못하였다. 이러한 가운데 1912년 10월 일본철도원과 조선총독부는 주중공사 이주인 히코키치로 하여금 관세 경감건을 중국정부와 조속히 교섭하여 해결하도록 촉구하였다. 1912년

---

26) 日本外務省, 『鐵道による對滿貿易發展策に關する意見書』, 1911.12.22, p.27.

27) 安東木部領事, 「鮮滿淸鉄道連絡一件」, 『鉄道貨物=対スル三分ノ一減税問題』第一卷, 1911.10.29, p.24.

10월 23일 이주인 히코키치는 우선 총세무사를 방문하여 일본의 입장을 설명하였다. 이에 총세무사는 대련 등에서 관세를 전액 납부하고 있어 양 지역 간 형평성이 문제가 될 수 있을 뿐만 아니라, 더욱이 신의주를 이용하여 형식상 철도로 이송하여 수출입세를 탈루할 우려를 제기하였다. 이에 이주인 히코키치는 고의로 해관정세를 탈루할 경우 이를 엄격히 단속할 의지를 피력하였다.[28]

곧이어 일본은 중국정부에 동청철도를 통해 국경으로 수출입되는 화물에 대해 3분의 1의 관세 경감 혜택을 최혜국조약에 근거하여 안봉철도에도 동등하게 적용해 줄 것을 거듭 요구하였다. 그러나 중국은 이와 같은 일본의 요구에 여전히 난색을 표명하였다. 중국 측의 주장은 대체로 다음과 같이 요약할 수 있다. 첫째, 안동과 신의주 사이의 안봉철도를 통한 국경무역은 동청철도를 통한 중러 간의 국경무역과는 성격이 다르며, 따라서 중러 간의 국경무역에 적용하는 수출입 화물에 대한 3분의 1 감세를 적용하기 어렵다. 왜냐하면 대련 등 기타 항구에서는 수출입 화물에 대해 관세를 전액 징수하고 있기 때문에 지역 간 과세의 형평에 어긋나기 때문이다. 둘째, 만일 이러한 조항을 둔다면, 지리적 이점을 이용하여 신의주까지 선박으로 운송한 이후 기차에 옮겨 실어 안동까지 운송하는 편법이 발생하게 될 것이며, 이를 단속할 방법도 마땅치 않다. 셋째, 현재 중러 간에는 3분의 1 감세를 규정한 관세제도를 개정할 예정이므로, 일본의 요구를 수용할 경우 중러 간의 개정협상이 진전되기 어렵다.[29]

---

28) 日本外務省通商局監理課,「三分ノ一減稅問題經過」,『鮮滿國境三分ノ一減稅ト支那陸境關稅問題』, 1921.10, p.16.

29) 日本外務省通商局監理課,「鐵道ニ依リ滿洲ニ輸出入セラル貨物ノ關稅輕減ニ關スル件」,『鮮滿國境三分ノ一減稅ト支那陸境關稅問題』, 1921.10, p.28.

이에 대한 일본의 입장을 살펴보면, "중국 측이 조약상의 정당한 권리를 갖은 구실을 들어 받아들이지 않고 있다....일본으로서는 근거가 박약한 중국 측의 주장을 도저히 받아들이기 어렵다. 국경무역의 감세 부분은 이미 1905년의 중일 간 조약에서 보장된 것으로서, 중국 측이 주장하는 감세의 남용에 대한 우려는 그에 합당한 조치를 강구하면 될 터이다. 그러나 이와같은 희소한 사례를 들어 전체를 폐기하고자 하는 것은 조약상의 정당한 권리를 무시하는 처사이다. 또한 만일 중러 간의 관세협정이 진행되어 3분의 1의 경감 조치가 폐지된다면 일본 역시 그에 따라 전액을 납부하면 될 일이다. 따라서 조약상의 규정을 무시하고 협정의 체결을 거부하는 행위는 우리의 정당한 권리를 포기시키려는 불순한 의도이다"[30]라고 강하게 항의하였다.

이와 함께 "만주로 수입되는 제품은 대부분 먼저 일본 국내로부터 조선으로 운송되어 개항장에 하적된 이후 다시 철도를 통해 만주로 수입되기 때문에 이미 다액의 운임 및 하적비용을 부담하고 있다. 따라서 관세의 3분의 1을 경감하더라도 해로로 수입되는 화물이 관세 전액을 지불하는 것에 비해 그다지 균형을 잃는다고 할 수 없다"[31]라고 반박하였다. 또한 신의주와 같은 지역에서 하적하여 이 지역에서 철도를 이용하여 만주로 운송할 경우 이들 화물에 대해서는 감세의 남용을 방지하기 위해 엄중한 조치를 강구할 의사를 표명하였다.[32]

이러한 가운데, 마침 중국에서는 신해혁명 이후 기존의 외무부가 외

---

30) 日本外務省通商局監理課,「鐵道ニ依リ滿洲ニ輸出入セラル貨物ノ關稅輕減ニ關スル件」,『鮮滿國境三分ノ一減稅ト支那陸境關稅問題』, 1921.10, pp.29–30.

31) 日本外務省,「鮮滿國境通過鐵道貨物ノ關稅輕減交涉ノ件」,『日本外交文書』45卷 2冊, 1912, pp.30–31.

32) 日本外務省,「鮮滿國境通過鐵道貨物ノ關稅輕減交涉ノ件」,『日本外交文書』45卷 2冊, 1912, p.31.

교부로 개조되어 육징상이 외교총장으로 취임하여 외교업무를 총괄하고 있었다. 1912년 12월 20일 일본외무성은 재차 이주인 히코키치로 하여금 가능한한 조속히 중국정부에 일본의 요구를 전달하고 교섭을 시작하도록 촉구하였다. 이주인 히코키치는 1913년 2월 18일 육징상을 방문하여 관세 경감의 남발을 방지하기 위한 방책을 적극 모색하겠다는 의향을 재차 확인하였다.[33]

육징상은 중국과 러시아 사이에 체결된 3분의 1 감세문제는 이미 중국 측이 러시아에 증세방안을 제기해 둔 상태이므로, 일본 측의 요구를 수용할 경우 러시아가 조약 개정에 응하지 않을 가능성이 있다고 하며 이에 부정적인 입장을 표명하였다.[34] 3월 25일 이주인 히코키치는 육징상 외교총장을 다시 방문하여 중국정부가 이와 같이 불합리한 주장을 고집할 경우 협상의 의지가 없는 것으로 간주하여, 일본으로서는 조약상의 권리를 관철하기 위해 임의로 행동에 돌입할 수 있다고 위협하였다. 결국 27일 육징상은 이주인 히코키치에게 일본 측의 주장을 받아들일 수 있다는 가능성을 시사하였다.

마침내 1913년 5월 29일, 북경에서 일본특명전권공사 이주인 히코키치와 총세무사 사이에 〈朝鮮國境通過鐵道貨物關稅輕減取極〉이 체결되었으며, 6월 11일에 고시를 거쳐 같은달 12일부터 실시하기로 합의하였다. 즉 조선으로부터 혹은 조선을 통과하여 만주로 수입되거나, 혹은 만주로부터 조선으로, 혹은 조선을 통과하여 수출되는 안동 경유 철도화물에 대해 감세의 혜택을 부여한다는 취지이다. 협약의 대체적

---

33) 日本外務省通商局監理課, 「三分ノ一減稅問題經過」, 『鮮滿國境三分ノ一減稅卜支那陸境關稅問題』, 1921.10, p.19.

34) 日本外務省通商局監理課, 「三分ノ一減稅問題經過」, 『鮮滿國境三分ノ一減稅卜支那陸境關稅問題』, 1921.10, p.20.

인 골자는 다음과 같다.

1) 만주로부터 철도로 신의주로 향하는 유세화물 및 신의주 이외 각
   지로부터 철도를 통해 만주로 가는 유세화물에 대해서는 해관세
   율의 3분의 2에 해당되는 수출세 혹은 수입세를 부과한다.

2) 신의주로부터 다시 압록강수로를 통해 다른 지역으로 수송되어
   철도를 통해 만주로부터 수출되거나 혹은 수로를 통해 신의주에
   도착하여 철도로 만주로 수입되는 화물은 이와같은 감세의 혜택
   을 받을 수 없다.

3) 3분의 1 감세의 특혜를 받아 안동으로 수입된 이후, 다시 철도를
   통해 만주 이외의 조약항 혹은 중국의 각 성으로 운송되거나, 혹
   은 해로로 중국 본토로 운송되는 화물은 이미 경감된 관세를 환
   수한다.

4) 신고자는 철도운송장의 부본을 제출해야 한다.[35] 신고자는 영문
   및 중문으로 신고서를 작성해야 하며, 이밖에 다음의 사항을 기
   재한 철도운송장의 부본을 제출해야 한다. 즉, 화물출하자의 성
   명 및 화물수취인의 성명, 발착지(역명), 도착지(역명), 품명, 용
   량, 중량, 포장, 번호, 가격 및 담당 철도관계자의 서명 등을 기재
   한다.[36]

조선으로부터 압록강철교를 통해 안동으로 가거나 혹은 안동으로부
터 압록강철교를 건너 조선으로 오는 화물은 다음과 같은 수속을 거쳐
야 한다.

---

35) 日本外務省,「朝鮮國境通過鐵道貨物關稅輕減取極」,『日本外交年表竝主要文書』
    上., 原書房, 1965, pp.376−377.

36) 日本外務省通商局監理課,「安東確定案」,『鮮滿國境三分ノ一減稅ト支那陸境關
    稅問題』, 1921.10, p.32.

첫째, 중국으로부터 조선으로 수출되는 화물

1. 중국 수출 수속

1) 출발역으로부터 송치된 의뢰장 및 세관송장에 따라 수출신고서
를 작성하여 안동해관에 제출하여 화물의 검사를 받는다. 검사가
끝나면 海關驗單(납세고지서)을 교부받아 첨부하여 해관은행(中
國銀行)에 세금을 납부한다. 납세완료 도장을 받으면 다시 이를
해관에 제출하여 수출면장의 아래 첨부한다.

2) 수출 통관 수속을 마친 화물의 적재를 완료하면 열차번호, 화차
번호, 품명, 수량, 하주명 등을 기재한 적재목록에 수출면장 및
화물운송통지서의 부본을 첨부하여 해관에 제출한다.

2. 조선 수입 수속

1) 출발역으로부터 송치된 의뢰장 및 세관송장에 의거하여 수입신
고서를 작성하여 조선세관에 제출하고 화물의 검사를 받는다. 검
사가 완료되면 납세고지서를 교부받아 세관금고(正金銀行)에 세금
을 납부한 이후, 납세완료통지서를 다시 세관에 제출하여 수입면
장의 아래에 첨부한다. 단 조선내 세관 소재지역(부산, 마산, 대구, 군
산, 목포, 남대문, 인천, 평양, 진남포, 원산, 신의주)에 도착하는 화물은 안동에
서 수입검사를 하지 않고 도착역에서 화물수취인이 통관수속을
진행한다. 각 도착역에서 화물운송목록을 작성하여 이를 세관에
제출하고, 도장을 받아 화물과 함께 도착역에 인계한다.

2) 수입 통관을 마친 화물의 적재가 완료되면 열차번호, 화차번호,
품명, 수량, 하주명을 기재한다. 수입화물적재보고서에 수입면장
을 첨부하여 조선세관에 제출한다.

둘째, 조선으로부터 중국으로 수출되는 화물

1. 조선 수출 수속

1) 화물이 도착하면 열차번호, 화차번호, 품명, 수량, 하주명을 기재한 수출화물적재보고서를 조선세관에 제출한다.

2) 출발역으로부터 송치된 의뢰장 및 세관송장에 의거하여 수출신고서를 작성하고 이를 세관에 제출하여 화물의 검사를 받으며, 검사를 마치면 납세고지서를 교부받아 세관금고에 세금을 납부한다. 납세완료통지서를 세관에 제출하고 수출면장 아래 첨부한다. 단 조선내 세관 소재지역을 출발하는 화물에 대해서는 발송인이 수출수속을 진행하며, 출발역으로부터 화물과 함께 수출면장이 송부되어 오면 여기에 도착월일을 기입하여 조선세관에 제출하고 화물의 검사를 받는다.

2. 중국 수입 수속

1) 화물 도착 시 열차번호, 화차번호, 품명, 수량, 하주명 등을 기재한 적재목록에 화물운송통지서의 부본을 첨부하여 안동해관에 제출한다.

2) 출발역으로부터 송치된 의뢰장 및 세관송장에 따라 수입신고서를 작성하여 해관에 제출하고 화물의 검사를 받는다. 검사가 완료되면 海關驗單(납세고지서)을 교부받아 해관금고에 세금을 납부한다. 납세가 완료되면 도장을 받아 이를 다시 해관에 제출하여 수입면장의 아래 첨부한다.[37]

---

37) 關東都督府民政府, 『滿蒙經濟事情』11號, 滿洲日日新聞社, 1917.7.10, pp.293-297.

3. 3선연락운임제와 물류 유통의 변화

앞에서 언급한 바와 같이, 1911년 10월 안봉선 표준궤 개축공사와 압록강철교 가설공사가 동시에 완공됨으로써 조선과 중국 동북지역 간 직통열차의 운행이 가능해져 교통운수상 새로운 전기가 마련되었다. 더욱이 1913년 5월 중일 간에 〈朝鮮國境通過鐵道貨物關稅輕減取極〉이 체결됨으로써 국경통과화물에 대해 수출입세의 3분의 1을 경감하는 조치가 실현되어 안동, 신의주를 경유하는 철도화물의 운송비가 크게 절감되었다. 이와함께 1911년 11월 〈국경열차 직통 운행에 관한 일청협약〉이 체결되어 통관의 간소화가 실현됨으로써 새로운 유통망이 출현하고 이를 통해 물류 유통이 크게 발전하였다.

더욱이 일본은 새로운 유통망을 활성화하고 이를 통해 자국상품의 수출을 보다 확대하기 위해 일본철도원(일본내 철도), 조선철도, 안봉철도를 경유하는 3선연락화물에 대해 약 30%의 특별 할인운임을 적용하기로 방침을 정하고, 마침내 1914년 5월 1일부터 이를 실행에 옮겼다. 3선연락운임제의 핵심적인 내용은 안봉선 철도를 통과하는 화물 가운데 면사, 면포, 기타 면제품, 한국쌀, 마대, 모자, 맥주, 염간어, 생과, 곤포, 도자기, 燈製品 등 12개 품목에 대해 특별할인요금제를 실시하는 것이다. 이는 경부선, 경의선 철도를 통해 화물을 흡수함으로써 한국철도의 경영을 개선하는 동시에, 안봉철도를 경유하는 유통루트로 하여금 운송거리와 시간, 비용 등에서 우위를 확보하도록 함으로써 이를 통해 면사포 등 주요 상품을 흡수하려는 일본의 정책적 의도를 강하게 반영하고 있다.

안봉철도를 통한 상품의 수출은 기존 해운을 통한 大阪−대련−봉천 루트의 물류 유통으로부터 육운(철도)을 통한 경부선, 경의선, 안봉철도−봉천 루트로 물류의 일정 부분을 분담시키는 의미를 가지고 있었다. 물류 유통의 변화는 당연히 기존 유통망과 관련된 수많은 공상업자들의 이해와 충돌할 수밖에 없었다. 조선철도−안봉철도를 통해 수출되는 화물에 대해 3분의 1에 해당하는 관세를 경감하는 조치로 말미암아 이미 육로를 통한 운송비용은 대련 경유와 비교하여 상당히 유리한 입장에 있었다. 만일 관세의 경감 조치에 더하여 3선연락운임제가 실시된다면 이와같은 경향은 더욱 심화될 것이다. 3선연락운임제가 실시될 경우 대련 경유 봉천행과 안동 경유 봉천행의 물류 운송비용을 비교해 보면 다음과 같다.

大阪발 대련 경유와 안동 경유의 물류 운송비용 비교

(粗布 1梱(=20反))[38]

유통로	大阪발 대련 경유 봉천 도착	大阪발 안동 경유 봉천 도착
비용 내역	大阪-대련 간 선박운임 70전 선적비용 및 보험료 31전 대련세관 수입세 3円 48전 봉천까지의 철도 운임 및 수수료 94전 운송 부대비용 16전	大阪-봉천 간 철도운임 2円 9전 운송 보험료 25전 안동세관 수입세 2円 32전 철도 발착 수수료 4전 운송 부대비용 6전
총비용	5円 59전	4円 76전

위의 표에서 알 수 있듯이 안동을 경유하는 육로 유통망이 대련 경유에 비해 면포 1梱의 운송비에서 83전이나 저렴하여 가격 경쟁력을 지니고 있었다. 이러한 이유에서 남만주철도주식회사를 비롯하여 기존 대련 경유 유통망과 관련된 상공업자들은 이와같은 정책이 실시될 경우 대련시장의 존폐에 심각한 위협이 될 것이라며 반대의 뜻을 분명히 하였다. 이들은 관세 경감 조치 이후 이미 대련으로부터 안동으로 물류의 유통이 변화하고 있으며, 이로 인해 대련의 무역시장은 심각한 타격을 받고 있다고 불만을 토로하였다.[39]

기존 대련-봉천 간의 물류 운송을 담당해 온 남만주철도주식회사도 이와같은 정책이 실시될 경우 자사의 손실이 매년 300-400만 엔에 달할 것이라 호소하며, 남만주철도를 통한 물류의 운송도 운임의 할인 혜택을 공유할 수 있도록 일본정부에 요청하였다. 남만주철도주식회사는 3선연락운임제가 실시될 경우 안봉선 통과 화물이 격증하게 될 것이며, 이러할 경우 수년래 순조롭게 발전을 지속해 온 대련 무역시장에 큰 타격이 될 것이라 주장하였다. 이러한 변화는 세계적인 항만시설을 갖

---

38) 「安奉線減賃問題」, 『滿州日日新聞』, 1914.3.10.
39) 「安奉線と運賃」, 『大阪朝日新聞』, 1914.3.9.

추고 대규모 화물보관창고를 보유한 대련의 상세(商勢)를 크게 위축시키게 될 것이며, 종래 대련에 물자를 비축한 이후 연안무역선에 의해 산동이나 천진, 상해 등으로 재수출해 왔던 대련의 상업적 기능을 약화시키고, 나아가 종래 대련을 중심으로 구축되어 온 일본의 상업체계를 파괴하여 일만무역의 발전을 크게 저해할 것이라 주장하였다. 이러한 인식에서 대련의 상공업자들은 대련실업회 명의로 일본정부에 3선연락운임제의 반대와 폐지의 의견을 전달하였다.[40]

남만주철도주식회사도 다음의 이유를 들어 3선연락운임제에 반대의 뜻을 분명히하였다. 즉 "첫째, 이러한 정책은 일본제품의 운임을 저렴하게 하고 외국제품의 운임을 높게할 것이기 때문에 기회균등에 어긋난다는 이유로 각국의 항의에 직면할까 두렵다.[41] 둘째, 대련의 쇠퇴를 초래할 뿐만 아니라 만철의 수입을 크게 감소시킬 것이다. 남만주철도주식회사가 대련항에 대대적으로 설비를 갖추고 이미 수천만 원에 달하는 막대한 투자가 이루어진 현실에서....이들 화물이 조선 경유로 전환되는 곤란한 점이 있다."[42]

그러나 중국 동북지역에 대한 면제품의 수출에서 큰 비중을 차지하고 있던 三井, 大倉日本棉花, 湯淺, 岡橋, 共益社 및 光明洋行 등으로 구성된 면사포만주수출조합은 3선연락운임제의 실시에 적극 찬성의 뜻을 표명하였다.[43] 더욱이 조선총독부 및 조선철도 관계자들은 대련 상공업자들의 반대는 상인의 이해에 불과한 것으로서, 안봉선 철도의 운임 할인문제는 만주에 면사포를 수출하는 해당업자들의 의견을 존중

40) 「安奉線減賃と滿鉄の受くる不利」, 『滿州日日新聞』, 1914.3.28.
41) 河合治三郎, 『私の鐵道生活』, 二水閣, 1936, p.295.
42) 河合治三郎, 『私の鐵道生活』, 二水閣, 1936, p.297.
43) 「安奉線割引疑義」, 『時事新報』, 1915.2.27.

해야 한다고 주장하여, 운임 할인정책을 적극 지지하였다.[44]

더욱이 봉천의 상공업자들 역시 "만철이나 대련 방면의 반대는 한 지방, 한 회사의 이해와 관계되는 문제이지만, 현재 봉천 등에서는 안봉선 운임을 경감하는 방안에 찬성하고 있으며"[45], "3선연락운임제는 우리나라의 생산품을 가급적 저렴하게 조선, 만주 및 화북지방에 분배하여 우리의 경제 세력을 부식하는데 그 목적이 있다"[46]라고 하여, 이와같은 정책에 찬성의 입장을 표명하였다.

|도표 55| 대련항

안봉철도에 부여한 혜택을 남만주철도에도 동일하게 적용해야 한다는 주장에 대해서 조선철도국은 "대련-봉천 간의 거리는 248리, 안동-봉천 간의 거리는 170리이다. 상이한 거리에도 불구하고 안봉선 운

44) 「安奉減賃問題」, 『滿州日日新聞』, 1914.3.12.
45) 河合治三郞, 『私の鐵道生活』, 二水閣, 1936, p.298.
46) 河合治三郞, 『私の鐵道生活』, 二水閣, 1936, p.301.

임을 대련선과 동일하게 한다면 반대로 안봉선 철도가 대련 경유에 비해 약 3분의 1 정도 높은 운임을 지불하게 되는 셈이 된다. 남만주철도주식회사의 주장은 대련으로 물자를 흡수하기 위한 목적에서 나온 것이며, 이러한 주장이 받아들여진다면 조선철도를 통한 화물의 정상적인 운송은 불가능하게 될 것이다"[47]라고 주장하였다.

이와같은 상반된 이해관계 속에서 마침내 일본정부와 일본철도원은 1914년 5월부터 3선연락운임제를 실시하기로 결정하였다. 안봉철도를 통한 직통화물에 대해 관세의 경감 조치와 더불어 3선연락운임제를 실시한 이후 일본철도원-조선철도-안봉철도-봉천의 유통망은 크게 발전하였다. 실제로 대련방면의 상공업자와 남만주철도주식회사가 우려한 바와 마찬가지로 대련방면의 유통 감소가 현실화된 것이다. 이러한 사실은 중국 동북지역에 대한 대련과 안동 양 지역을 통한 면제품 수입량의 변화를 통해 잘 살펴볼 수 있다.

|도표 56| 대련과 안동의 면제품 수입량 비교(1910-1914)[48]

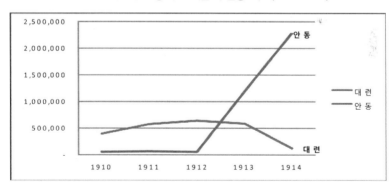

47) 河合治三郎, 『私の鐵道生活』, 二水閣, 1936, p.286.
48) 「安奉線割引疑義」, 『時事新報』, 1915.2.27의 안동, 대련 면포수입액의 수치로부터 작성.

그러면 일본정부는 어떠한 이유로 상이한 이해관계 속에서 안봉철도 경유 루트의 관세 경감과 3선연락운임제의 실시를 결정하고, 이를 통해 새로운 유통망의 구축을 추진하였을까? 먼저 위의 그래프를 살펴보면, 만주에 대한 일본의 대표적인 수출품인 면제품의 유통루트가 관세 경감과 3선연락운임제의 실시 이후 기존의 대련루트로부터 안동루트로 크게 변화하고 있음을 알 수 있다. 그런데 주목할 점은 1910년과 비교하여 1914년 일본의 수입 면제품의 총량이 급격히 증가하였다는 사실이다. 다시 말해, 관세 경감이나 3선연락운임제의 실시는 단순히 대련과 안동 간 상공업자의 이해 충돌에 국한된 문제가 아니라, 후발자본주의 국가인 일본의 산업 진흥 및 수출의 증진이라는 보다 근본적인 문제와 불가분의 관계를 가지고 있었던 것이다.

관세 경감 조치와 3선연락운임제가 중국 동북시장에서 일본의 수출 증대와 시장 확장에 기여한 점은 1914년도와 실시 이후인 1921년도의 시장 상황을 비교해 보면 명확하게 드러난다. 1914년 4월 일본의 언론은 수출의 증가와 시장의 확대를 위해 3선연락운임제를 실시해야 한다고 주장하며, "만주시장의 수입품 중 수위를 차지하는 면포류의 대부분은 외국제품으로서 일본제품은 겨우 3분의 1을 차지하는데 불과하다. 이들 외국제품을 만주시장으로부터 구축하기 위해서는 일본제품의 수출 무역을 장려해야 하며, 이를 위해 운송비를 절감하는데 전력을 기울여야 한다"[49]고 주장하였다.

이미 언급했듯이 대련의 상공업자나 남만주철도주식회사는 남만주철도를 통한 화물의 운송에도 안봉철도와 마찬가지로 운임상의 혜택을 부여해 주도록 요구하였으나, 일본정부는 이를 수용하지 않았다. 왜냐

49) 「安奉線運賃減率問題」, 『滿州日日新聞』, 1914.4.12.

하면, 대련항으로 수입되는 제품에는 일본제품이나 기타 외국제품을 불문하고 동액의 관세가 적용되었을 뿐만 아니라, 남만주철도의 운송비를 인하할 경우 그 혜택은 모든 수입품에 동등하게 돌아갈 것이므로, 일본의 수출 증대와 직접적인 관계는 없는 것이다. 반면 안봉철도를 통해 만주로 수입되는 제품은 조선이 일본의 식민지가 된 이상 모두 일본제품일 수밖에 없었다. 만일 외국제품이 관세 경감이나 철도운임의 할인 혜택을 공유하고자 안봉철도를 경유하기 위해서는 먼저 일본이나 조선에 수입관세를 지불하지 않으면 안되므로 사실상 불가능한 일이었던 것이다.

1920년대 초 중국 동북시장으로 수입되는 면포의 수량을 살펴보면 일본면포가 총 수입량의 무려 56%를 차지하여, 총 수입량의 3분의 1을 차지하고 있던 1914년에 비해 크게 신장되었음을 알 수 있다. 아래의 표를 살펴보면, 이와같은 증가의 대부분이 바로 안동을 경유하여 수입된 것임을 잘 알 수 있다. 안동 경유가 절대적인 비중을 차지하게 된 이유는 바로 앞서 언급한 안봉철도의 개통과 압록강철교의 가설, 국경통과 열차화물의 관세 경감 조치와 3선연락운임제의 실시에서 찾을 수 있다. 이와같이 일본은 안봉철도의 개통을 계기로 형성된 신유통망을 통해 중국 동북지역을 주요 수출시장으로 확보하였으며, 다음의 표는 이러한 상황을 잘 보여주고 있다.

|도표 57| 1921년도 만주로 수입된 일본 및 중국, 기타 외국면포(항구별)

(단위:疋)[50]

국별	항구별	粗布	細綾	細布	太綾	大尺布	雜	합계
일본 면포	안동 경유	21,785	15,477	6,575	8,214	29,443	10,671	92,145
	대련 경유	7,828	7,828	2,409	4,237	5,428	8,797	38,209
	영구 경유	2,428	2,227	982	1,993	592	399	8,621
	소계	33,703	25,532	9,966	14,444	35,463	19,867	138,975
중국 및 외국 면포	대련 경유	4,184	238	418	62	5,443	2,862	13,207
	영구 경유	15,194	7,609	1,208	4,267	65,840	257	94,375
	소계	19,378	7,847	1,626	4,329	71,283	3,119	107,582
총계		53,081	33,378	11,592	18,773	106,746	22,986	246,557

　일본의 여론도 "관세와 함께 면사포 등 12종 상품에 대해 3선연락운
임제를 실시한 것은 일본제품의 판로를 만주로 확장하여 외국제품을
구축하기 위한 목적에서 비롯된 것이다. 가격 경쟁력을 통해 외국제품
을 만주로부터 구축해야 하며, 가격 경쟁력을 제고하기 위해서는 무엇
보다도 저렴한 운임이 불가결하다[51]라고 보도하였다.

　더욱이 안봉철도의 완성과 '일만선' 철도의 연결은 정치, 군사적으로
도 매우 중요한 의미를 가지고 있었다. 일찍이 한일강제병합 이전에 서
울에서 총영사로 근무한 미국의 새먼즈는 한반도철도와 만주철도의 연
결이 내포하는 의미에 대해 "압록강철교의 경제적 가치 외에 안동—봉
천선이 부설되면 부산에서 북만주, 시베리아 그리고 중국철도와 연결
됨으로써 일본은 중국에서 긴급사태가 발발할 경우 단숨에 중국 내륙

---

50)　小川透,『滿洲に於ける紡績業』, 南滿洲鐵道株式會社 庶務部 調査課, 1923.10, p.8.
51)　河合治三郎,『私の鐵道生活』, 二水閣, 1936, p.291.

지방까지 군대를 수송할 수 있는 능력을 확보하게 된다"[52]는 점을 지적하였다.

새로운 교통운수망은 정치, 군사적 불안정 등 유사시 일본의 이익을 안정적으로 보위할 수 있는 중요한 물류 유통망이었다. 일본은 "안봉철도가 완성되고 국제철도와의 연계체계가 완성되면 군사적 혹은 중일무역의 견지에서 크게 활용될 수 있을 것이다......우리 대륙정책은 이 유통망을 통해 북진할 수 있다"[53]고 인식하였다.

일본철도원도 "일본이 만몽경영의 의도를 포기하지 않는 한 조선철도를 일개 지방의 철도로 보아서는 안되며 만몽대철도의 연장선상으로 이해해야 한다. 따라서 평상시 철도망을 구축해 두는 일이 매우 긴요하다. 유사시 대마도해협이 가로막히더라도 만몽지방으로의 운송에 하등의 지장이 없도록 대비해야 한다"[54]라고 하여, 이와같은 정책을 경제적, 정치, 군사적 목적 하에서 장기적으로 추진해야 할 과제로 명확히 인식하고 있었음을 알 수 있다.

결론

안봉철도는 최초 러일전쟁기간 동안 일본의 군략적 목적에 따라 부설되었으나, 종전 후 후발자본주의 국가인 일본의 상품 수출과 시장의 확대를 위한 상략적 기능을 제고하는 일이 시급한 과제로 대두되었다. 이러한 이유에서 안봉철도의 부설과 개축은 교통운수상의 기능과 구간적 편의성뿐만 아니라, 일본과 한국, 중국 동북지역, 나아가 유럽으로

---

52) 구대열, 『한국 국제관계사 연구1』, 역사비평사, 2003, p.169.
53) 「運賃問題と鮮鉄」, 『満州日日新聞』, 1916.4.1.
54) 「直通運賃問題」, 『大阪朝日新聞』, 1915.2.13.

이어지는 간선철도로서의 역할을 적극 지향하였으며, 나아가 각 지역을 상호 연계하는 새로운 유통망의 형성을 위한 기틀을 마련하였다고 볼 수 있다.

새로운 유통망의 형성은 비단 철도의 개통을 통한 교통운수상의 조건뿐만 아니라 이를 활성화하기 위한 종합적인 물류의 유통체계를 필요로 하였으며, 이를 위해 일본제국주의는 정책적 수단을 적극 강구하였다. 그 대표적인 정책이 바로 안봉철도 개축과 동시에 완공된 압록강철교의 가설을 비롯하여, 안봉철도를 통한 국경통과화물에 대한 관세경감 조치, 그리고 大阪-일본철도원-조선철도-안봉철도-봉천으로 운송되는 화물에 대한 3선연락운임제의 실시였다.

새로운 유통망의 출현은 해로를 통한 기존의 루트로부터 안봉철도를 통한 육운으로 일정 정도 물류 유통을 분담하는 의미를 가지고 있었다. 따라서 당연히 기존 물류유통망에 대한 다소간의 충격이 불가피하였으며, 이러한 이유에서 대련의 상공업자와 남만주철도주식회사는 불만과 반대의 입장을 표명하였던 것이다.

만철 및 대련방면의 반대와 조선철도국, 봉천방면의 지지가 충돌하는 상황에서 일본정부는 다양한 정책적 수단을 동원하여 신유통망의 형성과 활성화를 결정함으로써 후자의 손을 들어 주었다. 이러한 사실은 일본정부가 일본경제의 수출 증진 및 시장의 확대를 위해 물류 유통의 안정성을 확보하는 일이 매우 중요하다고 인식하였음을 말해주는 것이다. 이러한 근저에는 중국 동북지역을 둘러싸고 오랜 기간 동안 치열한 시장경쟁을 전개해왔던 러시아에 대한 견제가 자리하고 있었으며, 더욱이 육로를 통한 새로운 유통망의 출현은 유사시 정치, 군사적 효용까지 기대할 수 있었다.

주목할 점은 바로 이와 같은 정책이 중국 동북시장에 미친 영향이라고 할 수 있다. 관세 경감과 3선연락운임제 등이 실시된 1913년, 1914년을 기점으로 중국 동북지역에 대한 일본의 주요 상품의 수출이 급증한 것이다. 총 수출액의 급증은 이와같은 정책적 효과를 여실히 보여주는 것이며, 이러한 결과 일본은 중국 동북지역을 안정적인 수출시장으로 확보할 수 있었다.

6

철도를 통해 중국을 지배한다

— 열강의 중국철도 공동관리안과 북경군벌정부 :
川漢鐵道 (1920)

서론

청일전쟁 이후 중국철도의 발전은 중국공업의 발전으로 인한 운송의 필요로부터 출현한 것이 아니라 열강이 중국을 분할한 결과로서 나타난 것이다. 마관조약은 최혜국조약에 의거하여 설창권과 함께 철도 부설권, 조차권을 열강에 부여하였으며, 철도와 광산의 투자로 말미암아 재중국 외국자본의 추세가 고정성의 투자로 향하였으며, 철도 부설권에 의한 지역 분할은 열강에 대한 중국의 종속성과 반식민지성을 심화시켰다.[1]

주지하다시피 열강으로부터 철도 부설권과 경영권을 회수하기 위한 보로운동은 신해혁명이 성공할 수 있는 기반이 되었으며, 열강의 세력 확대에 대한 중국민중의 저항이라고 할 수 있다. 그러나 신해혁명을 성공적으로 이끈 손문조차도 외채를 도입하여 철도의 국유화를 다시 추진하지 않을 수 없었다. 이와 같이 중국철도의 낙후성은 열강이 외채를 통해 철도 부설권과 경영권을 확보할 수 있는 토대였던 것이다.

여기에서는 중국철도를 둘러싼 열강 간의 세력관계 속에서 중국철도의 국제공동관리안이 제기된 배경과 그 성격을 규명해 보고자 한다.[2] 특히 청일전쟁 이후 철도를 부설하는 과정에서 외채의 도입과 민족자본에 의한 철도 부설권의 회수, 그리고 철도의 발전과 현실적인 낙후성이라는 모순된 상황이 이 문제와 어떠한 연관성을 갖는지 살펴보려 한

---

1) 김지환역, 『구중국 안의 제국주의 투자』, 고려원, 1992, pp.47-48.
2) 북경군벌정부 시기의 중국철도 공동관리론에 대해서는 기존의 철도 관련 사료집 및 연구서에서 부분적으로 언급하고 있다. 宓汝成, 『中華民國鐵路史資料』, 社會科學文獻出版社, 2002.9; 宓汝成, 『近代中國鐵路史資料』上·中·下, 台北文藝出版社, 1977; 金士宣, 『中國鐵路發展史』, 中國鐵道出版社, 1986.11; 李占才, 『中國鐵路史』, 汕頭大學出版社, 1984.6 참조.

다. 이와 함께 영미에 의해 제기된 철도의 공동관리안에 대한 일본의 인식 및 대응, 그리고 일본과 구미 사이의 외교적 갈등관계가 어떻게 전개되었는지 살펴보고자 한다. 나아가 이 문제에 대한 북경군벌정부 내부의 정책적 차이가 열강 간의 갈등 및 대립과 상호 어떠한 관련을 갖는지도 살펴볼 것이다.

1. 열강의 중국철도 분할과 사천보로운동

청일전쟁이 중국에 미친 충격은 실로 막대하여 중화민족의 멸망을 구제해야 한다는 '救亡圖存'의 구호가 절실한 민족적 과제가 되었으며, 마관조약을 통해 열강에 설창권과 철도부설권을 부여함으로써 중국 사회를 반봉건, 반식민지로 전락시키는 주요한 계기가 되었다. 더욱이 수천 년 동안 동아시아의 국제정치 질서를 규정해 왔던 중화주의를 근본적으로 동요시켰으며, 이러한 결과 순망치한의 선린인 조선에 대한 통제권을 후발자본주의 국가인 일본에 넘겨주지 않을 수 없었다. 국내적으로는 양무운동의 전면적 실패와 변법운동의 흥기를 가져옴으로써 개혁에 대한 중국인의 열망을 고조시켰을 뿐만 아니라 동맹회 등에 의한 반청운동에 불을 붙히는 계기가 되었다. 이와같은 반청운동에 직면하여 청조는 정치, 경제적 개혁을 골자로 하는 신정을 실시함으로써 왕조의 계속성을 도모하였다. 그러나 소수 만주족정권으로는 더 이상 열강의 침략에 효율적으로 대응할 수 없다는 국민적 공감대가 형성되었으며, 이는 결국 공화국의 수립을 기치로 하는 신해혁명의 발발과 청조의 멸망으로 이어지게 되었다. 특히 열강의 철도 부설권 확대에 대한 중국 민중의 保路運動은 신해혁명을 촉발시킨 주요한 도화선이 되었다는 점에서 철도는 청조의 몰락과 공화국의 수립 과정에서 매우 중요한 의미를 가지고 있다고 할 수 있겠다.

청일전쟁 이후 열강은 중국에서 철도 부설권을 획득하기 위한 경쟁에 본격적으로 돌입하였다. 러시아는 프랑스, 독일과 함께 삼국간섭을 주도함으로써 요동반도를 일본으로부터 회수하는데 결정적인 역할을 수행하였으며, 이를 통해 만주지역을 관통하는 동청철도의 부설권을 획득하고, 철도의 관리와 경영에 대한 권리를 바탕으로 만주에서 배타적인 세력권을 확대해 나갔다.[3] 동청철도는 러시아의 극동전략에서 매우 중요한 의미를 가지고 있었으며, 더욱이 만주에서 일본의 세력 확장을 견제하는 의미를 가지고 있었다. 러시아의 동청철도 부설권 획득은 열강이 중국철도를 두고 본격적으로 경쟁에 돌입하는 계기가 되었다.

프랑스는 청프전쟁의 결과로 체결된 1885년의 천진조약에서 이미 중국 남부지역에 대한 이권과 철도 부설권을 확보하였으며, 더욱이 1895년에는 운남, 광동, 광서 등 각지에서 광산 채굴권과 안남으로부터 중국 내지에 이르는 철도 부설권을 보장받았다. 이에 근거하여 다음해에는 중국정부와 광서-용주 간의 철도 부설 계약을 체결하였으며, 이후 다시 용주-남녕, 용주-백색, 안남-운남철도 구간의 부설권도 획득하였다.[4]

청일전쟁 이후 삼국간섭에 참여했던 독일은 1897년 산동성 곤주현에서 두 명의 독일선교사가 살해된 사건을 빌미로 교주만을 점령하고 이곳에 조차권을 강요하였다. 이와 함께 이 지역의 철도 및 광산에 대한 이권을 획득하여 중국에서의 근거지를 마련하였다. 독일은 〈독청교

---

3) 이에 대한 상세한 내용은 김지환, 「제정 러시아의 제국주의와 東方政策의 역사적 고찰: 東淸鐵道를 둘러싼 중러관계의 변화를 중심으로」, 『中國學報』50輯, 2004.12 참조.
4) 石川順, 『支那の鐵道』, 鐵道生活社, 1928, p.14.

233

주만조약)을 체결하여 교주만으로부터 유현, 청주, 박산, 치천, 추평 등을 거쳐 제남에 이르는 산동철도 부설권을 획득하였으며, 이와 함께 석탄의 채굴권과 기업 운영권을 획득하였다. 이어서 1904년에는 청도 -제남 간의 노선 및 장점-박산 사이의 철도 지선을 부설하였다.

한편 영국은 독일의 세력 확장을 견제하기 위해 영미신디게이트를 조직하여 550만 원의 차관계약을 체결하여 진포철도를 부설하고, 이를 통해 철도 연선지역에 대한 이익을 독점하고자 하였다. 그러나 독일은 산동에서의 배타적 지배권을 주장하면서 이 노선이 산동을 통과하는 것에 반대하였다. 결국 1899년 영국은 산동에서 독일의 배타적 지위를 인정한 위에서 영국과 독일이 공동으로 차관계약을 체결하도록 조항을 개정하였다. 이러한 결과 천진으로부터 산동, 남경에 이르는 전 노선 가운데 3분의 2를 독일이, 나머지 3분의 1을 영국이 부설하기로 합의하였다.[5] 이밖에도 영국은 천진-진강 노선, 산서-하남 노선, 구룡-광동 노선, 포구-신양 노선, 소주-항주 노선 등 총 다섯 노선의 철도 부설권을 획득하였다. 1899년 철도 부설을 둘러싸고 영국과 러시아 사이에 이해가 충돌하자, 상호 협상 결과 만주에서 러시아의 권익 및 장강 유역에서 영국의 권익을 상호 승인하기로 합의하였다.

일본은 러일전쟁 이후 남만주철도 부설권을 획득하였으며, 곧이어 길장철도의 부설권도 획득하였다. 이러한 결과 러시아가 북만주철도를, 일본이 남만주철도를 장악함으로써 만주에서의 세력권을 양분하였다.

미국의 경우, 기타 열강에 비해 늦은 1899년 국무장관 존 헤이가 영국, 러시아, 프랑스, 독일, 이탈리아 등에 대해 '기회 균등, 문호 개방'에 관한 선언을 발표하면서 본격적으로 중국철도 부설권을 획득하기 위한

5) 石川順, 『支那の鐵道』, 鐵道生活社, 1928, p.18.

경쟁에 뛰어들었으며, 경한철도와 월한철도의 부설권을 주장하였다. 1898년 미국은 주미 중국공사 오정방과 중국에 대한 투자기관으로서 中美啓興公司를 설립하기로 계약을 체결하였다. 이후 이 회사의 주도 하에 월한철도 계약을 성립시키고, 다음해 철도의 부설을 위한 실측까지 마쳤다.

|도표 58| 제국주의 열강의 세력권으로 나눠진 중국

철도 부설권 이외에도 열강은 차관을 공여하는 방식으로 중국철도에 대한 지배권을 강화해 나갔다. 이미 1902년까지 열강이 중국에 공여한

철도차관은 총 4,800여만 달러였고, 1903-1914년에는 무려 2억 500만 달러에 달하였으며, 1915년 이후에는 총 2억 6,600만 달러에 달하였다.[6]

|도표 59| 중국철도의 자본별 구성 비율 (1923년)[7]

자본별	총 연장(里)						출자액(日本円)	비율(%)
	기설	비율	미설	비율	합계	비율		
중국자본	846	12.3	236	12.4	1082	6.5	89,358,926	7.7
외국자본	6023	87.7	8580	87.6	15603	93.5	1,058,742,525	92.3
합계	6869	100	8816	100	16685	100	1,148,101,451	100

철도를 통한 열강의 세력 확대와 이에 따른 이권의 유출이 심화되자 중국관민들 사이에서는 열강으로부터 철도의 이권을 회수해야 한다는 주장이 비등하였다. 진천화는 「警世鐘(세상을 일깨우는 종소리)」이라는 문장을 발표하여 열강에 철도 권익을 매도하는 청조를 맹렬히 비난하였다.[8] 이와같이 중국관민들은 열강으로부터 철도의 부설권과 경영권을 회수함으로써 중국의 자주, 독립을 달성하는 것이야말로 근대화의 요체라고 인식하게 되었다.

청일전쟁 이후 청조에 철도를 시급히 부설해야 한다고 건의한 대표적인 인물이 바로 이홍장의 외교고문인 미국인 포스터(John W. Foster)였다. 그에 따르면 중국의 가장 시급한 현안은 군대를 서양식으로 편제하여 훈련시키는 것이고, 그 다음이 바로 철도를 부설하는 일이라 역설하였다. 더욱이 1895년 5월 2일, 강유위 등 603명은 조정에 公車上書를 올려 철도를 부설해야 한다는 뜻을 상주하였다.

6) 김지환역, 『구중국 안의 제국주의 투자』, 고려원, 1992, p.49.
7) 日本外務省理財局國庫課, 『支那鐵道國際管理問題參考資料』3卷, 1919.3, p.27.
8) 中國史學會, 『辛亥革命』, 人民出版社, 2000, p.125.

이와 같은 요구에 부응하여 1895년 청조는 상해에 중국철로총공사를 설립하고 성선회를 철로대신으로 임명하여 전국의 철도 관련 업무를 총괄하도록 하였다. 그리하여 청일전쟁 이후 진노철도, 노한철도, 호녕철도, 변락철도, 월한철도 등을 부설하였으며, 1903년에는 경장철도(북경-장가구)를 부설하였다. 이와같이 1895년 이후 철도 부설은 청조의 핵심적인 사업이 되었다.

이와함께 1903년 청조는 상부(商部)를 설립하는 동시에 철도의 발전을 위해 〈철로간명장정〉 24조를 반포하였다. 장정의 주요한 내용은 철도의 경영을 희망하는 자가 주식을 모집하여 철도공사를 설립할 수 있도록 하는 것이다. 정부로부터 철도 경영을 허가받은 자는 6개월 이내에 철도의 부설에 착공해야 하며, 50만 량 이상의 자금을 모집해야 한다고 규정하였다. 이를 통해 예정 철도 노선의 부설을 완료할 경우 상부가 정한 12등급의 장려정책에 따라 이를 포상하도록 하였다.[9] 뿐만 아니라 〈철로간명장정〉은 철도를 차관의 담보로 제공하는 행위를 금지함으로써 철도 이권의 유출을 방지하였다. 이러한 정책은 명확히 철도의 부설에 중국민간의 자본을 흡수하여 열강의 철도 부설권을 회수하기 위한 목적임을 알 수 있다.

이와같은 분위기 속에서 1906년에 조산철도가 중국의 자본을 모집하여 부설된 것을 계기로 철도의 이권회수열이 발흥되었다. 이에 일찍이 미국에 부여한 월한철도의 부설권을 회수하여 3개 성의 자영으로 한 것을 비롯하여 도청철도, 월한철도의 三水支線 및 진포철도, 경한철도의 부설권 및 경영권 등을 회수하였다. 이와 동시에 중국이 스스로의 역량을 통해 철도를 부설하자는 철도자판운동이 흥기하여, 안휘성

---

9) 必汝成著, 依田憙家譯, 『帝國主義と中國の鐵道』, 龍溪書舍, 1987.10, p.171.

에서는 안휘철도, 산서성에서는 동포철도, 절강성에서는 절강철도, 광동성에서는 신령철도, 복건성에서는 장하철도, 광서성에서는 계전철도의 부설 계획을 수립하면서 기세를 떨쳤다.[10]

그러나 이와 같은 열기에도 불구하고 1906년에 준공된 潮汕鐵道와 1909년에 완성된 경장철도를 제외하고는 당초의 목표대로 완성된 철도가 하나도 없었다. 무엇보다도 자금이 부족하여 공사에 착공조차 못하는 경우가 허다하였다. 수많은 철도공사들은 중앙정부의 배경이나 보증없이 오로지 그 지역 출신들로만 발기인을 구성하였으며, 이러한 결과 민간자본의 자발적인 호응이 매우 적어 무엇보다도 자본 조달에 큰 어려움을 겪었다.[11] 각 철도의 민간주는 浙路, 蘇路, 川路, 粵路의 경우 수백만 량에 달했을 뿐 나머지 철도공사는 모두 수십만 량을 모으는데 불과하였다.

1903년 청조가 〈철로간명장정〉 24조를 반포한 이후 1904년 1월 최초로 설립된 국영철도공사가 바로 천한철로공사였다. 공사가 제정한 〈川漢鐵路公司續訂章程〉의 규정을 살펴보면 오직 중국인의 자금만을 모집하여 충당하며 서양인의 자금은 거부한다고 명시함으로써 민족주의적 색채를 강하게 표방하고 있다. 그런데 문제는 막대한 철도 부설 자금을 어떻게 조달할 것인가였다. 장정에서 외국인의 투자를 불허하였기 때문에 자연히 필요한 자금을 사천성 내에서 자체적으로 조달하지 않으면 안되었다. 더욱이 사천에서는 민족자본에 의한 산업의 발전이 극히 미약하여 이들의 역량을 철도 부설을 위해 동원하기도 역부족이었다. 이미 철도공사가 창립되었음에도 불구하고 1904년까지 자금이 모아지지 않자 사천 출신의 재일유학생을 중심으로 300명은 일본 동경

10) 小島憲市, 『支那鐵道槪論』, 中日文化協會, 1927, p.31.
11) 小島憲市, 『支那鐵道槪論』, 中日文化協會, 1927, p.30.

에서 이 문제를 해결하기 위한 대책을 논의하였다. 회의 결과 사천성의 모든 주와 현을 조세의 다과에 따라 상, 중, 하로 나누어 철도 부설에 필요한 자금을 국가권력에 의해 강제 할당하자는 쪽으로 의견이 모아졌다.[12]

자금의 모집은 자경농과 전호를 불문하고 收租가 10石 이상일 경우 實收에서 3%를 징수하며, 10석 미만인 경우에는 징수를 면제하였다. 철도 주식은 한 주의 가격이 은 50량으로서 부유한 사람들은 혼자서도 여러 장을 매입할 수 있었지만, 빈한한 사람들은 여러 사람이 한 장의 주식을 공동으로 매입하는 경우도 많았다. 주식 대금을 납부할 때마다 영수증을 발부하고, 총액이 50량에 이르면 영수증을 철도 주식 한 장으로 교환해 주었다. 징수의 대상은 농촌의 각계 각층을 망라하였기 때문에, 빈한한 농민에게는 正稅 이외의 또 다른 부담이 아닐 수 없었다. 이들 농민으로부터 징수된 자금이 1908년과 1909년 두 해에 징수된 총액의 약 80%와 81%를 차지할 정도로 중요한 자금원이 되었다.[13] 사천성정부는 부설자금을 염출하기 위해 염부가세, 곡물세, 토지부가세, 양식부가세, 가옥부가세 등 무려 18종에 이르는 각종 잡세를 강제적으로 할당하여 부과하였다.[14]

이와 같이 농민으로부터 징수한 자금이 철도 부설 자금의 절대 다수를 차지하였음에도 불구하고, 공사의 실권은 정부가 장악하고 있는 모순이 노정되면서 사천성의 신사들은 공사의 민영화를 주장하였다. 이에 호응하여 마침내 1905년 7월 청조는 철도공사를 관상합판으로 경영하기로 결정하였으며, 이후 1907년 3월에 이르러 상판으로 개조하였

---

12) 戴執禮, 『四川保路運動史料』, 科學出版社, 1957, p.10.
13) 隗瀛濤, 『四川保路運動史』, 四川人民出版社, 1981, p.165.
14) 吾孫子豊, 『支那鐵道史』, 生活社, 1942, p.64.

다. 비록 철도공사의 경영에 대한 사천인들의 상판 요구가 어느 정도 관철되기는 하였지만, 철도 부설 자금의 조달이 곤란하자 여전히 조세라는 강제적 수단에 의지할 수밖에 없었다.[15]

자금의 강제적 할당에도 불구하고 천한철도를 비롯하여 이권회수운동의 대상이 된 지역에서 철도 부설을 위한 자금은 계획대로 모집되지 못하였으며, 이러한 이유에서 철도의 부설은 계속 지연되었다. 철도의 부설이 지연되자 청조는 외채를 차입하여 철도를 부설할 수밖에 없다고 여겨, 1908년 영국, 프랑스, 독일 등의 3개국과 철도차관의 문제를 논의하였다. 이러한 결과 마침내 1909년 6월에 550만 파운드의 차관을 도입하기로 합의하고, 이 가운데 250만 파운드를 천한철도를 부설하는 비용으로 사용하기로 결정하였다. 이후에 미국도 여기에 참가하여 4개국은행단을 조직하였다.

1911년 급사중 석장신은 전국 철도의 국유화를 주장하며, 이를 통해 철도자판운동으로 자금의 모집이 부진하여 부설이 지체되고 있던 사천 등의 철도를 조속히 부설해야 한다고 주장하였다. 이렇게 볼 때, 농민의 수중으로부터 모집된 자금만으로 운영되던 상판철도공사의 경영 부진이 국유화를 추진하도록 만든 주요한 원인이었음을 알 수 있다. 청조정부는 상판철도의 부설이 부진하자 외채를 도입하여 철도를 부설하기로 결정하고 이를 위한 선행조치로서 철도국유화를 단행하였던 것이다.

마침내 청조는 1911년 5월 9일 철도국유화의 칙령을 반포하였는데, 국유화의 과정에서 그 동안 각지 상판철도공사에 모집된 자금을 어떻게 처리할 것인가가 주요한 문제로 부각되었다. 특히 국유화의 직접적인 대상이었던 월한철도와 천한철도가 통과하는 광동성, 호북성, 호남

15) 「整理川漢鐵路公司」, 『四川辛亥革命史料』上, 四川人民出版社, 1982, pp.49-51.

성, 사천성 등 4개 성민들은 크게 반발하였다. 철도국유화가 선포되자 각지의 주주들은 격렬하게 반대의 의사를 표명하였다. 철도국유화의 소식이 사천성에 전해지자 주주들은 모임을 갖고 대책을 논의하였는데, 회의에서 동맹회 관계 인사들은 청조에 강력하게 투쟁할 것을 주창하였다.

청일전쟁 이후 제국주의가 중국을 침략하는 과정에서 여지없이 노정된 청조의 무능함과 매판성을 목도한 성민들은 철도의 이권회수운동 과정에서 자신들의 권익을 침해하는 정권에 큰 불만을 품었으며, 이는 결국 보로운동으로 비화되어 청조의 멸망으로 연결되고 말았다. 신해혁명의 도화선이 된 보로운동이 호북, 호남, 광동, 사천성 등 4개 성에서 진행되었지만, 가장 격렬한 지역은 역시 사천성이었다. 사천보로운동은 최초 경제적인 요인에 비중을 두고 전개되었으나 이후 경제문제가 점차 청조 타도의 반청투쟁으로 확대된 것이다.[16] 손문은 "만일 사천에서 보로운동이 없었다면 신해혁명은 1년 반이나 늦어졌을 것"[17]이라고 이를 높이 평가한 바 있다.

1911년 6월 16일, 주주 20여 명은 보로동지회를 결성하여 공개적으로 청조에 선전할 것을 결정하고 행동 방침을 설정하였다. 마침내 다음 날인 6월 17일 成都에서 정식으로 사천보로동지회가 결성되었는데, 여기에 사천성민들이 물밀듯이 몰려들어 북새통을 이루었다. 이후 이 열기는 사천 각지로 확산되어 9월 7일까지 64개 현에서 동지회 분회가 조직되었다.[18]

그럼에도 불구하고 청조는 8월 19일 여전히 공사의 자금으로 철도를

16) 郭沫若, 「反正前後」, 『辛亥革命』, 人民出版社, 1981, p.449.
17) 任卓宣, 「辛亥革命四川起義論」, 『四川文獻』168卷, 1978.9, pp.15-22.
18) 李新, 『中華民國史』, 中華書局, 1982, p.220.

계속 부설하도록 명령하였으며, 이에 보로동지회는 24일 긴급특별주주총회를 개최하고 청조에 강력히 항의하였다. 이와함께 오후 4시가 되자 사천의 상점들은 항의의 뜻으로 일제히 문을 닫았다. 분노한 사천성민들은 보로동지회를 중심으로 무장항거의 반청운동을 전개해 나갔다.

보로운동이 확산되자 9월 7일 청조는 군대를 철도공사에 보내 주모자들을 체포하여 감금하였다. 그러자 이 소식을 들은 군중들이 총독 관아로 몰려가 이들의 석방을 요구하자 이 과정에서 관병이 청원 군중에 발포하여 26명이 사망하였으니 이것이 바로 成都血案이다. 성도혈안을 계기로 보로운동은 본격적인 반청의 무장투쟁으로 발전하게 되어 9월 하순 민군의 수는 이미 10만 명을 넘어섰다. 이어 현 단위의 독립이 줄을 잇고, 나아가 사천성을 비롯한 전국 각 성이 독립을 선포하면서 청조는 스스로 퇴위를 선포하지 않을 수 없었으며, 결국 이천년에 걸친 황제지배체제가 몰락하고 공화정이 수립되게 된 것이다.

2. 일본의 팽창과 철도 공동관리안의 출현

신해혁명 이후 중국철도의 구상과 발전은 손문에 의해 주도되었다. 주목할 점은 신해혁명 이후 중국정부가 국유화와 외자 도입이라는 두 가지 원칙을 철도정책의 근간으로 확립하였다는 사실이다. 1912년 4월 1일, 손문은 "국내의 철도, 항운, 운하 및 기타 중요 사업을 모두 국유로 한다"[19]는 철도국유화에 관한 원칙을 천명하였다. 신해혁명의 주요한 동인 가운데 하나가 철도의 국유화에 반대하는 보로운동이었음에도 불구하고, 손문의 입장은 철도 부설에서 국가권력의 통일적 지도 및 통

---

19) 孫文, 『孫中山全集』二卷, 中華書局, 1982, p.332.

제를 지향하였음을 알 수 있다.

중국정부는 특별회계총처를 설립하여 전국의 철도를 통일화하기 위해 각국의 선례 및 규정을 참조하여 철도, 전신, 우편, 항업의 4정에 관한 특별회계법규를 편성하였다. 특히 철도의 통일에 역점을 두어 통일철로위원회를 조직하여 회계법규를 연구하도록 하였다. 이러한 결과 1914년 8월 철도정리사업을 개시하고 회계 결산, 철도 부설, 기관차 및 차량 건조 등의 통일에 착수하였다.[20]

철도국유화를 추진하기 위한 수단으로서 중국정부는 외자의 도입을 기본 원칙으로 확립하였다. 손문은 "국가가 실업을 진흥하기 위해서 자본이 없을 경우 부득불 외채를 차입할 수밖에 없다……외채를 차입하여 생산에 투여하면 이득이 많으며, 남미의 아르헨티나, 일본 등의 발전도 모두 외채의 덕이다. 우리나라도 철도를 부설하는데 외채를 도입한다면 몇 년의 수입으로 철도 외채를 상환할 수 있다"[21]라고 하여 철도 부설에서 외채의 중요성을 강조하였다.

1912년 9월 12일, 손문은 상해에 중국철로총공사를 설립하고 전국의 철도를 3대 간선으로 구획하여 10년 간 60억 원의 자본을 투자하여 10만 킬로미터에 달하는 철도 부설 계획을 수립하였다. 3대 간선의 첫 번째 노선인 남선은 광동으로부터 광성, 귀주를 거쳐 사천으로 나아가 서장으로 들어가 천산 남변까지 이르는 노선이며, 두 번째 중선은 장강에서 출발하여 강소성으로부터 안휘, 하남, 섬서, 감숙, 신강을 거쳐 이리로 나아가는 노선, 세 번째 북선은 진황도에서 출발하여 요동을 거쳐 몽고로 들어가 외몽고로 이어지는 노선이었다.[22] 9월 27일 손문은 진

---

20) 逸見十朗, 『中華民國革命二十周年記念史』, 1931.4, p.517.
21) 宓汝成, 『中華民國鐵路史資料』, 社會科學文獻出版社, 2002.9, p.93.
22) 孫文, 『孫中山全集』二卷, 中華書局, 1982, p.384.

포철도의 북단인 제남을 시찰하면서 철도 부설을 위해 외자를 적극 도입할 방침을 다음과 같이 천명하였다. 첫째, 경한철도, 경봉철도 등의 사례를 참조하여 차관을 도입하여 철도를 부설한다. 둘째, 중외합자를 통해 중국에서 공사를 조직한다. 셋째, 외국자본가에게 철도 부설권을 부여하여 40년을 기한으로 국유로 회수한다. 단 조건은 중국의 주권을 침해하지 않는 범위에서 허락한다.[23]

유의할 점은 중국정부가 외자를 도입하여 철도를 부설한다는 정책에 대한 열강의 대응과 그것이 가져온 결과이다. 중국의 외자 도입 정책에 가장 먼저 호응한 국가는 바로 영국이었다. 북양정부의 교통총장을 지낸 양사이의 회고에 따르면, 1913년에 주중 영국공사 조던(Jordan)은 원세개에게 우편국이나 해관처럼 중국 내의 모든 철도를 통일하고 총지배인을 영국인으로 임용하도록 제의하였다. 영국 中英銀公司의 대표 메이어(Mayers)도 총철로공사를 설치하여 전국의 철도를 관리해야 한다고 주장하며, 중국정부가 영국인 총세무사로 하여금 전국의 해관을 관리하는 사례를 참조하도록 건의하였다.[24] 조던의 건의와 같이 영국인 총철로사를 임명할 경우 중국해관과 마찬가지로 중국철도에 대한 영국의 절대적 지배권이 확립될 것은 자명한 일이었다. 따라서 이러한 건의는 기타 국가의 반대로 결국 실행에 이르지 못하였다.

이러한 가운데 1914년 제1차 세계대전이 발발하면서 영국을 비롯한 유럽 제국은 중국에 대한 상품 수출 및 자본 투자에 적극적으로 나설 수 없게 되었다. 이와같은 공백을 적극 파고 들어 대전기 중국에서 세력을 확장해 나간 국가가 바로 일본이었다. 일차대전 기간을 통해 일본은 중국시장에 대한 상품 및 자본 수출을 통해 급속한 자본주의적 발

23) 金士宣, 『中國鐵路發展史』, 中國鐵道出版社, 1986.11, p.230.
24) 金士宣, 『中國鐵路發展史』, 中國鐵道出版社, 1986.11, p.260.

전을 이룩할 수 있었다. 대전 발발 전해인 1913년 중일무역 총액은 1억 9천만 해관량에 지나지 않았으나, 1919년에는 4억 4천만 해관량으로 대폭 증가하였다.[25]

더욱이 일차대전 기간 동안 일본은 중국철도에 대한 독점적인 확장을 시도하였다. 1913년 10월 주중 일본공사 야마자 엔지로(山座圓次郎)와 원세개는 비밀협정을 체결하고, 일본으로부터 차관을 도입하여 만몽5로철도, 즉 만철의 사평-조남 노선, 조남-열하와 북녕로 평행선, 개원-해룡, 해룡-길림, 길장의 장춘-조남 노선을 부설하기로 합의하였다.[26] 1915년 1월 일본은 帝制를 지원하는 조건으로 원세개에게 21개 조항의 요구를 제출하였으며, 5월 26일 원세개는 일본의 요구를 수정 없이 받아들였다.

이 가운데 철도에 관한 내용은 다음과 같다. 즉 산동성 내에서 독일이 부설한 교제철도와 기타 철도의 권익을 일본에 양도한다. 동북지역에서 중국이 철도를 부설할 때는 우선적으로 일본의 자본을 차용한다. 남만주철도의 경우 1898년 체결된 조약에는 개통 36년 후인 1939년에 중국이 회수할 수 있도록 규정하였으나, 이를 99개년 즉 2002년까지 경영권을 갖는 것으로 개정한다. 안봉철도의 경우도 15년 간 즉 1923년까지 경영을 위임한다고 하였지만, 99년 간 즉 2007년까지로 개정한다. 길장철도의 조항도 근본적으로 개정하여 일본에 99년 간 경영권을 부여한다.[27]

25) 林福耀, 「日本資本主義發展段階に於ける支那市場の意義」, 『支那經濟事情硏究』, 東亞事情硏究會, 1935.2, p.205.
26) 李占才, 『中國鐵路史』, 汕頭大學出版社, 1984.6, pp.166-167.
27) 金士宣, 『中國鐵路發展史』, 中國鐵道出版社, 1986.11, p.254.

|도표 60| 기모노를 입은 일본제국주의가 군벌세력에게 수유하는 풍자만화

마침내 1915년 12월 12일 원세개가 공화정을 무너뜨리고 황제의 지위에 올랐으나, 다음해 1916년 6월 6일 사망하고 말았다. 원세개의 사후 1917-1918년의 시기에도 일본은 중국에 대규모의 차관을 제공하기로 계약을 체결하였다. 원세개의 뒤를 이어 여원홍이 총통의 지위에 올랐으며, 원세개의 적자 군벌 단기서가 국무총리에 임용되었다. 1917년 1월 일본의 데라우치 마사타케(寺内正毅) 내각은 단기서정부와 비밀차관협정, 즉 서원차관을 체결하였다. 1917년 10월 12일에는 북경정부 교통부와 남만주철도주식회사 대표가 650만 엔의 〈길장철로차관계약〉을, 1918년 9월 일본흥업은행은 주일 중국공사 장종상과 2,000만 엔의 〈만몽사철도차관계약〉을 체결하였다.[28]

|도표 61| 중국철도 중 일본자본의 비중(1923년)[29]

부속지역	철도명	투자형태	총연장 (里)			출자총액(日本円)
			기설	미설	합계	
만몽지역	남만주철도	중일합판	692		692	154,000,000
	길장철도	차관	79		79	6,500,000
	경봉철도	차관	37		37	320,000
	사정철도	차관	53		53	7,600,000
	길회철도	차관		377	377	90,000,000
	만몽사철도	차관		1,000	1,000	170,000,000
	합계		861	1,277	2,138	428,420,000
중국관내	산동철도	중일합판	288		288	25,812,000
	濟順高徐鐵道	차관		460	460	90,000,000
	경한철도	차관	139		139	13,000,000
	경수철도	차관		155	155	3,000,000
	江西南潯鐵道	차관	79		79	8,200,000
	안정철도	차관		180	180	10,000,000
	합계		507	795	1,302	150,762,000
총계			1,368	2,072	3,440	579,182,000

　　앞서 살펴본 바와 같이 중국철도에 대한 열강의 투자와 분할에 반발하여 이권회수의 보로운동이 흥기하고, 이러한 열기 속에서 비로소 신해혁명이 성공할 수 있었다. 그러나 혁명이 성공한 이후에도 낙후된 중국철도를 전반적으로 발전시키기 위해서 철도에 대한 국가권력의 통제를 강화하는 철도 국유화정책을 시행하지 않을 수 없었다. 이러한 과정에서 국내 상공업이 충분히 발전되지 못한 이상 철도 부설을 위한 자금원으로 외국의 자본과 외채에 주목하지 않을 수 없었던 것이다. 이러한 조건 하에서 일차대전 시기에 일본은 중국에 막대한 철도차관을 제

28)　李占才, 『中國鐵路史』, 汕頭大學出版社, 1984.6, pp. 168-169.
29)　日本外務省理財局國庫課, 『支那鐵道國際管理問題參考資料』3卷, 1919.3, p.29.

철도를 통해 중국을 지배한다

공함으로써 중국철도에 대한 지배권을 강화해 나갔다.

일찍부터 미국은 만주지역에 대한 철도 부설권을 확보하기 위해 적극적인 노력을 기울였으며, 이 지역에서 세력권을 형성하고 있던 일본을 적극 견제해 왔다. 1905년 미국의 대자본가이며 철도왕으로 불리는 해리먼(Harriman)은 주일 미국대사 그리스콤(Griscon)의 적극적인 지지 아래 남만주철도를 매수하기 위해 일본외무성과 교섭에 착수하였다. 그러나 러시아가 동청철도에 대한 지배권을 이용하여 만주지역에 대한 지배권을 확대시키고 있는 상황에서 만철의 매각은 일본에게 단지 경제적 문제뿐만 아니라 정치, 군사, 전략적 문제였으며, 이러한 이유에서 결국 해리먼의 계획은 무산되고 말았다.[30]

1909년 10월에도 미국국무장관 녹스(Knox)의 주도 하에 만주철도 중립화계획이 추진되었다. 그러나 당시 영국은 영일동맹을 유지하고 있어 일본의 이권을 침해하기 어려웠으며, 중립화에 반대하던 러시아 역시 이 계획을 사전에 일본에 내밀히 전달하였다. 영국과 일본, 러시아가 일치하여 만주철도 중립화계획에 반대함으로써 미국의 계획은 결국 실현될 수 없었다.[31]

그러나 일차대전시기 중국철도에 대한 일본의 세력이 확대되면서 영미를 중심으로 일본에 대한 견제가 필요하다는 공감대가 형성되었다. 1918년 겨울, 미국과 영국 등 열강은 일차대전의 화의에 관해 논의하면서 철도의 통일이라는 명목으로 중국철도의 관리에 대해 논의하기 시작하였다.[32] 이러한 과정에서 중국의 철도를 열강이 공동으로 관리해야 한다는 공동관리안이 분분히 제기되기 시작하였다.

---

30) 金士宣, 『中國鐵路發展史』, 中國鐵道出版社, 1986.11, pp.169-170.
31) 金士宣, 『中國鐵路發展史』, 中國鐵道出版社, 1986.11, pp.177-178.
32) 宓汝成, 『中華民國鐵路史資料』, 社會科學文獻出版社, 2002.9, p.408.

일차대전 직후인 1919년 초 북경군벌정부 교통부 고문인 미국인 베커(John Baker)는 중국정부에 이를 위한 구체적인 방안을 다음과 같이 제시하였다.

1) 만국철도단: 일본, 영국, 미국, 프랑스, 중국의 5개국 대표로 만국철도단을 조직하고 채권을 발행하여 만철, 동청, 산동, 운남 등의 철도를 매수한다. 또한 새로운 노선을 부설하고 기성선을 개량하고 연장하며, 국유철도의 차관을 상환한다. 중국 및 만주에 있는 철도를 모두 만국철도단에서 관리 경영하도록 하고, 중국정부는 단지 회계검사권만을 보유한다. 30년 이후에 비로소 철도 수익금 또는 다른 재원으로 채권을 상환하여 철도를 회수한다.

2) 국제합자철로공사: 각국의 은행대표로 조직하며, 공사는 은행단을 통해 자금을 조달하여 각 철도를 매수한다. 이밖에 신철도 노선의 부설, 기존노선의 개량, 연장 등을 시행한다. 이는 만국철도단의 방안과 동일하지만, 중국정부가 임명하는 국장이 각 철도를 관리하고, 공사의 추천을 통해 부설중의 총공정사(기사장), 준공 후에는 총관(총지배인)을 임명하며, 각 부의 장은 총공정사 혹은 총관의 추천을 받아 국장이 임명하도록 규정하였다.

3) 만국위원회: 교통총장 및 일본, 영국, 미국, 프랑스 4개국 위원으로 조직하여 남만주철도, 동청철도, 산동철도, 운남철도 등의 각 철도를 매입하고, 이와함께 새로운 철도 노선을 부설하며, 위원회의 감독 아래 50년 간 이 철도를 경영한다.[33] 베커의 방안은 외채를 모집하여 일본의 남만주철도 등을 매수한다는 방안으로서, 중국 동북지역에서 배타적 지배권을 형성하고 있던 일본의

---

33) 吳孫子豊, 『滿支鐵道發達史』, 內外書房, 1944, pp.279-280.

이익과 정면으로 배치되고 있음을 알 수 있다.

이와 비슷한 시기에 중영공사 대표 메이어(Mayers)도 중국정부에 철도공동관리론을 제출하였는데, 주요한 내용은 다음과 같다. 즉 교통총장 혹은 차장을 위원장으로 일본, 영국, 미국, 프랑스 4개국 대표를 위원으로 하는 〈만국통리철로위원회〉를 조직한다. 그리하여 위원회를 통해 1억 파운드의 자금을 모집해 철도차관을 상환하여 외국이 경영하는 철도를 회수하고, 철도의 통일을 실현한다.[34]

1920년 1월 우드헤드(Woodhead)는 『북경천진타임즈』에 「중국개조론(Reconstruction in China)」을 연재하여 중국철도의 국제공동관리를 다음과 같이 제의하였다.

> "중국철도 가운데에는 외국인의 관리에 속하는 것, 외국차관에 의한 국유철도, 중국자본에 의한 국유철도, 성유(省有), 혹은 사유(민유)철도가 있다. 이 가운데 외국이 관리하는 철도는 사실상 중국의 영토 보전을 위태롭게 한다. 따라서 영토의 보전에 대한 우려를 해소하기 위해 중국의 모든 철도를 국유화하고 외채를 변제할 때까지 중외감독부의 관리 하에 둔다. 종래 외국자본가에 부여된 철도관계의 모든 특권과 우선권을 회수하는 동시에, 철도의 경영, 신노선의 계획, 외채의 차입 등 모든 사항은 국유철도국으로 하여금 담당하도록 한다. 국유철도국은 중국 및 열국의 대표자로 조직하며, 철도의 운수, 보수, 경리 등 각 부에 일정 기간 외국전문가를 초빙하여 이들의 감독 하에서 시행한다."[35]

우드헤드는 자신의 방안을 통해 철도 및 광산에 대한 세력 범위, 조

---

34) 吳孫子豊, 『滿支鐵道發達史』, 內外書房, 1944, pp.280-281.
35) 吳孫子豊, 『滿支鐵道發達史』, 內外書房, 1944, p.279.

차지 및 영사재판권, 세관, 염무 및 우정, 기타 행정상의 전통적 특권을 폐지할 수 있다고 설명하였다. 이와 동시에 철도에 대한 정치적 또는 군사적 특권을 회수함으로써 종국적으로 중국으로 하여금 완전한 독립을 회복하도록 하는데 그 목적이 있다고 강조하였다.[36] 이와같이 영미에 의해 제기된 중국철도의 공동관리안은 기존 중국에 대한 특정 국가의 세력 범위를 타파하고, 나아가 정치, 군사적 특권을 회수함으로써 중국의 독립을 회복하고자 하는 목적을 표방하였다. 물론 여기에는 일차대전 기간 중국철도에 대한 일본의 세력 확장을 견제하려는 영미 등의 의도가 바탕에 깔려있음을 부인할 수 없다. 따라서 철도 공동관리안은 기존 남만주철도의 부설권 및 경영권을 바탕으로 중국 동북지역에 대한 배타적 권리를 주장하는 일본에게 심각한 타격이 아닐 수 없었다.

3. 철도 공동관리안과 북경군벌정부

앞에서 언급한 바와 같이 영미를 중심으로 제기된 중국철도의 국제공동관리안이 일본을 겨냥하고 있었다면 일본은 이 문제를 어떻게 인식하였을까? 또한 중국정부는 어떻게 인식하고 대응하였을까? 일본의 여론은 미국이 공동관리론에 적극 나서고 있는 이유를 "종래 중국에서의 경제적 지위가 취약하기 때문에 기회의 균등을 주장하면서 만몽, 그 중에서도 남만주철도의 개방을 주장하여 철도에 대한 특권과 우선권을 포기하도록 주장함으로써 중국에서 자국의 이권을 확대하려는 의도"라고 해석하였다.[37]

일본군부는 중국철도의 공동관리안을 만주에 대한 국방상, 전략상의

---

36) 木村増太郎, 『支那財政論』, 大阪屋號書院, 1927.11, pp.601-602.
37) 貴志彌次郎(關東軍奉天陸軍少將), 『支那國際管理硏究』, 1923.9.10, p.92.

철도를 통해 중국을 지배한다

문제와 연계하여 강하게 반발하였다. 관동군에 따르면, 남만주철도의 이점은 평시에는 교통로를 확보하여 물자의 공급을 원활하게 하고, 전시에는 군수품의 보급과 조달을 담당할 수 있다는 것이다. 공동관리안이 실현될 경우, 만일 전쟁이 발생하여 열강이 일본의 단독행동을 견제할 경우 일본으로서는 물자의 자급자족이 불가능하여 국방자원 보급에 매우 불리할 것이라고 주장하였다.[38] 일본해군 군령부도 〈중국철도 국제관리에 관한 이해〉라는 보고서에서 남만주철도가 일본의 자급책과 불가분의 관계를 가지고 있어 다른 나라와 공동으로 관리하는 것은 불가능하며, 타국 소유의 기타 철도와 비교할 수 없는 가치를 가지고 있다고 강조하였다.[39]

이와같은 일본군부의 의견을 반영하여 일본외무성도 "남만주철도, 산동철도는 전쟁의 결과로 획득한 것으로서 일본의 권리인데, 이것이 국제화된다면 직접적으로 우리 국방에 위협이 될 것"[40]이라며 반대의 뜻을 거듭 표명하였다. 따라서 일본외무성은 설사 철도의 공동관리안이 본격적으로 논의될 경우에도 만몽지역만큼은 제외하도록 노력하고, 이것이 불가능할 경우 남만주철도만이라도 공동관리의 대상에서 예외로 하도록 방침을 결정하였다.[41]

그러면 열강의 철도 공동관리안에 대해 중국정부는 어떻게 인식하고 대응하였을까? 중국에서도 철도 공동관리안에 대해 적극적으로 호응하는 일파가 출현하였다. 이미 1918년 말 교통부 내의 경한철도 관리국장 왕경춘과 교통부차장 엽공작을 비롯하여 주자제, 임장민, 왕대섭 등

38) 貴志彌次郎(關東軍奉天陸軍少將), 『支那國際管理研究』, 1923.9.10, pp.54−55.
39) 日本海軍軍令部, 『支那鐵道國際管理に關する利害』, 1919.4.22, p.83.
40) 日本外務省理財局國庫課, 『支那鐵道國際管理問題參考資料』3卷, 1919.3, p.57.
41) 日本外務省理財局國庫課, 『支那鐵道國際管理問題參考資料』3卷, 1919.3, p.4.

철도업무에 종사하던 36명의 유럽유학생 출신 관료들은 연명으로 미국
대통령에게 서한을 보내 중국철도의 국제공동관리의 필요성을 지적하
고 이를 위해 미국대통령이 힘써주도록 요청하였다.

이들이 보낸 서한의 주요한 내용은 다음과 같다. 첫째, 해관이나 염
무의 경우와 같이 중국철도 역시 외국인으로 하여금 관리하도록 한다.
둘째, 열국이 공동으로 출자하여 일본의 남만주철도, 러시아의 동청철
도, 프랑스의 운남철도, 독일의 산동철도를 회수한다. 셋째, 근래 철도
에 야심을 가진 일본의 철도차관을 배제한다.[42] 이밖에 1921년 겨울
양계초도 북경에서 연설을 통해 철도 공동관리가 실현될 경우 열국 간
의 견제심리가 발동하여 특정 국가가 중국을 침범하는 일은 불가능할
것이라고 주장하였다.[43] 왕경춘과 양계초 등이 주장한 철도 공동관리
안의 근저에는 남만주철도를 통해 중국 동북지역에서 배타적 권리를
확보하는 동시에 산동에서 독일의 이권을 승계하여 대전 이후 급속히
세력을 확대하고 있던 일본을 견제하려는 의도가 있음을 알 수 있다.

1919년 1월 18일 연합국은 일차대전 종결 이후 독일 및 동맹국에 제
출할 평화조건을 결정하기 위한 파리강화회의를 개최하였다. 중국도
연합국의 일원으로서 외교총장 육징상, 주미공사 고유균, 주영공사 시
조기, 광동정부 대표 왕정정, 주벨기에공사 위신조 등 5명의 대표를 선
발하여 1918년 12월 1일 파리로 파견하였다. 중국은 파리강화회의에
출석해 있던 대표들에게 외교적 현안과 관련된 중국 측의 요구를 정리
하여 전송하기로 방침을 결정하고, 의제 및 조건을 논의하기 위해
1918년 12월 중순 국무원 외교위원회를 조직하였다. 서세창 총통은 왕
대섭을 외교위원회 위원장으로 임명하였으며, 위원회는 조차지 및 철

---

42)　日本外務省理財局國庫課, 『支那鐵道國際管理問題參考資料』3卷, 1919.3, p.60.
43)　貴志彌次郎(關東軍奉天陸軍少將), 『支那國際管理研究』, 1923.9.10, p.32.

도부속지의 회수, 철도의 통일안 등 파리강화회의에 파견된 중국대표에게 제출할 외교적 현안들을 논의하였다.[44]

1919년 1월 6일, 외교위원회는 "모든 철도의 외채를 통일하기 위해 중국의 철도를 담보로 신채권을 발행하여 구채권을 상환한다. 이와함께 외국인 철도전문가를 초빙하여 중국인 철도경리를 보좌하도록 하며, 철도의 행정 및 운수, 사무를 교통부의 관리 아래 둔다"[45]는 방침을 결정하였다. 마침내 1월 20일 외교위원회는 친일파 관료인 철도총장 조여림의 부재를 틈타 이와같은 방침을 정식으로 의결하고, 이를 파리강화회의의 중국대표단에게 타전하여 회의에 제출하도록 하였다.

이러한 가운데 1919년 1월 22일, 조여림은 일본의 사이토 마코토(齊藤實)를 만나 영국과 미국이 장래 중국의 철도 부설문제를 협의하기 위해 열국과 협상할 것이며, 여기에는 일본의 남만주철도도 포함될 것이라고 내밀히 전하였다. 더욱이 중국정부가 이와 관련된 협의안을 파리강화회의에 제출할 방침이라는 사실도 전하였다.[46] 조여림은 철도 공동관리안이 영미와의 연계 속에서 제기된 것이며, 더욱이 그 내용이 일본의 이해와 상충된다는 사실을 내밀히 일본에 전한 것이다.

일본은 외교위원회의 결정이 영미의 사주에 의한 결과이며, 또한 중국이 이이제이의 전통적인 외교전략의 일환으로서 영미의 세력을 끌어들여 일본을 견제하려는 정책으로 해석하였다. 일본의 여론은 "중국의 정치가가 교활한 외국인과 상호 결탁한 것으로....우리 일본은 아시아 민족을 위해 도저히 방관할 수 없다"[47]라고 연일 보도하였다. 또한 국

---

44) 林長民, 「鐵路統一問題」, 『時事旬刊』7期, 1920.7, p.68.
45) 調査部, 「支那鐵道共管及警備問題」, 『外交時報』452號, 1923.9, p.85.
46) 日本外務省理財局國庫課, 『支那鐵道國際管理問題參考資料』3卷, 1919.3, p.7.
47) 「支那分割の端を開く者」, 『大阪新報』, 1919.2.23.

제공동관리안은 영국과 미국이 대전 시기 이권을 확대한 일본을 견제하기 위해 철도부 내의 영미유학생들을 선동하여 제기한 것으로 해석하였다.[48]

특히 일본은 철도 공동관리안이 만주의 남만주철도를 겨냥하고 있다는 사실에 주목하였다. 즉 "미국은 전후 거대자본을 배경으로 중국에서 이권을 장악하기 위해 주도면밀한 계획 하에 공동관리안을 제기하였다....중국의 외교위원회가 영미파만으로 회의를 개최하여 중차대한 철도 공동관리안을 가결하여 내각에 제의하였다.....이 방안은 남만주철도와 같이 조차권을 설정한 지역에서도 무조건적으로 적용되어 발의의 목적이 결코 단순한 것이 아님을 충분히 인지할 수 있다"[49]라고 간주하였다. 따라서 일본의 생존을 위해서는 국제공동관리안을 타파해야 한다고 주장하였다.[50]

외교위원회의 결정에 대해 2월 14일 국무회의 석상에서 조여림은 교통당국과 총장의 승인을 받지않고 이와같이 중대한 교통정책을 결정하는 것은 부당하다며 격렬히 반대하였다. 조여림은 반대의 근거로서 "철도는 국가행정의 하나로서 외국인에 의해 공동관리된다면 교통행정을 외국인에 갖다 바치는 것과 다름 없다. 또한 외국인이 철도를 관리할 경우 國貨의 발전을 저해할 것이며, 토비의 발생시 철도로 군대를 신속히 이동시킬 수 없다. 더욱이 철도 자재의 구입은 외국수입품으로 충당될 것이며, 국방과 관련된 업무가 소홀해질 수 있다"[51]는 등의 이유를 제기하였다.

---

48) 日本外務省理財局國庫課, 『支那鐵道國際管理問題參考資料』3卷, 1919.3, p.68.
49) 日本外務省理財局國庫課, 『支那鐵道國際管理問題參考資料』3卷, 1919.3, pp.29-30.
50) 駐中日本公使館武官, 『支那ノ現狀ト國際管理論』, 1921.1.27, p.22.
51) 상세한 내용은 石順川, 『支那の鐵道』, 生活社, 1928, pp.404-406 참조.

철도를 통해 중국을 지배한다

2월 18일 서세창 총통은 이 문제를 논의하기 위해 외교위원회 위원장 왕대섭을 비롯하여 외교위원인 웅희령, 주자제, 임장민과 교통총장 조여림, 외교총장 대리 진록, 전교통총장이며 교통계 영수인 양사이 등 7명을 자신의 관저인 춘우제로 초치하여 의견을 교환하였다. 회의 결과 철도 정책은 교통정책의 일환으로서 이에 대한 방침은 교통총장인 조여림과 교통계의 영수인 양사이가 협의하여 결정하는 것이 타당하다고 결론지었다. 따라서 총통은 이들 두 사람에게 대책을 협의하여 초안을 작성하도록 지시하였다.

3월 7일 이들은 다시 총통관저에서 회합하여 이들 두 사람이 기초한 초안을 심의하였다.[52] 이러한 결과 회의는 차관을 도입하였으나 아직 부설에 착수하지 않았거나 혹은 차관을 도입하여 부설에 착수하였으나 아직 완성되지 않은 차관철도의 경우, 채무를 상환하고 이전의 계약을 파기하기 위해 중국은행단을 조직하여 준비에 착수하기로 결정하였다.[53] 이러한 결정은 당초 외교위원회가 구상한 방안에 비해 중국자본에 의한 철도 부설권의 회수에 중점을 두고 있음을 알 수 있다.

더욱이 회의는 철도총장의 부재시 일방적으로 철도 공동관리안을 통과시켜 파리강화회의의 중국대표에게 타전한 것을 외교위원회의 월권으로 규정하여 왕대섭 위원장에게 주의를 주고, 파리강화회의의 대표단 앞으로 중국철도 공동관리안의 발의를 취소하도록 타전하였다. 또한 만일 열강에 의해 중국철도의 공동관리안이 상정된다면 극력 저지하도록 지시하였다.[54]

52) 회의에는 교통총장 조여림 외에 친일파인 幣制局總裁 육종어도 참석하였으며, 이 밖에 외교부 정무차장인 심서린과 외교위원회의 왕대섭, 임장민, 주자제, 그리고 교통계의 영수인 양사이 및 왕총혜 등 8명이 참석하였다. D. K. Lieu, 「支那鐵道の國際管理－上」, 『支那』11卷 12號, 1920.11, p.8.

53) 調査部, 「支那鐵道共管及警備問題」, 『外交時報』452號, 1923.9, pp.89-90.

중국정부 내부에서 공동관리안이 중국의 주권을 침해한다는 반대론이 대두되자 미국은 이를 관철시키기 위해 공사관을 중심으로 적극적인 활동에 착수하였다. 교통부 고문 베커도 1월 30일 및 2월 7일 양일간 북경에서 외교부 및 교통부 관계자들을 초치하여 철도의 국제공동관리안에 대해 상세히 설명하면서 이 안을 지지해 주도록 설득하였다. 3월 9일 미국공사 라인슈는 양사이, 왕대섭, 조여림, 주자제, 웅희령, 육종여, 임장민 등을 만찬에 초대하여 중국철도의 공동관리 문제에 대한 의견을 교환하였다. 미국공사는 공동관리안 가운데 관련 직책을 외국인이 독점할 것이라는 조여림의 우려에 대해 가능한 중국인을 등용할 것이며 총지배인, 기사장과 같이 중국에 인재가 없을 경우에만 외국인을 등용하겠다고 약속하였다. 이와 함께 철도 관련 자재의 구입과 부설에서도 중국산 재료를 구입할 것임을 약속하였다.

그러나 이에 대해 전교통총장 양사이가 각국이 단결하여 중국철도를 통제할 경우 폐해가 클 수 있다고 문제를 제기하자, 미국공사는 제국이 단결하여 중국정부 및 철도를 통제할 의사가 없다는 의사를 재차 표명하였다. 이에 양사이는 철도를 통일한 이후 남만주철도, 동청철도, 산동철도, 운남철도 등을 회수할 수 있는지의 여부를 질문하였다. 그러나 미국공사는 이는 매우 중대한 문제로서 자신이 언급할 수 있는 사안이 아니라고 답변하였다.[55]

미국공사의 답변은 중국 측의 입장에서 보면 충분한 설득력을 가질 수 없었다. 왜냐하면 앞서 지적한 바와 같이 중국이 철도 공동관리안을 추진한 주요한 목적 가운데 하나는 바로 열강의 세력 확대를 견제하기 위해 남만주철도 등의 소유권을 회수하려는 것이었기 때문이다. 그러

---

54) 「支那鉄道国際管理案経過」, 『時事新報』, 1919. 3. 7.
55) 「鉄道共同管理問答」, 『大阪毎日新聞』, 1919. 3. 11.

나 미국의 입장에서도 남만주철도 등은 조약에 의해 보장된 일본의 권리이며, 따라서 공동관리안이 실현된다고 해도 이를 강제적으로 회수할 수는 없었다. 1919년 3월 9일, 북경정부의 전능훈 국무총리도 외교위원회와 교통부의 연석회의에서 남만주철도 등의 계약은 조약에 근거하여 체결된 것으로서 상대국의 동의가 없는한 매입하기 어렵다고 토로하였다.[56] 이러한 결과 공동관리안이 실현된다면 기존 남만주철도 등은 여전히 외국의 소유로 남아있는 반면, 기타 중국 소유의 철도마저 외국의 통제 하에 들어가게 되는 상황이 된 것이다.

철도의 공동관리안을 발의한 외교위원회 위원 임장민은 북경의 정계와 외교위원회에서 철도통일안과 공동관리안에 대해 다수가 찬성하고 있음에도 불구하고 조여림과 육종여 등이 일본의 사주로 반대하고 있다고 지적하였다.[57] 특히 조여림 일파의 반대는 일본이 기존의 철도계약을 유지하기 위한 목적이며, 만일 공동관리를 위한 새로운 차관이 체결될 경우 남만주철도 등에 대한 조여림 일파의 밀약이 폭로되어 자신들의 지위가 불안정해질 것이기 때문이라고 주장하였다.[58]

그러나 임장민이 당시 중국에서 공동관리안을 지지하는 것이 대세라고 한 것은 과장된 주장으로 보인다. 1919년 2월 17일 중화전국철로협회 평의회의 의장이며 전교통총장인 양사이는 "철도 통일문제는 영국인이 우리 철도의 전권을 장악하고 총철로사를 파견하여 우리 철도를 통제하려는 의도"[59]라며 철도 공동관리안에 반대의 의사를 표시하였다. 전국철로협회는 임시회의를 개최하여 공동관리안은 폐해가 커서

---

56) 日本外務省理財局國庫課, 『支那鐵道國際管理問題參考資料』3卷, 1919.3, p.8.
57) 林長民, 「鐵路統一問題」, 『時事旬刊』7期, 1920.7, p.68.
58) 林長民, 「鐵路統一問題」, 『時事旬刊』7期, 1920.7, p.68.
59) 宓汝成, 『中華民國鐵路史資料』, 社會科學文獻出版社, 2002.9, p.407.

찬성할 수 없다고 결론내리고, 정부로 하여금 영미 측의 제안을 거부하도록 촉구하였다. 이와함께 철도의 정리와 통일에 관해서는 중국이 독자적으로 계획을 세워 투자를 위한 은행단을 조직하고, 국가의 보호 아래 은행단을 통해 계획안을 실행해야 한다고 결의하였다.[60]

이러한 가운데 1919년 3월 1일, 일군의 자본가들이 양사이의 관저에서 회합하여 철도에 투자하기 위한 중국은행단을 조직하기로 합의하였으며, 이 자리에서 모두 1,055만 달러에 달하는 자본이 모집되었다.[61] 이와함께 은행단은 스스로 대성은행단으로 명명하고 이사회를 조직하여 은행단의 모든 사업을 관리하기로 결정하였다.[62]

3월 14일 참의회 의원 하염삼은 철도 공동관리안에 반대하는 의안을 발의하고, 공동관리안은 철도의 소유권을 국제자본단에 양여하는 것이라 주장하였다. 하염삼이 발의한 철도의 공동관리반대안은 참의원 출석의원 89명 가운데 77명의 다수 찬성으로 가결되었다. 이러한 결과 참의원 원장 이성탁은 진무정을 위원장으로 임명하고 7명의 참의원으로 특별위원회를 구성하여 공동관리안에 반대하는 의견을 작성하도록 하고, 동시에 열강의 철도 부설권을 회수하기 위한 방안을 마련하도록 지시하였다. 이후 3월 22일 특별위원회는 공동관리안에 반대하는 의견을 교통부에 전달하는 동시에, 중국철도의 이권을 보존하기 위한 근본적인 대책을 강구해 주도록 정부에 요구하였다.[63]

---

60) 「支那鉄道統一策」, 『大阪每日新聞』, 1919.5.26
61) 자금이 모집된 내역을 보면 다음과 같다. 중국은행 300만 달러, 교통은행 300만 달러, 회업은행 200만 달러, 금성은행 100만 달러, 염업은행 50만 달러, 신화은행 30만 달러, 대성은행 30만 달러, 북경통상은행 15만 달러, 중불은행 15만 달러, 오족은행(Bank of Five Races) 15만 달러 등이다. D. K. Lieu, 「支那鐵道の國際管理 -下」, 『支那』12卷 1號, 1921.1, p.9.
62) 계획안의 상세한 내용은 D. K. Lieu, 「支那鐵道の國際管理-下」, 『支那』12卷 1號, 1921.1, p.10 참조.

결국 이와 같은 여론에 따라 서세창 총통은 공동관리안에 대해 다음과 같이 부정적인 입장을 내외에 천명하였다. "외교위원회가 대총통에게 제출한 서면 가운데 '각국의 세력 범위를 타파하기 위해 철도를 통일하여 남만주철도, 동청철도, 산동철도, 운남철도 등을 회수해야 한다'라는 주장에 대해서는 나도 찬성하는 바이다. 그러나 외교위원회가 파리전권위원에게 보낸 전보에는 '외채 및 외자를 가지고 건설된 기설, 미설 및 아직 공사에 착수하지 않은 모든 철도를 통일하여 총채로 전환한다. 철도를 공동담보로 하여 외국전문가를 초빙하여 중국의 관리를 도와 경영한다'라고 규정되어 있다. 그런데 만철, 동청, 산동, 운남철도의 경우 공동관리하려 해도 국제조약이 존재하는 한 회수가 용이하지 않다. 따라서 양사이 등의 의견에 동의하여 철도의 통일을 위해 공동관리권을 외국에 양여하는 것은 위험하다."[64]

이러한 결과 북경군벌정부는 1921년 9월 12일 워싱턴회의에 중국철도의 공동관리안을 거부하는 내용의 의안을 정식으로 제출하였다. 이에 근거하여 1922년 1월 18일 개최된 워싱턴회의 태평양위원회는 제20차 회의에서 "중국은 스스로 철도행정을 통일할 수 있는 제도를 통해 철도의 발전을 모색해야 한다. 열강은 필요한 경우 제도의 정착을 위해 경제적으로나 혹은 전문 기술을 제공하여 이를 보조할 수 있다"[65]라고 의결하였다. 이와같이 워싱턴회의는 열강의 주도 하에 중국철도를 관리하려는 철도 공동관리안을 정식으로 부결시켰으며, 반면 중국 스스로의 독자성과 자주성을 부여하였다고 할 수 있다.

---

63) D. K. Lieu, 「支那鐵道の國際管理-下」, 『支那』12卷 1號, 1921.1, pp.10-11.
64) 「非鉄道国際管理論-曹汝霖の意見詳報」, 『大阪毎日新聞』, 1919.2.24.
65) 宓汝成, 『中華民國鐵路史資料』, 社會科學文獻出版社, 2002.9, p.492.

결론

 신해혁명의 성공이 보로운동에 힘입은 바 크지만, 그럼에도 불구하고 중국철도의 낙후성은 시급히 개선해야 할 정책적 과제임에 틀림없었다. 민간의 역량이 부족한 상태에서 철도를 신속하고 효율적으로 부설하는 방법은 다시 외채를 도입하는 길밖에 없었다. 그런데 문제는 이와같은 정책이 가져온 열강의 대응과 세력 변화였다. 일본은 일차대전 기간 동안 남만주철도와 산동철도를 자신의 세력권으로 확보하였으며, 특히 만주에서의 배타적인 권익을 확보하였다. 따라서 영국과 미국은 중국에서 일본의 세력을 견제하지 않으면 안되었으며, 이러한 이유에서 추진한 것이 바로 중국철도의 국제공동관리안이었다.

 중국철도의 국제공동관리안은 영국과 미국의 주도로 영미유학생 출신의 교통부 관료들이 적극 호응함으로써 여론화되었으며, 파리강화회의에 결의안이 전달될 정도로 정책적 실현단계에까지 접근할 수 있었다. 이러한 의미에서 만주에서 일본의 세력을 견제하려는 영국과 미국 등 열강의 이해와 서구의 역량을 끌어들여 일본의 세력 확대를 억제하려는 전통적인 중국의 이이제이적 외교정책이 상호 부합되었다고 볼 수 있다.

 그러나 철도의 공동관리안이 당초 표방했던 외국자본 소유의 철도를 회수하여 특정 국가의 세력권과 이권을 회수한다는 계획은 실현되기 어려웠다. 남만주철도 부설권과 경영권은 러일전쟁의 대가로서 획득된 것이며 조약상 보장된 권리로서 상대국의 동의없이는 회수가 불가능하였던 것이다. 이렇게 된다면 결국 공동관리안은 남만주철도 등의 이권은 회수하지 못한채 여타 중국철도마저 외국의 통제 하에 귀속시키는 결과를 초래할 수밖에 없었다. 이러한 이유에서 중국 행정권에 대한 간섭이라는 국내의 여론이 비등하였으며, 결국 철도의 공동관리안은 실현될 수 없었다.

이러한 과정에서 중국을 둘러싸고 전개된 영미와 일본과의 치열한 외교적 대립은 북경군벌정부 내부의 친일파와 영미파 사이의 논전에서 그대로 반영되었다. 영미 등은 구미유학파 출신의 교통부 관료들을 통해 공동관리안을 제기하였으며, 이들 관료들의 입장에서는 미국과 영국의 세력을 이용하여 일본의 세력 확장을 저지하려 하였다. 반면 일본은 철도의 공동관리안이 만주에서 자국의 세력을 견제하려는 영미의 의도로 간주하여 친일파 관료인 조여림과 육종여 등을 동원하여 이를 저지하였다. 이와같이 철도 공동관리안은 중국을 둘러싼 열강 간의 대립이 철도라는 분야를 통해 돌출한 것이라 볼 수 있다. 비록 공동관리안이 실현에까지 이르지 못하고 좌절되고 말았지만, 그렇다고 해서 열강간의 대립과 모순이 종식된 것은 아니었다. 중국을 둘러싼 열강 사이의 경쟁과 대립은 이후 만주사변과 중일전쟁으로 폭발할 수 있는 여지를 여전히 안고 잠복해 있었다고 할 수 있다.

7

세계를 놀라게 한
중국발 열차강도사건

– 열차강탈사건에 대한 국제사회의 대응 :
津浦鐵道 (1925)

서론

 1923년 5월 6일 새벽 3시경, 포구를 출발하여 천진으로 향하던 진포 철도(津浦鐵道)의 열차가 산동성 임성-사구 구간에서 토비의 습격을 받아 중국인 71명과 외국인 승객 39명이 납치되는 소위 임성사건(臨城事件)이 발생하였다. 이 열차는 미국으로부터 막 수입되어 당시 중국에서 최신식 차종으로서 차량 전체가 남색 강철로 만들어져 '藍鋼皮'라고 불리웠으며, 따라서 당시 사람들은 이 사건을 '남강피사건'이라 칭하였다. 임성사건은 중국 전역뿐만 아니라 세기의 대사건으로 전세계인의 이목을 집중시켰으며, 열강은 이를 의화단운동 이후 최대의 배외사건으로 규정하고, 중국정부에 이 문제를 조속히 해결하도록 압력을 가하였다.

|도표 62| 천진-포구 간을 운행하는 진포철도의 천진역

일찍이 1926년 호남성에서 개최된 중국공산당 제1차 농민대표대회에서 모택동은 임성사건을 주도한 손미요 등 토비집단을 의화단을 계승하여 봉건통치계급 및 제국주의와 투쟁한 혁명단체라고 표양한 바 있다.[1] 근래 임성사건에 대해서는 관련자들의 회고록이 출간되는 등 연구를 위한 사료의 발굴이 활발하게 이루어지고 있다.[2] 이에 대한 기존의 연구는 주로 사건 발생의 원인과 그 역사적 성격에 집중되었으며,[3] 이밖에 북양정부의 대응과 그 역사적 평가와 관련된 연구도 적지 않다. 특히 임성사건의 처리과정에서 열강이 요구한 철도관리안은 북경정부가 수용하지 않음으로써 실현되지 못하게 되는데, 이와 관련하여 북경정부의 독자성이나 혹은 그 역사적 평가에 대해서도 일련의 연구가 있다.[4]

---

1) 湖南農民協會編, 『湖南省第一次代表大會宣言及決議案』, 1926.12 참조.
2) 대표적으로 约翰 · 本杰明, 「匪巢历险记:一个外国记者回忆临城劫车案」, 『文史精华』1996年 4期;徐有威, 「一位女洋票眼中的临城劫车案, 民国春秋」, 『民國春秋』1999年 2期 등을 들 수 있다. 특히 당시 상해에 거주하던 여운형은 사건 발생 직후 임성을 직접 방문한 후 『東亞日報』 등에 상세한 기록을 남겼다. 이와 관련해서는 金志煥, 「韓國人眼中的臨城劫車案-匪巢探險記」, 『近代史資料』118號(中國社會科學院近代史研究所), 2008.9 참조.
3) 임성사건에 대한 연구는 특히 중국을 중심으로 활발히 이루어지고 있는데, 대체로 임성사건을 농민운동의 일환으로서 반제, 반봉건적 성격을 가진 것으로 평가하는 것(王學典, 「臨城劫車案述論」, 『齊魯學刊』1983年 5期;蔡少卿, 「論北洋軍閥統治時期的兵匪」, 『淸史研究通迅』, 1988年 1期)과 이를 부정하는 평가(吳惠芳, 「社會盜匪活動的再商確-以臨城劫車案爲中心的探討」, 『近代史研究』1994年 4期; 沈印騫, 「临城劫车案性质初探」, 『枣庄师专学报』1998年 4期;葹林, 「临城劫车案性质略见」, 『枣庄师专学报』1997年 2期)가 병존하고 있다. 특히 국내에서는 차웅환, 『1920년대 초 북경군벌정부와 열강』(서울대동양사학과 석사학위논문), 1988이 임성사건을 분석하고 있다. 일본에서는 馬場明, 「臨城事件と日本の對中國政策」, 『國學院大學紀要』14卷, 1976이 있다.
4) 임성사건 발생 직후 북경정부의 외교정책에 대한 평가와 관련하여 자주성을 인정하면서도 이를 각계 여론과 직업외교가들의 노력에 의한 결과로 평가하거나, 혹은 궁극적으로 양보로 일관한 종속성을 강조하는 경우도 있다. 汪朝光, 「臨城劫

266

그러나 철도관리안이 좌절된 것을 북경군벌정부의 독자성이나 혹은 국내 반대여론의 결과로서 설명하는 것은 정책 결정에 대한 대내적 요인를 지나치게 강조한 나머지, 상대적으로 대외적 요인, 즉 중국을 둘러싼 열강 간의 세력관계나 이와 관련된 북경정부의 대응을 간과할 우려가 있다. 더욱이 중국철도의 공동관리안은 일차대전 이후 열강 간의 세력관계 속에서 제기되고 좌절된 바 있어, 임성사건과의 관련만으로 이를 재단할 경우 그 연속성과 본질을 제대로 평가하기 어렵다고 생각된다.

여기에서는 먼저 당시 세기적 사건으로 중국뿐만 아니라 구미의 신문에서도 대서특필된 중국발 열차강도사건, 즉 임성사건이 어떠한 배경에서 발생하였으며, 이들이 이 사건을 통해 중앙정부에 요구한 사안을 통해 사건 발발의 목적을 도출해 내고자 한다. 이와 함께 토비와의 협상과정에서 드러난 정부의 처리방침과 중국철도의 낙후성을 살펴보려 한다.

더욱이 임성사건은 그 자체의 성격뿐만 아니라, 당시 중국을 둘러싼 열강 간의 세력관계나 중외관계를 규명하기 위해서도 매우 중요한 사건임에 주목하지 않으면 안된다. 여기에서는 임성사건 이후 열강이 중국정부에 요구한 철도관리안을 일차대전 이후 열강 간의 경쟁 구도 및 그 연속선상에서 파악하고, 이를 통해 철도관리안의 본질적 성격과 그것이 좌절된 원인을 규명해 보고자 한다.

車案及其外交交涉」, 『南京大學學報』2005年 1期; 別林, 「臨城劫車案引發的中外交涉」, 『四川師範大學學報』32卷 4期, 2005.7 참조. 차웅환, 『1920년대 초 북경군벌정부와 열강』(서울대동양사학과 석사학위논문), 1988은 이 문제를 국내적 요인과 국외적 요인으로 구분하여 분석하고 있다.

1. 진포철도 연선지역의 旱災와 土匪의 발호

청 광서 초년인 1876-1879년에 화북지역에서는 근대사상 가장 엄중한 한재가 발생하여 산동, 직예, 하남, 산서, 섬서의 5성을 휩쓸었으며, 사망자가 무려 천만 명에 달하였다. 특히 한재는 1877년(丁丑年), 1878년(戊寅年)에 최고조에 달하여 당시 사람들이 이를 정무기황(丁戊奇荒)이라고 불렀다.5)

정무기황 이후 40년만인 1920년에 산동성을 비롯하여 화북 대부분 지역의 강수량이 200-400밀리미터에 불과하여 대한재가 발생하였다. 당시 언론의 보도를 살펴보면, 진포철도 연선의 재황이 특히 심하여 농업의 작황에 심각한 결과를 초래하였음을 알 수 있다. 진포철도 연선 일대에는 "콩의 싹이 3寸에 지나지 않으며, 옥수수 키도 1척 어에 불과하고 1척이 되지 않는 것도 허다하였다. 고량은 낟알이 영글지 않았을 뿐만 아니라 속이 비어 있었다. 한해가 휩쓴 결과였다."6)

|도표 63| 1920년도 화북 각 성의 한재 피해7)

성별	전현수	재해 현수	피해면적(里)	피해인구(名)
직예성	139	70	32,000	9,000,000
산동성	107	54	18,000	12,000,000
하남성	108	37	12,000	7,000,000
합계	354	161	62,000	28,000,000

심어놓은 고량이 채 익지도 않았으나 사람들은 뿌리 채 뽑아 줄기까

---

5) 王林, 『山東近代災荒史』, 齊魯書社, 2004.8, p.165.
6) 『民國日報』, 1920.9.28.
7) 王林, 『山東近代災荒史』, 齊魯書社, 2004.8, p.182.

지 먹어버렸다. 수많은 사람들이 기아에 허덕여 초근목피, 솜(면화), 겨 등으로 연명하였으며, 심지어 식량을 뺏기 위해 다른 사람을 해치는 일마저 발생하였다. 식량과 사료가 부족해지자 가축들이 대량으로 도살되고 팔려나갔다. 이러한 현상이 일반화되어 평소 50-80원 하던 소 한 마리 가격이 15-20원으로 폭락하였다.[8] 뿐만 아니라 이재민들은 가지고 있던 작은 밭뙈기마저 저당잡히거나 팔아버렸으며, 일상 생활 용품도 모두 내다 팔았다. 심지어 자식이나 처를 팔아버리는 일도 빈번하였으며, 특히 여아의 경우가 심하였다. 재민들은 자녀를 겨우 수원의 가격으로 팔아버렸으며, 심지어 1, 2원도 있었다.[9]

진포철도 양변에 늘어서 있던 양회나무의 이파리들은 난민들이 모두 따서 분말을 내어 떡으로 만들어 먹었다. 진포철도를 경비하던 철도경찰들도 난민들의 처지를 동정하여 이를 방기하였다. 양회나무 이파리도 모두 사라지고, 기아에 지친 사람들은 병들고 사망하여 길가에는 죽은 시체들로 가득하였다.[10]

산동성의 경우 진포철도 연선 지역에 이재민이 집중되었으며, 따라서 인구의 유동이 매우 빈번하였다. 1921년 봄 마침내 대규모의 전염병이 창궐하자 정부는 인구의 유동을 통제하기 위해 진포철도의 산동 구간에서 수차례에 걸쳐 승차표의 판매를 중단하였다. 1921년 3월 산동성 상원현 북쪽에서 전염병이 창궐하여 조사한 결과 폐역[11]으로 판명되었다. 이에 교통부는 진포로 상원역에서 전염병을 발견하였음을 공포하고, 楊柳靑에서 桑梓店 사이의 26개 모든 철도역에서 승차표의

---

8) 『大公報』, 1920.9.15.
9) 『申報』, 1920.9.17 및 『大公報』, 1920.9.6.
10) 『大公報』, 1920.9.16.
11) 소의 전염성 폐렴. 우폐역균의 감염으로 생기며 늑막염을 수반한다.

판매를 일체 중단하였다. 그럼에도 불구하고 이 지역을 시찰하던 방역 원마저 전염병에 감염되어 3월 24일 사망하자, 그와 함께 활동하던 의사들은 모두 격리되고 말았다.[12)]

더욱이 산동성은 남쪽으로 강소성, 안휘성, 북쪽으로 직예성을 끼고 있어 군사, 전략적으로 매우 중요한 지역으로서 군벌전쟁의 중심지가 되었다. 군벌전쟁은 이재민의 구휼활동에 막대한 지장을 초래하였다. 1920년 7월의 직환전쟁은 바로 산동성에서 대한재가 발생하여 산동성민 4천만 명이 절망적인 상황에 처해있을 무렵에 발생하였다. 전쟁으로 말미암아 진포철도는 수시로 차단되었으며, 산동의 이재민을 구제하기 위한 중앙정부의 구휼작업이 제대로 이루어지기 어려웠다.[13)]

북양군벌 통치시기의 특징 가운데 하나는 토비의 수자가 급속히 증가하였다는 사실이다.[14)] 1916년 6월 원세개 사후 중국에서는 군벌 할거의 국면이 전개되었다. 비교적 큰 군벌로는 북양파의 직계, 환계, 봉계가 있었으며, 그리고 서남군벌 및 그밖에 각 성에 할거하는 지방 소군벌이 존재하였다. 통계에 따르면 1912-1928년 사이 중국의 정치무대에 등장한 대소군벌은 모두 1,300여 개에 달하였다.[15)] 1916년-1928년 12년 동안 정부의 수뇌부는 모두 9차례 바뀌었으며, 평균 존속 시간이 16개월에도 미치지 못하였다.[16)] 북양군벌정부 시기 산동성에는 52종에 달하는 각종 세금이 있어, 성민 한 사람이 부담해야 하는 세금은 민

12) 『申報』, 1921.3.7, 3.10, 3.29.
13) "성민들에 대한 중앙 정부의 구휼작업이 직환전쟁과 군대의 소요가 진포연선에서 발생하면서 중지되고 말았다." 『大公報』, 1920.9.15.
14) 1924년 현재 산동성의 토비는 47개파, 총 18,400명에 달하였다. 또 다른 연구는 47개파, 25,760명이라 하며, 이밖에도 54개파, 39,170명이라는 통계도 있다. 貝思飛, 『民國時期的土匪』, 上海人民出版社, 1991, p.201 및 p.283.
15) 張靜如, 『北洋軍閥總治時期中國社會之變遷』, 中國人民大學出版社, 1992, p.191.
16) 齊錫生, 『中國的軍閥政治(1916-1928)』, 中國人民大學出版社, 1991, p.2.

국 초기에 2.2원에서 20여 원으로 상승하였으며, 군벌들은 군표 등 채권을 남발하여 이들을 착취하였다.

민국 이후 대소군벌들은 산동성에서 병사를 모집하였는데, 예를 들면 강소성의 장훈, 호남성의 장경요, 광동성의 용제광 등이 대표적인 예였다. 임성사건을 주도한 손미요와 토비들은 원래 장경요의 예하 부대였으나 호남전에서 패배한 이후 해산되었다. 산동독군 전중옥의 부관 장건공은 대총통에게 "군대 해산 이후 돌아갈 곳이 없는 사람들이 대부분 토비로 유입되어 연합하니 지역이 소란스럽게 되었다. 직노예 (하북성, 산동성, 하남성) 3성 교계지는 토비세력이 창궐하여 소굴이 되었다"[17)]라고 보고하였다.

토비가 정부와 타협하여 하루아침에 관가의 사람으로 변모하는 일이 다반사였다. 군대와 토비 사이를 엄격하게 구분하기 어려웠으며, 세간에서는 들어오면 군인이 되고 나가면 토비가 된다고 회자되었다.[18)] 임성사건 발발 이후 토비들이 요구한 사항도 바로 자신들을 정규군으로 편제해 달라는 것이었다. 이밖에 1923년 4월 27일 북경 근교의 응성토비가 자신들의 병력을 정식 군대 1師로 편제해 줄 것과 모든 병사에게 병기를 지급하고 현금 100만 원을 지급해 줄 것 등을 요구하며, 받아들여지지 않을 경우 관군과 전투를 불사하겠다고 통보하였다. 이와 같이 북양군벌정부 시기에 토비의 군벌화와 군벌의 토비화는 상호 불가분의 관계였음을 알 수 있다.

당시 상해에 체류하고 있던 여운형이 직접 임성지역을 방문한 기록을 살펴보면, "토비와 관병, 농민은 관계가 밀접하여 서로 형, 동생으로 호칭하고 마치 사촌과 같이 친밀하였다. 비밀히 사용하는 암호가 있어

---

17) 『大公報』, 1920.11.21 및 12.24.
18) 神田正雄, 「土匪事件と其の善後措置」, 『外交時報』447號, 1923.6.15, p.18.

심지어 교전중에도 포성으로 서로의 의사를 소통하여 병사와 토비, 농민(兵, 匪, 農)을 도저히 구별할 수 없다"[19]라고 지적한 바 있다.

토비가 외국인 및 중국인을 납치하여 몸값을 요구하는 것은 임성사건 이전부터 매우 흔한 일이었다. 임성사건 직전인 1920년 6월 13일 악주에서 토비가 미국선교사를 살해하는 사건이 발생하였다. 이에 미국공사는 중국외교부에 엄중 항의하였으며, 중국정부는 이들 가운데 주모자를 색출하여 사형에 처하고 선교사 유족에 위자료 45,000원을 지급하여 이를 무마하였다.[20] 1922년 8월 17일에는 하남성에서 토비가 롱해철도의 프랑스인 기관사 1명과 그리스인 기관사 1명을 납치하여 몸값을 요구하는 사건이 발생하였다. 이후 11월 16일 영국, 미국, 프랑스, 일본 등 각국 공사가 중국정부에 엄중 항의하였으며, 마침내 12월 20일 석방되었다. 1922년 12월 11일에는 미국 元和洋行의 지배인인 찰스 골드만이 현금 6만 원을 수송하는 도중에 무장집단의 습격을 받아 사살되는 사건이 발생하였다. 미국공사는 엄중 항의하였으며, 마침내 1923년 5월 26일 중국정부는 유족에게 25,000달러를 지불하고서야 이 문제를 해결할 수 있었다.[21] 1922년 하남에서는 조걸마 예하의 부대가 직예파에 의해 해산된 후 토비로 전락하여 수 명의 외국인을 납치하자, 중국정부는 토비의 요구를 수용하여 15만 원을 제공하고 나서야 비로소 이들을 석방시킬 수 있었다. 그러나 이를 계기로 하남성에서는 토비가 더욱 기승을 부렸다.[22]

---

19) 『東亞日報』, 1923.6.6.
20) 日本公使館武官, 『最近支那に於ける歐美人被害事件』, 1923.12, p.88.
21) 日本公使館武官, 『最近支那に於ける歐美人被害事件』, 1923.12, p.91.
22) 川田明治, 『土匪襲擊事件ニ就テ』, 日本參謀本部, 1923.5.10, pp.113-114.

2. 임성사건에 대한 북경정부의 대응과 官匪 교섭

중국 각 성 및 각 주현의 교계지에는 특히 토비의 출몰이 빈번하였는데, 이와 관련하여 중국에서는 3성, 3주현 등의 교계지를 3不管, 4성, 4주현 등의 교계지를 4불관이라고 칭하는 속어가 있었다. 즉 인근성, 인근 주현과의 접경지역에서 지방관들이 해당 지역에 대한 통제의 책임을 서로에게 미루는 모양을 묘사한 것이다.[23] 특히 진포선 일대는 산동, 하남, 강소, 안휘 등 4성 교계에 해당되는 지역으로서 토비의 소탕에 각성의 합작이 곤란한 지역이었다. 더욱이 임성사건을 주도한 토비의 소굴인 抱犢崮는 산세가 높고 지세가 험해 산동성 봉현의 8경 가운데 하나로서, 봉현, 비현, 등현, 임기현의 4현, 동서 약 60여 리, 남북 약 40리에 걸쳐 있었다. 1920년 화북에 대한재가 들었을 때, 포독고를 중심으로 한 지역에서는 특히 재난이 심하여 10집 가운데 9집이 비었으며, 도적이 된 자가 20만 명 이상에 달하였다.[24]

손미주를 수령으로 하는 토비 무리는 1920년 청명절에 산동성의 봉, 등, 비 3현의 교계지인 金鑾殿에 모여 스스로를 '산동건국자치군'이라 명명하였다. 손미주는 스스로 총사령관이 되어 손미요와 주천류을 부총사령으로 추대하고, 손계지를 참모장으로, 정개법을 참모처장으로 임명하였다. 그 아래 5로군이 있어 제1로군 사령은 손미주가 겸하였으며, 제2로군 사령에는 곽기재, 제3로군 사령에는 주천송, 제4로군 사령에는 왕계상, 제5로군 사령에는 유청원을 임명하였다.

1922년 7월 초 산동건국자치군이 臨沂 傳家庄을 공격하여 지주 조영정 및 기타 부호 수십 명으로부터 총 21만 원을 약탈하자, 북양정부

---

23) 矢野仁一, 「支那土匪論」, 『外交時報』458號, 1924.1.1, p.42.
24) 『時事新報』, 1923.5.28.

세계를 놀라게한 중국별 열차강도사건

는 군대를 파견하여 이들과 격렬한 전투를 전개하였다. 1922년 7월 15일의 전투에서 손미주는 사망하였으며, 이후 그의 아우인 24세의 손미요가 총사령의 직무를 승계하였다. 1922년 8월 초 손미요는 1,500명의 토비를 이끌고 포독고 일대에서 정부군인 제6려에 대승을 거두었다. 이에 북양정부는 산동독군 전중옥을 剿匪司令으로 임명하여 산동 제5, 제6혼성여단과 20여단, 5사단 등의 부대를 지휘하여 포독고를 포위하였다. 마침내 1923년 4월, 포독고의 토비 소굴은 양식과 물이 바닥을 드러내면서 궤멸의 위기에 처했다.

대책회의에서 손미요의 숙부인 손계지는 열차를 습격하여 외국인을 납치하고 이를 협상조건으로 관병의 포위로부터 벗어나자는 계략을 제안하였다. 이후 손미요는 임성, 남경, 상해 등에 밀정을 보내 정탐한 결과, 미국의 지원으로 완공된 황하 유역의 댐 준공식이 5월 8일에 개최되어 중외인사들과 기자들이 탐방할 것이라는 정보를 입수하였다. 임성에 파견했던 밀정도 5월 5일 진포철도 임성경무처장 장문통의 50세 생일을 맞이하여 각 열차역의 경비대장들이 참석할 예정이라고 보고하였다. 이에 손미요와 손계지는 5월 6일 새벽에 열차를 습격하기로 결정하였다.[25]

25) 陸茂淸, 「1923: 綁架洋票」, 『史海鉤沉』1997年 12期, p.40.

|도표 64| 임성사건 발생 당시 상황을 표시한 지도

　위의 지도에서 진포철도는 천진을 출발하여 제남, 연주, 임성, 서주
를 거쳐 포구로 향하고 있음을 알 수 있다. 지도에서 빗금친 부분이 바
로 토비들의 소굴로서, 특히 이 지역에서 토비의 발호가 극심하였음을
알 수 있다. 임성사건이 발발한 지역은 산동, 하남, 강소, 안휘성의 경
계지역이라는 지리적 조건으로 말미암아 관방의 통제가 쉽지 않았음을
짐작할 수 있다. 또한 토비들이 열차를 습격한 방향과 위치도 잘 나타
나 있다.
　이들은 중국인 71명, 외국인 39명을 납치하여 분산 수용함으로써 관
군들이 쉽게 공격할 수 없도록 하였다.[26] 토비들은 외국인들이 가지고
있던 물품들을 모두 갈취하였는데, 처음 보는 서양의 물건들이 신기한

듯 하나하나 용도를 물어보았다. 토비는 로션을 가리키며 먹는 것이냐고 묻고는 피부에 바르는 것이라 알려주자 이내 버리고 말았다. 이들 중에는 서양인의 옷가지에서 발견된 여성용 브래지어를 허리띠로 여겨 차고 다니는 자도 있었다.[27]

손미요는 독일인 천주교선교사에게 "자신들은 예전에 군인이었으나 해산된 이후 생계가 막막하여 약탈로 연명하는 자들로서, 이번 일은 결코 원하는 바가 아니다. 이번에 외국인들을 납치한 것은 정부에게 자신들을 정규군으로 다시 편제시켜 줄 것을 요구하기 위한 것이지, 결코 돈을 탐하여 저지른 행동이 아니다"[28]라는 입장을 밝혔다.

토비 가운데에는 경한철도에서 2·7파공에 참여했던 철도노동자와 일차대전 기간에 프랑스에 파견되었다가 귀국한 노동자들도 섞여 있었다.[29] 일차대전 기간 동안 무려 15만 명의 중국인 노동자가 영국과 프랑스 등 구미로 가서 노동에 종사하였는데, 이들은 군사, 건축, 철도 등의 공정에 익숙하였으며, 임성의 진포철도 한 구간을 절단하여 철도를 급정거하게 만든 장본인이기도 하였다. 따라서 토비 중에는 영어, 프랑스어, 러시아어를 구사하는 자들도 있었다. 일차대전 시 프랑스에서 노동에 종사했던 자들은 프랑스어에 능통했으며, 또한 러시아인으로서 토비의 처가 된 자들도 있었다.[30]

손미요는 5월 7일 관부에 인질을 보내 협상을 위한 전제조건으로서 첫째, 군대를 파견하여 공격하지 말 것, 둘째, 토비를 정규 관군으로 편성해 줄 것과 1년분의 식량을 제공할 것, 셋째, 군사공격이 시작될 경

---

26) 『東亞日報』, 1923.7.22.
27) 徐有威, 「一位女洋票眼中的臨城劫車案」, 『民國春秋』1999年 2期, pp.59−60.
28) 『大晩報』, 1920.5.13
29) 南匯, 「時事述評」, 『東方雜誌』20卷 8號, 1923.5, p.3.
30) 『東亞日報』, 1923.7.22.

우 인질을 살해할 것 등을 통보하였다.[31]

5월 8일, 각국 공사는 외교단회의를 개최하여 포르투갈공사 프레타스(J. Batalha de Freitas)를 대표로 임명하여 국무원총리 장소증에게 엄중한 항의를 전달하면서, 기한내 외국인 포로를 안전하게 구출할 것과 외국인의 생명과 재산의 보장을 요구하였다. 이에 따라 5월 9일 외교부 차장 심서린은 각국 공사를 만나 평화적인 방법으로 외국인을 안전하게 구출한 이후에 비로소 토비의 토벌에 나설 것임을 약속하였다. 따라서 토비에 대한 군사행동은 외국인의 안전을 고려할 때 선택되기 어려운 정책이었다.

같은날 대총통 여원홍은 산동독군 전중옥, 산동성장 웅병기 등에게 대책을 강구하도록 지시하였다. 정부는 역현의 신사 당금원, 이병장 등으로 하여금 토비의 소굴로 들어가 협상하도록 하고, 임성 부근의 조장에 임시판사처를 설립하였다. 5월 12일 새벽 당금원과 이병장은 향장의 신분으로 손미요 일파를 질책함과 동시에 즉시 관부와 담판할 것을 권하였다. 손미요와 곽기재는 이에 승낙의 뜻을 표시하고, 전제조건으로서 첫째, 관군의 우선적 철수, 둘째, 관향의 지급, 셋째, 토비를 정식 군대의 旅로 편제하고 먼저 병기를 지급할 것, 넷째, 전중옥, 하봉옥 등을 면직할 것 등을 요구하였다.[32]

5월 13일 관방의 정식대표인 미국인 앤더슨(Anderson)과 강소독군 제섭원의 교섭원 온세진이 비구로 들어가 정식 회담에 임하였다. 관방대표는 먼저 서양인들을 석방한 이후 회담을 진행하자고 제의하였으나, 손미요는 "첫째, 자신들의 본거지인 포독고를 포위하고 있는 관군을 백리 밖으로 철수시킬 것을 요구하며, 이것이 실현될 경우 외국인 및 중

---

31) 南匯, 「時事述評」, 『東方雜誌』20卷 8號, 1923.5, p.5.
32) 中國第二歷史檔案館, 「臨城劫車案文電一組」, 『歷史檔案』1981年 2期, p.56.

국인 인질 일부의 석방을 약속하였다. 둘째, 군대 철수 이후 자신들을 정규군으로 편제해 줄 것과, 이에 대한 정부 측의 의지를 보이는 차원에서 무기류를 우선 보급해 주도록 요구하며, 이것이 실현될 경우 다시 일부 외국인 인질을 석방하기로 약속하였다. 셋째, 정부가 급히 대표를 파견하여 자신들을 관군으로 편제하는 방안에 관해 논의하며, 편제가 완료된 이후 외국인 인질을 모두 석방한다" 등의 요구사항을 제시하였다.[33] 이와같은 요구에 관방은 어쩔 수 없이 동의를 표시하였다.

그러나 5월 14일 밤, 토비 측에서는 자신들이 제시한 조건들이 충분치 못하며, 관군의 완전 철수를 포함하여 토비의 정규군 편제 및 통제 범위에 대한 요구를 강화하자는 주장이 제기되었다. 이에 다음날 15일 이를 반영한 새로운 5항의 요구사항을 관방에 전달하였으며, 산동성장 웅병기는 다음의 요구사항을 국무원에 급전으로 보고하였다. 첫째, 20 려를 제녕으로 철수시키고 6려를 원래 주둔지로 돌려보낸다. 둘째, 등현, 봉현 두 현의 신사들로 하여금 사후 합의를 깨지 않는다는 보증을 서도록 한다. 셋째, 동부산을 관부와 자신들의 협상장소로 정한다. 넷째, 토비를 2旅로 편제한다. 다섯째, 토비들은 란릉, 추현, 상촌, 산정 점자 등을 자유롭게 왕래할 수 있다.[34]

그러면 손미요 측은 왜 갑자기 이전보다 강한 요구사항을 제출하게 되었을까? 주요한 이유는 정부가 외국인 인질의 안전을 고려하여 군사 행동에 나서기 어려운 상황임을 간파하고 자신들의 세력을 확대하려는 의도가 있었던 것으로 보인다. 5월 15일 북경정부 교통총장 오육린은 풍옥상에게 토비들이 자신들을 포위하고 있는 관군 3개 여단의 철수를 요구하면서 한편으로는 각방의 집회를 소집하여 원병을 요청하고 있으

33) 南匯, 「時事述評」, 『東方雜誌』20卷 8號, 1923.5, p.6.
34) 中國第二歷史檔案館, 「臨城劫車案文電一組」, 『歷史檔案』1981年 2期, p.58.

며, 청도, 하남 일대의 토비들을 모으고 있다. 따라서 사태를 시급히 해결하지 않으면 무한정 연기될 가능성이 있다고 타전하였다.[35] 또다른 기록에서도 "토비는 자신들이 제시한 요구를 강화하며 협상을 지연시켜 시일을 끌면서 하남, 청도 등지에 있는 토비와 연합하여 대규모의 조직을 형성하려고 시도하고 있는 것으로 보인다"[36]고 전하고 있다. 임성현을 직접 답사한 여운형도 "손미요는 사방에 산재한 토비들을 산동으로 집중시키고 있으며, 더욱이 관병과 농민 가운데에서도 토비를 모집하는 중"[37]이라고 지적한 바 있다. 실제로 5월 20일 포독고 외부에 있던 일군의 토비가 관군의 포위선을 뚫고 손미요와 합세하기 위해 진입하던 중 관군과 사이에 전투가 발생하였다.[38]

이러한 가운데 이미 5월 15일 주중 이탈리아공사는 북경정부 외교부에 중국이 시급히 이 사안을 해결하지 못할 경우 무정부상태로 간주하여 자신들이 직접 토비와 담판할 것임을 전하였다.[39] 또한 상해발 소식은 각국 무관이 연합군의 조직에 착수하여 본국의 훈령이 떨어지면 즉각 출동할 태세를 갖추고 있다고 보도하였다.[40] 사태가 이와같이 전개되자 북경정부는 강경수단을 채택하여 토비를 진압하고 열강의 개입을 차단하려 시도하였다.

5월 22일 산동독군 전중옥과 교통총장 오육린은 국무원 및 총통부회의에서 토비의 진압을 강력히 주장하였으며, 오패부, 여원홍, 장소증 등이 이에 찬성을 표시하였다. 공사단도 중국정부를 지나치게 압박할

---

35) 中國第二歷史檔案館, 「臨城劫車案文電一組」, 『歷史檔案』1981年 2期, p.58.
36) 南匯, 「時事述評」, 『東方雜誌』20卷 9號, 1923.5, p.2.
37) 『東亞日報』, 1923.6.6.
38) 南匯, 「時事述評」, 『東方雜誌』20卷 9號, 1923.5, p.3.
39) 中國第二歷史檔案館, 「臨城劫車案文電一組」, 『歷史檔案』1981年 2期, p.58.
40) 미국보병 15연대, 영국-인도연합중대, 프랑스보병 1연대, 이탈리아 육전대 300명이 출동 채비를 갖추고 있다. 『東亞日報』, 1923.5.28.

세계를 놀라게 한 중국발 열차강도사건

경우 오히려 사건의 해결이 어렵게 될 것을 우려하여 인질의 안전을 조건으로 이에 동의하였다. 조곤은 공사단의 태도가 완화된 것을 확인한 이후, 최후의 조건을 제시하고 대총통이 이 조건의 실행을 보장하며, 토비가 인질을 석방한다면 상호 타협이 가능하고 받아들이지 않을 경우 병력을 집중하여 토벌(剿匪)한다는 방침을 결정하였다. 이와함께 정사기를 초비총사령으로 임명하여 直魯豫蘇(하북성, 산동성, 하남성, 강소성) 4성의 군대를 차출하여 현지로 파견하였으며, 항공서도 비행기를 파견하기로 결정하였다.

정부의 강경방침이 전해지면서 손미요는 현지의 천주교신부 렌퍼 (Lenfers)를 통해 관방에 다음과 같은 요구를 전하였다. 첫째, 먼저 군대를 철수시킨다. 둘째, 토비를 혼성여로 편성한다. 셋째, 미국, 영국, 프랑스, 이탈리아 4개국 공사가 서명하여 합의를 보증한다. 그러자 관방은 이에 대해 첫째, 인질을 먼저 석방하라. 둘째, 정규군으로의 편제는 총을 가진 자에 한정하며 무기를 소지하지 않은 자는 해산한다는 협상안을 제시하였다.[41]

마침내 6월 12일 오후 4시, 북경정부 미국인고문 앤더슨의 보증 하에 다음과 같은 합의에 도달하였다. 첫째, 총을 가진 3천 명을 산동신편려로 편제하고 여장에 손미요를 임명한다. 둘째, 편제를 원치 않는 자는 정부가 免死證을 발급하여 고향으로 돌아갈 수 있도록 한다. 셋째, 편제 여부를 떠나 모든 사람에게 일인당 現洋 20원을 지급한다. 넷째, 모든 중국인, 외국인 인질을 석방한다. 다섯째, 위의 조항은 앤더슨 및 당지 신사들이 실시를 보증한다. 이러한 결과 양측은 棗庄 부근의 十里河에서 협정에 서명한 이후 인질들을 모두 석방하였다. 소위 '산

---

41) 『申報』, 1923.5.26.

동건국자치군'의 토비 무리들은 마침내 산동신편려로 편제되었으며, 조장에 旅部를 두고 제5사단의 지휘 아래 들어갔다. 손미요는 여장으로, 손홍도는 참모장으로, 곽기재는 제1단 단장으로, 周天松은 제2단 단장으로, 왕수의, 고문성, 유청원, 褚思振, 왕계상, 손미송 등은 營長으로 임명되었다.

그러나 조곤은 대총통에 취임한 이후 신임 산동독리 정사기로 하여금 손미요를 살해하도록 지시하였으며, 1923년 12월 19일 정사기는 곧 주진수사 장배영을 시켜 손미요와 일행 11명을 유인하여 살해하였다. 손이 사망한 이후 산동신편려의 병사들이 도망하는 풍조가 생기자 군사령은 이들에게 免死證을 교부하고, 이들의 무기를 관에서 구입하고 원적지로 돌려보내기 위해 정부에 무기 구입비 7만 원의 지출을 신청하였다.[42]

그러면 손미요는 왜 살해되었을까? 임성사건이 대성공을 거두면서 각지의 토비가 이를 모방하여 외국인의 납치사건과 정규군으로의 편제 요구가 끊이지 않았다. 일찍이 5월 26일 토비 무리가 경한선 열차를 공격하였으나, 철도를 경비하고 있던 14사단에 의해 격퇴되었다.[43] 임성사건 이후 손미요의 토비집단이 정규군으로 편제되자 같은해 8월 중순 산동성 내

|도표 65| 1923년 산동독리 정사기

42) 『東亞日報』, 1923.12.30.
43) 『朝鮮日報』, 1923.5.30.

101개 현 가운데 토비가 창궐하여 군사편제를 요구한 지역이 43개 현에 달하였다.[44] 10월 12일 오후 10시에는 낙양발 서주행 열차가 서주로부터 120리 떨어진 지점에서 토비들의 습격을 받았다. 이들은 철도 교량을 절단하여 열차를 전복시키고 약탈하였는데, 사상자가 무려 129명에 달하였다.[45] 11월에는 산동성 창읍에서 토비가 프랑스신부 및 선교사들을 납치하여 정규군으로의 편제를 요구하는 사건이 발생하여 관군이 1개월 동안 이를 포위하는 사건이 발생하였다. 11월 13일 진포철도에서 다시 토비가 출몰하여 부유한 촌민 10명을 납치하여 몸값을 요구하였다.[46]

당시 언론은 임성사건이 이후 발생한 토비사건들과 어떠한 연관을 가지고 있는지 다음과 같이 서술하였다. "토비사건은 전염성을 가지고 있기 때문에 임성사건의 사후처리는 산동, 각지 및 하남, 산서 방면의 토비들에게 다대한 영향을 미친다. 현재 진포선의 서주로부터 하남성 개봉에 이르는 철도 연선 일대의 토비가 동요의 조짐을 보이고 있으며, 더욱 경한선 및 진포선의 다른 구간에서도 토비의 출몰이 극성이다. 만몽에서 잠복해있던 마적도 창궐하고 있다."[47] 이와같이 토비의 창궐을 예방하기 위해서라도 북양정부로서는 이미 손미요를 주살하지 않으면 안되는 상황에 처하게 된 것이다.

---

44) 「時事述評」, 『東方雜誌』20卷 17號, 1923.10, p.3.
45) 日本公使館武官 林彌三吉, 『隴海鐵道土匪列車襲擊ニ關スル件報告』, 1924.10.18.
46) 『東亞日報』, 1923.11.16.
47) 神田正雄, 「土匪事件と其の善後措置」, 『外交時報』447號, 1923.6.15, p.21.

3. 철도관리안과 북경정부

임성사건이 발발하자 중국에 있던 외국교민들은 이를 의화단운동 이후 최대의 배외사건으로 규정하여 자국정부에 교민의 안전과 보호를 강력히 촉구하였다.[48] 상해, 북경 및 한구 등지의 미국상회 및 미국교민협회는 미국외교부에 "중국의 모든 수륙 교통기관에 외국군대를 주둔시켜 감독하며, 외국경찰대를 전국의 주요 지방에 주둔시켜야 한다"[49]는 요구를 전달하였다. 5월 10일 북경 및 천진의 영미협회도 긴급합동회의를 개최하고 외국인을 보호하기 위해 진포철도에 외국호위병을 주둔시켜야 한다는 결의안을 통과시켰다.[50] 6월 1일 오후 5시 상해 거주 외국거류민 5천 명도 대회를 개최하고 외국인의 안전을 보장할 수 있는 조치를 강구하도록 북경정부와 공사단에게 요청하였다.[51]

주스위스 영국공사는 영국교민의 피해상황을 국제연맹 비서처에 보고하는 동시에, 교민의 안전과 배상을 중국정부에 요구하였다. 멕시코 역시 자국교민이 납치되었다는 사실을 국제연맹에 통지하고 협조를 요청하였으며, 이탈리아 역시 즉시 국제연맹회의를 개최하여 중국의 철도를 감독해야 한다고 주장하였다. 미국의 언론 역시 연일 중국정부를 맹렬히 비난하였다.[52]

특히 영국의 반응은 가장 격렬하였다. 왜냐하면 임성사건이 발생한 진포철도는 주로 영국의 세력범위이며, 또한 주요한 투자지역이었기 때문이다. 따라서 영국여론과 영국교민들 사이에서는 강경조치를 취함

---

48) 『申報』, 1923.5.9.
49) 南匯, 「時事述評」, 『東方雜誌』20卷 11號, 1923.6, p.1.
50) 『朝鮮日報』, 1923.5.14.
51) 『朝鮮日報』, 1923.6.6.
52) 蔣永敬, 「臨城劫案和文獻(續)」, 『傳記文學』53卷 3期, 1988.9, p.59.

으로써 자국의 이익을 확보해야 한다는 의견이 비등하였다. 6월 19일과 30일 영국은 미국국무원에 서한을 보내 중국 측에 강경하게 대응하여 외국인의 생명과 재산을 보호하고 유사한 사건의 재발을 막아야 한다고 주장하였다.

전영국공사인 조던(Jordan)은 "중국의 무질서 상태는 정부가 무능한 소치이다. 따라서 단순히 몸값을 치루어 인질을 구해내는 방법은 장래 이와 유사한 사건의 재발을 간접적으로 장려하는데 지나지 않는다.... 중국의 치안을 유지하기 위해서는 국제연맹 혹은 기타 기관을 통해 외국인장교가 지휘하는 경비대를 조직하여 철도를 관리해야 한다"[53]고 주장하였다.

임성사건 직후인 5월 8일 각국 공사는 대책회의를 개최하여 포르투갈공사 프레타스(J, Batalha de Freitas)를 공사단 대표로 임명하고, 중국외교부에 제출할 요구사항을 논의하였다. 특히 영국공사는 회의에서 "진포철도를 보호하기 위한 경찰대를 즉시 조직해야 하며, 그 경비는 철도의 수입으로 충당하고, 이를 감독하기 위해 외국인사무장과 회계주임을 파견해야 한다"[54]는 방안을 제출하였다.

더욱이 영국은 이 사건에 대한 무력간섭을 주장하였다. 5월 16일 공사단회의에서 영국은 당고에서 연합해군시위를 벌여 중국정부에 압력을 행사해야 한다고 주장하였다. 그러나 무력시위에 대한 각국의 의견은 일치하지 않았다. 특히 미국공사 서면(Schurman)은 열강의 무력간섭이 자칫 외국인 인질의 살해로 이어질 가능성도 없지 않으며, 따라서 북경정부로 하여금 외국인 인질을 무사히 구출해 내도록 도와야 한다고 주장하였다.

53) 神田正雄, 「土匪事件と其の善後措置」, 『外交時報』447號, 1923.6.15, p.23.
54) 章伯鋒, 『北洋軍閥』4卷, 武漢出版社, 1990, p.581.

미국의 반대는 영국에 대한 견제뿐만 아니라 일본의 세력 확장을 의식한 측면도 있다고 보여진다. 당시 일본참모본부에서 작성한 보고서를 보면, 진포철도에서 발생한 토비의 열차습격사건에 대해 미국은 혹시 이 사건이 중국에서 외국군대의 세력 증대를 목적으로 일본군부가 사주한 결과가 아닌가 의심하고 있었던 것으로 보인다. 일본참모본부는 보고서에서 "열강 군대로 하여금 친포철도 연선을 공동 경비하도록 하는 방안은 중국을 국제관리하는 단서가 된다. 미국 등이 이 사건을 일본군벌의 음모에 따른 것이라고 견강부회의 선전을 하고 있다"[55]라고 지적하였다.

임성사건이 발생한 산동지역은 바로 일본이 일차대전 직후 독일의 이권을 승계하여 자신의 세력권으로 확보하고자 시도하였으나 결국 뜻을 이루지 못했던 지역이기도 하다. 실제로 일본정부 대변인은 사건 직후 발표한 담화문에서 "열강들이 워싱턴회의에서 일본의 철병을 강요하였는데, 만일 일본군이 여전히 산동에서 질서를 유지했더라면 임성사건은 근본적으로 발생하지 않았을 것"[56]이라고 강변하였다.

실제로 세간에서는 외국인승객 가운데 일본인이 한 명도 없었으며 토비들이 일본제 무기를 소지하고 있었다는 근거로 일본의 사주설이 파다하였다. 이는 "금번 토비사건에 대해 일부 사람들이 의심의 눈길을 보내고 있다. 이번 납치사건에 외국인질 가운데 일본인 피해자가 한 사람도 없어 일본이 이번 사건을 미리 알고 있었다고 오해하고, 심지어 토비 가운데 일본인이 포함되어 있다는 무고도 있는 모양이다"[57]라는

55) 川田明治, 『土匪襲擊事件ニ就テ』, 日本參謀本部, 1923.5.10, p.118.
56) 約翰・本杰明, 「匪巢历险记: 一个外国记者回忆临城劫车案」, 『文史精华』1996年 4期, p.43.
57) 神田正雄, 「土匪事件と其の善後措置」, 『外交時報』447號, 1923.6.15, p.27.

기록으로부터도 잘 알 수 있다.

6월 8일 공사단은 미국, 영국, 프랑스, 이탈리아 4개국 공사로 배상위원회를 조직하여 인질의 배상액에 관해 심의하였으며, 영국, 미국, 프랑스, 이탈리아, 일본, 벨기에, 포르투갈 7개국 공사로 로경위원회를 구성하고, 철도를 보호하기 위해 경찰대를 조직하는 방안에 대해 논의하였다. 6월 11일부터 양 위원회는 10여 차례에 걸쳐 회의를 개최하여, 마침내 8월 10일 16개국의 연명으로 요구서를 외교총장 고유균에게 전달하였다.[58]

열강은 배상문제와 관련하여 인질들의 소지품 탈취 및 절도, 구류기간의 수당에 대한 배상뿐만 아니라 구류기간 동안 자유가 구속되고 고초를 겪은 사실에 대한 일률적인 배상을 요구하였다. 또한 〈신축조약〉의 규정에 따라 산동독군 전중옥 및 제6혼성여장 하봉옥, 진포로경무처장 장문통 등 문무관료들을 파직하고 영구히 임용하지 말도록 요구하였다. 이밖에 중국철도를 보호하기 위한 호로경찰대를 개조하여 외국군관의 관할 하에 둔다는 등의 내용이 포함되었다.[59]

로경위원회가 비록 중국철도를 보호하기 위한 호로경찰대의 설립을 제안하였으나, 그 구체적인 내용에 대해서는 각국 간에 의견이 일치하지 않았다. 따라서 공사단은 호로위원회를 구성하여 8월 16일 네델란드공사관에서 제1차 위원회를 개최하였다. 회의에서 외국군관의 직권에 대해 영국공사는 lead(지휘)라는 용어를 사용하였는데, 프랑스공사는 control(지도)이라는 용어를 사용하는 등 의견이 일치하지 않았다. 그런데 20일 개최된 제2차 위원회에서 영국은 더욱 강경한 구체안을 제출

58) 社會科學院近代史硏究所, 『顧維鈞回憶錄』1, 中華書局, 1985, p.329.
59) 中國第二歷史檔案館編, 『中華民國史檔案資料匯編』第三輯(外交), 江蘇古籍出版社, 1991, pp.223-227.

하였다.

주요한 내용은 다음과 같다. 즉 중국교통부 내에 호로행정총국(鐵路警察局)을 설치하여 경비총장으로 외국인과 중국인을 각각 한 명씩 두어 양자가 동등한 권력을 가지고 6,000명의 호로상비대를 지휘하도록 하며, 동시에 24명의 경비원을 초빙하여 경비대의 훈련을 책임지도록 한다. 조직과 지출을 위해 각 철도에 외국인 회계감독을 두며, 경험있는 외국직원을 고용하여 철도검사원과 순시원에 충당하도록 한다. 당해국의 경비는 외국의 비준을 거쳐 매년 약 160만 달러로 하며, 호로경비를 염출하기 위해 각 철도의 회계장과 로무총관으로 외국인을 임명한다.[60]

영국의 제안은 겉으로 보기에는 각국의 공동대응이지만 실상은 중국철도에 대한 영국의 지배권을 확대하기 위한 것이었다. 당시 영국은 중국철도에 가장 많은 투자를 한 국가였다. 중국의 철도 총연장은 13,000 킬로미터였는데, 이 가운데 순수 외자철도는 3,800킬로미터였으며, 영국이 투자하여 부설한 것이 3,400킬로미터였다.[61] 이 수치는 중국철도의 4분의 1 이상, 그리고 순수 외자철도의 약 90%에 달하는 것이다.

따라서 이 제안이 실현될 경우 중국해관의 경우와 같이 철도의 통제권 역시 영국의 통제를 벗어나기 힘들 것임은 예상할 수 있는 일이었다. 실제로 영국은 논의과정에서 중국정부가 철도 경비와 관련하여 스웨덴인 문테(A. E. Munte)를 외국인 고문으로 임명하려 하자, 영국인으로 교체하기 위한 운동을 전개하였으며, 영국이 중국의 철도회계권을 차지하는 대신 경비사령을 미국에게 양보할 수 있다는 교환 조건을 내걸기도 하였다.[62] 이와 같은 일련의 행동은 영국이 중국철도의 공동관

---

60) 南匯, 「鐵路共管與護路警備」, 『東方雜誌』20卷 16號, 1923.8, p.6.
61) 王曉華, 李占才, 『艱難延伸的民國鐵路』, 河南人民出版社, 1993, p.67.

리를 추진한 목적이 어디에 있었는지를 잘 보여주고 있다.

중국일반에서는 영국의 제안이 마치 일차대전 패전국인 독일에 대한 연합국의 태도와 같다고 분개하였다. 일찍이 1923년 5월 산동학생연합 총회는 공사단에 임성사건을 구실로 철도를 통제하려는 의도에 절대 반대한다는 뜻의 통전을 전달하였다. 8월 25일 전국상회연합회는 임성 사건이 의화단운동과는 전혀 성질이 다름에도 불구하고 열강의 요구는 중국의 주권을 침해하는 것이라 비난하였다. 1923년 8월 30일, 전국구 국연합회는 영국이 호로행정국을 조직하여 외국인 장관을 임명하고, 상비대를 전국철도에 주둔시키려는 계획에 대해 국가주권의 중대한 침 해라고 비난하였다.[63] 국회의원 조정인 등은 성명을 발표하고 "영국인 이 국내 소요를 틈타 우리의 국권을 파괴하는 것은 국제정의에 부합되 지 않는다. 우리는 상하가 일심으로 교섭을 거부한다"[64]라고 발표하였 다. 1923년 9월 1일 강소성교육회는 미국, 프랑스, 일본이 모두 반대하 는데 영국이 임성사건을 이용하여 철도관리안을 제출한 사실을 비난하 였다.[65] 9월 30일 각지의 보로회는 공동선언을 통해 영국의 제안을 로 권(철도주권)의 침탈로 규정하고, 일치항쟁할 것을 다짐하였다. 이후 9월 에 들어 전국 각 단체는 국민보로구망회를 조직하였다.[66]

일본은 영국에 의해 제기된 철도 공동관리안에 대해 반대하였으며, 이는 일차대전 직후부터 일관된 입장이었다. 일본은 "구미제국이 주창 하고 있는 철도 공동관리안은 일본이 가지고 있는 권리를 탈취하여 스 스로 장악하고자 하는 함정이 숨어있다"[67]라고 인식하였다. 특히 일본

---

62) 南匯, 「鐵路共管與護路警備」, 『東方雜誌』20卷 16號, 1923.8, p.5.
63) 宓汝成, 『中華民國鐵路史資料』, 社會科學文獻出版社, 2002.9, p.429.
64) 南匯, 「鐵路共管與護路警備」, 『東方雜誌』20卷 16號, 1923.8, p.6
65) 宓汝成, 『中華民國鐵路史資料』, 社會科學文獻出版社, 2002.9, p.429.
66) 宓汝成, 『中華民國鐵路史資料』, 社會科學文獻出版社, 2002.9, p.431.

육군은 만일 영국의 제안이 실현된다면 중국의 교통망이 영국에 의해 장악될 것이라고 반대의 뜻을 표명하였다.[68] 일본외무성은 "임성사건을 기회로 특정국가에서 특수한 이권을 부식하기 위한 행위에 대해 제국정부로서는 도저히 용인할 수 없다"[69]라는 방침을 세우고, 일본공사에게 기타 관계국공사와 협조하여 조치를 취하도록 훈령하였다.

이에 주미 일본대사는 미국국무원을 방문하여 영국의 제의에 대해 명확한 반대의 의사를 표명하면서, 자국의 수정방안을 다음과 같이 제안하였다. 첫째, 호로계획의 상세한 내용을 알기 전에는 공사단이 본 계획을 비준하지 않는다. 둘째, 호로경찰은 중국인을 장관으로 두어 중국 정부의 통제를 받도록 하며, 외국인관원은 단지 중국관원의 고문에 그쳐야 한다. 셋째, 재무와 관련된 업무는 단지 호로경찰에 필요한 경비를 모으고 철도채권을 소유한 사람들의 이익을 보호하는데 한정되어야 한다. 넷째, 이 계획을 모든 철도로 확대시켜서는 안되며, 단지 외국인이 이용하는 철도로 한정해야 한다. 미국국무장관 휴스(Hughes)는 일본의 의견에 동의를 표시하였다.[70]

따라서 영국의 주장에 대해 이미 미국공사는 "가장 바람직한 방법은 중국인 스스로 철도 및 재산을 보호하도록 조장하는 것"이라며 영국의 제안에 대해 반대의 의사를 표시하였다. 미국 국무원도 영국이 열강에 제안한 무력시위 및 진포철도의 외국인 관리에 대해, 중국인으로 하여금 스스로 자구할 수 있는 기회를 부여해야 하며, 영국의 제안은 소기의 성과를 거두기 어렵다고 회답하였다.[71]

---

67) 駐中日本公使館武官, 『支那現狀ト國際管理論』, 1921.1.27, p.974.
68) 『東亞日報』, 1923.8.22.
69) 日本外務省亞細亞局, 『最近支那關係諸問題摘要』, 1923.12, p.77.
70) 南匯, 「鐵路共管與護路警備」, 『東方雜誌』20卷 16號, 1923.8, p.6.
71) 『時事新報』, 1923.7.22.

8월 말 호로위원회에서 미국공사는 영국의 제안에 대해 서명할 의사가 없음을 분명히 하였다. 프랑스공사도 영국의 제안이 중국인들 사이에서 내란과 배외를 조장할 우려가 있으며, 결과적으로 외국인의 안전에 악영향을 초래할 것이라며 반대의 의사를 밝혔다.[72]

중국정부는 외교총장의 명의로 9월 24일 명확한 입장을 공사단에 전달하였다. 여기서 중국 정부는 스스로 철도를 보호하기 위한 조치를 이미 강구하고 있으며, 이것이 공사단의 계획과 사실상 대동소이하므로 이들의 요구를 받아들일 수 없다고 회답하였다. 이와 함께 인질에 대한 배상이라는 용어 대신 구휼이라는 용어로 사실상 요구를 수용하였다. 또한 중국관리에 대한 파면은 중국의 법률에 의거해야 하므로 받아들일 수 없다고 회답하였다.[73]

10월 5일 조곤이 대총통으로 당선된 이후 간선철도의 경비대를 대폭 증원하기로 결정하였다. 주요한 내용은 다음과 같다. 첫째, 경한선 보안대 3대(1대는 360명)를 4대로 증설하고, 경비대 3,400명을 4,200명으로 증원한다. 둘째, 경봉선 보안대 1대를 새로 두고, 경비대 1천 명을 1,360명으로 증원한다. 셋째, 만주선 보안대 1대를 3대로 증가시키고, 경비대 2,220명을 3,000명으로 증원한다. 넷째, 경수선 경비대 1,660명을 2천 명으로 증원한다. 다섯째, 교제선 新古에 보안대 2대를 두고, 경비대 900명을 2,000명으로 증원한다.[74] 이와같이 중국철도의 안전과 보호를 위한 자구노력으로 말미암아 영국의 철도관리안은 이미 실행할 명분을 상실해 갔다.

---

72) 別琳, 「臨城劫車案引發的中外交渉」, 『四川師範大學學報』32卷 4期, 2005.7, p.88.
73) 中國第二歷史檔案館編, 『中華民國史檔案資料匯編』第三輯(外交), 江蘇古籍出版社, 1991, pp.227~230.
74) 『東亞日報』, 1923.10.18.

이와 함께 중국정부는 임성사건의 처리와 관련하여 공사단과의 교섭에 박차를 가하여 열강이 요구한 인질의 배상금문제와 산동독군 전중옥 등의 파면 요구를 수용하였다. 그러나 조곤은 영국이 주장한 철도의 공동관리문제에 대해 외국인의 안전을 더욱 공고히 할 것을 약속하는 선에서 이를 완곡히 거부하였다.[75] 이에 대해 각국은 기본적으로 배상문제와 책임자 처벌문제가 해결되어 이의가 없었다. 비록 영국이 철도관리안을 계속 논의하자고 요구하였으나 각국은 일치된 의견을 도출할 수 없었다. 일본과 미국, 프랑스 등 열강이 모두 반대하는 상황에서 영국으로서도 더 이상 철도관리안을 제기할 수 없게 된 것이다.

결론

1923년 5월 손미요 토비집단이 진포철도를 습격하여 발생한 임성사건은 북경군벌정부의 무능과 중국의 총체적 무질서를 백일하에 드러낸 사건이었다. 군벌들의 할거로 말미암아 중앙의 정령이 각지에 침투하지 못하였으며, 이러한 공백을 틈타 각지에서는 혼란과 무질서가 극에 달하였다. 따라서 군벌 할거의 정치구도를 혁파하고 중앙집권적인 국민국가를 건설하는 것은 근대 이래 중국의 주요한 과제였으며, 또한 근대화의 요체가 아닐 수 없었다.

임성사건은 군벌 및 토비의 발호와 관련된 국내적 문제일 뿐만 아니라, 열강에 대한 중국의 외교적 역량을 시험하는 계기적 사건이기도 하였다. 이 사건을 둘러싸고 열강 사이에서는 치열한 경쟁과 외교전이 전개되었으며, 또한 중국과 열강 사이에서도 마찬가지의 국면이 전개되

---

75) 中國第二歷史檔案館編, 『中華民國史檔案資料匯編』第三輯(外交), 江蘇古籍出版社, 1991, pp.231-232.

세계를 놀라게한 중국발 열차강도사건

었다. 특히 영국은 임성사건을 중국철도에 대한 지배권을 확대할 수 있는 호기로 판단하여 이를 관철시키고자 진력하였다. 그런데 주목할 점은 임성사건 직후에 제기된 철도관리안이 이미 일차대전 직후 영국과 미국에 의해 적극 추진되었으나 일시 잠복한 것으로서, 이 사건을 계기로 논란이 재현된 것에 불과하다는 사실이다. 이러한 의미에서 임성사건 직후 열강이 제기한 철도관리안에 대한 성격과 이에 대한 북양정부의 대응은 일차대전 이후의 역사적 연속성 하에서 비로소 그 역사적 성격과 본질이 분명히 드러날 수 있는 것이다.

일차대전 직후 영국과 미국이 제기한 철도의 공동관리안은 대전시기 만주지역을 중심으로 세력을 급속히 확장하고 있던 일본을 견제하기 위한 목적에서 제기되었으며, 합법적 조약을 구실로 한 일본의 강력한 저항으로 말미암아 실현될 수 없었던 것이다. 마찬가지로 임성사건 직후 영국이 제기한 철도관리안 역시 열강 간의 타협과 합의 없이는 실현되기 어려운 사안이었으며, 이러한 이유에서 결국 실현에 이를 수 없었다. 다시 말해, 중국을 둘러싼 영국과 일본 사이의 첨예한 이해의 대립구도가 여전히 존재하는 이상 일본으로서는 영국의 철도관리안을 수용할 수 없었으며, 이러한 이유로 말미암아 결국 실현될 수 없었던 것이다.

따라서 임성사건 직후 제기된 철도관리안이 실현되지 못한 이유를 중국여론의 반대, 혹은 북양정부의 대외적 자립성에서만 찾을 경우 그 온전한 성격을 이해하기 어렵다. 마찬가지로 철도의 공동관리안에 대한 북경정부의 대응 및 그에 대한 역사적 평가 역시 중국을 둘러싼 열강 간의 세력관계와 이에 대한 대응이라는 종합적인 구도 속에서 찾지 않으면 안될 것이다.

8

한국인의 눈에 비친
열차강도사건

－ 상해임시정부 여운형의 탐방기록 :
津浦鐵道 (1925)

서론

1923년 5월 6일 새벽 3시경, 포구를 출발하여 천진으로 향하던 진포 철도의 열차가 산동성 림성-사구 구간에서 토비의 습격을 받아 중국 인 71명과 외국인 승객 39명이 납치되는 소위 임성사건이 발생하였다. 1990년대 이후 이 사건에 대한 서양인들의 회고성의 문장들이 발표되 고 있으며, 대표적으로 约翰・本杰明, 「匪巢历险记:一个外国记者回 忆临城劫车案」,『文史精华』1996年 4期;徐有威, 「一位女洋票眼中的 临城劫车案, 民国春秋」,『民國春秋』1999年 2期 등을 들 수 있다.

1919년 3・1운동이 발생한 직후인 1919년 4월 13일 상해에서는 대 한민국임시정부(상해임시정부)가 수립되었으며, 임시정부의 임시의정원 의 원이었던 여운형은 임성사변이 발발한 직후인 1923년 5월 25일 산동성 임성을 직접 방문하여 이 사건을 조사한 이후 탐방기록을 남겼다. 여운 형은 자신이 직접 보고 듣고 경험한 내용을 시시각각으로 기사형식으 로 한국의 동아일보와 조선일보 등에 기고하였다. 이 글은 여운형이 각 신문사로 송고한 문장들을 정리하여 탐험기로 편집한 것이다. 기존의 연구에서 서양인들의 회고성 문장이 발표되기는 하였으나, 한국인으로 서는 여운형이 유일하게 이 사건에 관심을 가지고 조사하여 탐방기록 을 남겼으므로, 이 기록은 사료적으로 높은 가치가 있다고 보여진다.

여운형(呂運亨) 소개

호 몽양(夢陽). 경기도 양평에서 출생. 郵務學堂에서 한학을 공부한 후 1907년 고향에서 光東學校를 세우고, 1908년 그리스도교에 입교하 였다. 강릉에 草堂義塾을 세워 민족의식을 고취하던 중 국권이 피탈되 고 학교가 폐쇄되자 평양신학교에 입학하였다. 이후 국외에서의 독립

한국인의 눈에 비친 열차강도사건

295

운동의 필요성을 절감하고 학교를 중퇴, 1913년 중국으로 건너갔다.

남경 금릉대학에서 영문학을 전공하다가 상해로 가 1918년 신한청년당을 발기하여 김규식을 파리평화회의에 대표로 파견하였다. 1919년 4월 상해에서 임시정부가 조직되자 임시의정원 의원이 되었는데, 일본 정부는 이를 자치운동으로 회유하고자 그 해 11월 그를 동경으로 초청하였으나 오히려 張德秀를 통역관으로 삼아 일본의 조야인사들에게 한국독립의 정당성을 역설하였다.

1920년 고려공산당에 가입한 후, 1921년 모스크바에서 열린 원동피압박민족대회에 참석아혀 한국의 실정을 세계만방에 호소하였다. 1929년 制令위반죄로 3년간 복역하고, 1933년 출옥한 이후 조선중앙일보사 사장에 취임하였으며, 1944년 비밀결사인 조선건국동맹을 조직하였다.

8·15광복을 맞아 安在鴻 등과 건국준비위원회를 조직, 9월 조선인민공화국을 선포하였으나 우익진영의 반대와 미군정의 불인정으로 실패하였다. 12월 조선인민당을 창당, 1946년 29개의 좌익단체를 규합하여 민주주의민족전선을 결성하였으나 곧 탈퇴하였다. 이후 다시 근로인민당을 조직하였으나 극좌·극우 양측으로부터 소외당한 채 좌우합작 운동을 추진하던 중 극우파 韓智根에 의하여 1947년 암살되었다.

|도표 66| 여운형

탐방기록

진포선 棗莊驛에서

진포철도 임성역 토비사건은 세계를 뒤흔든 엄청난 사건이었다. 따라서 각국 영사단, 신문기자단, 중국외교부와 교통부 대표들이 직접 이 지역을 방문하여 사건의 경위를 조사하는 한편, 이와 동시에 토비의 수령과 교섭에 착수하고 있음은 이미 알려진 바와 같다.

내가 이 곳에 온 동기는 모국인이 이 사건과 긴밀한 관계가 있다는 소문이 있어, 일종의 호기심이 발동하여 그 진상을 조사하기 위해 개인자격으로 어제 이곳(임성)에 도착하였다. 오늘 오전 9시에 출발하여 토비 소굴로 들어가 실제 상황을 시찰하고 오후 10시에 돌아와 저녁 식사를 기다리는 틈을 타 객차 안에서 급히 몇자 기록하였다.

임성역 부근에서 토비의 열차 강도 사건이 발생한 이후 산동 독군 田中玉, 교통총장 吳毓麟 등이 棗莊에 와서 토비의 수령 손미요와 담판을 벌였으나 관비 쌍방의 조건이 맞지 않아 오총장은 북경으로 돌아가고 田독군은 무력으로 진압할 것을 주장하였다. 이러는 가운데 한 두차례 공격이 이루어져 토비 5-6명이 사망하는 일이 발생하였다. 그러자 토비들은 외국인 인질들을 抱犢山 위로 이동시키고 이 지역의 험난한 지형에 의지하여 외국인 인질과 존망을 함께 할 것이라 선언하였다. 그러자 진퇴양난에 빠진 열강은 어쩔 수 없이 다시 조정에 나섰다. 이에 따라 오늘 오후 7시 반에 인질 가운데 한 명인 미국인 포웰(J.B.Powell, 상해 『密勒氏評論』(『Millards Review of the Far East』) 主編)이 토비 수령 한 사람을 데리고 棗莊으로 와서 다시 관비 사이에 협상이 진행될 수 있도록 주선하고 있다. 포웰의 말에 따르면 포독산의 지세가 매우 험난하고 방비가 견고하여 쉽게 함락시키기 불가능하기 때문에 무력으로 진압할 수 없으며 어쩔 수 없이 이들을 위무(다독거리는)하는 방법 외에는 없다고 강력히 권고하고 있다. 그러나 정부 측에서는 위신과 체면 관계로 토비의 요구에 응하지 않을 것이라 한다. 따라서 당지 인사들은 토비 수령인 손미요를 산 위로 직접 가서 방문하여 조건을 완화하도록 요구하였는데, 과연 그 결과가 어떻게 나올 것인지 모든 사람들이 주목하고 있다.

현재 棗莊에 있는 내외 인사들은 산동교섭사 馮國勳, 督軍代表 鄭士琦, 何鋒鈺, 교통부대표 史譯宣, 남경교섭사 溫世珍, 진포철로관리국장 孫鳳藻, 영국, 미국, 프랑스, 이탈리아 4개국 영사와 적십자회 출장원, 그리고 미국상무회대표인 구호위원 卡爾·卡羅 등과 영미 신문기자 6명이 상주하고 그밖에 잠시 내왕하는 사람도 적지않다. 1,500명의 관군이 이 지역을 보호하고 있으며, 5,000명 정도의 관군이 토비를 포위하고 있어, 관군은 도합 6,000여명이 주재하고 있다. 토비는 1만 명 이상이라고 자신의 세력을 과시하고 있으나 포독산 안에 있는 실재 수자는 2,000명에 불과하다. 토비들은 스스로를 건국자치군이라 명명하고 손미요가 제1로 사령으로서 사방에 산재한 토비를 산동으로 집중시키는 한편, 관군과 농민 가운데에서 새로 토비를 모집하는 중이다. 그런데 토비와 관병, 농민 사이는 관계가 매우 친밀하여 서로 간에 형제로 호칭하여 4촌을 넘지 않는 친족과 흡사하고 또한 비밀히 사용하는 암호가 있어서 교전시에도 포성으로 의사 소통을 할 정도로 병사와 토비, 농민(兵, 匪, 農)을 도저히 구분할 수 없어 부근 전체가 모두 토비의 소굴처럼 보인다. 중국인 포로 가운데에는 식량 부족으로 아사한 사람도 있으며, 그 참상이 매우 심각하다.

나는 내일 오후 이 곳을 출발하여 개봉, 낙양 등에서 모모 주요 인물들을 방문하고 일주일 후에는 상해로 귀환하고자 한다.

臨城土匪探險記 - 모국관계설과 匪徒의 내정

소위 임성사건은 근래 중국에게 큰 실책이 아닐 수 없다. 이로 말미암아 중국에 대한 세계의 관념이 일변하였으며(악화되었으며), 나와 같은 자도 이 사건의 진상을 알고 싶어졌다. 더욱이 이 사건이 모국인과 관계가 있다는 소문은 나로 하여금 실제 현지로 가서 조사하지 않을 수 없도록 만들었다. 그리하여 낙양의 莫를 방문하는 길에 특별히 임성을 방문하게 되었다. 이 때가 바로 사건이 발생한지 37일이 되는 5월 24일이었다. 이날 오후 12시 반에 상해를 출발하여 남경으로 가는 차에 올랐다. 이날 장마비가 처음으로 그치고 날이 개어 외로운 나그네의 먼 여정을 환송하는듯 하고 남풍에 누렇게 익은 보리와 밀은 곳곳에 누런 물결을 출렁이며 양자강의 물색과 동색을 이루었다. 어제 밤에 열린 회의로 말미암아 거의 밤을 새다시피한 나는 비몽사몽간에 어느덧 남경 강변역에 다다랐다. 나의 제2의 고향이며 내가 매우 사랑하는 우리 유학생들이 100여 명이나 있는 이곳을 여정이 총망하여 지나가면서도 들르지 못하니 심사가 편치 못하다. 10리에 걸쳐 늘어서 있는 臺城柳와 鷄鳴寺의 저녁 종소리는 매우 깊은 인상을 남겨 준다.

굶었던 차에 대식 - 2, 3인분의 양식을 먹다.

연락선에 오르니 고색이 창연한 나이 80 이상 정도로 보이고 明代의 복식을 입고있는 노인이 있었다. 성이 祝씨인 이 노인과 몇마디 대화를 나누는 가운데 배가 이미 포구에 도달하였다. 벌떼처럼 몰려드는 쿨리(苦力)들을 마다하고 두 개의 상자를 들고 빨리 뛰어 정거장으로 갔다. 임성사건이 발생된 후로 여객수가 거의 반감한데다 더욱이 어제부터는 관비 사이에 전투가 벌어졌다는 소식이 전해져 행객이 매우 적다. 따라서 특별급행차에는 3등칸을 떼버리고 1, 2등 침대차뿐이었다. 2등 차표를 구매하여 차에 오르자마자 식당으로 들어가서 바로 식사를 시작하였다. 종일 먹지 못해 시장하던 차에 넉넉히 2, 3인분은 먹은 듯하다. 시장기가 가신 후에 비로소 옆에서 식사하고 있던 외국인과 인사를 교환하였는데, 한 사람은 『密勒氏評論』(『Millards Review of the Far East』)의 미국인 기자 포웰(J.B.Powell)이고 또 한 사람은 독일의사로서, 모두 임성으로 가는 사람들이었다.

토비의 사촌격인 군인의 승객 조사가 더욱 가소롭다.

목적지가 같은 동행임을 알고서는 모든 것을 서로 묻게 되었다. 종일 먹지도 못하고 말하지도 못한 나는 잔뜩 먹은 김에 너무 떠들다보니 또 밤이 깊어 오늘밤 잠도 또 늦어 버렸다. 서로 밤인사를 교환하고 돌아와 꿈도 꾸지 않고 얼마를 잤는지 모르지만, 차창 밖에 소란스러운 소리가 들려 놀라 깨어 또 토비가 나타났나 하고 창 밖을 보니 이미 동쪽이 환하고 곳곳에 아침 연기와 안개가 뒤섞여 있는데, 기차가 서주에 도착했다는 기적이 울리는 소리였다. 토비 4촌쯤 되보이는 군인 세 명이 차에 올라와 조사하는 모습은 참 우습다. 양치와 세수를 마치고 차를 마신 후 차창에 엎드려 기대어 토비가 기차를 탈취했던 지점을 찾으려 애썼다. 임성역에 조금 못미친 乾川 지역에 파괴된 노선은 모두 수선되었으나 아직도 남은 흔적이 뚜렷하다. 토비가 또 출현할까봐 그런지 차의 속도가 매우 빨라서 거의 시속 60마일로 달려 창 밖을 자세히 볼 수 없다. 기차가 임성역에 도착하자 역장이 나와 맞이하며 닥터 아무개냐고 묻는다. 아마도 무슨 의사를 기다리고 있는 모양이다.

특별열차에 무료로 - 호위병 6명까지 내주어

나는 아니라고 대답하고 교통부 대표 史譯宣에게 보내는 상해의 친구가 써 준 소개신을 보여주며 사씨가 있는 곳을 묻자 사씨는 棗莊에 있다고 하며 나에게 그 곳으로 가려하냐고 묻는다. 그렇다고 대답하자 즉시 분주히 돌아다니다가 특별열차를 타고 무료로 가라고 하며, 5, 6 명의 호위병이 없으면 안심할 수 없다고 하면서 병사 6명을 내어 주었다. 아무리 보아도 관병인지 토비인지 구별할 수가 없었다. 그러나 빼앗길 것이 많지 않은 나는 안심하고 차에 올랐다. 임성으로부터 棗莊까지 놓여있는 철로는 교통부에 속한 것이 아니고 中興公司 棗莊炭鑛에서 스스로 부설한 사설철로라고 하며, 임성에서 동쪽으로 50-60리 된다고 한다.

호위병들에게 토비의 수령이 누구인지 묻자 하나같이 나도 모른다고 대답하였다. 7시 반에 출발하여 중간에 있는 4, 5곳의 정차장을 한 곳도 정차하지 않고 단숨에 조장까지 가서 도착하니 8시가 좀 넘었다. 정차장을 그대로 지나 약 2마일 가량을 동쪽으로 더가서 중흥공사 탄광 부두에 도착하였다.

서방기자의 활동 - 어젯밤 대포소리가 의문

이 탄광은 개란탄광(開灤炭鑛)에 다음가는 중국에서 두 번째로 큰 규모이다. 현재의 대총통인 黎元洪씨가 가장 큰 주주이며, 그밖에 여러 대관들이 주주로 있어서 비록 국영은 아니지만 국영 이상의 세력을 가지고 있다. 과연 건축 기계등 각종 설비가 놀랄만하다. 이 지방에는 광업사무소와 그 직원들의 주택을 제외하고는 별달리 여관도 없고 민가도 없다. 그래서 진포선에 소속된 각종 열차를 연결하여 외국인 내국인 할 것 없이 모두 차 안에서 생활한다. 재작년 겨울에 시베리아에서 2개월 간 기차에서 생활한 경험이 생각난다. 즉시 史譯宣을 찾았는데, 회의중이라고 하여 명함과 소개신만을 들여보낸 후 식당차에서 바쁘게 타이핑을 하고 있던 서양기자들에게 그 동안의 경과를 물어보았다. 그러자 그들은 신문에 난 것 이외에는 아직 별다른 소식은 없고 어제 밤에 포성이 굉장하였는데 그 원인은 아직 알지 못한다고 한다. 한참 이야기를 나누고 있는데 사씨가 회의를 마치고 들어와 영접치 못한 것을 용서해 달라고 이야기하며, 악수한 이후 자신의 사무실로 가자고 하였다. 산동교섭사 馮國勳, 진포로 관리국장 孫鳳藻, 남경교섭사 溫世珍 등에게 일일이 인사하고 그들에게 내가 온 이유를 말하자 모두들 찬성하며 사의까지 표하였다.

산 속 토비 소굴 탐험은 극히 위험, 그러나 출발

산 속의 토비 소굴을 탐험하려 한다고 말하자 모두들 고개를 가로저으며 안된다고 말하였다. 토비 무리가 매우 잔혹, 난폭하여 쉽지않으며, 자신들의 비밀이 탄로날 것을 두려워하여 어느 누구에게도 내용을 알려주지 않으며, 토비의 수령도 직접책임자와 조약을 체결하기 위한 회의를 개최하기 전에는 도무지 볼 수가 없다고 한다. 그래서 내가 말하기를 토비의 수괴나 본부를 볼 수는 없다고 하더라도 밖에서 외면적으로 산세나 그 배치의 대체적인 개요를 시찰하겠다고 고집하였다. 그러나 이것 역시 시시각각으로 토비와 관병 사이에 전투가 벌어져 매우 위험하다고 하여 산행이 절대로 불가하다고 말하였다. 그러나 나는 기왕에 여기까지 왔는데, 왔다가 그냥가기가 내키지 않고, 또한 호기심이 발동하여 여러 사람들의 권고를 듣지 않고 현지인 한 명을 길 안내자로 고용하여 포독산으로 향하였다. 시간이 오전 9시 반이라 어제 잘 때 입고 잤던 바지 저고리를 그대로 입고 중국 신발 한 켤레를 사 신고 우리나라의 삿갓만한 탄광 직원들이 쓰는 草帽를 얻어쓰고 굵은 지팡이 하나를 끌고 점심 식사할 것으로 계란 10개 빵 3개를 넣은 통을 들고 길 안내자를 따라 동북쪽으로 고개를 넘고 밀밭을 끼고 시내물을 따라 갔다. 이곳으로부터 포독산까지가 우리나라 里로 약 40리 정도 된다고 한다. 이 산은 藤, 嶧, 鄒 3현에 걸쳐있고 지세가 지극히 험한 큰 산으로서 '一夫当官, 万夫莫开'(한 병사가 관문을 지키고 있으면 천군만마로도 공략할 수 없다)의 천혜의 요새라고 할 수 있다. 조장으로부터 7리 정도 동쪽으로 가면 尙岩이라는 마을이 있고 여기서 다시 5리를 더가면 동굴이 있으며, 여기서 다시 5리를 더가면 鐵山溝가 있다. 여기서 북으로 5리 떨어진 곳에 半湖라는 호수가 있는데 여기서 포독산을 볼 수 있다.

군관의 망원경으로 관, 비 사이의 대치형세를 구경하다.

이 곳을 지나면 바로 토비의 세력 범위로 접어들기 때문에 더 들어가기가 위험하다. 방향을 바꾸어 동쪽에 있는 높은 산봉우리로 오르려고 하는데 갑자기 밀밭에서 총을 든 사람 하나가 나오며 어디로 가느냐고 묻는다. 처음에는 강도로 알고 잠시 주저하였는데 자신이 관병의 보초라고 신분을 밝혀 그래도 조금 안심이 되었다. 나는 서양인이 중국 말을 하는 흉내를 내며 손을 내밀어 악수를 청하였다. 그러면서 그에게 나는 미국군인으로서 지세를 시찰하려고 變服하고 나선 길이라고 하자 이 사람이 얼른 경례를 딱 부치더니 정성껏 가르쳐주며 전진하지 말라고 한다. 조금 있더니 하급군관 하나가 숲 속으로부터 망원경을 차고 나왔다. 먼저 인사를 청한 이후에 가지고 간 계란과 빵을 주었더니 계속 손을 들어 감사를 표시한 이후 맛있게 먹었다. 나도 먹고 싶은 마음이 동하여 시간도 오후 한시 반이 넘었으므로 가지고 간 음식을 다 내놓고 4명이 나누어 먹었다. 그 군관에게 망원경을 잠시 빌려달라고 청하자 조금도 주저하지 않고 주머니에서 지도 한 장을 꺼내 놓고 망원경을 눈에다 대어 주며 관비가 대치하고 있는 각 장소를 상세히 알려 주었다. 생면부지의 외국인에게 군사상의 비밀을 알려주는 사람 치고는 군사 지식이 꽤 충분하였다. 약 30분 정도를 같이 앉아 토비의 구성 내막을 물어보자 이 역시 상당히 상세히 알려 주었다. 토비의 수령 가운데 대다수는 산동군인 출신이며 자신과 면식이 있는 사람이 반수 이상이라 하며, 그리고 그 중에서도 孫五는 매우 好漢이라 한다.

총대장은 손미요 – 호남성 독군 장경요 부하가 混入

孫五는 토비의 수령인 손미요를 가르키는 말이다. 蜀道之难, 难于上靑天(蜀道의 험난함이 하늘에 오르는 것보다 더욱 어렵다, 이백의 시 '蜀道难') 이라고 하지만, 그러나 포독산을 오르기는 촉도보다도 더욱 어렵다고 할 정도이다. 사면이 모두 절벽으로 이루어져 있으나 정상에는 오히려 수십리에 걸친 평원이 있고 더욱이 토질이 비옥하여 예전에는 많은 농민들이 이 땅을 경작하였다. 그런데 소와 말이 이곳에 오르지 못하여 처음 송아지가 태어나면 바로 안고 올라가서 길렀다고 하는 뜻에서 抱犢山이라 불렀다고 한다. 그런데 근래에는 도적들의 소굴로 변하여 농민들은 모두 다른 곳으로 이주해 갔다고 한다. 포독산상에는 토비의 대본영이 있으며 여기에 토비 수령이 약 30여 명 있다. 山外靑山, 焦山, 黑谷, 草帽子 등 21개소에 요새를 설치해두고 있으며, 각 요새에는 肉票(인질의 별칭)를 몇 명씩 분산 수용하여 관군이 함부로 공격하지 못하도록 해 두었다고 한다. 그리고 또한 우물이나 川水(시냇물)가 조금이라도 있으면 그곳에 군량과 군수품을 쌓아 두고 지구전에 대비하고 있으며, 다른 한편으로는 천하의 동지들을 이곳으로 불러 모으고 있다. 따라서 관군이 이 지역을 포위하고 있는 것은 안에 있는 토비들을 겨냥한 것이라기 보다는 오히려 밖으로부터 이 곳으로 들어오려는 자들을 방비하려 함이라 한다. 토비의 구성을 물어보니 3천여 명의 토비가 세 파로 鼎立하고 있는데, 하나는 이전 호남독군 장경요의 부하 郭其才 일파이고, 또 하나는 복벽의 거두인 장훈의 잔당 陳金斗 일파이며, 또 하나는 나머지 토비의 총두목격인 그 유명한 孫美瑤 일파이다. 그런데 이 세 파 가운데 세력과 인격이 손미요가 가장 뛰어나므로 손씨가 포독산의 '及時雨'가 되어 여러 好漢들을 지휘하고 있다. 그러나 처음부터 생사고락을 같이 한다는 맹약이 있었던 것도 아니오, 일시에 烏合된 것이므로 주장이 각기 다르고 의견이 다르며, 따라서 내부의 통일이 어렵고 이로 말미암아 대외교섭도 곤란하다고 한다.

갑자기 출현한 토비 두 명- 담배나 한 대 달라고

그러나 挾天子以令諸侯(천자의 위세를 빌어 제후에게 명령한다) 격으로 白票(백인 인질) 10여 명을 가지고 북경정부에 대한 요구는 마치 전승국이 패전국에게 하는 행태 이상이다. 또 그가 말하기를 토비 가운데에는 영국, 프랑스, 러시아어를 할 줄 아는 자들이 있는데, 프랑스어를 할 줄 아는 자는 일차대전 시기에 파리에 고용되었던 자들이고, 또 러시아여자로서 토비의 처가 된 자들도 있다고 한다. 이렇게 이야기를 나누던 가운데 시간이 벌써 2시를 넘었다. 군인과 작별을 고하고 동쪽으로 향하여 小山으로 가려 한다고 말하자 그들은 북쪽으로 대로를 따라 가는 편이 더욱 안전하다고 말하였다. 그래서 다시 포독산으로 통한 대로로 약 1마일 정도 갔는데, 길 가에는 서너 집 정도의 촌락이 있었다. 그래서 촌락민을 찾아 앞길을 물어보려고 하였는데, 한 집에서 3명의 匪哨가 뛰어 나와 길을 막고 물었다. 나는 미국인 구제원으로 식량을 운반하여 오다가 대오로부터 낙오하여 앞에 가는 자들을 보지 못하였느냐고 오히려 물었다. 그러자 약 30분 전에 지나갔다고 대답하며 상당히 의심하는 모습으로 위 아래를 훑어보면서 담배가 있으면 좀 달라고 한다. 담배를 피우지 못하는 나는 이런 불시의 필요를 생각하지 못해 준비한 것이 없다고 대답하자 옆에 있던 토비 하나가 와락 달려들며 전신을 수색하였다. 담배를 찾는 것인지, 아니면 금전이나 다른 값나가는 물건을 찾는 것인지, 아니면 모르는 사람을 만나면 수색하는 것이 이들의 일상적인 행위인지 알 수 없다. 이렇게 한참을 힐난을 받던 중에 포독산 쪽에서 사람들이 내려왔다. 이 가운데 두 명은 나귀를 타고 있었으며, 여섯 명은 총을 가지고 있었고, 또 한 사람은 물건을 잔뜩 지고 있었다. 이들이 어떤 사람인가 관인가 비인가 하고 바라보는 사이에 어느새 앞에 다다랐다. 자세히 보니 나귀를 탄 사람 가운데 한 명은 상해 『密勒氏評論』(『Millards Review of the Far East』)의 총주간인 포웰(Powell)이고, 다른 한 사람은 토비의 대표로서 포웰과 함께 북경대표와 교섭하기 위해 棗莊으로 가는 자였다. 나머지 사람들은 호위병과 짐꾼이었다. 금명간 포웰이 토비의 대표와 함께 하산할 것이라는 말은 조장에서 이미 대강 들었으나, 여기에서 이렇게 만나게 된 것은 의외였다. 20여 일 간이나 면도를 하지 않아 얼굴이 온통 수염으로 뒤덮였으며, 또 매우 초췌한 모습이어서 금방 알아볼 수가 없었다.

중국인을 강도시하는 서방기자들의 보고담

포웰이 나귀에서 뛰어내려 나의 손을 잡고 어쩐일이냐고 묻는다. 나는 그에게 먼저 건강이 어떠냐고 물은 이후에 포독산을 탐험하려고 왔다고 말하였다. 계속해서 이야기를 나누고 있는 사이에 나를 힐난하고 있던 사람들은 나를 과연 미국인으로 알았는지 아무 말없이 슬며시 물러선다. 포웰의 말이 자신이 20여 일 간이나 토비의 소굴에 머물렀지

철도로 보는 중국역사

306

만 그래도 상세한 내막을 알 수 없었다고 하면서, 산상에는 도저히 갈 수가 없고 설령 간다고 할지라도 내막을 알아낼 수 없다고 하였다. 날이 이미 오후 3시이니 지금 빨리 내려가야 해가 지기 전에 조장에 도착할 수 있다고 하면서 같이 돌아가자고 권하였다. 나도 다른 방도가 없음을 깨닫고 동행하여 내려오면서 여러 가지를 물어보니 그의 태도와 감정이 이전과는 전혀 판판이었다. 물론 20여 일 동안 평생 꿈에도 상상할 수 없었던 고초를 겪었기 때문에 신경도 상당히 예민하였고 감정도 다소 불쾌하였겠지만, 말할 때마다 중국 전체를 야만시하며 중국인 전체를 강도시함은 듣기에 불쾌하였다. 그의 심기를 잘 이해할 수 있었기 때문에 그래도 들어주면서, 그의 경험담도 듣고 상해의 사정도 이야기도 해주면서 어느덧 조장에 도착하였다. 시간이 이미 7시 반이 넘었다. 중국인과 서양인 전체가 모여 포웰의 이야기를 듣는 동안에 나는 식당차에 들어가 그 동안에 견문을 간략하게 써서 동아일보에 부쳤다. 조금 있으니 史씨와 孫국장, 馮교섭사 등 여러사람이 와서 저녁을 같이 먹자고 청하였다. 식탁에 둘러앉아 그날 있었던 일들을 얘기한 이후, 화제는 일변하여 한국독립운동으로 옮겨갔다. 좌중이 모두 다 내가 한국인의 자유를 위해 바치는 희생에 탄복을 금치 못하였으며 무한한 경의를 표시하였다. 내 가슴은 어쩐 일인지 복받쳐 오르는 감정을 주체할 수 없었다. 말할 수 없는 그 무엇이 안색에 나타난 모양인지 일순간 좌중이 말을 그치고 조용해졌다. 사씨의 권유에 따라 그를 따라 그가 머물고 있는 차간에 가서 같이 밤을 보내게 되었다. 사씨는 미국 유학생 출신으로 예수교 신자이며, 고향이 煙台이다. 그는 우국의 충정이 매우 절실한 사람이었다.

교전단체와 같은 토비 - 외교단은 직접교섭을 주장

둘의 형편이 마치 과부들 간의 친구와 같아서 서로 서러운 사정을 말하며 한국의 장래, 중국의 현상 및 동양평화, 세계문제까지를 담론하였다. 12시가 넘어서야 각각 잠자리에 들었다. 다음날 아침 일찍 일어나보니 細雨가 부슬부슬 내렸다. 8시쯤 되어 아침식사를 마치고 다시 포웰을 방문하여 토비들이 새로 제시한 조건을 물어보니 대답하기를 지난 17, 18일 양일 동안 당지 중흥공사 내에서 官匪가 담판을 개시하였으나 조건이 맞지않아 피열된 이후 토비들의 외국인에 대한 대우는 매우 악화되었으며, 관군 역시 포를 쏘며 시위함으로 藤, 鄒, 嶧 3현의 紳商들이 다시 무슨 예측하지 못한 불길한 일이 발생할까 두려워하여 나서서 쌍방의 양해를 구한 결과 이번에 토비 측이 다시 다음과 같은 새로운 조건을 제시하여 교섭하게 되었다.

첫째, 각지에 구금된 토비들을 석방하고 포독산을 포위한 관군을 濟南까지 퇴각시킬 것

둘째, 현재의 토비를 두 개의 여단으로 편성할 것

셋째, 6개월치 군봉을 일시금으로 먼저 지급할 것

넷째, 부근 6개 현의 지방을 할당하여 새로 편성하는 군대의 주둔지로 정할 것

그러나 다소 양보할 기색이 보인다고 한다.

영사단 측의 동향을 들어보면, 어떤 이는 무력 토벌을 주장하는 의견도 있고, 어떤 이는 초무(위무)를 주장하는 의견도 있는데, 미국과 이탈리아가 절대적으로 초무해야 한다고 주장하고 있으며, 이번 교섭에는 외국인이 간섭해서라도 결코 결렬되지 않도록 할 것이라 한다. 정부에서는 초무할 생각이 눈꼽만큼도 없지만 울며 겨자먹기로 외국의 간

섭이 들어오기만 하면 토비의 요구를 수용하지 않을 수 없다. 외교단은 북경정부를 신임하지 않고 토비들과 직접 교섭을 할 것이라 말한다. 따라서 토비는 엄연한 하나의 교전단체 처럼 되어 버렸다.

중국정부의 무력- 분통터지는 사이비 애국자

외국인에게 코를 꿰어 끌고 가는대로 끌려 가는 중국정부의 꼴은 참 한심하다. 아니 분통터진다. 그중에서도 정부를 대표한다는 외교부, 교통부, 督軍府 사람들의 상호 충돌은 더욱 可憎(한심)하다. 외국인이 포로가 되었으니 일이 외교와 관련된 것이라 하여 외교부원들이 독점적으로 담당하려 하고, 사고가 교통부 관내에서 발생한 것이니 교통부가 처리해야 한다고 하며, 또 독군부원들은 매국외교관, 盜金交通員들은 다 물러가라 우리 애국군인들이 토비를 토벌하겠다고 한다. 어찌보면 나라를 위한 충정으로 하는것 같지만 사실은 이를 기회로 무슨 전매특허와 같이 昇官發財(관직을 이용하여 한 몫 잡으려는)를 도모하려는 야비한 의도에서 나온 것이다. 참 기가 막힌다. 이러한 현상을 접한 후에는 나도 화가 치밀어 오르려 한다. 지리상, 역사상, 또 목전의 이해상 여러 가지 깊은 관계를 가지고 있으며, 또한 처지와 형세가 우리와 비슷한 입장이므로, 매우 사랑하기 때문에 이에 동정할지언정 다른 의도가 전혀 있을 수 없다. 그러나 침략을 목적으로 삼고 호시탐탐 기회를 엿보는 포독산의 토비와 그 수단에서는 차이가 있을지언정 그 심리에서는 더욱 음험한 강대국들, 소위 문명하였다는 저들이 기회는 이때다 하고 막 덤벼들 것은 충분히 예상할 수 있는 일이다. 임성사건이 발생한 그 열차에 일본인 승객이 한 명도 없었고 또한 토비들이 휴대한 총이 바로 일본제 三八式이라 하여 직간접적으로 일본인과 관계가 있지 않을까 하고 한때는 의론이 자못 분분하더니 중국에 대한 감정이 너무 악화됨에 따라 다른 생각은 다 잊어버린 모양이다.

음험한 영국인의 마수- 일본인이 과연 一杯羹(죽 한 그릇)으로 만족할까

그래도 영국인은 일본이 이 사건과 무슨 관계가 없나 하고 증거를 찾는데 열중하고 있다. 영일동맹이 끝난 이후 양국의 감정과 이권의 충돌이 날로 심해지며 특히 중국에서 더욱 그러하다. 미국인은 항상 겉으로만 떠들 뿐 실속은 적어, 종래 외교 무대에서 실패만을 거듭하였다. 이에 반해 영국인은 외교수완이 뛰어나 실속을 챙긴다. 머지않은 장래에 동양에서 영일의 충돌은 피할 수 없는 사실이며, 또한 정치상 상업상 일본이 지리적으로 유리하기는 하지만 결국 영국에게 패할 것도 명백한 일이다. 이번 임성사건을 계기로 영국과 일본 사이에 감정이 크게 악화되었다. 비록 이번 사건이 일본과 직접적인 관련은 없으나 만일 이 사건으로 인하여 외국이 중국의 내정을 간섭하게 될 경우에는 일본을 제외할 수는 없을 것이다. 이 경우 일본이 죽 한 그릇을 나누어주는 것에 만족할 것인지 아니면 다른 주장을 내놓을 것인지 나는 주목하고 있다. 아! 중국의 장래에는 캄캄한 어둠만이 있을 뿐이다. 큰 건물이 무너지려하는데 아무도 이를 받쳐 붕괴를 막으려 하는 자는 보이지않고 나무 하나라도 뜯어가려는 자들만 넘쳐난다. 양계초는『조선망국사』에서 4천 년의 역사를 가진 나라가 일시에 망해버렸다고 서술하였다. 양계초는 책의 서두에서

> 장대의 버들이여, 장대의 버들이여,
> 옛날엔 푸르고 푸르렀는데 지금도 그대로 있는가?
> 설사 긴 가지 예전처럼 늘어져 있다 해도,
> 응당 남의 손에 꺾이고 말았으리![1]

이와같이 옛 글을 인용한 바 있다. 오늘날 중국의 상황이 꼭 章臺柳이다. 예전에는 꺾을 것이 너무 많아서 못 꺾더니 이제는 한 가지 씩이라도 다 꺾어버리고 말려고 한다. 언젠가는 버드나무가 결단나고 말 것이다.

토비의 長文 선언은 관리의 죄악을 폭로

나는 이 문장을 마치려 할 즈음에 토비의 세력 배치에 대하여 조금 더 말하려 한다. 중국의 토비는 수천 년의 역사를 가진 영국의 도적 비슷한 특색을 가지고 있다. 자고로 영웅호한이 시대를 만나지 못하면 법 밖에서 떠돌게 되니 양산박의 여러 義士가 바로 그들이라. 이번 산동의 토비 역시 단순히 사람을 폭행하고 재물을 탈취하는 강도일 뿐만 아니라 정치적 의미가 상당히 농후한 일종의 중국적인 현상이다. 이들은 스스로를 건국자치군이라고 부르고 제일로 총사령 손미요의 명의로 두 차례에 걸친 선언서를 반포하였는데, 모두 관리의 실정과 인민의 참상을 통절히 지적하여 마치 천명을 대행하여 황제가 조서를 반포하는 것과 같았다. 내 눈에 띄인 것은 〈出示安民〉이라는 제목을 붙인 문장으로서 정부의 죄상을 밝히고 자신의 주장을 제시한 글인데 문장 전체가 매우 길어 한 번에 모두 베낄 수 없어 단지 그 요점만을 기록하면 다음과 같다. 탐관오리가 탐오하여 加稅, 勒捐, 公債, 印紙 등의 弊政으로 勒農, 病商, 害國, 虐民 등의 학정을 거리낌없이 저지름으로써 우리들이 분연히 들고 일어나 평민으로써 主義를 삼고, 均產으로써 목

---

1) "章台柳, 章台柳야, 昔日依依今安在오. 縱使長条似旧時라도 也応攀折他人手" 唐나라 玄宗 천보연간(天寶年間 : 742 ~ 756)에 昌黎人 시인 한익(韓翊)과 그의 친구 이생(李生), 그리고 이생의 애첩인 柳부인(柳氏)와의 고사에 나오는 구절을 인용한 것이다. 장대의 버들(章臺柳)에서 章臺는 한대 長安의 거리 이름인데, 당시 장안에 있던 柳氏를 비유하여 이른 것이다.

적을 삼아 백성들의 어려움을 제거하고 정치를 쇄신한다고 하였다. 그 내심이 참으로 그러한지는 모르겠으나 외면적으로 볼 때는 매우 훌륭하고 거창하다. 20일 오후에 다시 진포선으로 남하하여 서주에서 낙양으로 가는 도중에 이 글을 남긴다.

|도표 67| 상해임시정부청사 유적지

소련의 세력 팽창을
저지한 동서횡단철도

— 중국철도부의 설립과 서북개발의 의의 :
隴海鐵道 (1927)

서론

아편전쟁 이후 중국이 타율적 근대의 도상에 접어들면서 가장 큰 과제는 무엇보다도 반봉건, 반식민지적 타성을 일소하고 자주적이고 근대적인 국가를 수립하는 것이었음에 틀림없다. 이를 위해서 대외적으로는 자주적이고 독립적인 근대국가를 수립하는 일이 우선적 과제가 되었으며, 대내적으로는 군벌로 상징되는 기존의 봉건세력을 일소함으로써 강력한 중앙집권적인 근대국가를 수립하지 않으면 안되었다.

이를 위해서는 기존 각 성 간 교통상의 장애를 타파하여 인적, 물적 교류를 확대함으로써 전국적인 대시장을 형성하고, 이를 통해 생산과 유통을 원활하게 함으로써 산업을 발전시켜 이를 근대국가 형성을 위한 에너지로 전환시켜 나가지 않으면 안되었다.

이와같은 인식 하에서 일찍이 손중산은 〈건국방략〉에서 실업을 국가건설의 전제조건으로 제시하였으며, 특히 교통의 건설을 강조하였다. 그는 "교통은 실업의 어머니요, 철도는 교통의 어머니"[1]라는 주지에서 철도정책의 수립과 추진에 많은 노력을 기울였다. 철도의 중요성에 비추어 1928년 남경국민정부는 철도부를 교통부로부터 독립시켜 철도를 실업발전의 기초로 적극 활용하였으며, 손중산의 아들인 손과를 철도부장으로 발탁하여 이와 관련된 정책을 적극 추진하였다. 이렇게 볼 때, 철도부의 성립 자체가 기존의 반식민지, 반봉건적 성격을 타파하고자 하는 목적을 반영하고 있음을 알 수 있다.

여기에서는 국민정부 철도부가 어떠한 배경 하에서 설립되었는지, 그리고 철도부의 성립이 제도적으로 철도행정의 근대화와 어떠한 관련

---

1) 馬場鍬太郎, 「支那鐵道會計統計」, 『支那研究』25號, 1931.3.28, p.45.

을 가지는지 살펴보고자 한다. 이와 함께 철도부의 대표적인 역점 사업이었던 동서횡단철도, 즉 롱해철도의 부설에 대해 경제적, 그리고 정치, 군사적, 외교적 관점에서 그 목적과 효과를 분석해 보고자 한다.

1. 중국철도의 전근대성과 철도이권회수운동

중국에서 최초로 부설된 철도는 영상 이화양행이 1875년에 착공하여 다음해 2월 상순에 준공한 상해-오송 간 철도로서, 파이오니어호라 명명된 기관차가 이 노선에서 최초로 시험운전을 개시하였다. 그런데 이화양행이 철도 부설에 착수한 직후 중국의 조야에서는 풍수를 해친다거나 조상의 분묘 및 가옥을 이전해야 한다거나 인명이나 가축에 위협이 된다는 등의 이유로 들고 일어나 반대의 소리를 높였으며, 정부의 입장에서도 외이의 방비라는 국방상의 이유로 철도의 부설을 달가워하지 않았다.

이러한 가운데 1895년 청일전쟁이 종결된 이후 철도 부설권은 제국주의 열강이 중국을 침략하는 보편적인 수단이 되었으며, 중국철도에 대한 지배권도 외국인의 수중에 들어가고 말았다. 열강은 차관 공여라는 방식을 통해 철도에 대한 일체의 권리를 장악하였다. 통상적으로 철도차관은 다음의 몇 가지 조건을 전제로 체결되게 된다. 첫째, 일정한 기한 내 철도사업의 경영, 둘째, 철도 부설공사의 인수, 셋째, 기사장, 회계주임의 임용, 넷째, 철도 재료 공급의 우선권, 다섯째, 이자, 수수료 및 이익의 배당, 여섯째, 담보로서 철도사업의 전 재산을 충당 등을 들 수 있다.[2] 예를 들면, 영국과 일본이 공동으로 투자한 경봉선 철도

---

2) 陳樹曦, 『中華民國史交通志』, 國史館, 1993, p.3;東亞同文會, 『支那年鑑』, 1935.6, p.1298.

의 주요 직원은 영국인과 일본인으로 충원되었으며, 철도업무와 관련된 모든 공문서에는 일문과 영문만을 사용하도록 규정하였다.[3]

철도를 통한 열강의 세력 확대와 이에 따른 이권의 유출이 심화되면서 중국관민들도 국방상의 이유나 혹은 이권회수운동의 차원에서 철도 부설의 필요성을 깊이 인식하게 되었다. 이러한 이유에서 열강으로부터 철도의 부설권과 경영권의 제반 권리를 회수하여 철도행정에서 대외적으로 중국의 자주적, 독립적 권리를 확립하는 것이야말로 중국의 근대화 과정 속에서 반드시 달성하지 않으면 안되는 과제로 부상하였다.

일찍이 1903년 청조정부는 〈철로간명장정〉을 제정하고 철도를 차관의 담보로 제공하지 못하도록 규정하였다. 1906-1911년 사이에 각 성의 신사들은 열강의 철도 부설권 획득에 반대하여, 철도차관 계약의 폐지를 주장하며 정부로 하여금 이권을 회수하도록 요구하였다. 이에 따라 중국정부도 철도 부설권의 회수를 위해 적극 나섰는데, 예를 들면 1908년 10월 중국정부는 匯豊銀行과 匯理銀行으로부터 자본을 차입하여 철도차관을 상환함으로써 열강의 철도 부설권 일부를 회수하였다. 뒤이어 호북, 호남, 광동의 3성에서 철도 부설권의 회수를 주장하는 격렬한 민중운동이 발생하자, 장지동 등 청조대신들은 미국정부와 교섭하여 마침내 6,750,000달러를 지불하고 華美合興公司로부터 월한 철도의 부설권 및 경영권을 회수하고 각 성에서 자체적으로 철도를 부설하기로 결정하였다.

월한철도의 제 권리가 성공적으로 회수된 이후 철도이권회수운동은 전국적으로 확산되었으며, 이후 민영철로공사가 우후죽순처럼 생겨났다. 이와같은 열기에 힘입어 영국과 독일의 합자 형태였던 진진철도에

---

3) 莊階三, 「支那の鐵道」, 『支那問題』69號, 1927.7, p.35.

소련의 세력 팽창을 저지한 동서횡단철도

대해 직예, 산동, 강소 3성이 연명으로 민영으로의 회수 운동을 전개하여 마침내 이를 회수하기에 이르렀다. 또한 蘇杭甬路는 진진철도와 같은 방식으로 중영공사와의 사이에 계약이 체결되었는데, 강소, 절강 양성민이 공전의 廢約運動(조약폐지운동)을 전개하면서 蘇路, 浙路 양공사를 설립하고 주식을 모집하여 철도 부설에 적극 나섰다. 이와함께 중국관민들은 자국의 기술과 자본을 동원하여 철도를 부설함으로써 이권의 유출을 방지하자는 취지에서 철도의 자판운동에 적극 나섰다.

그러나 철도이권회수운동과 철도자판운동은 국력과 재정적 여건을 고려하지 않고 열의만을 가지고 추진되었기 때문에 곧 난관에 봉착하고 말았다. 수많은 철도회사들은 중앙정부의 배경이나 보증 없이 오로지 그 지역 출신들로만 발기인을 구성하였으며, 이러한 결과 민간자본의 자발적인 호응이 매우 적어 무엇보다도 자본 조달에 큰 어려움을 겪었다.[4] 이렇게 되자, 각 성정부는 각종 잡세를 강제적으로 할당하여 부과하지 않을 수 없었다. 철도자판운동이 진전되면서 안휘성에서는 안휘철도, 산서성에서는 동포철도(대동-태원-평양-포주), 절강성에서는 절강철도(항주-엄주-금화-온주), 광동성에서는 신령철도(신령-광주), 복건성에서는 장하철도(장주-하문), 광서성에서는 계전철도(계림-전주) 등 각종 철도부설 계획이 줄을 이었다.[5] 그러나 각 성의 철로공사에 모집된 자금은 수백만 량에 불과하였으며, 수십만 량에 불과한 지역도 허다하였다. 이 시기에 중국의 자본과 기술을 가지고 자체적으로 부설된 철도는 조산철도와 경장철로 두 노선에 지나지 않았다.[6] 뿐만 아니라 철도관리의 부패, 비용의 남발, 경영의 열악함 등은 오히려 철도의 발전을 저해

철도로 보는 중국역사

318

---

4) 小島憲市, 『支那鐵道槪論』, 中日文化協會, 1927, p.30.
5) 小島憲市, 『支那鐵道槪論』, 中日文化協會, 1927, p.31.
6) 日華實業協會, 『支那近代の政治經濟』, 外交時報社, 1931.12, p.341.

하였다. 철도이권회수운동이 성공을 거두지 못한 채 청조가 타도되면서 이와같이 산적한 과제가 그대로 민국시기로 넘어 오고 말았다.

한편, 임성사건은 중국철도의 전근대성을 단적으로 보여주었는데, 이 사건은 중국철도의 관리가 얼마나 통일성을 결여하고 봉건세력인 지방군벌의 지배 하에 놓여 있었는지를 잘 말해주고 있다. 민국 초에는 군벌이 할거하고 내란이 끊이지 않았으며, 각 철도의 관리권은 군벌의 지반에 따라 이리저리 이전하였으며, 따라서 중앙정부가 일률적으로 통제하기 어려웠다. 각 철도의 수입은 대부분 그 지역에서 사용되었고, 채권의 상환과 철도의 증설이나 보수에는 거의 신경쓰지 않아 철도의 발전을 기대하기 어려웠다.

1922년 4월에 제1차 봉직전쟁이 발생한 이후 중국에서는 군벌 간의 전쟁이 끊이지 않았으며, 1925년이 되면 군벌전쟁은 마치 전국시대를 방불케하였다. 군벌전쟁의 시기는 바로 중국 철도의 수난기라고도 할 수 있는데, 특히 제2차 봉직전쟁의 특징은 전투가 철도 선로를 따라 발생하였다는 사실이다. 이러한 이유는 무엇보다도 철도가 신속한 군사행동을 가능하게 해 주었을 뿐만 아니라, 그 재원을 마련하기 위해서도 철도는 주요한 공급원이 되었다는 사실에 유의하지 않으면 안된다. 중국에서 군비의 조달에서 큰 역할을 수행한 부서는 다름 아닌 교통부와 재정부였으며, 특히 교통부는 매년 거액의 군사비를 부담해 왔다.

이러한 와중에서 1923년 진포선에서 발생한 임성사건은 중국철도의 신용을 국제적으로 크게 실추시켰으며, 중국철도의 전근대성을 잘 웅변해 준 사건이었다. 1923년 5월 6일, 포구로부터 천진으로 향하던 열차가 임성-사구 사이의 구간에서 토비의 습격을 받아 35명의 외국인 승객 가운데 한 명이 사살되고 26명은 부근 토비의 소굴로 납치되는 공전의 사건이 발생하였다. 북경외교단은 이를 중시하여 중국정부에

책임을 묻는 동시에 조사원을 현지에 파견하여 구조업무를 독촉하고 감독한 결과 수 명의 부녀승객은 곧 석방되었으나 기타 인질은 6월 20일에 이르러서야 구조될 수 있었다.[7] 이 사건에 대해 중국정부가 유감을 표명하고 36만 여 원의 배상금을 지불하는 것으로 낙착되기는 하였으나 이를 계기로 재중외국인 사이에서는 중국철도 국제관리안이 대두되고, 영국 측으로부터는 공동경비국안이 제기되었다. 이 방안은 교통총장 하에 중국인을 국장으로 두고 외국인을 부국장으로 하는 철도경비국을 설치하여 외국장교의 지도, 감독, 감찰 하에 충분한 병력을 상비함으로써 여객의 안전을 도모하여 철도재산을 보호하고 철도 행정을 원조한다는 내용이었다.

임성사건은 군벌에 장악되어 있던 중국철도의 전근대성을 잘 보여준 사례이며, 공동경비국안은 군벌에 대한 불신임안으로 해석할 수 있다. 제2차 봉직전쟁에서 직예파가 철도당국으로부터 운수권을 탈취하여 군사 운송을 실행한 이래 군벌의 철도에 대한 전횡은 더욱 강화되었다. 이들은 스스로 철도의 경영에 뛰어들어 운임의 인상을 단행하는 등 철도를 거리낌없이 사유재산화하였다. 한 철도에 두 개 혹은 수 개의 관리국이 출현하여 경영권을 다투는 일도 드문 현상이 아니었으며, 교통부는 완전히 유명무실한 존재로 전락하였다. 군벌들은 철도 수입을 군비로 유용하였으며, 부가세를 징수하여 군비로 충당하였다.[8]

이와같이 반식민지적, 반봉건적 철도행정을 일신하고 발전시키기 위해서는 무엇보다도 첫째, 내외채를 정리하여 불평등조약의 무효를 선포하고 외채를 상환하며, 둘째, 철도 주권을 통일하고 열강이 중국에서 경영하는 철도의 권리를 회수하며, 셋째, 철도행정을 독립시켜 군벌의

7) 吾孫子豊, 『支那鐵道史』, 生活社, 1942, pp.144-145.
8) 日華實業協會, 『支那近代の政治經濟』, 外交時報社, 1931.12, p.342.

간섭을 허용치 않으며, 넷째, 인재를 선발하여 철도행정을 담당하도록 하는 일이 급선무가 아닐 수 없었다.

이러한 가운데 교통부 및 각 철도당국은 군벌의 질곡으로부터 벗어나 철도 본래의 면목을 갖추기 위해 진력하였으나, 총검의 위협 앞에서 개선안을 실행하기는 쉽지 않았다. 마침내 1927년 남경국민정부가 수립된 이후 북벌을 개시하면서 중앙집권적 통일국가의 수립이 가능하게 되고, 이에 따라 자연히 국유철도 역시 국민정부 교통부의 통일적 지배 및 관리 하로 들어가게 되었다.

2. 소련의 土西鐵道와 신강문제

신강(新疆)은 '새로운 강역'이라는 뜻의 지명으로서, 역사적으로 특정한 시기에 중국에 새롭게 포함되었음을 의미하고 있다. 1750년대 말 청조 건륭제가 이 지역을 정복한 이후 군정합일의 행정기구인 군부(軍府)를 신강에 설치하였다.[9] 청조는 1762년 군부의 총책임자로 伊犁將軍을 임명하여 파견하고 다수의 만주, 몽고, 팔기병과 녹영병을 이 지역에 배치하였다. 천산 남북에 주둔했던 이들 군사들은 가족을 동반한 駐防兵과 정기적으로 교대하는 換防兵으로 조직되어 배치되었으며 이를 이리장군이 총괄하였다.[10]

이러한 가운데 1864년 신강 동부에서 발생한 회교도의 봉기로 신강이 혼란한 틈을 타 야쿱벡이 카시카르를 거점으로 국가 성립을 천명하였다. 이들은 천산산맥을 넘어 우루무치[11] 부근까지 침입하여 1871년

---

9) 華立,「新疆的軍府制度」,『淸代的邊疆政策』, 中國社會科學出版社, 1994, p.357.
10) 崔晶妍,「理藩院考」,『東亞文化』20, 1982, pp.129~158.
11) 우루무치(烏魯木齊)는 신강위구르자치구의 성도로서 고대 준가얼몽골어로 '아름다운 목장'이라는 의미를 가지고 있다. 1759년 위구르민족의 국가인 동투르키스탄

에 이리를 제외한 천산북로 일부 및 천산남로 전역에 대한 지배권을 장악하였다.12) 이에 러시아는 영국의 지원을 받고 있던 야쿱벡이 러시아의 남하를 방해하고 청조와의 무역을 차단시킬 것을 우려하여 1871년 이리를 점령하였다.13)

신강을 평정한 이후 청조는 이리의 반환을 요구하기 위해 1879년 좌도어사 숭후를 전권대사로 러시아에 파견하였다. 8개월 간의 협상 끝에 숭후는 9월에 리바디아에서 러시아로부터 이리를 반환받았지만, 이 지역의 70%를 러시아에 조차하기로 약속하지 않을 수 없었다. 또한 러시아에 점령비 5백만 루블을 지불하고, 요충지 7곳에 영사관을 설치할 수 있는 권리와 송화강의 항행권을 인정해 주었다. 또한 러시아상인에게는 신강과 몽고 전 지역에서 무역에 대한 면세특권과 중국 기타지역에서 운반, 판매되는 차에 대한 감세 혜택이 부여되었다. 숭후는 전권으로 1879년 10월에 이와같은 내용의 〈리바디아조약〉에 서명하였다.14)

신강성을 중심으로 한 중소 간의 국경 획정에도 불구하고 민국 성립 이후 신강성에 대한 러시아의 세력 확장은 간단없이 지속적으로 추진되었다. 제정러시아가 무너지고 소비에트연방이 성립되고 난 이후 소련정부는 신강에 특사를 파견하여 통상조약의 체결을 요구하였다. 이후 신강성정부는 표면적으로 중국정부의 주권에 복속하였지만 사실상 소련에 대한 정치, 군사적 종속 관계가 현저히 진행되었다.

을 정복한 청조가 1763년 중국식 명칭인 迪化로 개칭하였다. 1954년 중국정부가 다시 적화를 우루무치라는 원래의 이름으로 회복시키고 다음해 신강위구르자치구를 설치하여 수도로 삼았다.

12) 김호동, 「1864년 신강 무슬림반란의 초기경과」, 『동양사학연구』24, 1986, pp.213 −222.
13) 郭廷以, 『近代中國史綱』上, 中文大學出版社, 1980, p.221.
14) 苑書義, 『中國近代史新編』, 北京人民出版社, 1986, pp.233−235.

소련이 부설한 토서철도의 종점은 신강성의 塔城으로부터 불과 600여 킬로미터 밖에 떨어져 있지 않았지만, 신강성 성도인 우루무치는 중국 平綏鐵道의 종단역 包頭로부터 무려 2,688킬로미터나 되었다. 북경에서 육로로 난주 혹은 귀화성을 거쳐 적화에 이르기 위해서는 낙타나 말의 등에 짐을 싣고 운반하지 않으면 안되었다. 중국 내지에서 신강에 이르는 주요 교통로는 감숙성의 난주로부터 하미를 거쳐 투르판에 이른 다음, 여기서 갈라져 하나는 북서쪽으로 우루무치를 거쳐 烏蘇에서 다시 갈라져 이리와 탑성에 이르고, 다른 하나는 남쪽으로 가서 아커수, 카슈가르에 이르렀다. 화물 운송을 위해서는 우루무치로부터 난주, 서안을 경유하는 자동차가 있지만 경비가 지나치게 많이 소요되어 화물 운송에 적합하지 않았다. 화물의 대부분은 적화로부터 塔城을 경유하여 소련영토로 들어간 이후 토서철도에 의해 각지로 수송되었다.[15]

토서철도는 1927년에 공사를 시작하여 1930년에 완성되었다. 이 철도는 시베리아로부터 러시아령 투르크스탄으로 통하는 철도로서 토서철도라고 불리웠다. 철도의 기점은 시베리아철도 지선인 斜米로서 남쪽으로는 일하 하류의 카자흐스탄의 수도인 알마티를 지나 타시칸철도에 도달하여 철도가 거의 중국의 변경을 따라 운행된다.[16] 뿐만 아니라 이 철도와 중국 각 변경을 연결하는 도로가 건설되었다. 소련은 토서철도를 완성한 이후 더욱 적극적으로 신강 각 민족을 부추겨 변란을 일으키도록 사주하였으며, 이러한 혼란 속에서 자신의 침략적 야심을 실현하고자 하였다.

한편 소련은 토서철도를 완성한 이후 이 철도로부터 다시 신강의 탑성과 이리에 이르는 도로를 건설하였다. 그리하여 1937년 7월 6일, 노

---

15) 善隣協會調査部編, 『赤化綿上の蒙古と新疆』, 日本評論社, 1935, p.154.
16) 徐伯達, 「蘇俄對新疆之侵略」, 『新疆硏究』, 中國邊疆歷史語文學會, 1964, p.296.

구교사건 바로 전날 소련공정사는 우루무치를 거쳐 하미에 이르는 도로의 준공식(통차의식)을 거행하였다. 이 철도는 신강 북부를 관통하는 도로로서 마침내 토서철도와 연결할 수 있게 되었다. 신강성과 소련 간의 무역이 활발하게 된 이유는 무엇보다도 여기서 생산되는 상품을 토서철도가 흡수하는 일이 가능하게 되었으며, 운임이 저렴하며, 운송시간도 단축되었기 때문이다.[17]

토서철도가 완공되고 난 이후 중국인이 신강에 가려고 할 경우 매번 감숙성을 따라 가지 않고 바꾸어 먼저 블라디보스톡에서 기차를 타고 시베리아철도를 타고 다시 토서철도로 갈아 탄 후 다시 도로를 통해 탑성에서 신강으로 들어오는 진풍경이 연출되었다.[18] 중국 측에서도 종래 북경에서 산서, 감숙을 거쳐 적화(우루무치)에 이르기 위해서는 2−3개월이 소요되었으나 시베리아철도를 경유하여 토서철도를 이용할 경우 13일이면 충분히 도달할 수 있었다.[19]

신강성과 소련은 국경선을 무려 1,500킬로미터나 마주하였는데, 특히 만주에서 소련이 일본에 북만철도를 양도한 이후 극동에서의 지반을 크게 상실하자, 이에 대신하여 신강성의 개발에 적극 나서게 된 것이다.[20] 소련과 신강지역과의 밀착은 경제상의 교역량을 보더라도 명확하게 드러난다. 즉 아래의 통계표는 신강과 소련과의 무역량이 신강을 제외한 기타 중국 전역과 소련과의 교역량을 초과하고 있는 상황을 여실히 보여주고 있다.

---

17) 馬場秀夫, 「西部支那−邊疆問題」, 『支那滿洲を堯る諸問題』, 東亞調査會, 1933, p.61.
18) 凌鴻勛, 「新疆之交通」, 『新疆研究』, 中國邊疆歷史語文學會, 1964, p.276.
19) 東亞問題調査會, 『移り行く支那』, 朝日新聞社, 1937, p.183.
20) 馬場秀夫, 「西部支那−邊疆問題」, 『支那滿洲を堯る諸問題』, 東亞調査會, 1933, p.78.

|도표 68| 신강과 소련 간의 무역 현황

(단위: 백만 루블)[21]

	1932	1933	1935	1936	1937	1938
대소 수입	14.0	10.9	26.5	36.1	34.8	35.2
대소 수출	10.2	18.8	19.9	25.7	25.8	35.2

|도표 69| 중국과 소련 간의 무역 현황 (신강성 제외)

(단위: 백만 루블)[22]

	1924-25	1927-28	1930	1933	1935	1936
대소수입	6.4	13.7	12.4	7.2	17.5	13.4
대소수출	12.3	31.6	8.4	11.6	15.3	12.8

3. 남경국민정부 철도부의 설립

1) 남경국민정부 철도부 설립의 경과

중국의 철도는 최초에 이홍장이 군사적 목적에서 이를 개통하였기 때문에 철도 관련 업무는 자연히 총리해군아문의 관할에 속하였다. 청조가 광서 22년(1896)에 철로총공사를 설립하였을 때에도 여전히 해군아문이 철도 업무를 관할하였다. 1898년이 되면서 철도에 관한 업무를 관장하기 위해 광무철로총국이 설립되어 해군아문으로부터 독립하였는데, 이것이 바로 철도를 전적으로 관리하는 기구의 남상이 되었다. 1903년 광무철로총국이 철폐되고 商部로 합병되었다. 1906년 상부가 농공상부로 개조되면서 다시 우전부를 신설하여 철도와 우전(우편과 전보)을 전담하여 관리하니, 철도는 우전부 노정사의 관할 아래로 들어갔다.

---

21) 田中九一,「ソヴェート聯邦と支那」,『支那問題辭典』, 中央公論社, 1942, p.464.
22) 田中九一,「ソヴェート聯邦と支那」,『支那問題辭典』, 中央公論社, 1942, p.462.

그 아래 총무, 관판, 상판의 3과를 두었다. 이후 다시 철로총국을 설치하여 이를 전담하여 관리하도록 하였다.

신해혁명 직후인 1912년 4월에 임시정부는 기존의 우전부를 교통부로 개칭하고 이전의 우전부 노정사 및 철로총국사무의 관리를 모두 이관하였다. 1913년 노정사를 노정국으로 변경하였다가 다음해 1914년에는 노정국(路政局)을 취소하고 다시 노정사를 설립하였다. 1916년 노정, 노공, 철로회계공사를 폐지하고 노정사(路政司)를 설치하여 교통차장으로 하여금 철로총판을 겸임하도록 하였는데, 이로부터 철도행정기관은 비로소 초보적인 조직 계통을 갖추게 되었다.

철도 부설 계획에 대한 국민정부의 청사진은 이미 손중산의 〈철도십만리부설계획〉에 잘 나타나 있으며, 이후 남경국민정부는 국부의 유지를 계승하여 철도의 근대화를 달성하기 위해 구체적인 방안을 수립해 나갔다. 손중산의 철도 부설에 관한 계획은 일찍이 1893년에 이홍장에게 보낸 상소문인 〈상이홍장서(上李鴻章書)〉에 잘 나타나 있다. 여기서 손중산은 "철도를 가진 나라는 곧 전국이 사통팔달하여 왕래와 유통에 막힘이 없다"[23]라고 하여 철도 부설의 필요성을 강조하였다. 특히 재원의 조달에 대해 이홍장은 최초 관상합판을 주장하였으나 민국 이후 점차 외자의 도입을 강조하는 방향으로 나아갔다.[24]

신해혁명 이후 민국시대가 도래하면서, 손중산은 중국철로총공사를 상해에 설립하여 전국의 철도를 3대 간선으로 획분하고 10년 동안 60억 원을 투입하여 10만 킬로미터에 이르는 철도의 부설 계획을 수립하였다. 이 계획은 내지 이민을 촉진하고 실업 건설과 자원 개발, 국방의

23) 堀川哲南저, 王載烈역, 「上李鴻章書」, 『孫文과 中國革命』, 역민사, 1983.9, p.201.
24) 朱馥生, 「孫中山實業計劃的鐵道建設部分與湯壽潛東南鐵道大計劃的比較」, 『民國檔案』1995年 1期, 1995.3, p.71.

강화와 서구와의 교통망을 완비하는데 그 목적이 있었다. 이밖에 기관차 및 객차 제조공장의 설립도 계획하였다.

1912년 4월 1일, 손중산은 임시대총통직을 사임하고 상해로 가서 "민국정부는 국내의 철도, 항운, 운하 및 기타 중요 사업을 모두 국유로 해야 한다"[25]라고 철도국유화 방안에 관한 계획을 피력하였다. 같은해 7월 22일, 손중산은 상해에서 개최된 중화민국철도협회환영회(中華民國鐵道協會歡迎會) 석상에서 강연을 통해 "철도가 많이 부설될수록 그 나라는 부강하게 된다. 미국의 경우 현재 철도는 30여 만 킬로미터에 달하는 철도를 보유하고 있으며, 세상에서 가장 부유한 나라로 손꼽힌다"[26]라고 하여 철도 부설이 곧 그 나라의 국력과 직결된다는 사실을 강조하였다.

손중산은 전국의 철도를 3대 간선으로 부설하려는 계획을 구상하였다. 철도계획에서 첫 번째인 남선은 광동으로부터 광성, 귀주를 거쳐 사천으로 나아가 서장으로 들어가 천산 남변까지 이르는 노선이었다. 두 번째 중선은 장강에서 출발하여 강소성으로부터 안휘, 하남, 섬서, 감숙, 신강을 넘어 이리로 나아가는 노선이었다. 세 번째 북선은 진황도에서 출발하여 요동을 돌아 몽고로 들어가 외몽고로 이어지는 노선이었다.[27]

1912년 8월 말, 손중산은 북경에 도착하여 원세개와 13차례에 걸쳐 회담하고 철도 부설에 관해 논의하면서, 정부가 적극 나서야 하는 당위성을 강조하였다. 9월 11일, 원세개는 손중산을 전국철로총국 독판으로 임명하고 '주획전국철로전권'을 부여하였다.[28] 이에 따라 손중산은

25) 孫文, 『孫中山全集』二卷, 中華書局, 1982, p.332.
26) 張其昀, 『建國方略硏究』, 中國文化硏究所, 1962.10, p.3.
27) 孫文, 『孫中山全集』二卷, 中華書局, 1982, p.384.

북방, 남방, 동방 3대 항구를 중심으로 서북철도, 서남철도, 중앙철도, 동남철도, 동북철도, 고원철도 등의 철도망을 상호 연결하여 전국적인 철도교통망을 조직하는 계획을 수립하였다.[29]

국민정부는 1913년 대총통령으로 〈민업철로조례〉를 반포하고, 2년 후인 1915년에 다시 민업철로법을 반포하였다. 1924년 4월 〈국민당 제1차 대회선언〉은 중국국민당정강을 제정하면서, 국내정책의 제15조에서 "민간의 역량이 부족하므로 철도, 항로 등은 국가가 경영하고 관리한다"[30]라고 규정하였다.

이와함께 1912년 국민정부는 특별회계총처를 설립하고, 전국의 철도를 통일화하기 위해 각국의 선례 및 규정을 조사 및 참조하여 철도, 전신, 우편, 항업의 4정에 관한 특별회계법규를 편성하였다. 이 가운데 철도가 가장 급선무로서 통일철로위원회를 조직하여 회계법규를 연구하도록 하였다. 그리하여 1914년 8월에 이르러 철도 정리사업을 개시하고 동일한 회계 계산, 철도 부설, 기관차 및 차량의 건조 등 각 양식의 통일에 착수하였다.[31]

2) 철도부 설립과 철도행정의 통일

1926년 북벌이 진전되면서 국민정부는 교통부를 설립하고, 다시 교통부 안에 철로처를 두어 〈철로정리10대정책〉을 공포하였다. 1927년 국민정부는 남경에 수도를 정하고 전국 철도의 정리에 착수하면서, 교통부로부터 철도부를 독립 신설하여 철도정책을 추진하기로 방침을 결

28) 周新華, 「孫中山'實業計劃述評」, 『鎭江師專學報』1994年 2期, p.87.
29) 吾孫子豊, 『支那鐵道史』, 生活社, 1942, pp.168-176.
30) 姜明淸, 『鐵路史料』, 國史館, 1992.5, p.24.
31) 逸見十朗, 『中華民國革命二十周年記念史』, 1931.4, p.517.

정하였다. 1928년 6월과 7월, 남경국민정부는 상해, 남경에서 전국경제회의와 전국재정회의를 개최하였는데, 회의에는 민간기업가와 재정전문가, 그리고 중앙 및 지방공무원이 참석하였으며, 철도 부설이 주요한 의제가 되었다. 같은 해 8월에 개최된 국민당 중앙집행위원회 전체회의는 두 차례 회의에서 결집된 주장을 반영하여 경제계획(철도 부설을 포괄)을 수립하였다. 같은 해 10월, 남경국민정부는 철도의 행정관리권을 교통부로부터 독립시켜 철도부를 정식으로 설립하여 전국 철도의 부설 계획 및 철도행정업무를 담당하도록 하고, 손과를 철도부장으로 임명하였다. 철도부의 조직은 1928년에 공포된 국민정부 철도부조직법에 의거하여 국민정부 五院 가운데 행정원에 소속되어 철도의 국유와 국영을 원칙으로 하고, 부장을 장관으로 하여 정무, 당무 양 차관이 이를 보좌하도록 하였다.

손과는 취임 이후 1928년 11월 27일 〈철도관리통일안〉을 입안하여 철도행정의 기본방침을 천명하였다. 주요한 내용은 철도 업무에 관하여 철도의 통일 관리 및 회계 독립의 양대 원칙을 견지하며, 종래의 철도국독판제를 폐지하고 국유철도관리국을 편제하여 철도행정의 통일과 집중을 도모하였다. 손과는 철도의 통일 관리를 위해 다음과 같은 방안을 중앙정치회의에 제출하여 승인을 얻었다.

가. 군대 수송을 정리하고 차량의 반환을 요구한다.
나. 각 철도의 차량을 모두 철도부에 집중시키고 누구라도 이에 간섭할 수 없다.
다. 각 철도에 부과된 부가세를 취소한다.
라. 철도 관계 인사를 통일한다.

또한 회계의 독립을 위해서는 다음과 같은 요구를 제출하였다.

가. 철도 수입의 군비 유용 중지

나. 철도 수입 및 수익은 철도사업의 개량 및 확충에 사용할 것[32]

이와함께 1929년 1월 14일, 철도부는 〈공정국 조직규정〉을 공포하여 철도의 관리와 함께 鐵道部材料驗收委員會를 설치하여 철도 재료구입을 위한 방침을 정하였다. 또한 북평철로대학를 대학부와 전문부로 나누어 인재 양성에 힘썼다.[33]

철도부는 성립 이후 우선적으로 전국 각 철도의 운임과 경영을 표준화하여 통일하고, 이를 통해 부진에 빠져 있던 중국철도의 경영을 개선하는데 진력하였다. 철도부 성립 이전에 철도는 각각 그 지방의 철로관리국이 관리하고 있었으며, 따라서 지방에 따라 경영방법과 운임이 모두 달랐다. 수하물 운임은 1918년 제1차 운수회의가 개최되어 통일되었으며, 이후 1921년 미터법이 채용되었다. 특히 국민정부 철도부의 성립 직후인 1929년에 운가위원회(運價委員會)가 성립되고 이를 통해 철도 운임의 통일에 많은 진전이 이루어졌다. 이러한 결과 1930년부터 전국 화물의 등급을 통일하여 6등급으로 분류하였으며, 취급 종류별로 중량 단위를 제정하여 운임업무도 체계화되었다. 특히 중국에서 철도에 의한 화물 운송이 비약적으로 발전한 것은 철도부가 1932년 9월 〈화물부채운송규칙(貨物負債運送規則)〉을 공포하고 각 국유철도에 대해 이를 시행하도록 공포한 이후의 일이었다. 1933년에는 제16회 국내연운회의(國內聯運會議)를 개최하여 철도와 국영수운회사인 초상국(招商局) 항로 간의 수륙 연계 운송이 개시되었으며, 이러한 과정에서 특히 롱해

---

32) 東亞同文會, 『支那年鑑』, 1935.6, p.1305.
33) 東亞同文會, 『支那年鑑』, 1935.6, p.1305.

철도는 운송 방면에서 많은 성과를 거두었다. 이와 같이 철도부 성립 이후 각 철도는 운수 방면에서 비약적인 발전을 이룩하면서 자연히 경영 상태도 상당히 호전되었다.[34]

3) 철도 채무의 상환과 재정문제

앞서 살펴본 바와 같이, 남경국민정부 수립 이전에 중국철도의 재정은 내전과 군벌의 착취 아래에서 극도로 악화된 상태였다. 만일 외채와 내채 등의 철도 채무를 방치한다면 중국철도의 파산은 자명한 일이었다. 아래의 도표는 남경국민정부가 수립된 직후인 1928년 중국철도의 재정 상황을 극명하게 보여 주고 있다.

|도표 70| 1928년 철도 채무

(단위: 원)[35]

	상환기간 미도래 액수	상환기간 경과 액수	합계
내채	2,290,015.87	41,588,851.17	43,778,867.04
외채	296,822,327.96	218,888,968.55	515,711,296.51
합계	299,012,343.83	260,477,817.72	559,490,163.55

1928년 10월 26일 국민정부는 훈정 실시의 방침을 천명하고, 평등호혜에 의거하여 주권이 침해 받지 않는 전제 하에서 가능한 최대한 외자를 도입하며, 전문 인재를 선발하여 육성한다는 원칙에 따라 철도와 공공도로의 건설 등 경제건설을 추진하기로 방침을 정하였다. 실제로 국민정부가 입안한 수 차례의 〈철로건설결의안〉과 〈철로건설계획〉은 모두 외자를 도입하여 철도를 부설하는 내용이었다. 그러나 이를 실

---

34) 姜明清, 『鐵路史料』, 國史館, 1992.5, pp.32-33.
35) 馬場鍬太郎, 「支那鐵道會計統計」, 『支那研究』25號, 1931.3.28, p.34.

현하기 위해서는 무엇보다도 기존의 철도 채무를 정리하여 신용을 회복하는 일이 선결 과제였음에 틀림없었다. 이러한 인식에서 국민정부는 1928년 11월 철도부 성립 이후 구채무를 정리하기로 방침을 정하고, 차관의 이자를 경감하고, 채권의 기한을 연장하면서 채무를 정리해 나갔으며, 이를 통해 채권인으로 하여금 중국철도에 투자할 수 있는 신용을 제고해 나갔다.

1929년 4월 13일 철도부는 철로채무위원회를 성립시키고 〈철로채무정리위원회규정〉을 공포하여 〈編制各路負債元金利了總表〉와 각 철도의 채무에 대한 구체적인 상환방법을 강구하도록 하였다. 1936년에는 미상환 채무를 정리하기 위한 구체적인 방법으로서 〈내외채정리판법〉을 공포하였는데, 여기서 채권국의 동의를 얻어 미지불된 이자의 일정 부분을 공제하거나 혹은 상환기간을 연장하는 등 구체적인 계획이 수립되었다. 정리판법이 공포된 이후 기존 미지불된 롱해철도의 채권은 18-30%의 이자율이 확정되었다. 미상환 채무에 대한 국민정부의 적극적인 상환 의지는 결국 채권국과 국내 채권 소유자들에 대한 신용을 제고하여 결과적으로 철도 투자에 대한 관심을 증폭시켰으며, 이는 중국철도의 발전을 위해 크게 기여하였다.[36] 1935년 2월, 국민정부는 금융계와 경제계에서 영향력이 큰 장가오를 철도부장으로 임명하였으며, 장가오의 영향력이 미치는 정부은행과 유력한 상업은행을 통해 각국과 철도투자와 관련한 상담을 진행하였으며, 이 과정에서 적지 않은 성과를 거둘 수 있었다.

채무의 정리를 통해 이율을 인하하고 복리를 면제하고 원금의 상환을 연장하여 마침내 1936년 6월 말 국민정부는 철도 부채의 부담을

---

36) 姜明淸, 『鐵路史料』, 國史館, 1992.5, p.35.

36,800여 만 원 감소시켰으며, 이 가운데 외채가 30,380만 원, 내채가 2,000만 원 이상 감소하였다. 이러한 결과 마침내 중국철도에 대한 투자가 새로운 전성기를 맞이하였다. 1936-1937년까지 철도부가 모집한 국내철도 부설자금은 내채가 총 7,455만 원이었으며, 이 가운데 6,300만 원이 신철도 부설에 투입되었다. 이와같이 대량의 외채와 내채가 철도 부설 자금으로 공급됨으로써 국민정부가 전국의 철도 부설계획을 성공적으로 추진할 수 있는 기반을 마련하였다.

|도표 71|　손중산

|도표 72|　장가오

비록 국민정부 철도부가 채무의 정리를 통해 외자를 새로 도입하여 철도의 부설에 적극 나서기는 하였으나, 기본적으로 이전과 같이 철도 이권을 외국에 넘겨주는 일은 극력 회피하였다. 나아가 국민정부 철도부는 교통주권을 완전히 회수하기 위해 다음과 같은 규정을 정해 두었다. 첫째, 국유철도는 외자를 차용할 수 있으나, 평등 호혜에 근거하여

주권을 상실하지 않는 한도 내에서 이루어져야 한다. 둘째, 누구라도 철도부를 통해 국민정부의 허가를 얻지 않고서는 중국 영토 안에서 철도를 부설, 연장 혹은 매수할 수 없다. 지방정부도 마찬가지로 철도부를 통해 행정원의 허가를 얻지 않고서는 외자를 도입하여 철도를 부설할 수 없다.[37]

4) 철도 국영화의 확대

1932년 7월 2일, 국민정부는 〈중화민국철도법〉 22조를 공포하였는데, 여기서 "철도의 국유, 국영을 원칙으로 하며, 철도행정 사무는 철도부에서 통할한다"라고 규정하였다. 또한 국민정부의 허가 없이 중국영토 내에서 철도를 부설하거나 연장, 매매할 수 없다고 규정하였다. 이와함께 경영 방식을 다음과 같은 4종으로 구분하였다.

가) 전국교통의 모든 철도는 중앙정부에서 경영하는 것을 원칙으로 하며, 국영철도라 칭하고 철도부에서 관할한다.

나) 지방교통과 관련있는 철도는 지방정부가 공영철도조례에 따라 경영할 수 있다. 이를 공영철로라 칭하며 철도부가 이를 감독한다.

다) 철도부가 확정한 노선이 부설되기 이전에 인민들은 민영철도를 부설하여 경영할 수 있으며, 철도부가 이를 감독한다.

라) 지방정부 혹은 인민들은 철도조례에 따라 전용철도를 경영할 수 있는데, 이를 민영철도라 칭하며, 영업 개시일부터 만 30년 이후에는 법에 따라 정부가 협정가격으로 이를 매입한다.[38]

철도법을 살펴보면 국민정부 철도행정의 기본 방향이 잘 나타나 있

---

37) 東亞同文會, 『支那年鑑』, 1935.6, pp.1305-1306.

38) 楊承訓, 「三十年來中國之鐵路事業」, 『三十年來之中國工程(下)』, 華文書局, 1967. 8, p.5.

음을 알 수 있다. 먼저 철도법 제1조에 "철도는 국영을 원칙으로 한다"고 규정하여 철도에 대한 국가권력의 통제 방침을 명확히 하고 있다. 뿐만 아니라 제4조에서는 중요 간선을 모두 법령에 의해 국유로 할 것임을 원칙으로 규정하였다. 지방정부가 외국과 차관계약을 통해 철도를 부설할 경우에도 반드시 철도부 및 행정원의 허가를 받은 이후에 가능하도록 제9조에서 명시하였다. 제12조에서는 지방관 혹은 민영철도는 모두 철도부의 감독을 받도록 규정하여 국영뿐만 아니라 전국의 철도를 모두 철도부의 일률적인 통제와 감독 하에 두어 철도행정의 통일화와 일원화를 기하였다.[39]

이밖에 철도법 제18조는 철도를 군수에 사용할 경우에는 반드시 국민정부가 공포한 〈군운조례(軍運條例)〉 및 철도부와 군정부가 상호 합의한 각 규정을 철저히 이행하도록 함으로써 지방군벌이 철도를 사사로이 운용할 수 없도록 규정하였다. 또한 제20조는 국유철도의 수입과 잉여를 모두 철도부 사업의 확충 및 정리에 충당하도록 하고 나머지는 철도 채무의 상환을 위해 사용하도록 규정하여, 철도 재정을 군사적 목적으로 전용하여 철도의 발전을 저해하는 일을 미연에 방지하였다.[40]

이와같이 국민정부의 철도법은 명확히 철도의 국영화를 지향하였으며, 모든 철도에 대한 철도부의 통일적 관리를 명시하였다. 이는 기존 중국철도에 대한 대외적인 열강의 간섭과 대내적인 봉건 군벌세력의 간섭을 일소하고, 철도 교통에 대한 정부의 일원적 관리와 통일화를 기함으로써 철도행정의 근대화를 도모한 것이며, 나아가 근대화된 철도를 통해 다시 중국의 근대화를 달성하기 위한 목적에서 입안된 것이라 할 수 있다.

---

39) 日華實業協會, 『支那近代の政治經濟』, 外交時報社, 1931.12, p.345.
40) 日華實業協會, 『支那近代の政治經濟』, 外交時報社, 1931.12, p.346.

4. 철도 부설 정책과 롱해철도

1) 국민정부 철도부의 철도 부설 계획

1928년 가을, 국민정부는 신해혁명 이래의 숙원인 철도 부설 계획을 실천하기 위해 철도부를 설립하고, 이를 위한 정책의 입안과 실천에 착수하였다. 철도부는 전국의 철도를 통일적으로 관리하고 업무를 개선하며 기존 선로의 영업 수입의 증가에 노력하면서, 한편으로는 구채무를 정리하여 신용을 회복하고, 신철도의 부설을 위한 자금을 모집하였다. 또한 관세와 庚子賠款(의화단운동 배상금) 등을 이용하여 신철도의 부설과 함께 기존 철도의 정비도 병행해 나갔다.

1928년 11월 국민당 제162차 정치회의는 철도부장 손과가 제출한 〈철로건설대강〉을 통과시키고 10년 내에 철로 32,000킬로미터를 부설하고, 이를 위해 매년 3,200킬로미터를 부설하는 대계획을 마련하였다. 그런데 이 계획을 실천하기 위한 관건은 역시 재원의 조달 문제였다. 1929년 1월 28일, 손과는 다시 국민당 중앙정치회의에 〈경관양관축로계획〉을 제출하였는데, 이 계획의 골자는 영국, 러시아, 이탈리아 3국이 반환하는 의화단 배상금의 3분의 2를 기금으로 공채를 발행하여 철도의 부설을 위한 경비로 충당한다는 내용이었다. 여기서 손과는 관세 수입과 의화단 배상금을 가지고 우선적으로 롱해철도의 동란 구간을 부설하는데 할당하였다. 이와함께 롱해철도를 1934년까지, 월한철도를 1932년까지, 롱수철도를 1937년까지 완공한다는 계획을 보고하였다.[41] 더욱이 롱해철도를 더욱 연장하여 섬서, 감숙, 신강, 청해의 제성을 연결시키는 명실상부한 횡단철도의 부설 계획을 발표하였다.[42]

---

41) 日華實業協會, 『支那近代の政治經濟』, 外交時報社, 1931.12, p.343.

1929년 3월 23일 국민당 3중전회는 중앙집행위원회가 제출한 〈훈정시기경제건설실시강요방침안〉을 통과시키고, 우선적으로 교통의 개발에 착수하도록 결정하는 동시에, 이를 위해 5년 내 국가 총 수입의 4분의 1을 철도 부설을 위해 지출하도록 결의하였다. 1931년 5월 2일, '국민당중앙 제3계 제1차 임시전체회의'는 장개석이 제출한 〈실업건설정서안〉을 통과시켰는데, 여기에서도 철도 부설을 국민정부가 이후 6년 내에 완성해야 하는 우선적인 과제로 설정하였다. 같은해 11월 17일, 국민당 중앙정치회의는 〈훈정시기 약법에 의거하여 국계민생규정으로 그 실시를 확정하는 방안〉을 의결하였는데, 여기서 철도정책의 골자를 다음과 같이 확정하였다. 첫째, 현재의 철도를 정리하며, 둘째, 이미 절반의 공정이 진전된 롱해철도, 월한철도 양 노선을 신속히 완공한다. 셋째, 광동에서 운남, 그리고 운남에서 사천, 그리고 사천에서 섬서에 이르는 노선을 롱해철로와 연결시키는 철도를 신속히 부설한다.

1936년 이후 중국은행 총재 장가오가 새롭게 철도부장으로 취임하여 5년 동안 8천여 킬로미터의 노선을 신설하는 신철도계획을 수립하였다. 이것이 바로 1937년 3중전회에서 발표된 〈경제건설5개년계획〉안에 포함되어 있는 〈철도부설5개년계획〉으로서, 장개석이 직접 제안한 것을 구체적으로 입안한 계획이다.[43] 이는 당시까지 부설된 철도 노선의 약 두 배에 이르는 방대한 규모였는데, 이를 위해서는 대체로 8억 5천만 원에서 9억 원에 이르는 부설비가 필요하였다.[44] 주요한 노선은 株州—貴陽, 寶雞—成都, 貴陽—昆明, 成都—重慶, 南京—貴溪, 廣州—梅縣, 衡州—馬平 등이었다.

42) 吾孫子豊, 『支那鐵道史』, 生活社, 1942, p.177.
43) 姜明淸, 『鐵路史料』, 國史館, 1992.5, pp.52—56.
44) 桂城淳, 「支那の鐵道建設に於ける明暗相」, 『支那』28卷 6號, 1937.6, p.158.

2) 롱해철도의 부설과 발전

롱해철도는 중국 간선철도 가운데 매우 중요한 노선으로서, 본래 명칭은 隴秦豫海鐵路이며, 이를 간략히 롱해철로라고 부른다. 이 노선은 감숙, 섬서, 하남, 강소의 4성을 거치는데, 강소의 해주에서 시작하여 감숙의 난주에 이르는 총연장 약 1,700여 킬로미터에 이르는 동서횡단철도이다. 롱해철로는 강소성 해안의 해주, 해문을 출발하여 서주로 나아가 이로부터 하남성으로 들어가서 개봉, 낙양을 거쳐 관음당(觀音堂)에 이르고, 섬서성 동관, 서안을 거쳐 감숙성 난주에 이르는 대횡단철도라고 할 수 있다.

|도표 73| 롱해철도 구성도

(단위: 리)

노선	철도	구간	총연장
변락동선(汴洛東線)	淸海鐵道	海門－淸江浦 海州－淸江浦	220 140
	徐淸鐵道	徐州－淸江浦	129
	開徐鐵道	徐州－開封	172
변락철도(汴洛鐵道)	汴洛鐵道	開封－河南府	115
변락서선(汴洛西線)	洛潼鐵道	河南府－潼關	134
	潼西鐵道	潼關－西安	85
	西蘭鐵道	西安－蘭州	北西路 415 西路 440

롱해철도의 시초는 1905년에 착공하여 1909년에 개통된 낙양(하남) 개봉(汴梁) 간의 변락철도이다. 변락철도는 원래 경한철로의 배양선으로 부설되었으며, 1899년 철도독판 성선회의 상주로 부설된 노선이다. 이 노선은 1903년 벨기에철로공사로부터 2,500만 프랑의 차관을 도입하여 1905년에 에브레이(Ebray)의 감독 아래 개봉에서부터 공사가 시작되

었다. 그러나 곧 부설 자금의 부족으로 같은 회사로부터 1,250만 프랑을 차입하였으며, 1907년에 다시 차관 1,600만 프랑을 차입하여 1909년에 비로소 개통되었다.[45]

이후 1915년에는 동단의 개봉-서주 구간과 서단의 낙양-관음당 구간이 개통되었으며, 1925년에 서주-해주 구간이 개통되었다.[46] 투자액은 1931년 12월까지 131,265,169원에 달하였다.[47] 롱해철도 가운데 남경국민정부 성립 이전까지 완성된 노선은 동단인 개봉-해주 구간이 470킬로미터, 그리고 서단인 낙양-영보 구간이 170킬로미터였으며, 철도부 성립 이후 롱해철도의 연장과 부설이 비로소 본격적으로 이루어지게 된 것이다.[48]

1932년 8월에는 영보-동관 사이의 72킬로미터가 개통되었으며, 동관 서쪽으로도 1931년 동관 쪽에서 착공하기 시작하여 1934년에 서안까지 개통되었다. 국민정부 철도부는 이 구간이 완성된 이후에 서안 이서의 보계까지 연장하기로 결정하고, 서안-함양, 함양-보계의 두 구간으로 나누어 공사를 진행하였다. 이를 위해 중국은행으로부터 500만 원을 차입하여 1935년 7월에는 서안-함양 구간을, 11월에는 함양-보계 구간의 노선을 준공하고, 12월 20일 전 구간의 개통을 눈 앞에 두고 있었다. 그러나 서안사변으로 개통이 지체되어 1936년 11월에 이르러서야 보계까지 준공할 수 있었다. 한편 동쪽으로는 1921년 서주-해주 구간을 기공하여 1923년 2월에 운하까지 약 72킬로미터를 준공하였다. 1925년 7월에는 운하-대포 구간 114킬로미터를 준공하였다.[49] 1932-

45) 石川順, 『支那の鐵道』, 鐵道生活社, 1928, p.139.
46) 鮑覺民, 「隴海鐵路の完成と西北の開發」, 『支那經濟研究』, 改造社, 1939, p.662.
47) 降矢英吾, 「支那鐵道研究」, 『支那經濟事情研究』, 東亞事情研究會, 1935.12, p.464.
48) 陳樹曦, 『中華民國史交通志』, 國史館, 1993, p.6.
49) 吾孫子豊, 『滿支鐵道發達史』, 內外書房, 1944, p.391.

1937년 동안에는 영동, 동서, 서보의 각 구간이 완성되었다.[50]

1927-1937년의 10년 간 남경국민정부가 부설한 철도는 모두 3,793 킬로미터로서, 이로써 중국의 철도는 이미 21,036킬로미터에 달하게 되었다. 이 시기에 롱해철도의 영보에서 보계까지의 구간과 대포에서 연운항에 이르는 구간 총 408킬로미터가 1936년 12월에 완공된 것을 비롯하여 월한철도, 경공철도 등이 완공되었다.

국민정부 철도부는 철도의 신축뿐만 아니라 구 철도의 개조와 보수에 착수하였는데, 주요한 업무는 철도 궤도의 변경, 교량의 신축, 차량의 신규 구입, 신호 계통의 개선 등이었다. 통계에 의하면 1936년 5월 전국의 기관차는 1,116량, 화차 14,580량, 객차 2,090량이었다. 1937년 5월이 되면, 기관차, 화차와 객차는 각각 156량, 1,762량, 326량 증가하였다.

뿐만 아니라 국민정부는 철도를 부설하면서 내지의 화물이 대외적으로 운송되기 편리하도록 하기 위해 수륙의 상호 연계에 많은 주의를 기울였다. 그 결과 철도와 화물선이 상호 연계되어 수륙 연운에 편리했을 뿐만 아니라, 철도의 운수는 대외무역의 발전에 중요한 역할을 수행하였다. 뿐만 아니라 전시에는 항구와 철도와의 상호 연계를 통해 필요한 물자를 구입할 수 있었는데, 예를 들면 롱해철도의 대포에서 연운항에 이르는 구간을 들 수 있다.

이밖에 국민정부는 철도행정의 효율성을 제고하고 합리적으로 재편하였으며, 국영철도의 비중을 높여 교통운수에 대한 국가권력의 통제를 강화하였다. 이러한 결과 철도는 기존의 적자에서 탈피하여 국민정부의 재정에 적지 않게 기여할 수 있게 되었다. 다음의 통계 수치는 해

50) 薩福均,「三十年來中國之鐵路工程」,『三十年來之中國工程』(上), 華文書局, 1967, p.11.

마다 중국 국유철도의 성적이 호전되고 있으며, 이로 인한 잉여자금의
축적이 증가하고 있음을 잘 보여주고 있다.

|도표 74| 중국 국유철도의 잉여자본 축적[51]

연도	축적 액수
1932	2,794,122
1933	150,243
1933－34	7,978,652
1934－35	27,845,815
1935－36	35,077,374

5. 롱해철도와 서북개발

국민정부는 롱해철도를 연장하여 서안에까지 도달하였으며, 다시
1935년 섬서와 감숙 양성의 간선도로인 서란선을 정식으로 개통하여
롱해철도와 연결시켰다. 이와함께 서북 공로 운수를 관리하기 위해 서
북국영공로관리국을 설립하였다. 이와같은 일련의 계획은 모두 국민정
부 철도부의 적극적인 정책 입안과 추진 속에서 이루어진 것이며, 서북
개발의 중추적 역할을 수행한 것이 바로 롱해철도였다고 할 수 있다.

국민정부가 롱해철도를 부설한 목적은 서북지역의 개발과 밀접한 연
관을 가지고 있었다. 근대 이래 서북개발, 서북건설의 주장이 꾸준히
제기되어 왔으며, 이는 다음과 같은 목적에서 주창된 것이다. 첫째, 서
북개발은 무엇보다도 국방의 안전을 도모하기 위한 목적에서 주창되었
다. 둘째, 서북지역은 땅이 넓고 인구가 희박한 특징을 가지고 있어 이
민정책을 통해 농업을 개발하지 않으면 안되었다. 셋째, 서북지역은

---

51) 桂城淳, 「支那の鐵道建設に於ける明暗相」, 『支那』28卷 6號, 1937.6, p.169.

금, 은, 동, 철, 석유, 소금 등의 지하자원이 풍부하게 매장되어 있는 지역으로서, 철도는 이들 지하자원을 개발하기 위한 유리한 조건을 조성해 주었다. 이러한 의미에서 특히 롱해철도의 개통은 서북지역의 근대화 과정에서 매우 중요한 역할을 수행했다고 볼 수 있다.[52]

남경국민정부는 수립 직후인 1928년에 곧바로 서북개발을 주창하였으며, 특히 만주사변 이후에 서북개발에 본격적으로 착수하였다. 정치적으로 보아 섬서성과 감숙성은 이미 국민정부 중앙의 통제를 받아들이고 있었고 영해, 청해의 군벌도 중앙에 복속을 표시하였으므로, 이를 통해 이 지역에 대한 통제를 한층 강화하려는 목적이 강했다. 따라서 국민정부가 주창한 서북개발은 서북을 중요한 전략기지로 구축하려는 목적이 내재해 있었다. 이와 같이 봉건적 군벌의 존재를 전제로 하는 지역적 분할상을 극복하고, 지방정부에 대한 통제력을 관철시켜 강력한 중앙집권적인 국가를 수립하는 일은 중국 근대화를 위한 우선적인 과제가 아닐 수 없었다. 나아가 서북 각 지역에 대한 중앙정부의 통제력을 강화하는 일은 앞서 살펴본 바와 같이 서북 변경인 신강성에 대한 중앙정부의 통제력을 제고함으로써 러시아 세력의 확장을 억제하기 위한 기초였음에 틀림없다.

롱해철도 노선이 서안까지 완성되었을 때 중국 국내에서는 노선 변경 문제가 제기되었다. 즉 계획대로 계속 서진하여 난주에 도달하는 방안과 서안으로부터 한중으로 나아가 다시 남하하여 사천성의 성도에 이르는 두 가지 노선이 제기되었다. 난주에 이르는 노선은 지리적으로 험준하여 철도 부설에 더욱 많은 경비가 소요될 수밖에 없었으며, 사천성 성도로의 연장은 경제적 선진 지역을 통과함으로써 경제적인 측면

---

52) 沈杜榮, 「國民政府與開發西北」, 『固原師專學報』15卷(總第50期), 1994年 3期, p.34.

에서 많은 기대 효과를 가져다 줄 것은 틀림없었다. 즉 경제적으로 보면 후자가 유력하였으나 국방상의 견지로부터 본다면 전자가 불가피하였다. 그럼에도 불구하고 결국 서북지역의 안전과 국방이라는 측면을 고려하여 국민정부는 더욱 많은 경비가 소요되는 난주노선을 선택하게 된 것이다. 이와같이 서안-난주 노선은 국방상의 견지로부터 건설되었음을 잘 알 수 있다.[53]

서북 변경지방의 국방문제를 해결하기 위한 전제로서 교통로의 완비는 유사시 군사상 목적을 달성하기 위한 기초이지만, 평시에도 중국 내지와의 연계를 밀접하게 함으로써 중국화해 나가는 매우 중요한 요소가 아닐 수 없었다. 이는 앞서 언급한 바와 마찬가지로 신강지역이 소련과 밀착하는 현상을 억제하는 첩경임에 틀림없었다. 1931년 5월 국민당 제3계 중앙집행위원회 제1차 임시전체회의는 〈실업건설정서안〉을 통과시키고 서북지역을 적극적으로 개발하기로 방침을 결정하였다. 이와함께 서북을 개발하기 위해서는 교통문제의 해결이 시급한 과제임을 인정하고, 이러한 이유에서 롱해철도를 기한 내에 완성하기로 결정하였다. 1935년 국민정부는 정치와 경제 중심을 점차 사천을 중심으로 하는 서남지구로 옮겨가면서, 서북의 개발도 더욱 촉진되었다.

서북개발을 위해 교통 시설의 부설을 검토하는 과정에서 최초 철도와 함께 자동차도로의 건설도 마찬가지로 주요한 수단으로 검토된 바 있다. 그러나 철도의 화물 운임은 매 킬로미터 1톤당 최고 1각 7분, 최저 3분 2리였음에 반해, 자동차는 최고 5분 2각 1리, 최저 2각 5분 6리나 되었다. 더욱이 도로를 유지하기 위해서는 막대한 경비가 소요되었으며, 차량의 수명도 기차에 미치지 못한다는 결론에 도달하였다.[54]

---

53) 鮑覺民, 「隴海鐵路の完成と西北の開發」, 『支那經濟硏究』, 改造社, 1939, pp.663-664.

소련의 세력 팽창을 저지한 동서 횡단철도

이러한 결과 서북개발을 위한 교통시설의 부설에서 무엇보다도 철도가 우선적으로 검토되었으며, 공로는 철도의 보조적 역할을 수행하는 정도에 한정될 수밖에 없었다. 롱해철도의 건설과 발전은 이와같은 인식의 결과라고 할 수 있다.

실제로 전근대 중국 국민경제의 발전은 교통의 불편으로 말미암아 많은 제약을 받아 왔다. 교통이 낙후되고 화물의 유통이 원활하지 못하여, 상품경제 발전이 지체되어 전국적인 거대 통일시장의 형성이 쉽지 않았다. 교통의 발달은 자연히 자급자족적인 자연경제를 타파하여 상품경제를 진전시켜 나갔으며, 종래 비교적 협소한 범위에서 이루어졌던 각 지방시장을 전국적인 범위로까지 확대시키는 효과를 불러 일으켰다. 이러한 결과 이른바 전국통일시장의 형성이라는 경향이 뚜렷히 나타나게 되었다.

철도의 부설은 1927년 이전까지만 해도 대부분 화북, 동북에 치우쳐 있었는데, 이러한 상황은 남북 경제발전의 불균형은 물론, 정치, 군사상 모두 바람직하지 못한 결과를 초래할 수 있었다. 이러한 이유에서 국민정부 철도부는 성립 이후 서북, 서남과 중남지역으로까지 철도의 부설을 적극 확대하였으며, 이러한 과정에서 롱해철도의 부설이 매우 중요한 과제가 되었다. 롱해철도의 부설은 의심할 바 없이 서북지역의 경제 발전에 기여했을 뿐만 아니라 전국적인 경제 교류의 확대와 전국시장의 형성, 그리고 중앙정부의 지방정부에 대한 통제력을 강화하고 신강 등 변경지역의 중국화를 가속화하는데 핵심적인 역할을 수행하였다.

한편, 롱해철도 등 철도의 부설을 통한 서북개발은 무엇보다도 인구의 유동과 도시의 발전을 촉진하였다. 발전의 지표가 된 것이 바로 이

---

54) 鮑覺民, 「隴海鐵路の完成と西北の開發」, 『支那經濟研究』, 改造社, 1939, p.669.

민 현상인데, 서북과 서남지역은 소수민족이 집중 거주하는 지역으로서 민족문제와 종교문제가 상당히 돌출해 있었다. 서북의 몽고, 신장, 회족, 위구르족 등은 스스로의 고유한 언어, 문자를 가지고 있었으며 강렬한 종교의식을 가지고 있었다. 더욱이 서북지역은 변경과 국방문제가 심각하여 민족문제를 해결하지 않고서는 서북의 변경을 공고히 하기 어려웠다. 철도의 발전은 북경, 상해, 천진, 무한, 광주, 성도, 중경 등 대도시 공상업의 발전과 인구의 급증을 초래하였는데, 롱해철도의 부설 이후 대도시의 많은 인구가 이 지역으로 이주하여 상업과 개간에 착수하였다.

연안지역에 집중된 인구를 이민을 통해 서북으로 분산시키는 정책은 기존 농촌 피폐의 주인으로 평가되어 온 과잉인구를 분산시키는 의미도 있었다.[55] 롱해철도가 서북으로 노선을 연장한 이후 수많은 연안지역과 화북지역의 주민들이 섬서, 감숙, 신강, 청해 등지로 이주하였으며, 전국적인 인구 유동이 대대적으로 이루어졌다. 예를 들면, 1935년 한 해 동안 철도 객운량은 46,000,000명, 매 킬로미터 노선 평균 탑승객이 약 6,340명, 이 가운데 경호로가 34,028명, 월한로 남단이 23,208명, 호항로가 16,468명, 북녕로가 9,529명이었다.[56]

대도시지역으로부터 서북지역으로의 이민은 정치적, 군사적, 경제적으로 중요한 의미를 가지고 있지만, 이와같은 이민정책은 기본적으로 롱해철도의 발전에 의해 비로소 가능한 일이었다. 이전에 서북지역은 산지가 많고 강수량이 적어 농업에 불리한 자연환경을 가지고 있었다. 특히 한번 흉작이 들면 그 피해는 참화라고 부를 정도로 처참한 결과

---

55) 吾孫子豊, 『滿支鐵道發達史』, 內外書房, 1944, p.391.

56) 丘松慶, 「南京國民政府初建時期的鐵路建設述評」, 『中國社會經濟史研究』2000年 4期, p.83.

를 초래하였으며, 교통이 불비한 상태에서는 정부로서도 이를 구제하기 위해 구휼 양식을 신속히 공급하기가 쉽지 않았다. 반대로 풍작의 경우 잉여농산물을 연해 및 대도시로 운송하기 쉽지 않아 가격이 폭락하여 결국 농민은 곤경에 빠지기 일쑤였다. 따라서 롱해철도의 완공은 이와같은 경제적 모순을 일거에 해결할 수 있는 조건을 마련해 주었으며, 이민정책을 실시할 수 있는 기반이 되었다고 할 수 있다.

개발이 본격적으로 진행되기 이전에 서북지역은 널리 알려지지 않았던 미개척의 땅이었으나, 개발이 진행되면서 서북지역의 사회현상, 면적, 인구, 기후, 교통, 개간, 임업, 목축, 광산 및 풍속이 중국일반에 널리 알려지게 되었다. 서북개발 이후 여러 조치가 취해져 경제발전을 위한 유리한 환경이 조성되었다. 예를 들면, 도량형의 통일과 토지 단위의 통일이 이루어졌으며, 금융이 정돈되고 가혹한 잡세가 폐지되었으며, 조림의 형성과 농업이 발전하는 등 이 지역에 대한 개발이 대대적으로 진행될 수 있었다.

더욱이 롱해철도는 서북지방의 풍부한 지하자원을 개발하기 위한 중요한 전기를 마련해 주었다. 예를 들면 섬서성은 매장량이 전국에서 수위를 차지할 정도로 석유의 생산이 풍부한 지역이었음에도 불구하고 교통시설의 미비로 말미암아 생산된 석유는 대부분 현지에서 소비할 수밖에 없는 형편이었다. 섬서 이외의 지역으로 운송할 경우에는 낙타나 수레를 동원하였는데, 운임이 한 통을 실어 나를 경우 백리당 3각 5분이나 되었기 때문에 운반이 쉽지 않았다. 감숙성 서북지역도 석유 매장량이 풍부하였으나 현지 주민들이 지상으로 분출되어 나오는 석유를 자가에서 사용하는데 불과하였다. 감숙성 난주 등에는 석탄 매장량이 풍부하였으나 교통이 불편하고 채굴 수준이 유치하여 사장되는 형편이었다. 감숙 서북지역 및 영하 각지에는 소금호수가 많아 양질의 소금이 생산되었으나 교통이 마땅치 않아 감숙과 섬서지역에서만 소비될 뿐이었다.[57] 롱해철도의 부설은 이와같이 서북지역에 풍부하게 매장되어 있던 지하자원의 개발과 연안 대도시로의 운송을 가능하게 만들었으며, 이러한 결과 열강의 경제 침략 속에서 곤경에 빠져있던 민족공상업의 구제책으로서 공업화에 필요한 철, 석유, 석탄과 기타 공업자원을 이들에게 공급할 수 있게 된 것이다.[58] 롱해철도의 완성은 바로 서북지방의 풍부한 지하자원을 중국 각지로 운송할 수 있는 조건을 마련함으로써 지역경제와 함께 중국경제의 발전을 촉진하게 되었다.

이와 함께 성정부의 입장에서도 중앙화의 진전에 따라 지역이 전반적으로 발전하자 경제발전에 유리한 제반 정책을 입안하고 실행함으로써 발전을 더욱 촉진하였다. 예를 들면 도량형을 통일하고, 토지를 구획하여 통일하고, 금융을 통일하였으며, 기존의 가혹한 지방세를 폐지하고 정리하였으며, 조림공사에 적극 나서자 이에 따라 자연히 농업도 크게 발전하였다. 국민정부는 이와같은 발전을 더욱 조장하기 위해 교통 및 수리시설의 발전에 노력을 경주하여 발전의 초석을 마련하였다.[59] 이와같은 일련의 계획은 모두 국민정부 철도부의 적극적인 정책 입안과 추진 속에서 이루어진 것이며, 이러한 과정에서 롱해철도는 서북개발의 중추적인 역할을 수행했다고 평가할 수 있다.

결론

청일전쟁 이후 철도 부설권의 확보가 열강이 중국을 침략하는 전형

---

57) 鮑覺民, 「隴海鐵路の完成と西北の開發」,『支那經濟研究』, 改造社, 1939, p.666.
58) 吾孫子豊, 『滿支鐵道發達史』, 內外書房, 1944, p.392.
59) 沈社榮, 「國民政府與"開發西北"」,『固原師專學報』15卷 50期, 1994.3, p.36.

적인 수단으로 이용되자, 중국관민들은 비로소 철도 이권을 회수하여 중국의 자주적 권리를 확립하는 것이야말로 중국의 근대화 및 근대국가의 수립 과정에서 불가결한 과제로 인식하게 되었다. 뿐만 아니라 전국철도에 대한 중앙정부의 통제력 제고와 국영화의 진전은 지역군벌의 세력 발호를 억제하고 중앙집권적 국민국가를 수립하는데 매우 중요한 의미를 가지고 있었다.

이러한 의미에서 남경국민정부는 수립 직후인 1928년 교통부로부터 철도부를 독립 신설하여 철도정책을 독자적으로 추진하였다. 철도부는 기존의 철도 채무를 상환하고 정리해 나가면서 민간자본이 철도에 투자할 수 있는 신용을 증대해 나갔으며, 또한 철도 국영화의 비율을 제고함으로써 전국철도에 대한 철도부의 일률적 통제와 철도행정의 통일화를 도모하였다. 이를 통해 중국철도에 대한 열강 및 군벌세력의 간섭을 일소하고 철도행정의 근대화를 도모하였으며, 근대화된 철도는 다시 중국의 근대화를 달성하기 위한 주요한 수단으로 활용될 수 있었다.

국민정부 철도부는 성립 이후 특히 동서횡단철도인 롱해철도의 부설에 우선적으로 착수함으로써 서북개발을 위한 기반을 조성해 나갔다. 국민정부는 롱해철도의 부설 및 서북 변경지역으로의 연장을 통해 농업개발에 착수하였으며, 이를 위해 연해지방의 과잉인구를 서북으로 이주하도록함으로써 지역개발을 크게 진작하였다. 또한 서북지역의 풍부한 지하자원을 개발하여 중국공업의 원료로 공급함으로써 중국경제의 발전을 도모하였다.

이와같은 경제적 목적 이외에 철도의 부설과 서북개발은 신강과 같은 변경지역에 대한 정치적, 군사적 안정과 불가분의 관계를 가지고 있었다. 국민정부는 이를 통해 이 지역에 대한 중앙정부의 통제력을 제고함으로써 대내적으로 군벌의 발호를 억제하고 나아가 중앙집권적 근대

국가의 수립을 목표로 하였을 뿐만 아니라, 대외적으로는 토서철도를 통한 소련 세력의 확대를 차단함으로써 변경지역에 대한 정치, 군사적 통제력을 강화하려는 목적을 내포하고 있었다. 특히 이와같은 서북개발의 과정에서 중추적 역할을 수행한 것이 바로 국민정부 철도부의 주도 아래 부설된 롱해철도였음을 생각할 때, 그 역사적 의의가 매우 크다는 사실을 잘 알 수 있다.

10

철도 침략에는 철도
부설로 대항한다

– 일본의 만주침략과 동북교통위원회 :
南滿洲鐵道 (1931)

서론

철도는 근대화를 여는 문명의 이기인 동시에 제국주의 열강이 식민지를 개척하기 위한 매우 유효한 수단이라는 양면성을 가지고 있었다. 미국에 의해 타율적 개국을 강요당했던 일본은 철도가 갖는 효용성에 일찍부터 주목하였다. 일본은 러일전쟁을 통해 남만주철도 부설권을 획득하였으며, 이를 바탕으로 중국 동북지역에 대한 지배권을 확대해 나갔다. 특히 이러한 과정에서 일본은 종종 철도분쟁을 고의로 조장하였으며, 이를 침략을 확대하기 위한 구실로 이용하였다.

이에 대응하여 중국은 스스로의 역량으로 철도를 부설함으로써 일본의 세력 확대를 저지하려 하였으며, 이를 주도한 주체가 바로 동북군벌인 장작림, 장학량과 이들이 설립한 동북교통위원회라고 할 수 있다. 동북교통위원회의 활동에 대한 연구는 일본의 만주침략과 이에 대한 중국의 대응을 규명하는데 매우 중요한 의미를 가지고 있다. 만주사변이 발발한 직후, 일본외상 시데하라 기주로(幣原喜重郎)가 국제연맹에서 "금번 사변은 철도를 보호하기 위해 불가피하게 취한 자위적 조치"[1]라고 강변한 사실로부터도 동북교통위원회의 활동과 중일 철도분쟁은 중국현대사의 전개에서 매우 중요한 의미를 갖는다고 할 수 있다.[2]

동북교통위원회에 관해서는 기존에 두 편의 연구 논문이 있는데, 각각 그 활동의 역사적 평가에 대한 상이한 결론을 도출하고 있다. 일본의 오가타 요이치(尾形洋一)에 따르면 남만주철도의 수입 감소와 경영난은 동북교통위원회 등 동북지역 정권이 부설한 만철 병행선과 그 효과

---

1) 兪辛焞저, 신승하외역, 『만주사변기의 중일 외교사』, 고려원, 1994.8, p.136.
2) 이 분야와 관련된 국내의 대표적인 연구로는 송한용, 『동북군벌과 일본』, 서도문화사, 2002 및 송한용, 「일본과 장학량의 철도교섭」, 『용봉논총』30집, 2001.12 참조.

철도 침략에는 철도 부설로 대항한다

353

로부터 기인한 것이 아니라 근본적으로 1930년대 초 세계공황의 여파로서 해석하고 있다. 다시 말해, 동북교통위원회의 철도 부설과 그 효과가 미미하였다고 평가절하하고 있는 것이다.[3]

반면, 중국에서의 연구는 동북교통위원회가 강한 배일의식과 이권회수 운동의 와중에서 성립되었으며, 만철의 부진은 동북교통위원회의 적극적인 활동과 분리할 수 없다고 강조하고 있다. 이러한 입장에서 동북교통위원회의 철도자판운동을 국가의 주권을 보위하고 민족이익을 위해 일본제국주의와 만철에 저항한 애국주의적 정신의 표상으로 높이 평가하고 있다.[4]

여기에서는 동북교통위원회의 활동과 이에 대한 일본의 대응을 살펴봄으로써 그 역사적 평가를 도출해 보고자 한다. 특히 이 문제는 동북교통위원회가 주도적으로 추진한 호로도(胡蘆島)의 축항문제와 불가분의 관계를 가지고 있다고 보여진다. 따라서 일본외무성 문서와 기타 중국과 일본에서 출판된 사료 및 신문 등의 분석을 통해 당시 이 문제에 대한 중일의 인식과 평가를 살펴보고자 한다. 이러한 과정을 통해 만주사변으로 상징되는 일본의 전면적인 만주 침략이 철도문제, 특히 동북교통위원회의 정책과 어떠한 상관성을 가지는지 규명해 보고자 한다.

---

3) 여기서 저자는 남만주철도의 화물 수입이 감소한 것 가운데 만철 병행선의 부설에 의한 수입의 탈취 및 감소 분량이 13%에 불과했다고 지적하고 있다. 尾形洋一, 「東北交通委員會と所謂滿鐵包圍鐵道網計劃」, 『史學雜誌』86卷 8號, 1977.8. p.43.
4) 陳毓述, 王玉華, 「試論東北交通委員會抵制滿鐵的業績」, 『綏化師專學報』1997年 3期 참조.

1. 철도자판운동과 남만주철도 병행선

러일전쟁 직후 1905년 9월 5일의 포츠머스조약에서 일본과 러시아는 러일강화에 서명하면서 철도문제와 관련하여 장춘-여순 간 철도 및 그 지선, 철도 연변의 탄광에 관한 권한을 양도하기로 합의하였다. 더욱이 이와같은 권리를 보장하고 실현하기 위해 외무대신 고무라 주타로와 주중공사 우치다 고사이(內田康哉)는 청조가 파견한 전권대신 慶親王 奕劻, 外務部尙書 구홍기, 직예총독 원세개 등과 북경에서 회의를 개최하고, 마침내 1905년 12월 22일 〈회의동삼성사의정약〉을 체결하였다. 여기서 청조는 포츠머스조약에 따라 이 철도에 관한 일체의 권리를 일본에 양여하는 것에 동의하였다.[5]

|도표 75| 러일전쟁시 봉천에 입성하는 일본군

5) 王紹坊, 『中國外交史』, 河南人民出版社, 1988, p.341.

철도, 침략에는 철도 부설로 대항한다

　청조는 남만주철도가 동북지역에 대한 세력 확대와 불가분의 관계가 있음을 간파하고 일찍부터 이를 견제하기 위한 방법을 모색하기 시작하였다. 러일전쟁 직후 일본이 남만주철도 부설에 매진하자 청조는 이에 대항하기 위해 법고문철도를 부설하기 위한 작업에 착수하였다. 신민둔에서 법고문에 이르는 철도가 비록 짧은 노선이기는 하였으나 기본적으로 만철과 병행선이었으며, 장래 북쪽의 치치하얼 등으로 연장될 경우 만철의 영향력을 크게 감소시킬 가능성이 있었다. 이러한 이유에서 1907년 주봉천 일본총영사 하기와라 슈이치(萩原守一)는 자국정부에 이와같은 우려를 전달함과 동시에 반대의 뜻을 강하게 전하였다.

　같은해 8월 12일 북경의 아베 모리타로(阿部守太郎) 대리공사는 청조 외무부에 만철의 병행선 및 그 이익을 해치는 철도의 부설 금지조항에 의거하여 법고문철도의 부설을 승인할 수 없다는 뜻을 통보하였다. 9

월 16일 일본외상 하야시 다다스는 법고문철도가 명확하게 만철의 병행선으로서 만철과의 사이에 이해가 충돌하므로 일본으로서는 철도의 부설을 결코 승인할 수 없다는 뜻을 통보하였다.[6]

그렇다면 일본이 병행선 부설에 반대한 조약상의 근거는 어디에서 찾을 수 있을까? 일본은 앞서 언급한 1905년 12월 22일 〈회의동삼성사의정약〉에서 만철의 병행선 부설을 금지한다는 사실에 중일 양국이 합의하였다고 주장하고 있다. 〈회의동삼성사의정약〉은 〈만주선후협약〉이라고도 불리는데, 조약과 관련된 내용을 수록하고 있는 『中外約章滙要』와 『中國近代不平等條約選編與介紹』 등에는 병행선 부설을 금지한다는 조항을 포함하고 있지 않다.[7]

이 문제와 관련하여 다른 연구에 의하면, 이 회담에서는 매번 회의의 상황을 기록한 〈절록〉이 모두 22호에 달하였으며, 이 가운데 일부가 정식 조약에 포함되게 된 것이다. 그런데 회의의 절록 가운데 21호에서 "중국정부는 만철의 이익을 보호하기 위해 이 철도 부근을 지나는 병행노선을 부설하여 만철의 이익를 침해하지 않는다"라는 내용이 포함되어 있었다. 일본은 이를 근거로 중국이 동북에서 만철 병행선을 부설하는 것에 반대하였으며, 동시에 회의의 절록을 '비밀협정서'라고 강변하면서 조약과 동등한 효력을 지닌다고 주장하였던 것이다.[8]

이 문제는 만주사변 직후 국제연맹에서 조직한 리튼조사단의 보고서에도 잘 나타나 있다. 리튼보고서는 "철도문제에 대해 만주에서 발생하는 국제적인 분쟁의 태반은 철도분쟁이다. 남만주철도는 일본에게 특

---

6) 井上勇一, 『東アジア鐵道國際關係史』, 慶應通信, 1989, pp.220−221.

7) 梁爲楫, 鄭則民主編, 『中國近代不平等條約選編與介紹』, 中國廣播電視出版社, 1993, p.557 및 褚德新, 梁德主編, 『中外約章滙要』, 黑龍江人民出版社, 1991, pp.378−381.

8) 王紹坊, 『中國外交史』, 河南人民出版社, 1988, p.343.

수한 사명을 가지고 있다. 일본이 만주에서 취한 군사 행동의 주요한 구실은 중국이 일본의 조약상 권리를 침해했다는 것이다. 즉 1905년 11월에서 12월까지 개최된 중일북경회의에서 이루어진 청조의 약속을 파괴하였다는 의미이다. 그러나 이 회의기록에는 이 문제와 관련된 협정이 기록되어 있지 않으며, 단지 중국대표가 동의하였다는 사실만 적시되어 있다"[9]라고 지적하고 있다.

이러한 가운데 일차대전은 일본이 철도를 통해 중국에서 세력을 확장할 수 있는 절호의 기회를 제공하였다. 대전 발발 이후 중국으로부터 구미세력이 후퇴하면서 그 공백을 일본이 메우기 시작한 것이다. 일본은 종래 구미로부터의 공산품 수입을 대체했을 뿐만 아니라, 중국철도에서도 이들 세력을 대신하여 지배력을 확장시켜 나갔다. 1913년 10월 야마자 엔지로(山座圓次郎) 일본공사는 원세개와 비밀협정을 체결하고, 일본이 차관을 제공하여 만몽오로철도, 즉 만철의 사평-조남 노선, 조남-열하와 북녕로 평행선, 개원-해룡, 해룡-길림, 길장의 장춘-조남의 노선을 부설하기로 합의하였다.[10] 1915년 1월 일본은 帝制를 지원하는 조건으로 원세개에게 21개 조항의 요구를 제출하였다. 그 요지는 동북지역에서 중국이 철도를 부설할 경우 우선적으로 일본의 자본을 차입해야 하며, 만철의 회수 기간도 99년 간으로 연장하여 2007년도에 회수하는 것으로 규정하였다. 더욱이 1917년 1월 일본은 단기서정부와 비밀협정인 〈서원차관협정〉을 체결하고, 철도에 관한 제반 권리를 획득하는 대가로 중국정부에 막대한 차관을 제공하였다.[11]

---

9) 金士宣, 徐文述, 『中國鐵路發展史』, 中國鐵道出版社, 1986.11, p.351.
10) 金志煥, 「중국 철도 共同管理案과 北洋軍閥政府」, 『東洋學』43집, 2008, pp.166-167.
11) 金志煥, 「중국 철도 共同管理案과 北洋軍閥政府」, 『東洋學』43집, 2008, pp.168-169.

일차대전이 종결된 이후 파리강화회의는 산동에서 철도를 비롯한 독일의 이권을 일본이 승계하도록 권리를 부여함으로써 중국에서 전국적인 범위의 5·4운동을 촉발시켰으며, 이러한 결과 산동의 조차권과 철도 부설권을 일본으로부터 회수하는데 성공하였다. 5·4운동 이후 중국에서는 매년 5월 4일을 국치기념일로 지정하여 전국적인 배일운동이 전개되고 있었다. 1924년 5월 4일, 7일, 9일에 걸쳐 봉천에서는 기독교청년회를 중심으로 배일운동이 전개되었으며, 5월 4일 상해에서는 상해학생회와 전국학생연합회가 국치일을 기념하여 배일운동을 전개하였다. 또한 남경에서는 5월 9일 금릉대학과 기독교대학을 중심으로 1천여 명이 참가하는 배일시위가 전개되었다.[12]

|도표 77| 상해에서의 배일운동

12) 日本參謀本部, 『最近支那ニ於ケル對外思潮ノ傾向』, 1924.8.13, p.5.

이와같은 열기에 부응하여 동북지방에서도 철도의 이권을 회수하려는 철도자판운동이 광범위하게 확산되었다. 이러한 과정에서 철도자판운동은 종종 남만주철도의 이해와 충돌을 피할 수 없었다. 길림, 봉천, 하얼빈 등에서는 여순, 대련 조차지의 반환과 불평등조약을 철폐해야 한다는 요구가 비등하였다. 이와같은 열기 속에서 1924년 5월 동삼성 교통위원회가 설립되어 개원에서 서풍, 봉천에서 해룡, 타호산에서 통요에 이르는 철도망의 부설을 추진하였다.[13] 다음해 8월 팔도호-신립둔 간의 25킬로미터에 달하는 노선이 준공되었으며, 9월에는 신립둔에서 창무, 통요에 이르는 노선의 부설계획이 발표되었다. 또한 관상합판인 봉해철로공사는 심양, 길림, 치치하얼의 세 지역을 연결하는 심해철도의 부설에 착수하였으며, 1927년 9월 6일 봉천-해룡 간 234.5킬로미터에 달하는 노선의 부설을 완료하였다.[14]

길림-조양진 간의 연결철도인 길해철도도 1926년부터 부설되기 시작하였다. 봉천, 길림 양성 당국과 일반 여론의 고무와 지지 속에서 같은해 10월 길림성의회가 이 철도를 조속히 부설하도록 건의하였다. 같은해 11월 주비처가 설치되었으며, 총 공사자금은 1,200만 원으로 정해졌다. 1927년 3월 1일부터 측량을 개시하여 4월 7일에 완료하였으며, 6월 25일에 길림에서 기공식을 거행하고 공사에 착수하였다. 마침내 1929년 5월 15일 길림역에 이르는 174킬로미터의 전선 영업을 개시하였으며, 같은해 8월에는 길장철도의 길림역 부근까지 연장선을 부설하였다. 심해, 길해 양 철도 노선은 모두 일본의 철도 이권과 관련이 있는 개원, 해룡, 길림 간 철도의 일부 노선과 중복되어 일본자본 철도의 예정선과 충돌할 뿐만 아니라, 상호 연결되어 남만주철도와 병행선

13) 任松, 「從'滿蒙鐵路交涉'看日滿關係」, 『近代史硏究』1994年 5期, p.183.
14) 日華實業協會, 『支那近代の政治經濟』, 外交時報社, 1931.12, p.364.

을 이루게 되었다. 그러자 일본은 이것이 1905년 〈회의동삼성사의정약〉의 남만주철도 병행선 금지의 조항과 저촉된다고 중국정부에 엄중히 항의하였으나, 중국정부는 철도 부설을 강행하였다.[15]

1921년부터 1931년까지 약 10년 간, 국유, 성유, 민유의 각종 형식을 통해 중국관민이 스스로 부설한 철도는 錦朝, 打通, 開豊, 沈海, 呼海, 鶴鳳, 吉海, 昻齊, 齊克, 洮索 등 10개 노선으로, 총연장이 1521.7킬로미터에 달하였다.[16] 이를 통해 중국관민은 동북에서 만철과 대련항에 맞서 물자의 운송을 극력 회수하고자 하였던 것이다.

|도표 78| 만주철도 노선도

---

15) 金志煥, 「間島 協約과 日本의 吉會鐵道 부설」, 『中國史硏究』34집, 2005.2, p.270.
16) 張德良, 「中日鐵路交涉案與九一八事變」, 『黨史縱橫』1997年 12期, p.18.

철도 침략에는 철도 부설로 대항한다

2. 만철 병행선의 정치, 군사적 성격

일찍이 포츠머스조약이 체결되기 직전인 같은해 여름, 일본의 대만 총독부 민정장관인 고토 신페이(後藤新平)는 이미 만주에서 철도가 가지고 있는 정치, 군사적 성격을 강조한 바있다. 그는 대만총독인 코다마 켄타로(兒玉源太郎)에게 제출한 『정정보고』에서 철도의 경영을 핵심적인 내용으로 하는 '만주경영책'을 건의하고 있다. 더욱이 남만주철도주식 회사의 자본 총액은 2억 엔이었는데, 이 가운데 1억 엔은 일본정부가 철도와 이에 부속된 일체의 자산 및 무순, 연대의 탄광을 담보로 차입한 자금으로 충당되었으며, 나머지 1억 엔도 일본이 영국에서 발행한 채권으로 충당되었다. 이와같이 만철은 당초 성립과정부터 일본정부가 적극 개입하였으며, 일본의 국책인 대륙침략정책과 분리할 수 없는 강한 정치, 군사적 성격을 가지고 있었음을 잘 알 수 있다.[17]

1924년 미국은 일본인의 미국 이민을 제한하는 법안을 의회에 상정 하였으며, 이를 계기로 일본의 이민이 중국 동북지역으로 급속히 확대 될 것이라는 사실은 예상할 수 있는 일이었다. 동북군벌 장작림은 길림 성 부사령 장작상과 27사단장 장학량을 비롯하여 동북의 관원들에게 다음과 같은 주의를 시달하였다.

첫째, 미국의 배일이민법안 성립으로 일본은 어쩔 수 없이 미국으로 의 이민을 포기하고 만주로의 이민을 강구할 것이므로, 동북의 관내에 서는 이와같은 이민을 억제할 수 있는 방안을 강구한다.

둘째, 여대회수 및 21개조운동은 지극히 당연한 것으로서, 각 관원 들은 국제문제를 야기하지 않은 범위 내에서 적당히 이를 지원한다.

---

17) 金士宣, 徐文述, 『中國鐵路發展史』, 中國鐵道出版社, 1986.11, pp.158-159.

셋째, 남만주철도의 이권을 회수할 수 있는 계획을 수립한다.

넷째, 동삼성 내에서 중국인은 일본인에게 가옥이나 토지의 임대를 절대 거부한다.

다섯째, 동삼성에 거주하는 조선인 가운데 많은 수가 중국 국적으로 귀화하였는데, 일본이 이들을 체포하거나 토벌하는 행위가 있을 경우 중국인에 대한 것으로 간주하여 처리하도록 각 관원들은 특별히 주의하라.[18]

장작림의 지시는 일본에 대한 반감을 잘 드러내고 있다. 더욱이 장작림은 이러한 과정에서 일본과의 충돌이 발생하고 이것이 다시 일본으로 하여금 개입할 수 있는 구실을 제공할 것을 우려하여 주의를 당부하고 있다. 5월 4일 장작림은 동북에서 외국인에 대한 보호령을 발동하여 거류 외국인의 생명과 재산의 보호에 주의하여 국제분쟁이 일어나지 않도록 주의를 당부하였다.[19]

일본에서는 1927년 6월 27일에서 7월 7일까지 '동방회의'가 개최되었는데, 이 회의에는 수상으로서 당시 외상을 겸임하였던 다나카 기이치(田中義一)와 데부치 마사쓰구(出淵勝次) 외무성 차관, 고무라 긴이치(小村欣一) 정보국장, 木村 아시아국장, 요시자와 겐기치(芳澤謙吉) 주중공사, 요시다 시게루(吉田茂) 봉천총영사 등 외무성관료 및 하타 슌로쿠(畑俊六) 육군성 차관, 아베 노부유키(阿部信行) 군무국장, 무토 노부요시(武藤信義) 관동군 사령관, 마쓰이 이와네(松井石根) 참모본부 제2부장, 大角岑生 해군성 차관 등이 참석하였다. 회의는 〈대화정책강령〉을 채택하였는데, 그 주요한 내용은 국방과 국민의 생존에서 동삼성이 차지하는 비중에 비추어 만주와 몽고를 중국의 본토와 분리할 것을 명시하였다. 또한

18) 朝鮮軍參謀部, 『張作霖の排日に対する秘密訓令に関する件』, 1924.6.14.
19) 日本外務省亞細亞局, 『機密院報告-張作霖の外人保護令』, 1928.3 참조.

7월 25일 다나카 기이치는 일본천황에게 〈만몽에서 제국의 적극정책〉이라는 내용의 〈田中上奏文〉을 제출하고 중국을 정복하려면 반드시 먼저 만몽을 정복해야 하며, 세계를 정복하려면 반드시 먼저 중국을 정복해야 한다는 취지를 명확히 밝혔다.[20]

그럼에도 불구하고 장작림은 동북에서의 만철 병행선 부설을 지속적으로 추진해 나갔다. 일본은 동북에서 부설되는 타통철도, 심해철도, 길해철도, 호해철도 등을 모두 남만주철도를 압박하기 위한 목적에서 부설되는 병행선으로 인식하였다.[21] 1927년 9월 봉해선 개통, 10월 타통선 개통 이후에도 신설 호해철도, 길해철도, 앙제철도의 부설이 연이어 추진되었다.

이러한 가운데 배일운동도 점차 격화되어 1927년 9월 4일 봉천에서는 20만 명의 주민들이 대대적인 배일시위를 전개하여 마침내 11월 일본과 동북주민과의 사이에 충돌이 발생하였다. 1928년에 들어서면서 배일운동이 점차 격화되자 일본수상은 요시자와 겐기치(芳澤謙吉) 주중 일본공사 및 야다 시치타로(矢田七太郎) 상해총영사에게 훈령을 내려 1928년 5월 18일 각각 북경의 장작림과 남경국민정부 외교부장 황부 앞으로 일종의 경고라고 할 수 있는 각서를 발송하도록 지시하였다. 각서는 장개석의 북벌이 진행되면서 전란이 동북지역에 미칠 경우 이 지역의 치안유지를 위해 일본으로서는 적절한 조치를 취할 수밖에 없다는 내용을 포함하고 있었다.[22]

그러나 만철 병행선의 부설에 대해 일본이 항의하자 장작림은 "이

---

20) 金志煥, 「間島協約과 日本의 吉會鐵道 부설」, 『中國史硏究』34집, 2005.2, p.271.
21) 安增一雄, 「滿洲に於ける鐵道運賃に就て」, 『滿洲に於ける關稅及鐵道運賃に就て』, 日滿實業協會, 1935.5, p.25.
22) 吾孫子豊, 『支那鐵道史』, 生活社, 1942, p.139.

철도계획은 봉천성 개발이라는 맥락에서 주민들이 먼저 제기한 것이며, 따라서 본 사업은 내정과 관계되는 사안이므로 귀총영사는 관여할 필요가 없다"[23]라고 회답하였다. 이러한 가운데 1928년 6월 4일 오전 5시 반, 북경에서 봉천으로 귀환하는 열차가 폭파되었으며, 장작림은 현장에서 즉사하였다. 같은달 12일 일본육군성은 오히려 남방 편의대원[24]의 소행으로 의심된다는 뜻을 내외에 공포하였다.

|도표 79| 남만주철도주식회사 본사(대련)

---

23) 陳毓述, 王玉華, 「試論東北交通委員會抵制滿鐵的業績」, 『綏化師專學報』1997年 3期, p.54.
24) 편의대(便衣隊): 중국에서 무장하지 않고 적지에 잠입해서 후방 교란을 주임무로 하던 비정규군 부대. '편의'는 평상복이라는 뜻으로, 이들은 평상복을 착용하고 각종 모략·선전·파괴·암살·납치·습격 등의 게릴라 전법으로 정규군 작전을 도왔다. 편의대에는 정규군 장병 외에 민간인도 포함되어 있었으며, 대규모의 집단 행동을 하는 경우보다 개인행동이나 몇 사람이 조를 짜서 활동할 때가 많았으므로 일반주민과 구분하기 어려웠다. 이들의 주요활동은 적지 잠입 또는 후반 교란 등이다. 우세한 정규군에 대한 약자의 전법으로서 이용된 부대이다.

|도표 80| 상해사변 직후 일본군에 의해 연행되는 편의대원

　장작림이 폭사한 이후 일본은 다시 장학량과 접촉하면서 동북철도에
대한 차관의 공여를 이용하여 동북지역에 대한 영향력을 회복하고 확
대하려고 기도하였다. 실제로 당시의 신문기사를 살펴보면 일본과 장
학량과의 사이에 일정한 합의가 있었던 것으로 보인다. 장학량이 일본
측과 접촉하고 나아가 일본의 차관을 통한 동북철도의 부설에 일정 정
도 합의했다는 사실은 장개석의 북벌과정에서 어느 정도 자립성을 지
향한 행동이었다고 할 수 있을 것이다.

|도표 81| 장학량과 동북군벌집단

1928년 10월 다나카 기이치는 야마모토 조타로(山本條太郎) 만철 사장에게 장학량과 교섭하도록 하고 그에게 막대한 차관을 공여하겠다는 뜻을 내밀히 전달하도록 지시하였다. 다음날 야마모토 조타로는 장학량의 군사고문인 마치노 다케마(町野武馬) 및 중일실업공사 상무이사인 에토 도요지(江藤豊二)의 주선으로 장학량과 비밀회담을 개최하였다. 회담에서 야마모토 조타로는 막대한 자금을 제공할 용의가 있으며, 합의가 이루어질 경우 우선적으로 500만 원을 공여하겠다고 확약하였다. 결국 장학량은 돈화-도문 간의 철도 부설을 포함하여 차관철도의 부설에 일부 합의하였다.[25]

|도표 82| 남만주철도 봉천역

---

25) 만철 사장과 장작림 사이에 합의된 노선은 다음과 같다. 첫째, 돈화로부터 老頭溝에 이르는 노선, 둘째, 장춘에서 大賚, 셋째, 길림에서 五常, 넷째, 海林에서 局子街, 다섯째, 洮南에서 索倫에 이르는 노선. 양자는 이 다섯 노선의 부설을 만철에 위임하기로 하였으며, 부설 비용은 일본의 차관으로 충당하기로 합의하였다. 日本外務省, 『機密院會議-附滿蒙=関スル外交報告』, 1927.12.30.

철도 침략에는 철도 부설로 대항한다

367

|도표 83| 남만주철도 장춘역

문제는 이 회담이 비록 밀약의 형식으로 진행되었으나 그 내용이 신문에 보도되면서 백일하에 드러나고 말았다는 사실이다. 11월 20일자 『동경일일신문』은 "장학량과 논의한 결과 내년 길회철도의 공사에 착수하기로 합의하였다"[26]라는 만철 사장의 발언을 기사화하면서 20여 년 이래 중일 간의 숙원이 해결되었다고 보도하였던 것이다.

신문 보도는 중국 동북지역의 여론을 크게 악화시켰으며, 곧이어 장학량에 대한 비판이 비등하는 등 격렬한 배일운동이 전개되었다. 중국 신문은 "장학량이 일본의 괴뢰로 변질되었으며, 동삼성은 일본의 식민지로 전락하게 될 것"[27]이라고 비난하였다. 봉천성에서는 시민대회가 개최되어 국민외교후원회가 조직되어 '타도 일본제국주의', '타도 장학량' 등의 구호가 터져 나왔다. 11월 11일, 길림성에서는 〈길회철도 부설 반대안〉이 의결되었으며, 장춘의 관리사범학당 학생 수백명은 '타도 일본제국주의, 타도 동삼성 철도매국노'라고 대서특필한 큰 깃발을 선두로 대대적인 시위운동을 벌여 길돈철도국장 조진, 길림성 교육청장 유수춘의 사직을 요구하였다. 같은날 하얼빈에서도 "길회철도 부설 반대, 매국노 타도, 길돈철도를 회령까지 연장하려는 일본제국주의의 침

철도로 보는 중국역사

---

26) 『東京日日新聞』, 1928.11.20.
27) 任松, 「從'滿蒙鐵路交涉'看日滿關係」, 『近代史研究』1994年 5期, p.192.

략정책을 타도하자"라는 구호가 터져 나왔다.[28)]

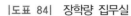
|도표 84| 장학량 집무실

|도표 85| 장학량 동상

이와같이 장학량의 의도는 동북지역 주민들의 강한 저항에 직면하게 되었으며, 이들의 반대는 장학량으로 하여금 동북군벌로서의 자립성을 강화하려는 시도를 무산시키고 장개석에 대한 역치의 선언을 강요하는 결과를 초래하였다고 추측할 수 있다. 마침내 1928년 12월 28일 장개석은 장학량을 동북변방군사령관으로 임명하였으며, 장학량은 동북4성의 외교권을 남경국민정부에 이양하여 동북 전역에는 청천백일기가 휘날렸다. 그는 동북의 일본인 고문을 모두 추방하고 그 후임에 린드버그, 도널드(W.H. Donald) 등의 미국인을 초빙하였다.

기록을 통해 살펴보면, 만주사변 직전까지도 일본은 동북에서의 실권자인 장학량에게 철도차관의 제공을 조건으로 동북에서 일본세력의 확장을 도모했음을 알 수 있다. 1931년 2월 14일 요녕외교협회는 장학

철도 침략에는 철도 부설로 대항한다

28) 金志煥, 「間島協約과 日本의 吉會鐵道 부설」, 『中國史硏究』34집, 2005.2, pp. 271-272.

량 앞으로 일본이 제안한 중일철도교섭과 일본의 요구를 거부할 것, 교섭을 공개할 것, 교섭을 국민정부 중앙으로 이관시킬 것을 요구하였다.[29] 2월 20일 남경국민정부는 장학량 앞으로 일본이 제안한 중일철도교섭을 중앙으로 이관할 것과 이를 일본에 통보하도록 시달하였다. 3월 14일 동북교통위원회는 만철이 동북지역에서 철도 교섭을 진행하려는 목적은 이 지역에 대한 자신들의 침략정책을 실현하기 위한 방편에 불과하다고 비난하였다.

5월 13일 국민정부는 요녕성 국민당부에 다음과 같은 명령을 시달하였다. 첫째, 조계 및 기타 일체의 이권을 회수해야 한다는 당위성을 선전할 것, 둘째, 일본의 문화침략을 저지할 것, 셋째, 중국인 자제들이 일본인 학교에 입학하는 것을 금지할 것 등을 명령하였다.[30]

|도표 86| 만주사변 직후 만주와 대만을 집어 삼키는 개로 묘사된 일본제국주의

29) 滿鐵調査課資料係, 『滿洲ニ於ケル排日運動ノ實例』, 1931.9.15.
30) 滿鐵調査課資料係, 『滿洲ニ於ケル排日運動ノ實例』, 1931.9.15.

3. 동북교통위원회와 호로도 축항

동북교통위원회는 일찍이 1924년 제1차 봉직전쟁 이후 자치를 선언한 동삼성 보안사령관 장작림이 동삼성의 제반 교통업무를 처리하기 위해 설립한 것이다. 1929년 들어 장학량은 동북에서의 철도 부설 및 일체의 유관업무를 동북교통위원회로 일원화하고자 하였다. 그런데 동북교통위원회의 활동은 강한 배일적 성향을 지니고 있었으며, 이는 일본 측의 기록을 살펴보면 잘 알 수 있다.

일본의 여론은 "중국에서는 반일이 내치와 외교의 기조가 되어버렸다. 봉천성당국은 각 철도국장에게 교통위원회의 승인을 받지않은 일본과의 계약은 일체 무효임을 통고하였으며, 더욱이 일본인 고문의 채용을 금지하는 명령을 북녕철도, 심해철도, 길장철도, 조앙철도, 길회철도, 타통철도의 해당 철도국에 발포하였다[31].....동북교통위원회의 철도계획은 모두 만철을 구축하기 위한 목적에서 입안된 것이다. 운임의 경쟁에서도 지방상인들로 하여금 강제적으로 자국의 철도를 이용하게 하거나 일화의 취급을 거부하도록 하는 등의 수단이 바로 그것이다"[32]라고 보도하였다. 이와같이 동북교통위원회의 활동과 업무는 상당히 강렬한 배일적 성격을 가지고 있었으며, 일본도 이를 잘 인식하고 있었음을 알 수 있다.

그런데 일본의 입장에서 볼 때 더욱 우려할 만한 문제는 동북교통위원회가 동북의 연안에 위치한 호로도에 항구를 축조하여 이를 동북의 철도망과 연계시키려는 시도였다고 할 수 있다. 일찍이 1908년 청조는 호로도항구의 축조를 계획하고, 영국인 공정사인 휴스(Hughes)를 초빙하

---

31) 『滿州日日新聞』, 1929.7.15.
32) 星野佳吾, 『滿洲鐵道政策に關する考察』, 東洋協會特別調査部, 1931.10, p.27.

여 실지관측을 실시한 바 있다. 1909년에 부설 예정이었던 금애철도(錦州-璦琿)의 구간이 바로 이 항구를 기점으로 계획되었다. 그러나 이 계획은 일본의 반대와 신해혁명의 발생으로 중단되고 말았다. 1919년에 들어 북경정부 교통부와 봉천성당국이 이 항구의 축조를 결정하였으나 내전의 발생으로 또다시 중단되고 말았다.

1927년 11월 5일 일본의 『日日新聞』에 의하면 "호로도 축항은 일본의 만몽정책을 견제하기 위한 모국의 계략이며, 이 항구가 완성될 경우 남만주 유일의 항구인 대련항의 번영에 심대한 악영향을 미치게 될 것"[33]이라고 보도하였다. 같은 신문의 11월 15일자 기사는 "이는 봉천성 당국이 영미의 자본을 유치하여 일본을 견제하기 위한 목적으로부터 비롯된 것이며, 영국의 5개 회사가 호로도 축항을 위해 2천만원의 차관을 제공할 의향을 전하였다"[34]라고 보도하였다.

중국의 여론을 살펴보더라도 호로도의 축항이 만철과 그 종단항인 대련항에 미치는 영향이 매우 크다는 사실을 잘 알 수 있다. 1928년 2월 9일 『益世報』는 호로도 축항이 대련에 막대한 영향을 미칠 것이기 때문에 일본으로서는 반대할 것이며, 더욱이 호로도 축항은 상업상의 막대한 효과뿐만 아니라 군사적으로도 매우 편리하여 동북해군의 근거지로서 기능할 것이기 때문에 일본의 반대는 충분히 예상할 수 있다고 보도하였다. 세인들은 일찍부터 타통선이 완공되었으나 연계 항구가 결여되어 항운을 흡수할 수 없다고 지적하였다. 비록 남만주철도와 경쟁하기 위해 영구를 이용할 수는 있으나 타통선 노선으로부터 멀어 경쟁력이 떨어지며, 따라서 호로도만큼 좋은 입지가 없다고 지적하였다.[35]

33) 『日日新聞』, 1927.11.5.
34) 『日日新聞』, 1927.11.15.

1928년 4월 17일 동북교통위원회는 '호로도축항계약회의'를 거행하였으며, 여기에는 봉천성장을 비롯하여 북경교통부 항정사장 조진, 재정부 幇辦 조시민과 축항의 공사를 도급받은 신창양행 총리 위스크만과 네델란드 대표 1명이 참석하였다. 호로도축항계약회의의 결과 항구의 건설은 신창양행의 주선으로 네델란드기업에게 청부하기로 결정하였다. 이와 함께 총 비용을 3천만 원으로 책정하고, 3년 동안 봉천성정부에서 1천만 원을 지출하고, 나머지 2천만 원은 준공 이후 청산하기로 결정하였다.[36] 그러나 4월 25일 재봉천 일본총영사 하야시 히사시치(林久治郞)는 본국에 내전이 진행중이며, 더욱이 열악한 봉천성의 재정을 감안할 때 호로도의 축항에 즉시 착수하기는 어려울 것이라고 보고하였다.[37]

동북교통위원회에 의한 호로도 축항 계획은 1928년 말 장학량의 역치와 장개석의 북벌 완수 이후 더욱 현실화되었다. 북벌을 완수한 이후 중국국민정부는 1929년 12월 16일 〈동북교통위원회잠행조직조례〉를 만들어 동북교통위원회를 정식으로 승인하였는데, 그 주관 인원은 동북최고행정기관의 추천에 의해 국민정부가 임명하는 5-7명의 위원으로 구성되었다. 동북교통위원회의 권한은 요녕(봉천), 길림, 흑룡강 3성의 철도, 전신, 항업에 관한 모든 권한을 부여받았다.

35) 『益世報』, 1928.2.9.
36) 日本外務省, 『滿蒙問題ニ關スル交涉一件1』, 1931.
37) 日本外務省, 『滿蒙問題ニ關スル交涉一件1』, 1931.

철도 침략에는 철도 부설로 대항한다

|도표 87| 동북교통위원회의 조직 구조[38]

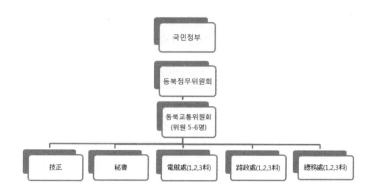

특히 주목할 것은 동북교통위원회가 장개석의 북벌 완성과 중국 통
일 이후 호로도 축항을 통해 동북에서 철도망 부설에 본격적으로 나서
게 되었다는 사실이다. 다시 말해, 동북에서의 철도망계획은 호로도항
구의 건설과 불가분의 관계를 가지고 있었던 것이다. 1930년 7월 2일,
장학량은 호로도항구의 기공식에 참가하여 이를 기점으로 하는 동북철
도망의 완성을 강조하였다. 1930년 10월 동북교통위원회가 결정한 대
철도망계획은 모두 호로도를 기점으로 하고 있어, 호로도 축항이 얼마
나 핵심적인 문제였는가를 잘 보여주고 있다.

　　　동대간선 : 호로도 - 봉천 - 해룡 - 길림, 해림 - 의란 -
　　　　　　　　동강 - 무원
　　　서대간선 : 호로도 - 대호산 - 통요 - 조남 - 치치하얼 -
　　　　　　　　영년 - 란강- 흑하
　　　남대간선 : 호로도 - 조양 - 적봉 - 다륜[39]

38) 朝日新聞社政治經濟部, 『滿蒙の諸問題』, 朝日新聞社, 1931, p.112.

철도로 보는 중국역사

1929년 1월 22일 국민정부 운수과장 방황례는 봉천으로 와서 장학량에게 호로도항구를 신속히 축조하고 이 항구와 연결된 철도 지선을 부설하여 봉해, 길해, 타통 등의 각 철도와 경제상, 국방상의 운수를 긴밀히 연계하도록 지시하였다. 동시에 축항을 위한 경비 3천만 원 가운데 동북성정부가 1천만 원을, 중앙정부가 2천만 원을 부담하는 것으로 전달하였다.[40] 1929년 12월 12일 국민정부 철도부장 손과는 장학량에게 호로도 축항에 신속히 착수하도록 지시하면서 1930년부터 1934년까지 5개년을 기한으로 완공하도록 통지하였다. 이와 함께 손과는 매달 북녕철도의 수입으로부터 50만 원을 호로도 축항의 경비로 지출하도록 요구하였다. 그러나 동북교통위원회는 주지에는 찬성하나 자금 조달에 어려움이 있다는 뜻을 전하였다.[41] 손과의 통지는 이미 동북지역의 철도 부설과 호로도 축항의 문제를 북벌 완성 이후 사실상 남경 국민정부가 주도하고 있음을 보여주는 사례이다.

축항의 경비와 관련하여 1930년 2월 6일 시계미쓰 마모루(重光葵) 주중 일본공사는 본국 외상에게 호로도 축항의 수주를 네델란드치항공사가 획득하였으며, 외면적으로 일본의 항의를 회피하기 위해 북녕철로국을 표면에 내세워 여기에서 매월 30-50만 원씩 염출하여 축항 재료를 구입하는 것으로 분석된다고 보고하였다. 더욱이 보고에서는 동북교통위원회와 네델란드治港公司 사이의 계약에 대해 다음과 같이 설명하였다. "1930년 1월 24일 천진에서 북녕철로국장과 네델란드치항공사 사이에 호로도 축항계약이 성립되었는데, 계약의 주요한 내용은 다음과 같다. 첫째, 축항은 치항공사가 모두 일괄 시공하며, 비용으로 미

---

39) 朝日新聞社政治經濟部, 『滿蒙の諸問題』, 朝日新聞社, 1931, p.98.
40) 日本外務省, 『昭和四年記錄』, 1929.
41) 日本外務省, 『昭和五年記錄』, 1929.

화 640만 달러를 지불한다. 둘째, 계약 조인 이후 공사는 100만 원을 중국은행에 공탁하여 축항에 착수한다. 셋째, 철로국은 매달 공사에 미화 9만 5천 달러를 지불한다. 넷째, 공사는 1935년 10월 15일까지 완성하고 기한을 경과할 경우 매일 은 1천 원을 배상한다."[42]

일본의 여론은 이러한 동향을 매우 우려하여 "호로도를 기점으로 하는 동대간선, 서대간선 등 양대 간선철도의 총연장은 무려 4,970킬로미터에 이르게 되며, 부설 비용은 약 2억 2,700만 원에 달한다. 이 양대 간선철도가 완성될 경우 남만주철도가 중국철도에 의해 포위되어 간선철도로서의 지위를 상실하게 될 것이며, 만몽에서의 특수한 지위를 근본적으로 동요시키게 될 것"[43]이라고 보도하였다.

1930년 11월 27일과 28일 이틀 간 일본외무성과 척무성은 협의회를 개최하고 다음과 같은 사항에 합의하였다. 첫째, 만주에서 중국이 부설을 계획하고 있는 철도는 대부분 중일협약에 저촉되는 것으로서 단호한 조치로 이를 저지해야 한다. 둘째, 수비대를 증파하여 일본의 기존 이익을 수호한다. 셋째, 일본상인에 대한 중국철도의 차별 대우는 이들에게 심대한 타격일 뿐만 아니라 조약 위반에 속한다. 넷째, 장학량이 남경의 장개석을 만나 만주에서의 철도 부설 및 일본자본의 진출을 저지하기로 합의하였다는 풍문이 있는데, 여기에 실력으로 대항한다. 다섯째, 장학량은 일본과의 접촉을 계속 회피하고 있다. 소위 경제주의외교를 지양하고 무력주의외교로 전환해야 한다.[44]

이후 일본은 계속해서 장학량과 동북교통위원회에 동북에서의 철도 문제에 관해 협의할 것을 요구하였다. 이와 같은 일본의 태도는 의도적

---

42) 『中國港灣修築關係雜件／連山灣關係 (胡蘆島築港)』, 1930.1.25.
43) 『大阪朝日新聞』, 1930.12.13.
44) 日本外務省, 『滿蒙問題ニ關スル交涉一件2』, 1931.

으로 국민정부와의 협상을 회피하고 지방정부인 장학량과 그 실무기관인 동북교통위원회와의 협상으로 한정함으로써 실무적으로 자신의 의도를 관철하려는 의도가 있었다고 보여진다. 그런데 이와 같은 일본의 태도에 국민정부는 정면으로 반발하였다. 더욱이 장학량의 입장으로서도 북벌이 완성된 이후에 일본이 자신과의 협상을 계속 요구함으로 말미암아 곤란한 입장이 아닐 수 없었다.

앞서 살펴본 동북교통위원회 조례의 제1조에는 철도부, 교통부로부터 요녕성, 길림성, 흑룡강성의 철도, 전신, 항업의 행정업무를 감독하는 권한을 중앙정부가 동북교통위원회에 위탁하는 것으로 규정한 바 있다. 그런데 같은 조례의 제15조에는 "외교에 관한 사항은 중앙에서 직접 처리한다"라고 규정하고 있다. 이러한 이유에서 1931년 1월 22일부터 장학량과 만철 대표인 기무라 에이이치(木村銳市)와의 사이에 개시된 중일만몽철도교섭 역시 규정에 의하면 최종적인 결정은 국민정부와의 사이에서 이루어지지 않으면 안되는 셈이다. 따라서 이 조례의 제15조 조항은 장학량이 책임을 회피할 수 있는 절묘한 구실이 된 셈이다.[45]

1931년 1월 국민정부 외교부장 왕정정은 장학량을 만나 만일 일본정부로부터 동북지역의 철도문제를 협의하기 위한 교섭을 제안받을 경우 이는 지방적 차원의 문제가 아니며, 따라서 중앙정부와 협의하도록 할 것을 권고하였다.[46] 1931년 2월, 중앙정부는 장학량 앞으로 동북철도계획을 저지하려는 일본의 움직임에 불만을 표시하며 다음의 몇 가지 사항을 시달하였다. 첫째, 만철과의 교섭은 매우 중요한 문제로서 그 교섭은 마땅히 남경국민정부 중앙으로 이관할 것, 둘째, 철도의 부설은 국권의 문제이므로 일본의 요구를 거절할 것, 셋째, 만철과의 교

---

45) 朝日新聞社政治經濟部, 『滿蒙の諸問題』, 朝日新聞社, 1931, p.111.
46) 日本外務省, 『滿蒙問題=關スル交涉一件1』, 1931.

섭에는 철도부 대표를 배석시킬 것, 넷째, 일본과는 여하한 조약도 체결하지 말 것, 다섯째, 동북철도교섭위원회를 조직하여 중앙과 동북이 공동으로 대처할 것 등을 지시하였다.[47]

1931년 3월 13일 동북교통위원회는 동북의 각 관료들 앞으로 전통을 발송하고 만주에서의 철도문제에 관하여 다음과 같은 입장을 견지할 것임을 천명하였다. 첫째, 일본제국주의의 침략적 조약에 굴복하지 않을 것이다. 둘째, 일본이 국제적 신의를 내세우며 조약의 관철을 요구할 경우 이에 응하지 않을 것이다. 셋째, 최근 다행히 일본이 협조주의로 나오고 있으므로 이 때를 기회로 조약을 취소하고 침략주의적 조항을 일소하도록 노력한다.[48]

4. 일본의 동북 침략과 철도

앞서 동북교통위원회와 관련된 尾形의 연구에서 만철의 경영 악화를 세계공황이라는 전지구적 경제현상의 일환으로서 해석함으로써 상대적으로 그 역사적 평가에 소극적임을 지적한 바 있다. 그러나 이미 1931년에 일본에서 출판된 보고서는 다음과 같이 지적하고 있다. "현재 만철을 위협하는 중심적인 존재는 바로 병행선 문제이다. 즉 조앙철도, 심해철도 양 노선의 문제이며, 호로도의 위협이기도 하다."[49] "세계공황과 은가격 하락의 영향을 제외하고도 중국철도의 부당경쟁은 만철에 일대 위협이 되고 있다."[50] 이로부터 당시 일본은 이 문제를 매우 우려하고 있었으며, 따라서 尾形이 동북교통위원회와 중국의 대응을

---

47) 日本外務省, 『滿蒙問題=關スル交涉一件1』, 1931.
48) 日本外務省, 『滿蒙問題=關スル交涉一件2』, 1931.
49) 星野佳吾, 『滿洲鐵道政策に關する考察』, 東洋協會特別調査部, 1931.10, p.4.
50) 星野佳吾, 『滿洲鐵道政策に關する考察』, 東洋協會特別調査部, 1931.10, p.16.

지나치게 과소평가했음을 잘 알 수 있다. 일본의 여론은 동북교통위원회가 추진하고 있던 만철 병행선의 부설을 심각한 문제로 받아들이고 있었다. 즉 호로도를 통한 만철 병행의 3대 간선이 완성될 경우 만철은 위기에 직면할 것이며, 만몽철도정책의 근간 역시 동요될 것이라고 예견하였다.[51]

1926년 국민정부는 교통부를 설립하고 예하기관으로서 철로처를 두었으며, 같은해 10월에는 교통부로부터 철도부를 독립시켜 전국의 철도행정을 총괄하도록 하였다. 철도부장 손과는 1928년 11월의 국민당 제162차 정치회의에서 매년 3,200킬로미터의 노선을 부설하여 10년 내에 3,2000킬로미터의 철도를 확보한다는 〈철로건설대강〉을 제출하였다. 1929년 3월 23일 국민당 3중전회는 〈훈정기경제건설실시강요방침안〉을 통과시켰는데, 그 요지는 5년 안에 국가 총 수입의 25%를 철도부설에 투자한다는 내용이었다. 만주사변이 발발하기 직전인 1931년 5월 2일, 장개석은 〈실업건설정서안〉을 제출하고 철도의 부설을 6년 안에 시급히 달성해야 할 우선적 과제로 천명하였다.[52] 이와 같이 국민정부가 북벌을 완성하고 중앙정부로서 전국의 철도를 확충하고 장악해 나간다는 정책기조는 철도를 기반으로 만주에서의 배타적 이권을 주장하던 일본에게 매우 민감한 문제가 아닐 수 없었을 것이다.

1931년 1월 12일 남경국민정부는 동북교통위원회에게 만철의 현상을 세밀히 조사하여 이를 3월 1일 개최되는 전국철도회의에 보고하도록 지시하였다. 그 주요한 내용은 첫째, 만철의 기점과 종점, 둘째, 지선의 기점과 종점, 셋째, 간선, 지선의 모든 역명, 넷째, 1930년도 여객

---

51) 『大阪每日新聞』, 1930.11.23.
52) 金志煥, 「중국 국민정부 철도부의 성립과 隴海鐵道」, 『東亞研究』49집, 2005.8, pp.54-55.

과 화물 운수 수입, 매월 평균수입 및 1928년, 1929년과의 비교, 다섯째, 마적에 의한 피해 및 사고 건수와 기타 동북철도와의 비교, 여섯째, 차량 전복 및 탈선사고 및 기타 철도와의 비교, 일곱째, 만철의 일본인 및 중국인 직원 및 직공 현황, 여덟째, 만철의 수입 감소에 대한 대책, 아홉째, 만철 수입 감소의 주요한 원인, 열 번째, 만철 수입 감소에 의한 일본상인의 유형 무형 손실의 정도를 조사하도록 명령하였다. 6월 23일 동북교통위원회는 각 철도에서 외국인의 고용을 금지하도록 하였으며, 7월 19일에는 여객과 화물의 운송에서 남만주철도를 이용하지 말고 중국철도를 이용하도록 훈령하였다.53)

더욱이 국민정부는 철도의 경영에서도 만철과의 경쟁을 의식하여 운임 할인을 통해 화물 운송률을 제고하고자 노력하였다. 예를 들면, 앞서 언급한 심해와 길해 양 철도는 1929년 11월 10일부터 화물 운송에서 상호 연계운송을 실시하면서, 화물의 운임을 일반 운임률보다 파격적으로 인하해 주기로 결정하였다. 예를 들면, 곡류의 경우 4급품의 차량 한대분 운임을 일반 운임률의 43%로 인하하였다. 1930년부터 중국의 광신공사가 제극철도 연선의 곡류를 수출하기 위해 중국 자판의 사조철도와 조앙철도의 양 철도와 각각 25%의 운임을 할인해 주는 내용의 계약을 비밀리에 체결하였으며, 1931년의 수확기에도 전자가 20%, 후자가 10%씩 각각 운임을 할인해 주었다.54) 동북교통위원회는 만철의 세력을 억제하기 위해 1928년 12월 북녕철도, 타통철도, 정통철도, 정조철도, 조앙철도 등 다섯 철도 노선의 연계운송제도를 확립하였다. 1930년 10월 동북교통위원회는 다시 북녕, 심해, 길해 세 철도의 연계운송제도를 확립하였다. 1931년 1월 9일 동북교통위원회는 일본이 동

---

53) 關東廳警務局高等警察科, 『東北官憲ノ對日訓令集』, 1931, pp.1~9.
54) 滿鐵調査課, 『滿蒙鐵道の社會及經濟に及ぼせる影響』, 1931.7, p.445.

삼성에서 철도를 부설하려는 기도를 방지해야 한다고 국민정부에 건의하였다. 같은해 1월 16일 남경국민정부는 동북의 우편물 운송에는 반드시 자국의 철도를 이용하도록 지시하였다.

이와 같은 일련의 상황을 일본 여론은 매우 위협적인 것으로 받아들이고 있었다. 특히 만철 병행선이 화물의 운송에서 만철에 비해 우위를 점해가는 사실에 우려를 표시하였다. 세계공황 이후 은가 폭락으로 말미암아 은본원제를 실시하고 있던 만철의 경쟁력이 약화되고 이에 따라 만철의 요금이 중국철도에 비해 급격히 상승하게 된 것이다. 이러한 요인 가운데 하나는 바로 중국철도 운송요금의 대폭적인 하향 조정이었다. 따라서 중국의 철도당국이 교통위원회의 통제 아래 운임을 인하하고 연계운송을 실시하는 일련의 정책은 명백히 만철에 대항하는 성격을 가지고 있었다.[55]

일본의 신문은 "교제철도의 경우 국민정부 철도부가 정한 화물의 등급표에 따라 외국수입품 및 재화 외국인공장에서 생산된 공장제품과 중국제품 사이의 차등을 설정하여 동일 종류의 상품에 대해 운임을 달리 적용하고 있다. 중국제품에 비해 매우 높은 운임을 지불하지 않으면 안되는 입장에서 외국제품의 타격은 매우 심대하다. 국민정부는 관세뿐만 아니라 국내의 철도 운임에서도 외국제품에 압박을 가하고 있으며, 이는 국제조약을 무시한 불법행위이다"[56]라고 보도하였다.

중국은 만철 병행선을 통해 동북지역에서 만철의 세력 확장을 억제하여 화물 운송을 점차 회수한다는 소기의 성과를 거둘 수 있었다. 만주사변 직전의 3년 동안, 만철과 관동군 관할 하의 철도 운송량은 300만 톤이나 감소되었으며, 1930년 말 만철의 이윤은 전년 말에 비해 3

---

55) 『大阪朝日新聞』, 1931.1.11.
56) 『神戸又新日報』, 1931.1.18.

분의 1이나 감소되었다. 바로 다음해인 1931년 만철은 2천 명의 종업원을 해고하지 않을 수 없었으며,57) 만철의 영업부진은 만주사변 발발의 구실을 제공하였다.58) 동북지역에서 중국철도의 발전 추세는 다음의 표에서 잘 나타나고 있으며, 이러한 추세가 남만주철도의 경영에 심대한 영향을 미쳤음은 말할 필요도 없다.

|도표 88| 동북지역에서 중국철도의 화물 운송 추세(1930년과 1931년의 비교)59)

지역별	1930년		1931년(9월 18일까지)	
西四路	47,882톤	3,168,209元	284,995톤	16,873,159元
北寧, 沈海鐵道	95,695톤	332,851元	31,149톤	254,283元
東四路			379,000톤	3,558,997元
합계	143,177톤	3,501,061元	695,144톤	20,686,439元

이러한 가운데 1931년 5월 24일, 일본정부의 선동 하에 대련, 심양 및 남만주철도, 안봉철도 연선의 각지 일본교민 58명이 심양 남만주철도역에서 이른바 '전만일본인자주동맹'의 창립대회를 개최하고 대중국 강경정책을 제창하고 자신들의 요구를 본국 정부에 송부하였다.60) 중국 동북지역에서 철도문제가 일본의 중국 침략과 얼마나 긴밀히 연계되어 있었는지는 중국과 일본, 그리고 기타 각국의 인식을 통해서 잘 알 수 있다. 이러한 방식은 이미 1920년대를 통해 드물지 않게 보여지는 수법이었다. 일찍이 『시대일보』는 동청철도가 일시적으로 운송을 중단한 것은 바로 소련이 일본의 세력을 억제하기 위한 고의적 조치라고 보도하였다. 다시 말해, 소련의 카라한 대사가 남만주철도의 운송을

57) 吾孫子豊, 『支那鐵道史』, 生活社, 1942, p.143.
58) 張德良, 「中日鐵路交涉案與九一八事變」, 『黨史縱橫』1997年 12期, p.18.
59) 金士宣, 徐文述, 『中國鐵路發展史』, 中國鐵道出版社, 1986.11, p.348.
60) 金士宣, 徐文述, 『中國鐵路發展史』, 中國鐵道出版社, 1986.11, p.350.

방해하기 위해 고의적으로 취한 조치라고 보도한 것이다. 심지어 중동
철도 연선에서 군사적 충돌이 발발할 경우 남만주철도 연선의 빨치산
을 동원하여 만철의 철로를 파괴하라고 카라한이 지시를 내렸다고 보
도하였다.[61] 신문은 기사의 근거를 단지 〈하얼빈 19일발〉이라고 보도
하였을 뿐, 기사의 출처가 어디인지는 제시하지 않았다.

만주사변이 발발한 직후 일본외상 시데하라 기주로는 국제연맹에
"본 사건은 중국군이 남만주철도의 지선을 파괴하였기 때문에 철도를
보호하기 위한 필요에서 취한 자위적 조치"[62]라고 강변했을 정도이다.
만주사변 직후 일본육군성은 봉천정권의 지나친 배일정책과 만철에 대
한 압박과 경쟁이 주요한 원인이었음을 지적하였다.[63]

철도 부설권과 만주 침략과의 관계에 대해 장학량은 "작금에 진행되
고 있는 중일 간 충돌의 진정한 원인은 일본의 동삼성에 대한 야심으
로부터 비롯된 것이다. 일본은 동삼성에서 철도 부설을 침략의 도구로
활용하였으며, 갖은 수단을 동원하여 중국의 교통 및 천연자원을 독점
하고자 기도하였다. 따라서 철도문제는 사실상 중일분쟁의 주요한 원
인이다"[64]라고 주장하였다. 소련의 유력 신문들도 "만주에서 빈번히
발생하고 있는 철도 폭파, 열차 전복 등의 테러사건은 분쟁의 범위를
한층 확대함으로써 만주에서 병사를 증원시키기 위한 일본군부의 음모

---

61) 신문의 기사는 "「하얼빈 19일발」 중동철도의 남부선 운송 정지는 카라한 대사가
봉천 북부의 운송을 방해하기 위해 필요한 수단을 강구하라고 중동철도 이사장
및 이사회에 명령하여 일어난 일이다. 더욱이 카라한 대사는 이와 동시에 봉천에
있는 러시아영사관에 만일 중동철도 연선에서 전쟁이 발발한다면 남만주철도 연
선의 빨치산을 활동시켜 철도를 파괴하라고 명령하였다"라고 보도하였다. 「中東
鐵道罷業은 카라한氏 命令」, 『시대일보』, 1926.1.20.

62) 兪辛焞저, 신승하외역, 『만주사변기의 중일 외교사』, 고려원, 1994.8, p.136.

63) 日本外務省, 『滿洲國の交通に關する鳥瞰的觀察－陸參考資料第十四号－四月十日
陸軍省新聞班』, 1931.

64) 『張學良文集』上冊, 新華出版社, 1997, p.584.

이며 침략적 기도"65)라고 보도하였다. 이와같은 사실로부터 철도문제가 일본의 만주 침략과 불가분의 관계를 가지고 있으며, 더욱이 일본은 중국 침략의 과정에서 이를 적극 이용했음을 잘 알 수 있다.

만주사변 직전 일본육군성이 작성한 문서에는 동북에서의 배일운동이 사변 발발의 주요한 원인을 제공하였음을 지적하고 있다. 즉 육군성은 "중국인들 사이에서는 만주에서 일본을 구축하자는 분위기가 팽배하였으며....이러한 가운데 봉천의 중국군대가 만철의 지선을 폭파하였다"66)라는 이유를 들고 있다. 이와같이 동북 철도문제는 바로 일본의 동북 침략 및 대륙 침략과 불가분의 관계에 있었음을 잘 알 수 있다.

1931년 3월 29일 남만주철도주식회사 조사과는 봉천에 주둔한 일본 주둔군이 야간연습 중에 중국의 순경에게 발포하여 중일 군경 사이에 충돌을 야기할 것이라고 풍문이 있음을 자국에 보고하고 있다.67) 이와 같은 보고는 만주사변의 전조가 1931년에 들어 이미 출현하고 있음을 보여주는 것이라 할 수 있다. 이와함께 4월 2일에는 국민당 길림성당부가 성립되고 4월 6일에는 국민당 하얼빈당부가 성립되는 등 국민정부의 동북지역에 대한 장악력이 속속 강화되기 시작하였다.

6월 4일에는 일본군인이 중국순경에게 발포하는 사건이 발생했는데, 이는 만주사변의 전조라고 해도 과언이 아니다. 6월 23일 동북교통위원회는 각 철도총국에 명령을 시달하고 외국인 고문의 초빙을 금지하였으며, 6월 30일 요녕성의 각 단체는 중일철도교섭의 부당성을 선전하였다. 7월 16일에는 요녕외교협회가 〈전국동포에게 드리는 항일의 글〉이라는 선전문 작성하고 이를 각 현의 외교협회와 기타 각 기관으

65) 日本外務省, 『日蘇關係に就て陸軍當局談』, 1931.
66) 陸軍省調査班, 『滿洲事變經過ノ槪要』, 1931.12. p.15 및 pp.4-5.
67) 滿鐵調査課資料係, 『滿洲ニ於ケル排日運動ノ實例』, 1931.9.15.

로 발송하였다.[68]

만주사변 직전인 9월 16일, 야노 마코토(矢野眞) 참사관이 자국 외상 앞으로 보낸 전문에 의하면 장학량이 제4차 전국대표대회에 참석하기 위해 남경으로 갈 예정이라고 보고하였다. 또한 도이하라 겐지(土肥原賢二) 대좌가 남경으로부터 귀환하는 장학량에게 위해를 가할 것이라는 소문이 있다고 보고하였다.[69] 이로부터 이미 이 시기에 일본군부가 장학량과 남경국민정부와의 밀착을 우려하여 적극적인 행동에 나설 의향을 가지고 있었음을 추측할 수 있으며, 이것이 이틀 후인 만주사변으로 현실화된 것이라고 할 수 있다.

만주사변에서 철도문제가 얼마나 민감하고 계기적 사건이었는가는 일본에서 출판된 서적 가운데에서 잘 나타나고 있다. 즉 "1931년 9월 18일 오후 10시 30분경, 2-3개 중대의 중국정규군(봉천제7여장 왕이철의 부대)이 북대영 서남 측의 남만주철도 노선을 파괴하고 때마침 이 지역을 순찰중이던 일본경비병에게 발포하였으며, 더욱이 유조구 파견대를 향해 돌진해 왔다. 마침내 은인자중하던 일본 측의 포화가 작렬하였다……1933년에 이르러 기성의 만주 국유철도는 모두 만철에 위탁 경영됨으로써 중일외교의 화근이었던 철도문제도 만주에 관한한 모두 해결되었다."[70]

발포가 어느 측에서 먼저 있었는가가 결정적으로 중요한 행위라고 보기는 어려운 듯하다. 왜냐하면 앞에서 지적하였듯이 1931년 들어 양국 군대 사이에 국지적인 발포사건이 있었으며, 따라서 설사 중국 측의 발포가 선행되었다 하더라도 그것이 만주사변 발발의 계기로 적극 이

---

68) 滿鐵調査課資料係, 『滿洲ニ於ケル排日運動ノ實例』, 1931.9.15.
69) 日本外務省, 『滿蒙問題=關スル交渉一件1』, 1931.
70) 吾孫子豊, 『支那鐵道史』, 生活社, 1942, pp.160-161.

용되었을 가능성이 크다. 뿐만 아니라 일본 측의 기록은 철도의 문제가 사변의 발발과 나아가 일본의 대중국 침략의 주요한 명분으로 부각되었다는 점은 철도 문제의 중요성을 잘 말해주고 있다.

특히 주목할 점은 이와같은 상황 하에서 일본군부의 태도였다. 1931년 1월 31일 봉천의 일본총영사는 오히려 일본의 일부 특정 세력이 의도적으로 긴장 국면을 조성하고 있다고 우려하였다. 일본총영사에 따르면 "일본신문들이 봉천발 기사로서 보도한 내용은 첫째, 장개석과 장학량이 배일에 입각한 철도계획을 수립하고 있다는 사실과 둘째, 봉천에 영국과 중국이 합작으로 3천만 원에 달하는 은행을 설립한다는 것 등이다"라고 지적하면서, 이와같은 정보의 출처가 바로 일본군부라는 사실을 지적하고 있다.[71] 즉 봉천의 일본총영사는 이와같은 상황이 군부 등 일부 세력에 의해 이용되고 있다는 우려를 표시한 셈이다.

|도표 89| 철도를 경계하는 일본철도수비대

71) 日本外務省, 『滿蒙問題ニ關スル交涉一件1』, 1931.

|도표 90| 만주사변시 고지를 점령한 일본군

만주사변과 만주국의 성립으로 일본은 동북에서의 철도 부설권을 완전히 장악할 수 있게 되었다. 만주사변 이후 일본은 동북에서의 철도 노선 부설에 일층 박차를 가하였다. 일본외무성은 1932년 1월 6일, 육군성, 해군성과 함께 〈중국문제처리방침요강〉을 작성하여 관동군 참모장 이타가키 세이시로(板桓征四郞) 대좌에게 건네주었는데, 여기서 "만몽을 시급히 중국 중앙정권으로부터 분리, 독립시켜 독립국가의 형태를 갖추도록 유도한다"[72]라고 규정하였다. 즉 일본은 만주국의 수립을 통해 본격적으로 만몽의 경제를 일본에 부속시킴으로써 만주, 조선, 일본으로 이어지는 경제블럭을 형성하기 위해 박차를 가하였다.

만주국 수립 이후 동북지역에서 신설된 철도는 모두 국유로 귀속되었으며, 부설공사는 만철로 하여금 일률적으로 시공하도록 결정되었다. 이러한 방침에 입각하여 만주국은 1932년 12월 16일 길회철도를

---

72) 兪辛焞저, 신승하역, 『만주사변기의 중일 외교사』, 고려원, 1994.8, p.272.

돈화 동방 71킬로미터까지 우선적으로 부설하기로 하고, 이와함께 길회철도로부터 북쪽으로 지선을 부설하기로 결정하였다.[73] 1935년 동북철도 전 구간의 총연장이 8,712킬로미터에 달하였는데, 이 가운데 약 2,600킬로미터가 만주사변 이후 새로 부설된 노선이었다.[74]

결론

주지하다시피 근대 이후 중국에서 철도는 단순히 교통운수 이상의 의미를 가지고 있었으며, 열강은 철도 부설권을 획득함으로써 철도 연선의 배타적 지배권을 획득하게 되어 사실상 세력범위를 확정하게 되었던 것이다. 이러한 측면에서 철도는 일본이 중국을 침략하는 매우 유효한 수단이 되었으며, 그 중심에는 일본의 국책 수행에서 핵심적인 역할을 수행했던 남만주철도주식회사가 있었다.

만철이 가지고 있는 정치, 군사적 성격을 명확히 인식한 중국 동북의 관민들은 스스로의 역량으로 철도를 부설함으로써 이권을 회수하려는 철도자판운동을 광범위하게 전개하였다. 그런데 동북에서의 철도자판운동은 명확히 만철을 겨냥하였으며, 만철의 화물 운송을 회수함으로써 그 영향력을 감소시켜 종국적으로 동북지역에 대한 일본제국주의의 지배력에 타격을 주기 위한 목적에서 전개된 것이다. 이와같은 목적을 가장 효율적으로 관철시킬 수 있는 방안은 바로 남만주철도의 노선과 병행하는 철도 노선을 부설함으로써 화물의 운송률을 저하시키고 나아가 그 영향력을 감소시키는 것이었다. 바로 이와같은 철도 관련의 제반 업무를 주도적으로 추진했던 기관이 바로 동북교통위원회였던 것

---

73) 日本外務省, 『各種情報資料・陸軍省新聞発表(新聞發表第938號)』, 1931.
74) 王成組, 「民元來我國之鐵路」, 『民國經濟史』, 華文書局, 1948.1, p.300.

이다.

그러나 철도자판운동과 병행선의 부설이 만철의 이해와 정면으로 충돌하면서 일본은 일찍부터 이와 같은 정책이 러일전쟁 이후 체결된 〈회의동삼성사의정약〉에서 규정하고 있는 만철 병행선 부설의 금지조항을 파기한 것이라고 엄중히 항의하였다. 그러나 이미 살펴보았듯이 이 조약에는 일본이 주장하는 바와 같은 병행선 부설의 조항이 포함되어 있지 않았으며, 단지 회의록 성격인 절록의 형식으로 남아있던 기록을 일본이 비밀협정으로서 정식 조약과 동등한 효력을 지닌다고 강변한 것에 지나지 않았음을 잘 알 수 있다. 이러한 이유에서 동북군벌 장작림은 일본의 요구를 거부하고 이를 교통운수를 위한 내정으로 규정함으로써 일본과 갈등을 빚게 되었으며, 결국 봉천으로의 귀환 열차 속에서 폭사하게 되는 운명을 맞게 된다.

장작림을 계승한 장학량도 기본적으로 동북교통위원회를 통한 철도부설을 추진하였으며, 따라서 그의 정책 역시 강렬한 배일적 성격을 가지고 있었다. 그러나 일본으로서는 동북에서의 배타적이며 독점적인 지배권을 계속 유지시켜 나가기 위해서는 만철을 중심으로 하는 철도의 이권을 보존하지 않으면 안되었다. 이러한 이유에서 거액의 차관을 제공하는 조건으로 동북에서 차관철도를 부설함으로써 영향력을 지속시켜 나가고자 기도하였던 것이다. 장학량은 장개석의 북벌이 완성되기 이전에 이와같은 재정적 기초를 바탕으로 철도망을 완비함으로써 동북에서의 영향력과 독립성을 보존하려는 계획을 가지고 있었다. 그러나 장학량과 일본의 밀약이 일본의 신문기사를 통해 세간에 알려지면서 동북지역의 주민들은 격렬한 배일운동을 전개하였으며, 나아가 장학량에 대한 대담하고도 직접적인 비판을 제기하였다. 결국 장학량의 최초 계획은 이와같은 주민들의 격렬한 저항과 반대에 직면하여 무산되고 말았다.

북벌 완성 이후 기존에 일본과 동북군벌 사이에 진행되었던 철도협상은 이제 국민정부와 일본과의 협상으로 성격이 크게 전환되게 되었다. 일본은 계속해서 장학량을 통해 외교적 절차를 생략하고 실무적으로 자신의 야심을 관철하고자 하였지만, 이미 국민정부는 전국의 철도부설계획의 일환으로서 동북철도망 계획을 수립하였으며, 일본의 요구를 거부하도록 장학량을 설득하였다.

북벌완성 이후 동북에서의 철도자판운동은 더욱 추진력을 갖게 되었으며, 특히 호로도 축항의 문제는 동북철도망 계획을 완성하기 위한 핵심적인 문제로 부각되었다. 동북의 철도망은 모두 호로도항구를 기점으로 구상되었다. 호로도를 기점으로 한 동북철도의 3대 간선이 완성된다면 기존 만철의 영향력이 크게 감소될 것임은 명확한 일이었다. 일본은 장학량에게 동북에서의 철도문제에 대한 협상을 제안하였으나 장은 이를 중국과 일본, 즉 중앙정부의 외교권과 관련된 문제로 규정하여 의도적으로 회피하였다.

이와같은 배경 하에서 일본군부는 동북 철도문제에서 나타난 긴장관계를 지속적으로 고조시켰으며 이를 중일 간의 정치, 군사적 갈등의 국면으로 조장하고 확대시켜 나갔다. 다시 말해, 철도문제는 일본군부에게 동북에서의 군사적 긴장국면을 조성할 수 있는 절호의 빌미를 제공한 셈이다. 동북지역에서의 철도문제는 중일 간의 긴장을 고조시킨 매우 중요한 현안이었으며, 북벌 이후 국민정부의 강경한 대일정책이 효과를 거둘수록 일본의 침략정책은 근본적으로 동요되고 있었다.

이와같은 배경 하에서 1931년에 들어 중일 간에는 이미 수차례에 걸친 발포사건이 발생하였으며, 일본은 이와 같은 상황을 만주사변의 계기적 사건으로 적극 이용하였던 것이다. 심지어 만주사변이 발발하기 직전 세간에는 일본군부가 장학량에게 군사적으로 타격을 가할 것이라는 소문이 이미 파다하였다. 이와 같은 상황은 만주사변과 철도와의 상관관계를 잘 보여주는 것으로서, 철도의 문제를 동북 침략의 빌미로 이용한 일본군부의 의도가 잘 드러나고 있다고 할 수 있다.

11

철도를 둘러싼 동북아
각국의 각축전

– 중동철도 매각과 일본, 소련, 만주국,
그리고 중국 : 中東鐵道 (1935)

서론

중국근대사에서 제국주의 열강에 의한 철도의 부설은 매우 중요한 의미를 지니고 있다. 철도 부설권은 교통운수를 넘어 그것이 관통하는 지역에 대한 광범위한 배타적 지배권을 의미하며, 따라서 철도 부설권의 분포는 바로 각 지역 간 열강의 세력범위를 그대로 보여준다고 할 수 있다. 열강이 철도 부설권과 경영권의 획득을 통해 중국에 대한 지배와 침략을 공고히하였듯이, 러시아 역시 중동철도[1]의 부설을 통해 만주지역에 대한 지배권을 확립하였음은 주지하는 바이다. 러시아는 〈중동철도 부설 및 경영에 관한 조약〉에 따라 중국 동북지역, 즉 만주를 자국의 세력권 하에 두게 된 것이다.[2] 이렇게 본다면 중동철도는 구러시아, 이후 소련이 만주지역에서 세력권을 형성할 수 있었던 근본적인 토대가 되는 것이며, 대중국정책의 핵심적인 통로였다고 할 수 있다.

그러나 1935년 소비에트연방은 중동철도를 명의상 만주국에, 실질적으로는 일본에 매각, 양도하였다. 중동철도가 가지는 위상과 역할에 비추어 철도의 매각은 소련의 대중국정책, 나아가 동방정책의 중요한 전환점이라 할 수 있다. 그렇다면 소련은 왜 만주지역에서 핵심적인 역할

---

1) 중동철도(Chinese Eastern Railway)는 청러밀약의 결과 러시아에 부설권이 주어졌으며, 이에 따라 러시아는 1898년 철도의 부설에 착수하여 1902년에 준공하였다. 赤塔에서 시작하여 만주리, 海拉爾, 치치하얼, 하얼빈, 牡丹江, 綏芬河를 거쳐 블라디보스톡에 이르는 총연장 1,760킬로미터의 시베리아철도 만주 통과 노선이다. 이 철도는 동청철도, 동지철도, 동성철도, 중동철도, 북만철도, 장춘철도 등 여러 명칭으로 불리웠으며, 신해혁명 이후 중국에서는 중동철도, 일본에서는 동지철도라는 명칭이 많이 사용되었다. 그럼에도 동아시아 각국에서는 동청철도라는 명칭이 여전히 관행적으로 병용되었다. 우리나라에서도 중동철도, 동청철도, 동지철도, 북만철도 등 다양한 명칭으로 불리웠다.

2) Kent著, 李抱宏等譯, 「中國政府與華俄道勝銀行訂定建造經理東省鐵路合同」, 『中國鐵路發展史』, 三聯書店, 1958, pp.203-205.

을 수행했던 중동철도를 매각하게 된 것일까? 이와 관련하여 기존의 연구는 일본과 소련 사이에 군사적 충돌을 회피하기 위한 정치, 군사적 요인으로 설명하거나, 혹은 철도가 가지는 경제적 가치의 하락으로 이를 설명하고 있다.[3]

필자는 중청철도의 매각에는 경제적인 원인이 매우 중요하였음을 전제한 위에서, 경제외적 제반 권리에도 불구하고 소련은 왜 최종적으로 중동철도를 매각하게 되었을까라는 의문을 해명하는 것이 이 글의 주요한 목적이라고 할 수 있다. 이러한 과정에서 중동철도의 매각을 일차대전 이후 중국에서 고양된 철도이권회수운동과의 연관성 속에서 살펴보고, 나아가 소련은 왜 중국이 아니라 군이 만주국, 실질적으로 일본에 매각하게 되었는지 살펴보고자 한다. 특히 이 문제와 관련하여 1932년 만주국 성립과의 연관성을 해명하고, 나아가 철도 매각과 가격을 둘러싼 협상과정을 살펴봄으로써 중국, 만주국, 일본, 소련의 상호관계를 살펴보고자 한다.

1. 중소협정, 봉소협정과 중동철도의 성격 변화

신해혁명 이전에 중동철도는 일반적으로 동청철도로 널리 불리워졌다. 중동철도, 즉 동청철도가 구러시아, 이후 소련의 대중국정책에서 매우 중요한 역할을 수행하였음에도 불구하고 소련은 왜 이를 만주국

---

3) 중동철도 매각과 관련하여 국내의 연구로는 김지환, 「중국 동북지역 상품유통망의 변화와 동청철도의 매각」, 『역사학보』217집, 2013.3;김영숙, 「東支鐵道 매각 문제를 둘러싼 동아시아 외교관계」, 『한국일본어문학회학술발표대회논문집』2005-7卷, 2005;김영숙, 「중동철도 매각 문제와 동아시아 외교관계」, 『일본학보』68집, 2006.8를 들 수 있다. 김지환은 중동철도의 매각을 주로 경제적 원인에 초점을 맞추어 규명하였으며, 김영숙은 주로 정치적 요인에 초점을 맞추었다.

에 매각하게 된 것일까? 이 문제를 이해하기 위해서는 먼저 중동철도가 갖는 성격의 변화를 살펴보지 않으면 안된다. 주지하다시피 청일전쟁 이후 삼국간섭을 통해 러시아는 당시 청조로부터 중동철도 부설권을 획득할 수 있었다. 중동철도를 관리하기 위해 러시아는 1896년 12월 동청철도공사를 설립하였는데, 중국에서는 이를 '大淸東省稽査鐵路進款公司'라고 명명하였다.

이 공사는 설립 당초부터 러시아정부와 불가분의 관계를 가지고 있었다. 다시 말해, 러시아는 이 공사를 통해 중동철도의 부설과 경영에 긴밀히 관여하고 있었던 것이다. 설립 당시 조례에 따라 공사의 자본금 500만 루블은 러시아정부의 보증 하에 러청은행을 기관은행으로 채권을 발행하여 조달하였다. 500만 루블은 먼저 주식으로 발행되었으며, 발행된 주식은 러청은행에 의해 다시 매입된 이후 러시아국립은행에 보관되었다. 더욱이 중동철도의 부설을 위해 러시아는 총 6억 6200만 루블을 국고에서 지출하였으며, 이밖에도 매년 약 2천만 루블을 보조하였다.[4] 이와 같이 이 공사는 사실상 러시아대장성에 의해 설립되고 운영된 기업이었으며, 재원의 조달은 러청은행의 감독권을 가진 러시아 대장대신의 통제 하에 있었다고 할 수 있다. 따라서 공사는 명의상 철도공사이지만 실제로는 러시아정부의 직영이라고 할 수 있다.[5]

철도를 경영하기 위해 외면상 기업의 형식을 취한 것은 러시아정부의 직접적인 개입과 이를 통한 만주지역의 지배를 노골적으로 드러내지 않으면서도 실질적으로 이를 관철시키기 위한 방편이었다고 할 수 있다. 이러한 형식은 영국의 동인도회사나 일본의 남만주철도주식회사에서도 마찬가지로 취해졌다. 러시아는 중동철도의 부설권과 함께 이

---

4) 吾孫子豊, 『滿支鐵道發達史』, 內外書房, 1944, pp.58-59.

5) 日華實業協會, 『支那近代の政治經濟』, 外交時報社, 1931.12, p.439.

에 부속되는 다음과 같은 수많은 권리를 획득할 수 있었다.

1) 철도 수비권: 중동철도 부설권 및 경영에 관한 계약 제5조에 따라 러시아는 철도 연변에 수비병을 배치할 수 있는 권리를 획득하였다. 이에 따라 1897년 500명의 수비병을 배치하기 시작한 이후, 1900년에는 의화단운동을 빌미로 크게 증원하여 1901년 1월에는 종래 철도수비대를 흑룡국경수비대로 개편하여 모두 2만 5천 명으로 증원하였다.

2) 철도부속지 수용권: 계약 제6조에 따라 철도부지뿐 아니라 점차 부속지를 확대해 나갔다.

3) 면세특권: 철도 운수를 통해 발생되는 일체의 수입에 대해 세금의 부과를 면제하며, 철도의 부설, 경영 및 수리에 필요한 부속 및 재료에 대한 모든 관세 및 내국과금, 세금을 면제하였다.

4) 부속지의 행정권: 계약 제6조 중의 "공사는 부속 토지에 대해 절대적, 배타적 행정권을 행사한다"라는 규정에 따라 (1)민정과(경찰포함), (2)토지과, (3)대중교섭과, (4)교육과, (5)사원과, (6)신문발행과, (7)의무위생과, (8)금수방역과 등을 설치하였다.

5) 광산 채굴권: 중동철도 부설 경영 계약에 의거하여 철도 양변 30리 이내의 지역에서 채굴권을 우선적으로 독점하며, 이에 따라 길림성 및 흑룡강성 내의 탄광 시추 및 채굴권을 획득하였다.

6) 삼림 벌채권: 계약 제6조에 의거 철도 부설의 진전과 함께 연료대책으로 강구되었다. 실제로 1904년에는 흑룡강성 내 삼림 벌채 계약이 이루어졌으며, 1907년에는 길림성 내 삼림 벌채 계약이 체결되었다.[6]

6) 吾孫子豊, 『滿支鐵道發達史』, 內外書房, 1944, p.59.

　그러나 이와같은 중동철도의 성격은 일차대전을 계기로 큰 변화를 겪게 된다. 중동철도에 대한 소유권을 보유하고 있던 러시아는 이미 1917년 러시아혁명을 거치면서 대외정책에서 급격한 변화를 보이게 되었다. 소련은 과거 제정러시아시대에 침략으로 획득한 일체의 특권을 포기할 의사를 중국에 통지하였는데, 즉 1919년 7월 25일 '제1차 대화선언'(제1차 카라한선언)을 통해 "비밀조약의 폐지, 침략으로 획득한 토지소유권의 포기, 중동철도, 광산 및 기타 특권을 대가 없이 중국에 반환한다"고 선언하였다. 또한 1920년 9월 27일 '제2차 대화선언'(제2차 카라한선언)을 제출하여 거듭 "제정러시아정부가 취득한 권리, 특권을 무조건적으로 중국에 반환한다"고 발표하는 동시에, 중동철도에 대해서도 "이 철도를 노농정부가 이용하는 방안에 대해서 중소 양국정부가 특별협정을 제정하여 심의해야 한다"라는 입장을 밝히며 회담의 필요성을 강조하였다.

　카라한선언을 기점으로 중국과 소련 양국은 러시아혁명 이래 단절된 국교를 정상화하기 위한 방안을 모색하기 시작하였으며, 그 연장선상에서 중동철도의 문제 역시 포괄적으로 해결하고자 하였다. 1923년 9

월 카라한이 중국을 방문하여 교섭을 개시한 결과 마침내 1924년 5월
31일 중국외교총장 고유균과 소련대표 카라한은 〈中蘇懸案解決大綱
協定〉(중소협정)을 체결하였다. 이 협정의 제9조는 중동철도와 관련하여
다음과 같은 상세한 규정을 마련하였다.

"중소 양국은 중동철도 문제를 해결하기 위해 다음과 같은 원칙에
합의하였다.

1) 중동철도는 순수한 상업적 성격을 지니며, 영업과 직결된 업무 이
   외에 중국의 중앙정부나 지방주권과 관련되는 사항, 즉 사법, 민
   정, 군무, 경무, 시정, 세무, 토지 등은 모두 중국정부의 관할 하
   에 편입한다.

2) 소련정부는 중국이 중국자본을 가지고 중동철도 및 그 부속재산
   일체를 回贖하는 것을 승인한다.

3) 중동철도의 처리에 대해서는 조약체결 당사국인 중국과 소련 양
   국만이 관여할 수 있으며, 제3국의 간섭을 용인하지 않는다.

4) 양국정부는 중동철도와 관련된 1896년의 협약에서 규정한 권리
   가운데 중국의 주권과 저촉되지 않는 부분은 여전히 유효하다.[7]

이와같이 중소협정의 내용은 바로 카라한선언의 주지를 그대로 반영
하고 있으며, 주요한 골자는 중동철도가 가지고 있는 경제외적 특권,
다시 말해 제국주의적 침략성을 내포한 군사, 정치적 특권을 포기하고
이를 중국에 반환한다는 내용을 담고 있다. 이러한 원칙은 1924년 9월
20일 봉천에서 소련과 봉천성정부와의 사이에 체결된 봉소협정에서도
재차 확인되었다.

소련과 봉천성정부는 중동철도와 관련된 일체의 특권을 부정하는데

7) 「建立邦交之換文」, 『中外舊約章彙編』, 三聯書店, 1959, pp.422-425.

동의하였다. 즉 제1조 제1항에서 양자는 중동철도공사를 '순수한 상업적 기업'으로 규정한 위에서 중동철도의 영업에 관한 사항을 제외하고 기타 모든 사항, 즉 사법사항, 민정사항, 경찰, 군정사항, 과세 및 토지 (중동철도공사 자체에 필요로 하는 토지는 제외) 등 중국중앙정부 및 지방정부의 권리에 영향을 주는 사항은 중국관헌이 관장하도록 하는데 합의하였다.[8]

또한 중동철도의 매각 및 양도와 관련해서는 1896년 9월 8일 러시아와 청조 사이에 체결된 조약의 제12조에서 정한 80년을 60년으로 단축하고, 이 기간이 종료되면 중국정부가 무상으로 철도 및 부속재산을 환수할 수 있도록 하였다. 더욱이 이 기간, 즉 60년을 더욱 단축할 것인지의 여부는 소련과 중국 양국정부가 협의하여 결정할 수 있도록 하였다. 따라서 소련은 중국이 중동철도를 매입할 권리를 가지고 있음을 인정하며, 매입 시에는 양국이 중동철도의 실제 가치를 산정하여 중국이 이에 상응하는 가격을 지불하고 매입할 수 있도록 규정하였다. 더욱이 이 협정은 중동철도의 장래와 관련하여 소련과 중국 양국만이 결정권을 행사할 수 있을 뿐 여타 제3국의 관여를 배제하기로 결정하였다.[9] 또한 36년이 경과한 이후 중국정부는 이 철도를 回贖할 수 있는 권리를 가지게 되며, 이러할 경우 부설 원금과 기타 비용을 참작하여 비용을 산출하도록 하였다.[10]

8) 「中華民國東三省自治省政府與蘇維亞社會聯邦政府之協定」, 『中外舊約章彙編』, 三聯書店, 1959, pp.466-467.
9) 「中華民國東三省自治省政府與蘇維亞社會聯邦政府之協定」, 『中外舊約章彙編』, 三聯書店, 1959, p.467.
10) Kent著, 李抱宏等譯, 「中國政府與華俄道勝銀行訂定建造經理東省鐵路合同」, 『中國鐵路發展史』, 三聯書店, 1958, p.211.

철도를 둘러싼 동북아 각국의 각축전

2. 중국의 철도이권회수운동과 중동철도 매각론의 부상

일차대전 종결 이후 중국에서는 철도 부설권 등 제국주의 열강의 이권을 회수하기 위한 운동이 전국적으로 광범위하게 전개되었다. 이와 같은 열기에 호응하여 동북지방에서도 철도의 이권 회수를 목표로 하는 철도자판운동이 전개되었으며, 주요한 대상은 바로 중동철도와 남만주철도였다.11) 그렇다면 앞서 지적한 바와 같이 소련이 중소협정, 봉소협정을 통해 제정러시아시대의 특권을 포기하였음에도 불구하고 중동철도는 왜 이권회수운동의 주요한 대상이 되었을까?

이러한 원인은 중동철도의 소유권 및 지배권에 대한 중동철도공사, 즉 소련의 영향력이 정치, 군사적 이권의 반환에도 불구하고 여전히 강고하게 유지되고 있다는 구조적 문제에서 찾을 수 있다. 다시 말해, 카라한선언과 중소협정을 통한 이권의 반환에도 불구하고 소련은 여전히 중동철도에 대한 경영권을 견지하고 있었으며, 이를 통해 만주에서의 지배권 역시 변함없이 유지하고 있었던 것이다.

일차대전 종결 직후 1919년 1월 18일에 개최된 파리강화회의에서 중국은 3개항의 요구사항을 제출하였다. 주요한 내용은 첫째, 1915년 일본과 체결한 21개조약의 폐지, 둘째, 교주만조차지 및 산동에서 독일 이권의 회수, 셋째, 자국의 주권을 훼손하는 일체 조약의 폐지 및 회수 등으로 요약할 수 있다. 특히 세 번째 요구와 관련해서는 "중국에서 모든 외국의 세력 및 이익범위의 폐지, 외국군대 및 경찰의 철수, 영사재판권의 폐지, 조자치의 환수, 외국의 이권 및 조계의 환수, 관세자주권

---

11) 상세한 내용은 김지환, 「滿鐵과 동북교통위원회」, 『中國近現代史硏究』40輯, 2008. 12 참조.

의 확립"이라는 구체적인 조항을 명시하였다.[12]

그러나 1922년 1월 19일 개최된 워싱턴회의의 중동철도분과회 제1회 위원회에 참석한 일본, 영국, 미국, 프랑스, 이탈리아, 중국, 소련, 네델란드, 포르투갈 등 9개국 위원은 "중동철도는 소련정부의 재산으로서, 중국은 1896년의 계약에 따라 종국적으로 귀속권을 갖는다"고 결의하였다. 이에 대해 중국위원은 중동철도가 결코 소련의 자산이 아니라고 주장했으나 일본, 프랑스 등이 여기에 정면으로 반대의 뜻을 표명하였다. 프랑스위원은 중국이 지출한 500만 고평량은 철도 부설에 투자된 것이 아니고 은행자본의 일부일 뿐으로서, 철도소유권과는 하등의 관련이 없다고 주장하였다. 중국위원이 이를 강하게 반박하였으나 곧이어 일본, 프랑스, 미국, 영국의 반대에 직면하였다.[13]

이와 같은 국제적 여론에 힘입어 비록 카라한선언과 중소협정, 봉소협정을 통해 중동철도의 이권과 그 성격이 상업적인 것으로 대폭 축소되긴 하였지만, 그럼에도 불구하고 소련은 이 철도에 대한 소유권과 경영권을 여전히 유지하고 있었던 것이다. 바로 이러한 점이 중국에서 중동철도를 비롯한 철도이권의 회수운동을 촉발한 주요 원인이 되었다고 할 수 있다. 1924년 9월 20일 체결된 봉소협정의 제1조는 중동철도 문제를 해결하기 위한 규정으로서, 이 가운데 제6, 7, 8항의 내용은 다음과 같다.

제6항: 중동철도공사는 철도에 관한 일체의 사항을 상의하여 결정하기 위해 10명으로 구성된 이사회를 구성하고, 조약체결국에서 각각 5명씩 임명한다. 중국 측은 자국이사 가운데 한 명을 이사장으로 임명하고, 소련도 자국이사 가운데 한 명을 이

---

12) 吾孫子豊, 『支那鐵道史』, 生活社, 1942, p.117.
13) 中村明人, 『東支鐵道の過去及現在』, 陸軍省調査班, 1932.5.5, pp.16–17.

사회 부이사장으로 임명한다. 법정가결수는 7명으로 하고, 이사회의 모든 의결은 실시에 앞서 6명 이상의 동의를 얻어야 한다. 이사장 및 부이사장은 이사회의 사무를 공동으로 처리한다.

제7항: 중동철도공사는 5명으로 구성된 감사회를 조직하며, 3명은 소련, 2명은 중국이 임명한다. 감사회장은 중국감사 중에서 선임한다.

제8항: 중동철도공사는 소련인 1명을 관리국장으로 두고, 2명의 부관리국장을 둔다. 2명의 부관리국장 가운데 1명은 소련인으로 하고 나머지 1명은 중국인으로 임명한다.[14]

이와 같이 중동철도 이사회는 양국 이사 10명으로 구성되는데, 중국 측은 이사장을 포함하여 5명, 소련 측은 부이사장을 포함하여 5명을 임명하였다. 따라서 양국의 이해가 상충하는 사항은 이사 7명의 찬성을 필요로 하기 때문에 사실상 합의를 이끌어내기 어려운 구조였던 것이다. 이러한 이유에서 관리국장은 이사회에 구애되지 않고 독자적으로 전결할 수 있는 입장에 있었다. 더욱이 관리국의 조직을 보면, 관리국장은 소련정부가 임명하고 그 아래 양국정부가 각각 임명한 두 명의 부관리국장이 있었다. 그런데 중동철도의 중추적인 지역은 관리국장의 관할 하에 있었으며, 중국 측의 부관리국장은 수입 심사, 전화, 봉급, 중소교섭의 4과 및 인쇄소만을 담당하고 있을 따름이었다.[15]

이러한 이유에서 동북지역의 길림, 봉천, 하얼빈 등에서는 조차지의 반환과 불평등조약의 폐지를 주창하는 시위가 연일 계속되었으며, 이와 같은 열기 속에서 1924년 5월 동삼성교통위원회가 설립되었다. 동

---

14) 「東支鉄の解剖 (四)」, 『時事新報』, 1933.5.14.
15) 「露支会議と東鉄問題」, 『滿洲日報』, 1930.10.15.

북지역에서 철도이권회수운동의 주요한 목표는 당연히 가장 세력이 컸던 중동철도와 남만주철도에 집중되었으며, 동삼성교통위원회는 양 철도의 세력을 견제하기 위해 철도병행선의 부설에 착수하였다. 1921에서 1931년까지 약 10년간 중국관민들은 금조철도, 타통철도, 개풍철도, 심해철도, 호해철도, 학봉철도, 길해철도 등 총 1521.7킬로미터에 달하는 철도를 부설함으로써 남만주철도와 중동철도 등 물자의 운송권을 적극 회수하였다.[16]

이러한 가운데 1929년 7월 10일, 중국 측이 무력행사를 통해 중동철도를 회수하고자 하는 중동로사건이 발발하였다. 중국은 북경 주재 소련영사관을 강제 수색하여 소련영사 및 요인을 추방하였다. 중국에서는 봉소협정이 사실상 소멸되었으며, 따라서 중동철도를 동삼성교통위원회에 귀속시켜야 한다는 다음과 같은 주장이 분분하였다.

1) 소련은 적화선전를 금지한 조약에도 불구하고 여전히 북만주에서 이를 반복하고 있다.

2) 중동철도의 회수가 지연될 경우 타국에 양도될 위험성이 있다.

3) 봉소협정은 남북타협에 의해 소멸되었다.[17]

이에 주소련 일본대사 다나카 도키치(田中都吉)은 카라한을 방문하여 소련 측의 적극적인 대응을 촉구하였으며, 실제로 소련은 7월 17일 중소단교를 선언하기에 이르렀다. 더욱이 일본외상 시데하라 기주로는 중국이 남만주철도를 회수하려 시도할 경우 자위차원에서 군사행동이 불가피함을 강조하였다.[18] 일본 측이 이와 같은 입장을 표명한 것은 중동철도와 함께 철도이권회수운동의 주요한 대상인 남만주철도에 부정적 영향이

16) 金志煥, 「滿鐵과 東北交通委員會」, 『中國近現代史硏究』40輯, 2008.12, p.111.

17) 「東支鉄道回收にイギリスの策動」, 『大阪毎日新聞』, 1929.1.9.

18) 송한용, 「중동로사건에 대한 일본의 대응과 영향」, 『역사와 담론』31집, 2001, p.128.

파급될 것을 우려했기 때문이다. 이와같은 분위기 속에서 중동철도의 소련부국장이 대련으로 남만주철도주식회사 총재 야마모토 조타로(山本 條太郎)를 비밀리에 방문하여 "일본정부와 소련정부는 중국이 남만주철도 와 중동철도를 회수하는데 공동으로 반대한다"[19]는 내용에 합의하였다.

중동로사건을 통한 중동철도의 강제회수 등 강경책 일변도는 결코 의도대로 실현될 수 없었으며, 결국 중국은 타협책을 제시하지 않을 수 없었다. 중국대표 주소양은 정부의 훈령에 따라 중소평화교섭에 착수 하였으며, 강경한 태도를 고집할 경우 열국의 동정이 중국을 떠나가지 않을까 우려하여 결국 중동철도의 원상 회복이라는 소련의 요구를 받 아들이지 않을 수 없었다.[20]

중동철도 문제를 논의하기 위해 중소 양국은 1930년 1월 25일 회담 을 개최하기로 하였으나, 수차례 연기되는 가운데 마침내 10월에 이르 러서야 소련대표 카라한, 중국대표 막덕혜가 회담을 개최하기에 이르 렀다. 회담의 핵심적인 논제는 바로 중동철도의 경영권이었으며, 이 가 운데에서도 특히 양국 간 분쟁의 핵심이 되었던 관리국장의 권한문제 및 이사회문제가 초점이 되었다. 그러나 양국 간의 회담에서는 특별한 성과를 도출할 수 없었다.

3. 중동철도 매각협상과 중일소관계

중동철도의 매각문제가 본격적으로 여론에 등장하게 된 것은 1929 년 초부터였으며, 바로 중국에서 철도이권회수에 대한 열망과 운동이 고양되는 시기와 일치한다. 특히 1929년 7월 10일 장학량에 의해 중동

---

19) 蔣星德, 「中東鐵路的時代背景與政治反映」, 『東方雜誌』26卷 15號, 1929.8.10, p.26.
20) 「東鐵原状回復に支那ついに讓歩」, 『神戶又新日報』, 1929.8.11.

철도가 강제로 접수된 사실에 비추어 소련의 중동철도 매각 교섭과 중동로사건은 불가분의 관계를 가지고 있다고 볼 수 있다.

1929년 1월 초 소련은 중국의 강경한 정책을 예상하고 중동철도의 장래가 불투명하다고 생각하여 먼저 프랑스와 중동철도 양도문제를 교섭하기 시작하였다.[21] 이러한 사실은 소련이 철도이권회수운동의 주요한 대상이었던 중동철도의 소유권이 강제로 회수될 가능성을 우려하고 있었음을 보여주는 것이라 할 수 있다.

그런데 1929년 1월 12일 중동철도공사 관계자가 남경국민정부를 방문하여 중동철도 매수문제를 논의하였다.[22] 이러한 움직임으로 볼 때 소련정부는 한편으로 중동철도를 중국에 매각할 가능성을 타진하고 있었다고 볼 수 있다. 그런데 일본외무성의 비밀문서를 살펴보면, 중국정부가 중동철도의 매수에 나선 이유는 일본이 중동철도를 매수할지도 모른다는 풍문이 있기 때문이라고 보고하고 있다.[23] 이러한 기록은 중국정부가 소련이 중동철도를 일본에 매각할 가능성을 우려하고 있었음을 보여준다.

이러한 사실은 중국언론에서도 확인할 수 있다. 1929년 8월 주독일 소련대사는 주독일 중국공사에게 중동철도 문제의 영구한 해결을 희망하며, 기한 만료가 도래하기 이전에 중국 측에 중동철도의 매각을 희망한다는 의향을 전하였다.[24] 이에 대해 중국의 언론은 "최근 소련이 장차 중동철도를 일본에 양도하려 한다는 소식이 전해지고 있다"라고 문제를 제기하면서, "소련은 중동철도를 중국에 양도할 의사가 없기 때문

21) 「東支鉄道を日本へ讓渡交渉」, 『大阪毎日新聞』, 1929.1.6.
22) 日本外務省, 「支那側ノ買收関係」, 『東支鉄道関係一件／鉄道讓渡問題』, 1929, pp.122-123.
23) 日本外務省, 「支那側ノ買收関係」, 『東支鉄道関係一件／鉄道讓渡問題』, 1929, p.123.
24) 日本外務省, 「支那側ノ買收関係」, 『東支鉄道関係一件／鉄道讓渡問題』, 1929, p.166.

에, 철도이권회수운동을 빌미로 이를 일본에 양도할 가능성이 매우 높다. 이것이 바로 중국이 중동철도를 회수하고자 주창하는 원인이다"라고 보도하였다.[25] 이와 같은 보도에 따르면 중국 측이 중동철도공사와 접촉하고 있는 주요한 이유는 철도의 매각문제를 협의하기 위한 것이며, 소련 측이 중국 이외의 제3국에 매각하려는 움직임을 차단하기 위한 것으로 추측할 수 있다.

1929년 5월 뉴욕타임즈 기자 할렛(Hallet Abend)은 일본과 소련 양국이 중동철도 문제를 둘러싸고 교섭을 진행하고 있다는 사실을 보도하였다. 그는 기사에서 소련이 중동철도 문제를 일본과 적극 협상하는 이유는 이미 중동철도의 부설 및 운영에 8억 루블이나 투자하였는데, 중국의 철도이권회수운동으로 말미암아 무상으로 중국에 양도하게 될 우려가 있기 때문이라고 보도하였다. 중국정부와 봉천성정부는 이러한 사실에 비추어 일본과 소련 양국이 중동철도와 관련하여 밀약을 체결하지 않았을까 우려하고 있다고 보도하였다.[26] 1929년 7월 10일의 중동로사건은 바로 이와같은 중국 측의 인식과 우려를 반영한 것으로 볼 수 있다.

한편 소련은 중국 측에 중동철도의 매각 의향을 전달하였다. 즉 봉소협정에 근거하여 중동철도 부설비용에 과거 25년 간의 이자를 더할 경우 총 13억 루블이라면 매각할 의향이 있다고 전하였다.[27] 그런데 여기서 소련이 제시한 13억 루블은 실로 엄청난 금액으로서, 중국으로서 이를 부담할 수 있는 여력이 있는지 의심스러울 정도의 거액이었다.

소련이 이와 같은 막대한 액수를 철도 매각 비용으로 중국에 요구한

---

25) 蔣星德,「中東鐵路的時代背景與政治反映」,『東方雜誌』26卷 15號, 1929.8.10, p.19.
26) 「日俄協謀侵略中東鐵路」,『東方雜誌』26卷 9號, 1929.5.10, p.1.
27) 「十三億金留ならば東鉄を手放すも可」,『滿洲日報』, 1930.3.21.

것은 막대한 재정적자에 허덕이던 중국정부의 입장에서 현실성이 결여된 것이라 볼 수 있다. 그렇다면 당시 언론의 보도에서 지적하고 있듯이 철도이권회수운동의 고양 속에서 무상으로 접수될 것을 우려한 소련이 매각이라는 합법적 형식을 통해 이를 사전에 차단하려는 의도가 있었던 것으로 보여진다. 이와 함께 중소협정, 봉소협정의 조항에서 이미 명확히 규정하고 있듯이 중동철도와 관련된 문제는 중국과 소련 당사국 이외에 제3국이 관여할 수 없도록 되어 있다. 이러한 이유에서 소련은 먼저 중동철도 매각협상을 중국과 진행함으로써 자본 부족으로 중국이 매입할 수 없는 형편으로 말미암아 불가피하게 일본 등 제3국에 매각할 수밖에 없다는 명분을 마련하기 위한 조치로 해석할 수 있다.

이러한 가운데 1931년 4월 11일 모스크바에서 중국 측의 중동철도 매수 제안에 대해서 소련이 기본적으로 동의하였다는 보도가 흘러나왔다. 이와 관련해서 일본언론은 중국이 현재 중동철도를 매수할 여력을 갖고 있지 못하며, 따라서 그 배후에는 제3국이 있을 것이라 추측하고, 만일 이것이 성사될 경우 동아시아 정세에 바람직하지 않을 것이라 보도하였다.[28]

실제로 중국 철도부장 손과는 중동철도를 매수하기 위한 자금을 마련하기 위해 다방면으로 나서고 있었다. 1929년 8월 31일 손과는 미국의 제이피 모건(J.P.Morgan) 회사를 통해 중동철도를 매수하기 위해 외채의 모집이 가능한지 의향을 미국차관단 및 미국정부에 확인해 주도록 요청하였다. 이와함께 손과는 차관이 성립될 경우 중동철도의 경영 및 수입에 대한 중국정부의 보증이 가능하며, 더욱이 철도에 대한 외국의 감독도 허용할 의사를 표명하였다.[29]

---

28) 「東支鐵道買收交涉」, 『京城日報』, 1931.4.19.
29) 日本外務省, 「支那側ノ買收關係」, 『東支鐵道關係一件/鐵道讓渡問題』, 1929,

경위는 분명치 않으나 미국을 통한 차관의 도입은 결국 실현되지 못하였다. 이러한 이유는 무엇보다도 차관의 당사자인 미국의 금융업계가 중동철도를 통한 이윤의 실현에 부정적이었으며, 차관의 담보가 불확실하다는 경제적 요인이 가장 큰 우려였을 것으로 추측된다. 일본은 중국정부가 차관을 도입하려는 움직임에 대해 "중국은 현재 도저히 자력으로 매수할 수 있는 재정적 여력이 없으며, 담보가 부족하여 어떠한 국가도 이러한 차관에 응하기 어렵다고 관측된다"[30]라고 판단하였다. 이렇게 본다면 소련은 사실상 일본 측의 매입을 촉구하고 있는 것이나 다름 없는 셈이다. 일본의 군부 역시 "중동철도를 중국 측이 매입하려면 자본이 있어야 하는데 그 실현에 의문이 있는 것이 사실"이라고 하여 동일한 인식을 가지고 있었다.[31]

중동철도의 매각 가격이라는 경제적 요인만을 두고 본다면 소련은 왜 굳이 중국이 아니라 일본에 매각하려 하였을까? 이는 중동철도를 둘러싼 동아시아에서의 열강간 세력관계 속에서 이해하지 않으면 안된다. 즉 소련은 중국의 중동철도 회수 음모의 배후에 바로 소련의 적화에 대항하고자 하는 영국이 있다고 본 것이다. 이러한 근거는 당시 신문보도에서 "확실한 정보에 따르면 중동철도를 완전히 중국 측으로 회수하는 것은 소련정부를 견제하기 위해 영국이 그 배후에 있다는 사실이 명확하다. 중국에 있는 소련 고위관료의 전언에 따르면 영국정부가 남경정부의 대소정책을 예의 주시하고 있으며, 남경정부 및 봉천당국의 반풍옥상 정책을 지원하는 동시에 적극적으로 배소정책을 고취하는데 전력을 경주하고 있다"[32]고 전하였다. 영국영사는 이러한 취지에

p.135; 日本外務省, 『東支鉄道蘇側持株対米讓渡関係』, 1930, p.136.
30) 日本外務省, 『東支鉄道蘇側持株対米讓渡関係』, 1930, p.13.
31) 中村明人, 『東支鐵道の過去及現在』, 陸軍省調査班, 1932.5.5, p.66.

근거하여 중국 측의 중동철도 회수정책을 지원하는 동시에, 만일 중국 측이 중동철도 회수를 지연시킬 경우 소련으로서는 자국의 투자 권리를 타국에 양도할 의향이 있다고 전언하였다.

반대로 중동철도가 만주국에 매각될 경우 영국의 동아시아정책에 적지않은 부정적 영향을 미칠 것임은 명약관화하였다. 이러한 사실은 "중동철도가 일본의 수중에 들어가게 된다면 만주는 완전히 일본에 의해 좌지우지될 것이다. 영국이 주의를 기울이고 있는 극동에서 이를 계기로 일본과 소련이 접근하게 된다면, 최근 소련과 통상관계를 단절한 영국에게 매우 신경이 쓰이는 문제가 될 것"[33]이라는 신문보도에서도 잘 알 수 있다.

이와 같은 영국 측의 대소련 봉쇄정책에 의해 하얼빈에 있는 소련과 영국의 관헌 사이에는 감정이 악화되었다. 소련은 기관지를 통해 영국을 공격하기 시작하였으며, 이에 영국영사는 분개하여 중국으로 하여금 소련기관지를 폐쇄하도록 요구하였다. 이와함께 일본의 여론은 "소련 측이 봉소협정에 관계없이 자국의 권리를 제3국에 양도할 의향을 가지고 있다"[34]고 보도하였다.

이와 같은 맥락에서 살펴보면 소련은 중동철도의 매각문제를 중국정부에 타진하는 동시에, 이러한 사실을 일본에 의도적으로 전하고 있음을 알 수 있다. 이러한 이유는 바로 중국의 재정적 여력에 대한 의구심에서 비롯된 것으로 보인다. 소련의 입장에서 봉소협정에 구속되지 않겠다는 의도를 일본에 전한 이유는 중국이 아닌 제3국, 즉 매입의 여력이 있는 일본에 매각할 수 있다는 의사를 전달한 것으로 해석할 수 있다.

---

32) 「東支鐵道回収にイギリスの策動」, 『大阪毎日新聞』, 1929.1.9.

33) 「東支鐵道の身売り話」, 『大阪朝日新聞』, 1933.5.11.

34) 「東支鐵道回収にイギリスの策動」, 『大阪毎日新聞』, 1929.1.9.

그렇다면 일본은 이와 같은 소련의 제의에 대해 어떠한 인식과 입장을 견지하고 있었을까? 일본 역시 "소련이 타국의 자본을 차관형식으로 도입하거나 중국에 매각하려는 움직임은 현실성이 떨어지며, 단지 만주국을 위협하기 위한 수단에 불과하다"[35]라고 판단하고 있었다. 그럼에도 일본은 중동철도의 매각과 관련하여 중소협정과 봉소협정에서 조약체결 당사국으로 한정하고 있는 조항의 규정에 주의를 기울이고 있었다.

"최근 소련이 중동철도를 제3국에 양도하려 한다는 풍설이 전해진다.

1) 중동철도 및 일체 부속재산은 중소 간의 조약에 따라 결국 중국 정부에 인도될 것이라는 가정에서 소련이 소유권을 제3국에 양도 하는 것은 조약 규정에 저촉된다고 중국정부에서 반대할 것이다.

2) 중동철도 이용 수익에 관해 소련 측이 갖는 권리, 수익 역시 중소 간의 조약에 근거하여 양국만이 향유할 수 있다. 따라서 소련은 중국 측의 승인 없이 마음대로 제3국에 양도할 수 없다.

3) 일본은 소련이 중동철도를 제3국에 양도하더라도 중동철도 부설 에 하등 관여하지 않았기 때문에 조약에 근거하여 양도행위에 반 대할 수 있는 입장이 아니다."[36]

이와 같은 우려를 잘 인식하고 있던 소련으로서는 조약의 구속력이 없음을 애써 강조함으로써 일본의 호응을 촉구하였다. 1929년 8월 31일 소련의 카라한은 주소련 일본대사에게 봉소협정에서 중동철도를 매각할 경우 반드시 중국자본으로 한다는 규정은 논의의 여지가 있으며, 협상 당시 숙고하지 못한 결과로서, 소련의 입장에서 현재까지 구체적

---

35) 「東支鉄問題対策の悪辣手段-互讓的態度の満洲国」, 『大阪時事新報』, 1933.4.21.
36) 日本外務省, 「支那側ノ買収関係」, 『東支鉄道関係一件/鉄道讓渡問題』, 1929, p.132.

으로 결정된 사항은 없다고 전하였다.[37] 같은해 9월 만철 총재는 기자들에게 중동철도 매각은 당연히 소련의 희망에 따라야 하며, 매수자가 있다면 조건에 근거하여 매각을 고려하는 것이 당연한 일이라는 의사를 피력하였다.[38] 이는 소련 측의 요구에 화답한 것이라 볼 수 있다.

4. 만주국 승인과 중동철도 매각과의 연관성

소련은 1930년대 전반에 걸쳐 일본과의 긴장 완화를 통해 양국 간의 정치, 군사적 대결을 회피하기 위한 구체적인 방안들을 적극 모색하였다. 만주사변 직전 중국동북지역에 대한 일본의 침략정책이 노골적으로 전개되면서 양국 간의 긴장이 고조되자 소련은 충돌을 예방하기 위한 조치로서 대일화해의 외교정책을 적극 구사하였다. 1931년 9월 초 소련외교부는 주하얼빈 일본총영사 오하시 쥬이치(大橋忠一)을 비밀리에 블라디보스톡으로 초치하여 양국 간의 긴장완화 방안에 관해 논의하였다. 이 회의에서 양국은 일본이 만주에 군사를 파병할 경우에는 미리 소련에 이 사실을 알리고 양해를 구하도록 하는데 합의를 도출하였다.

1931년 12월 일본관동군은 치치하얼 점령에 앞서 무엇보다도 소련과의 관계에 주의를 기울였다. 치치하얼의 점령은 중동철도를 넘는 것으로서 소련과의 충돌 가능성이 있었기 때문이다. 이러한 이유에서 치치하얼 점령 다음날 주소련 일본대사는 소련 인민외교위원장 리트비노프(Maksim Maksmovich Litvinov)를 방문하여 "일본군은 중동철도의 이권을 존중할 것"이라는 의사를 전달하였다.[39]

---

37) 日本外務省, 『東支鉄道蘇側持株対米讓渡関係』, 1930, p.13.
38) 「東支鉄道の使命」, 『滿洲日日新報』, 1930.9.26.
39) 유신순저, 신승하외역, 『만주사변기의 중일외교사』, 고려원, 1994.8, p.161.

　이렇게 볼 때, 소련은 적어도 만주사변 발발 직전에 일본의 군사작
전을 사전에 인지했을 가능성이 매우 크며, 따라서 사변 발발 직후 소
련정부는 연일 성명을 통해 중일 간에 엄정한 불간섭정책을 발표하였
던 것이다.[40] 더욱이 같은해 12월 주프랑스 일본대사 요시자와 겐기치
(芳澤謙吉)가 외상으로 임명되어 귀국길에 모스크바에 기착하였을 당시,
소련외교부는 그에게 일소중립조약의 체결을 제안하였다. 일본의 입장
에서는 이 조약이 종래 견지해 온 반공국책과 모순되는 측면이 있음을
고려하여 받아들이지 않았다. 그러나 소련은 다시 1932년 11월과 1933
년 1월 등 여러 차례 일본에 일소중립조약을 체결하자는 의사를 전달
하였으며, 이후 양국 외교부는 이 문제를 주요한 논제로 삼아 논의를
지속하였다.
　바로 이와같은 논의 과정에서 소련은 중동철도의 매각 문제를 협상
의 지렛대로 적극 활용하고자 하였던 것이다. 일본과 소련은 만주에 대
한 배타적 지배권을 두고 상호 대치해 왔으며, 이러한 과정에서 소련의
중동철도와 일본의 남만주철도는 중국 동북지역의 물류 장악과 세력권

40) 陳覺, 『國難通史』, 遼寧出版社, 1991, p.37.

의 형성을 위한 상징으로서 상호 경쟁적인 입장에 있었다. 소련이 중동철도 매각문제를 들고 나온 것은 바로 양국 간의 정치, 군사적 긴장을 완화시키기 위한 목적이 있었다고 볼 수 있다.

|도표 93| 만주사변시 봉천으로 진격하는 일본군

이미 주하얼빈 일본총영사 모리시마 모리도(森島守人)는 일소중립조약의 필요성을 언급하면서도 조약체결의 걸림돌로서 중동철도 문제를 제기한 바 있다. 그는 "중동철도의 매각 협상이 이루어지고 있는 이상 일본과 소련 양국 사이에 불가침이 실현되고 있으며, 따라서 중동철도의 매각 협상이 나아가 일소중립조약의 체결로 진전되기를 기대한다"[41]라는 의사를 표명한 바 있다. 이러한 분위기 속에서 소련은 중국 동북지역에서 양국 간의 이해가 첨예하게 대립되어 온 중동철도를 일본에 매각함으로써 양국 간의 긴장을 완화하고, 이를 통해 양국의 화해와 중립

41) 森島守人, 『陰謀, 暗殺, 軍刀』, 岩波書店, 1950, p.295.

철도를 둘러싼 동북아 각국의 각축전

조약의 체결을 도모했다고 볼 수 있다.

이러한 목적을 가지고 교섭에 임하였기 때문에 소련으로서는 매각 가격을 두고 전개된 협상에서 경제외적 문제를 고려하지 않을 수 없었던 것이다. 물론 일본으로서도 소련이 소유권을 가지고 있는 중동철도가 만주에 존재하는 이상 정치, 군사적 긴장 완화 및 충돌의 회피를 고려하지 않을 수 없었다. 비록 형식상 소련과 만주국 사이의 협약이었지만, 당시의 대다수 언론은 소련과 일본 사이의 협약으로 명확히 인식하고 있었다. 중동철도의 소유권을 일본에 매각한 결정은 이 철도에 대한 중국의 영향력과 권리를 조금도 고려하지 않은 독단적인 조치였으며, 매각과 관련해서는 협약체결 당사국에 한정한다는 중동철도에 관한 협약을 위반한 것이다.

|도표 94| 만주국 수도 신경(현재의 장춘)

이러한 협상의 과정에서 만주국을 내세우는 전략은 어떠한 의미를 갖는 것일까. 중동철도의 매수 형식과 관련하여 일본에서는 두 가지 주장이 대립하고 있었다. 첫째는 직접매수론으로서, 소련정부의 제안을 바로 받아들여 양도교섭에 임하는 것이 대국적 견지에서 유리하다는 주장이다. 둘째는 만주국 매수론으로서, 중동철도에 관한 권리 일체를 승계한 만주국이 건국 이래 소련과 공동경영자로서 중동철도의 공동관리를 담당하고 있기 때문에 만주국이 매수하는 것이 합리적이라는 주

장이다. 일본정부는 만주국과 소련 사이에 서서 양국 간의 교섭을 조장하고 원활한 타협에 기여하는 것이 타당하다는 주장이다.[42]

　주지하다시피 만주국의 성립 이후 국제연맹은 이를 정식국가로 승인하지 않기로 방침을 결정하였다. 국제연맹은 만주국의 수립과 관련된 리튼조사단의 보고를 기초로 1933년 2월 15일 〈국제연맹규약 제15조 제4항에 따른 국제연맹총회보고서〉, 즉 소위 〈최종보고서〉를 일본대표에 넘겨주었다. 보고서는 만주국의 불승인과 일본군대의 즉각 철수 요구를 주요한 내용으로 담고 있었다. 2월 24일 국제연맹총회는 19인 위원회가 제출한 보고서를 찬성 42, 반대 1(일본), 기권 1(태국)로 채택하였다. 이는 국제연맹과 열강이 만주국을 부정하였음을 의미하는 것이다. 결국 일본은 3월 27일 국제연맹의 탈퇴를 통고하였다.[43]

|도표 95|　만주사변과 관련된 문제를 논의하기 위해 개최된 국제연맹총회

----

42) 「直接買收か 否か 政府内に 両論」, 『大阪朝日新聞』, 1933.5.13.
43) 유신순저, 신승하외역, 『만주사변기의 중일외교사』, 고려원, 1994.8, pp.301-302.

철도를 둘러싼 동북아 각국의 각축전

417

|도표 96| 국제연맹총회에 대한 대책을 협의한 이후 수상관저를 나서는 일본각료

|도표 97| 만주국 황제 부의

이와 같이 열강으로부터 만주국을 승인받지 못한 상태에서 소련의 동향은 일본에게 매우 중요한 의미를 가지고 있었다. 일본외무성은 1932년 8월 24일 〈국제관계로부터 본 시국 처리 방침〉을 작성하였는데, 특히 소련과의 관계 정립을 매우 중요한 내용으로 강조하였다. 여기서 일본외무성은 "북만주 방면의 형세에 관해 일소관계는 위험한 상태에 처해 있으며, 작금의 국제관계에 비추어 소련과 충돌을 피하는 일이 매우 긴요하다"[44]라고 강조하였다.

더욱이 일본외무성은 만주국의 승인문

44) 日本外務省, 『日本外交文書·滿洲事變』2권 2책, 1981, pp.386-387.

제와 관련하여 소련의 동향을 매우 중요한 요소로 간주하였다. 즉 "소련이 만주국을 정식으로 승인한다면 최대의 이해 당사국인 일본과 소련 양국이 만주국의 존재를 인정하는 셈이 된다. 이렇게 된다면 만주국에 이해를 갖지 않는 국가들의 주장은 공론에 그치게 될 것이다"[45]라는 입장을 견지하였다.

|도표 98| 만주국 수립 직후 부의와 만주국 내각관료

1933년 5월 13일 주일 소련대사는 일본외무성을 방문하여 극동에서 분쟁을 근본적으로 해결한다는 취지에서 중동철도의 매각을 제안한 소련정부의 방침 및 태도를 상세히 설명하였다. 이와 함께 중동철도의 매각 조건을 다음과 같이 제시하였다.

1) 소련정부는 중동철도를 만주국 혹은 일본에 매각하기를 희망하고 있으며, 매각이 불가능하다면 일본 혹은 만주국으로부터 자금 차입이라는 형식을 취해도 무방하다.

2) 철도 매각 비용의 지불방법에 대해서 전액을 일시불로 지급할 필

45) 日本外務省, 『日本外交文書·滿洲事變』3권, 1981, p.22.

철도를 둘러싼 동북아 각국의 각축전

요는 없으며, 연차적으로 혹은 철도 수익금으로 지불하는 조건도 가능하다.

3) 소비에트정부는 군사적 혹은 정치적 가치에 대해 과다하게 주장하지 않을 것이며, 따라서 순수히 상업적 가치에 기초하여 자산 가치를 평가할 의향이다.

4) 만주국을 매각 교섭의 상대로 할 경우 장래 만주국 승인의 문제가 발생할 것이다. 소련정부는 국제연맹의 참가국이 아니기 때문에 연맹의 결의에 전혀 구속될 이유가 없으며, 자주적으로 결정할 의향이 있다.[46]

이와 같이 소련은 중동철도 매각을 의도적으로 만주국 승인의 문제로 연결시키고 있으며, 이 문제는 바로 일본외교에서 가장 핵심적인 문제였음에 틀림없다. 일본의 입장은 다음의 기록에서 잘 살펴볼 수 있다.

1) 소련정부가 중동철도의 양도를 통해 이 철도로 말미암아 야기되는 일소분쟁의 근원을 제거할 수 있다는 목적에 양해한다.

2) 매수조건에 대해서는 군부와 만철당국이 현상에 기초하여 평가액을 결정한다.

3) 중동철도는 만주국의 철도정책이 완성되면 그 가치가 더욱 저하될 것이기 때문에 매수시기에 대해서는 이 점을 충분히 고려하여 결정한다.

4) 이 철도를 만철이나 만주국으로 하여금 매수하도록 하는 방안 가운데 후자가 바람직하다고 보여진다.[47]

일본외무성과 군부는 만주국이 매각 협상의 파트너가 되어야 한다는 사실에 기본적으로 합의를 이루었다. 이는 만주국의 국제법적 지위 및

---

46) 「東鉄売却条件提示さる」, 『大阪朝日新聞』, 1933.5.14.
47) 「問題の東支鉄は日本で買収せぬ」, 『大阪時事新報』, 1933.5.14.

정당성과 불가분의 관계를 가지고 있었다. 중소협정에서 중동철도와 관련된 일체의 사항은 소련이 중국과 협의하도록 되어 있기 때문에 만주국이 중국을 계승한다고 보는 것이다. 소련이 중동철도를 양도하기 위해서는 만주국을 상대로 매각의 교섭에 착수해야 하며, 이는 결과적으로 만주국을 승인하는 셈이 되는 것이다.[48] 이러한 이유에서 1931년 10월 28일 일본외상은 "소련을 통해 만주국의 승인을 실현하는 방법은 만주국의 안정을 위해 매우 바람직하다"[49]고 주장하였다.

|도표 99| 만주국 황제 부의의 거처(위만황궁)

리튼보고서는 중국과 일본의 직접교섭을 권고하였으나, 중국은 만주에 대한 중국의 주권을 인정하는 기초 위에서 비로소 협상에 임할 수

48) 本多弘一, 「北鐵讓渡と其の影響」, 『滿蒙之文化』31卷 7號, 1934.7, p.42.
49) 유신순저, 신승하외역, 『만주사변기의 중일외교사』, 고려원, 1994.8, p.209.

있다고 주장하였으며, 국제연맹의 수많은 소국들도 중국의 입장을 지지하였다. 그러나 만주와 관련된 최대의 이해당사국인 일본과 소련이 만주국을 승인하게 된다면 만주와 관련성이 적은 소국들의 주장은 상대적으로 큰 영향력을 발휘할 수 없게 될 것이다. 이러한 인식에 따라 소련의 승인은 만주국의 안정을 위해 불가결할 뿐만 아니라 일본의 국제연맹 대책을 위해서도 매우 절실하였던 것이다.[50]

5. 매각가격의 협상과 결정

소련 측의 매각 의사에 대해 일본은 어떠한 입장을 가지고 있었을까? 일본재계는 소련이 표면적으로 일본, 소련, 만주국 등 3국 관계의 개선을 들고 있지만, 실상은 재정적 어려움이 주요한 원인이라고 판단하였다. 말하자면, 첫째, 소련은 제2차 5개년계획의 첫 해에 들어서면서 막대한 경비를 필요로 하고 있으며, 둘째, 국내 재원 상황을 살펴보면 소요경비로서 약 7억 루블이 필요하지만, 실상은 1억 루블도 준비하고 있지 못하며, 셋째, 소련은 영국 및 독일과의 관계가 원활하지 않아 차관 도입이 불가능하다고 지적하면서, 이러한 경제적 어려움에 몰린 결과 소련이 제안하게 된 것이라고 간주하였다.[51]

이러한 가운데 1932년 길회철도의 완공은 소련의 중동철도 매각에 중요한 분수령이 된 것으로 보인다.[52] 중동철도관리국은 길회철도가 완공되면서 특산물의 대부분이 장춘으로 집중될 추세를 보이자, 이로

---

50) 日本外務省, 『蘇連ノ満州国承認ニ関スル件』, 1932.10, pp.1−2.
51) 「高々五千万円と見る我財界の意見」, 『大阪毎日新聞』, 1933.5.7.
52) 길회철도의 완공으로 인한 중국 동북지역의 물류유통의 변화 및 이로 인한 중동철도의 매각과 관련된 상세한 내용은 김지환, 「중국 동북지역 상품유통망의 변화와 동청철도의 매각」, 『역사학보』217집, 2013.3 참조.

말미암아 중동철도의 장래가 매우 비관적이라 생각하여 남만주철도주식회사 본사에 특사를 파견하여 중동철도의 매수를 종용하였다.

12월 24일 소련의 타스통신은 중동철도 이사장과 소련이 일본에 중동철도를 양도하는 방안을 고려하고 있다고 보도하였다. 이에 대해 소련은 타스통신의 보도가 근거 없는 것이라며 부인하였다.[53] 그러나 머지않아 1933년 초 중동철도 러청은행 주주자문위원 대표가 동경으로 와서 중동철도 주식의 양도 가능성을 타진하였다.[54]

이러한 가운데 1933년 4월 24일 주소련 일본대사가 카라한을 방문하여 중동철도를 중심으로 하는 일소 양국 간 분쟁을 근본적으로 해결하는 방안에 관해 협의하였으며, 5월 2일 리트비노프는 일본대사에게 중동철도를 일본, 혹은 만주국에 매각하여 경영하도록 하는 것이 최선의 방책이라는 뜻을 전달하였다. 5월 4일 주일 소련대사는 일본외무성을 방문하여 중동철도를 매각할 의향을 공식적으로 전달하였다.

1933년 5월 5일 모스크바에서 리트비노프와 일본대사와의 사이에 중동철도 매각과 관련된 회담이 개최되었다. 여기에서 리트비노프는 중동철도문제가 일소 간에 긴장을 조성하는 요인이 되며, 소련당국으로서는 이러한 분쟁을 근본적으로 해결할 수 있는 평화적인 해결책을 강구할 의사가 있음을 명확히 밝혔다. 다시 말해, 이는 중동철도의 매각을 의미하는 것이다.[55]

1933년 7월 만주국과 소련정부는 중동철도를 매각하기 위한 협상에 착수하였으며, 이를 위해 수차례 회의를 개최하였다. 1933년 7월 3일에 개최된 회의에서 소련은 〈만주국에 의한 중동철도 매수 원칙에 관

53) 日本外務省,『日本へ讓渡関係(旧露国人バトーリン言動ヲ含ム)』分割2, 1933, p.404.
54) 日本外務省,『日本へ讓渡関係(旧露国人バトーリン言動ヲ含ム)』分割2, 1933, p.437.
55) 「東鉄売却問題露都で折衝さる」,『大阪朝日新聞』, 1933.5.6.

한 각서)를 제출하고, 매각의 대상에는 철도의 본선과 보조선 등을 포함하여 총 2,544.9킬로미터의 노선과 전신선 2,576킬로미터, 그리고 전화 및 급수설비가 포함된다고 명시하였다. 이밖에도 철도 소속의 기관차, 차량, 운전재료, 철도용, 여객용 건축물, 창고, 주택, 사무소, 병영 등 총 면적 190만 9,762평방미터와 함께 공장 및 차고, 하얼빈의 각 공장도 포함하였다. 또한 발전소와 하얼빈전화국, 증기선 및 부두, 철도 부속 토지, 의료시설, 요양소, 제재공장, 인쇄소 등도 포함한다고 천명하였다.[56]

중동철도의 매각 가격에 대해 소련대표는 총 6억 2,500만 루블을 제시하였다. 그러나 이에 대해 만주국대표는 중동철도의 경제적 가치가 만주국의 철도망 완성과 더불어 크게 저하되었다고 주장하였다. 따라서 중동철도의 노후화된 설비 상태에 비추어 가격은 6,500만 루블에 불과하며, 더욱이 중동철도의 소유권을 만주국과 소련이 절반씩 소유하고 있는 현실에 비추어 만주국이 지불해야 할 금액은 3,250만 엔이라고 제시하였다. 그럼에도 만주국으로서는 만소관계의 장래를 우호적으로 유지하기 위해 크게 호의를 베풀어 5천만 엔[57]을 지불할 용의가 있다고 제안하였다.[58] 철도의 매각 가격으로부터 살펴볼 때 중동철도에 대한 양국의 가격 계산에는 매우 큰 격차가 있었음을 알 수 있다.

그런데 당시 일본정부의 내부자료를 살펴 보면 이미 중동철도의 매각과 관련하여 수많은 분석이 이루어졌으며, 이에 근거하여 가격이 책정되었음을 알 수 있다. 중동철도의 자산평가와 관련하여 일본의 언론은

---

56) 「滿洲國による北滿鐵道買收原則に關吉する覺書」, 『支那滿洲を繞よる諸問題』, 大阪每日新聞社, 1933.8, pp.108-110.

57) 1루블은 1.04엔으로 계산

58) 黑田乙吉, 「北滿鐵道賣却交涉」, 『支那滿洲を繞よる諸問題』, 大阪每日新聞社, 1933. 8, pp.83-85.

중동철도의 부설비가 6억 6,300만 루블의 거액에 달하지만, 이미 레일과 기차 가운데 부식이 나타나는 등 경제적 가치가 저하되었다고 지적하며, 적정가격을 5천만 엔 이하로 평가하였다. 또한 일본의 일소협회도 중동철도 매각 가격을 7천만 엔 정도로 비공식 발표하였다.[59] 일본외무성 구미국의 평가에 따르면, 중동철도의 실제 부설비에 기초한 평가액은 1억 5,900만 루블, 현재 재산의 실재 평가액은 1억 6,100만 루블, 수익에서 본 평가액 1억 5,400만 루블, 장래 소련 측의 수익에 기초한 평가액 1억 3,200만 루블이었다.[60] 만철 부총재는 일본의 외무성, 척무성, 대장성과 협의하는 자리에서 중동철도의 적정 가격이 1억 1천만엔 정도로서 소련이 제시한 가격과는 격차가 크다고 지적하였다.[61]

이와 관련하여 일본외무성은 중동철도의 매각 가격을 분석한 〈중동철도의 평가〉라는 보고서를 작성하였다. 보고서는 철도의 총 투자비용을 1998년−1905년 건설비 3억 6,600만 루블, 1906−1931년의 개량비 4,600만 루블, 1903−1914년의 러시아정부 보상금 1억 7,900만 루블, 1932년 1월 1일 미불이자 및 미상환액 13억 9,900만 루블, 합계 19억 9천만 루블로 거의 20억 루블에 이르는 방대한 액수로 책정하였다.[62] 그러나 이와함께 이미 30여 년이 경과하여 철도의 가치가 상당히 저하되었으므로 평가액은 1억 5,900만 루블이라고 판단하였다.[63]

중동철도의 매수에 대해 일본군부의 일부에서는 반대, 혹은 적어도 매수의 지연을 주장하는 세력이 있었다. 이들은 "중동철도가 일본과 소

59) 「高々五千万円と見る我財界の意見」, 『大阪毎日新聞』, 1933.5.7.
60) 日本外務省 歐美局, 『支那の東支鉄道買收問題に關する』, 1929, p.5.
61) 「機熟せる東支鉄の買收」, 『大阪毎日新聞』, 1933.5.7.
62) 日本外務省, 「支那側ノ買收関係」, 『東支鉄道關係一件／鉄道讓渡問題』, 1929, p.206.
63) 日本外務省, 「支那側ノ買收関係」, 『東支鉄道關係一件／鉄道讓渡問題』, 1929, pp.206−207.

런 사이에 분쟁의 근원이므로 매수 가격을 절충하는 것이 바람직하다고 생각한다. 그러나 일본이 이와같은 거액을 현금으로 지불하는 것은 불가능하며, 더욱이 돈도철도의 개통 등으로 중동철도의 경쟁력이 저하되었기 때문에 중동철도 매수는 연기하면 할수록 유리하다"[64]라고 교섭의 연기를 주장하였다.

소련에서도 중동철도의 전략적 가치를 주장하며 매각을 반대하는 세력이 엄존하였다. 즉 카라한과 육해군인민위원장은 매각에 부정적인 입장을 개진하였으나, 스탈린과 리트비노프는 매각에 적극 찬성하는 입장이었다. 결국 스탈린은 이들 반대파의 주장을 억누르고 매각을 제의하게 된 것이다.[65]

마침내 1935년 3월 11일 만주국과 소련은 〈중동철도양도협정〉을 체결하고 "소련의 중동철도(부속사업 및 재산을 포함)에 관한 일체의 권리를 만주국정부에 양도하고, 만주국은 그 대가로 1억 4천만 엔을 지불한다"는데 합의하였다. 소련이 형식상 만주국정부와 협약을 통해 중동철도를 당초 요구한 액수에 크게 미치지 못하는 1억 4천만 엔에 매각한 사실은 일본보다는 소련 측의 적극성을 반영하는 대목이라고 볼 수 있다. 1935년 3월 23일 일본은 만주국정부가 지불하기 어려울 경우 일본이 이를 대신 부담하기로 하는 지불보증각서에 서명하였다.[66]

리트비노프와 주소련 일본대사가 중동철도 매각에 합의했다는 소식을 접한 중국외교부는 모스크바에 있던 안혜경 대사를 통해 중국의 동의없이 중동철도를 매각할 수 없다는 뜻을 소련정부에 정식으로 전달하였다. 외교부장 나문간 역시 소련대사를 초치하여 항의의 뜻을 거듭

64) 「赤字鉄道東支鉄譲渡問題」,『神戸新聞』, 1933.5.7.
65) 「是が非でも売る!」,『大阪時事新報』, 1933.9.25.
66) 『日本外交年表竝主要文書』下, 日本外務省編, 原書房, 1966, p.289.

전달하였다.[67] 5월 7일 중국국민정부 철도부장 손과는 담화를 통해 "중동철도는 소련과 중국 양국의 공동소유이며, 이러한 사실은 중소협정, 봉소협정에 명확하게 규정되어 있다. 중국정부와 아무런 상의도 없이 중동철도를 일방적으로 매각하는 행위에 대해 중국은 결단코 동의할 수 없다. 만일 소련이 이를 강행한다면 중국으로서는 결연히 세계의 여론에 반대를 호소할 것이다"[68]라고 엄중 항의하였다.

1933년 5월 9일 중국은 중동철도 매각에 대한 성명을 발표하고 "중동철도에 대해 권리와 이해관계를 가진 나라는 중화민국과 소비에트연방 양국뿐이다. 중국의 철도 권리가 타국에 의해 훼손되거나 침해되는 사실을 결코 용인할 수 없다. 1924년 중소협정은 오로지 소련, 중국 양국에 의해 결정되어야 한다는 점을 명시하고 있다. 중국의 동의없이 이루어지는 일체의 협정은 1924년 중소협정을 위반하는 것으로서 당연히 무효로 간주되며, 중국정부는 결코 이를 승인할 수 없다"[69]는 입장을 내외에 천명하였다.

결론

근대 중국에서 제국주의 열강이 철도부설권을 통해 이권을 획득하고 세력권을 형성하였음에 비추어 중동철도는 소련이 북만주에서 지배권을 형성할 수 있었던 실질적인 토대였다고 할 수 있다. 이러한 이유에서 중동철도의 매각은 중국 동북지역에서 중국, 소련, 일본, 만주국 등의 세력판도에서 매우 중요한 의미를 가지고 있다고 할 수 있다.

---

67) 「東鉄の売却には支那の同意を要す」, 『大阪朝日新聞』, 1933.5.10.
68) 「東支鉄売却説に支那側当り散らす」, 『大阪朝日新聞』, 1933.5.8.
69) 「一切の新協定絶対に承認しない」, 『大阪朝日新聞』, 1933.5.10.

중동철도의 매각에는 철도가 가지고 있는 경제외적 특권이 중소협정과 봉소협정을 통해 소멸됨으로써 그 성격에 큰 변화가 있었기 때문에 비로소 가능한 일이기도 하였다. 카라한선언을 통해 소련은 철도 수비권, 부속지 수용권, 면세특권, 광산 채굴권, 삼림 벌채권, 행정권, 군사권 등 일체의 경제외적 특권을 포기하였으며, 이를 계기로 중동철도공사는 순수한 상업적 기업으로 권한이 크게 축소되었던 것이다.

|도표 100| 철도로 병력을 수송하는 일본군

그러나 중동철도에 대한 소련의 소유권 및 지배권은 정치, 군사적 이권의 반환에도 불구하고 여전히 강고하게 유지되고 있었다. 이러한 이유는 중동철도를 관리하는 중동철도공사의 정책 결정구조와 이사회의 운영구조에서 기인한 바가 컸다. 따라서 중국에서는 철도이권회수

운동이 광범위하게 전개되었으며, 특히 가장 큰 세력을 형성하고 있었던 남만주철도와 중동철도로 집중되었던 것이다.

그러나 미국, 영국, 일본 등 열강은 파리강화회의와 워싱턴회의를 통해 중동철도 소유권의 소련 귀속을 재차 확인하였으며, 남만주철도의 소유자인 일본 역시 소련과 공동전선을 형성함으로써 철도이권회수운동은 소기의 성과를 거둘 수 없었다. 소련은 누차 중국정부에 중동철도의 매각 의사를 전달하였으나 중국의 재정적자와 막대한 소요비용에 비추어 실현이 어려운 상황이었다. 결국 소련의 조치는 일본에 매각하기 위한 명분을 마련하는 과정에 불과하였다. 이러한 이면에는 동아시아지역에서 영국의 세력 확장을 극도로 경계한 소련의 정책이 자리하고 있었다.

중동철도의 매각이 소련의 동방정책에서 중요하였듯이 매수자 입장인 만주국과 일본에게도 매우 중요한 의미를 가지고 있었다. 일본의 입장에서는 국제연맹 등 열강이 만주국을 정식으로 승인하지 않은 상태에서 국경을 접한 당사자인 소련이 만주국과 협상의 파트너로서 철도의 매각 교섭에 임하게 된다면, 이는 만주국의 승인문제를 둘러싸고 매우 중요한 의미를 갖게 된다고 판단하였다. 만주지역에서 일소관계의 핵심적인 문제였던 중동철도를 매수하게 된다면 결국 철도로 말미암아 야기되는 분쟁의 근원을 제거할 수 있다는 판단 역시 매우 중요했다고 보여진다.

실제 협상의 과정에서 소련은 중동철도에 대한 총 투자비용을 감안하여 6억 루블의 매각 가격을 제시하였으나 일본은 철도 가치의 하락을 이유로 5천만 루블을 주장하여 매우 큰 격차가 있었다. 그러나 결국 1935년의 매각 협정을 통해 중동철도는 당초 소련의 요구에 크게 못미치는 1억 4,000만 엔에 매각되었다. 이러한 사실은 매각에 대한 소련

철도를 둘러싼 동북아 각국의 각축전

429

측의 적극성을 반영하는 것이라 할 수 있다. 다시 말해, 소련 역시 중동철도의 매각을 지렛대로 만주에서의 긴장 완화와 정치, 군사적 충돌의 회피라는 외교적 교섭을 적극 지향했던 것이다.

12

소련은 왜 중동철도를
일본에 매각하였나

― 신유통망의 형성과 만주시장의 변화 :
中東鐵道 (1935)

서론

청일전쟁 이후 러시아는 독일, 프랑스와 함께 삼국간섭을 통해 중동철도(동청철도)의 부설권을 획득하였으며, 따라서 이후 중동철도는 만주에서 러시아 세력의 상징이 되었다. 러시아는 철도 부설권, 경영권뿐만 아니라 철도가 지나는 연선의 광산 채굴권, 삼림 벌채권, 부속지의 행정권, 통신선의 설비, 관세 및 과세의 면제, 군대 및 군수품의 수송, 교육권, 경찰권, 철도 수비권, 송화강 항행권 등 수많은 특권을 확보하게 되었다.[1] 그러나 주지하다시피 러일전쟁의 결과 일본은 장춘에서 대련에 이르는 중동철도의 지선에 대한 권리를 획득하였으며, 이러한 결과 만주는 북만주지역에서 중동철도로 상징되는 러시아 세력과 남만주지역에서 남만주철도로 상징되는 일본의 세력이 대립하는 제국주의 각축의 장이 되었다.

그러나 1932년에 만주국이 수립된 이후 소련은 중동철도에 대한 일체의 권리를 명의상 만주국에, 실질상으로는 일본제국주의에 매각하기 위한 협상에 본격적으로 착수하였다. 그렇다면 러시아는 어떠한 이유에서 대중정책, 나아가 동방정책에서 매우 중요한 의미를 가진 중동철도 및 이에 부수된 일체의 권리를 매각하게 된 것일까?

이와 관련하여 기존의 연구는 일본과 소련 양국이 중동철도 매각을 통해 충돌과 분쟁을 회피하려는 정치, 외교적 고려의 결과로 해석하고 있다. 이러한 주장은 소련의 입장에서 중동철도의 존재 자체가 일본 및 만주국과의 사이에서 분쟁의 소지가 될 가능성이 농후하며, 일본의 입장에서도 만주를 관통하는 중동철도가 소련의 소유권으로 존재하는 이

---

[1] 金士宣, 『中国铁路发展史』, 中国铁道出版社, 2000, pp.40-43.

상 만주에 대한 절대적 지배를 관철할 수 없었기 때문이라고 설명하는 것이다.[2]

이와 같은 주장은 매각 교섭에 앞서 소련인민외교위원회 위원장 리트비노프(Maksim Maaksmovich Litvinov)가 "중동철도 매각은 동양의 평화를 수호하기 위한 결단"임을 강조하면서, "소련으로서는 일본 및 만주국과 사이에서 발생한 분규를 해결하기 위한 방법으로서 만주국으로 하여금 중동철도를 매수하도록 제안하였다. 다시 말해 중동철도를 만주국에 매각하는 목적은 현재의 어려운 형세를 풀기 위한 가장 적절한 방안이 되기 때문"[3]이라는 당시 소련 측의 주장을 그대로 받아들인 해석이라고 볼 수 있다.

필자는 중동철도의 매각에는 당연히 정치, 외교적 이유가 모두 포함

---

2) 이러한 주장은 "중동철도 매각은 군사적으로 충돌할 가능성을 차단하려는 정치적 의도가 크다고 할 수 있다."(김영숙, 「東支鐵道 매각 문제를 둘러싼 동아시아 외교관계」, 『한국일본어문학회학술발표대회논문집』2005-7卷, 2005, p.448). "소련은 매각을 통해 일본과의 군사적 충돌을 회피하려 의도하였다."(김영숙, 「중동철도 매각 문제와 동아시아 외교관계」, 『일본학보』68집, 2006.8, p.323.) "소련은 중동철도를 발단으로 일본과 분쟁이 발생할 것을 염려하여 이를 만주국으로 양도하였다."(塚瀨進, 『中國近代東北經濟史研究』, 東方書店, 1993, p.53.) "유럽전선에 병력의 중심을 두고 있던 소련의 입장에서 동서 양 진영에서의 전쟁을 회피하고 일소 간의 긴장을 완화하기 위해 중동철도를 매각하였다."(劉愛華, 「淺談蘇聯出售中東鐵路的動因及其消極影響」, 『哈爾濱市委黨校學報』69期, 2010.5, p.92.) "소련의 원동방어체계가 갖추어져 있지 않은 상황에서 전쟁을 회피하고 일본과의 모순을 완화시키기 위한 것이 중동철도 매각의 진정한 목적이었다."(邢麗雅, 「試論蘇聯向僞滿轉讓中東鐵路的性質和影響」, 『齊齊哈爾師範學院學報』1995年 5期, p.145.) "소련은 원동방어체계가 갖추어지지 못한 상황에서 전쟁의 발발을 회피하기 위해 중동철도를 매각하는 방법으로 일본과 타협하였다."(王鳳賢, 「九一八事變與蘇聯出售中東鐵路」, 『龍江黨史』1996年 2期, p.15.) "중동철도의 매수를 통해 소련의 만주국 승인을 이끌어 내려는 일본의 정치, 외교적 조치"(郭洪茂, 「日本收買中東鐵路淺析」, 『社會科學戰線』1997年 2期, p.96) 등에서 잘 나타나고 있다.

3) 王藝生, 「中東鐵路問題之意主及其趨勢」, 『國聞週報』10期 27卷, 1933.7.10, pp.1-2.

되어 있지만, 무엇보다도 경제적 요인이 결정적인 원인이 되었다고 생각한다. 따라서 중동철도가 갖는 경제적 가치의 변화에 대한 이해없이는 중동철도 매각과 관련된 일련의 상황 전개를 정확히 파악하기 어려울 것이다. 뿐만 아니라 정치, 외교적 이유 역시 단순히 분쟁의 소지를 회피하려는 목적보다는 경제적 가치의 하락과 더불어 철도의 군사, 전략적 위상의 저하와 불가분의 관계를 갖는다고 생각한다.

실제로 1930년대 이와 같은 인식은 매각 교섭의 당사국인 일본과 소련, 그리고 동아시아 전반에서 매우 보편적이었음을 알 수 있다. 그럼에도 불구하고 중동철도 매각의 경제적 요인에 대하여 현재까지 전론적인 연구가 없는 실정이다.[4] 이러한 이유에서 여기에서는 중동철도의 매각을 주로 철도가 갖는 경제적 가치의 변화라는 경제적 요인에 초점을 맞추어 설명해 보고자 한다. 이와같은 주장을 입증하기 위해 당시 매각의 과정에서 중요한 역할을 수행했던 일본정부의 기록(외교문서)을 비롯하여 중국, 일본 등 당시 각국 언론의 보도와 인식을 폭넓게 검토해 보고자 한다.

---

4) 최근 麻田雅文은 중동철도의 매각 원인에 대해 유럽전선에서 독일과 대립하고 있던 소련의 입장에서 동방에서의 긴장 완화라는 정치, 군사적 목적과 더불어, 중동철도의 경영 악화를 매각의 주요한 원인으로 들고 있다.(麻田雅文, 『中東鐵道經營史』, 名古屋大學出版會, 2012.11, p.73.) 그러나 중동철도의 경영이 악화된 원인을 주로 경영조건과 회사 내부의 경영문제로 설명함으로써 경영이 악화된 근본적인 원인, 즉 본서에서 설명하고자 하는 중동철도에 대한 일본의 적극정책(병행선)과 이로 인한 유통망의 변화에 대해서는 주목하지 못하고 있다.

1. 중동철도와 남만주철도, 길회철도의 상호관계

청일전쟁 직후인 1896년 러시아는 청러밀약을 통해 중동철도 부설권을 획득하였으며, 이후 중국 동북지역은 사실상 러시아의 세력권으로 분류되어 왔다. 그러나 러일전쟁의 결과 1905년 9월 5일 포츠머스에서 체결된 〈러일강화조약〉 제6조에서 러시아는 일본에게 장춘(寬城子)으로부터 여순에 이르는 철도 및 기타 일체의 지선, 그리고 이 지방에서 철도에 부속된 모든 권리, 특권 및 재산, 탄광을 일본에 양도한다는 사실에 합의하였다.[5]

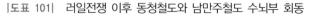

|도표 101| 러일전쟁 이후 동청철도와 남만주철도 수뇌부 회동

1906년 6월 일본정부는 이 철도 및 부대사업을 경영하기 위해 회사설립에 관한 칙령을 반포하였으며, 같은해 11월 26일 창립총회를 열어

5) 日本外務省,「日露講和條約」,『日本外交年表竝主要文書』上, 原書房, 1965, p.246.

남만주철도주식회사를 창립하고 본사를 동경에 두었다. 다음해인 1907년 본사를 대련으로 이전하고 동경에는 지사를 남겨 두었다. 이 철도 노선이 바로 중동철도의 지선인 남만주철도로서, 이후 중국 동북지역에서는 중동철도로 대표되는 러시아의 세력과 남만주철도로 대표되는 일본의 세력이 북만주와 남만주에서 첨예하게 대치하게 되었다.

|도표 102| 남만주철도주식회사 본사(대련)

이러한 가운데 중국 동북지역의 농산물 등이 남만주철도를 통해 대련항으로 운송되어 이출되거나 혹은 중동철도를 통해 러시아의 블라디보스톡항으로 이출되면서 양 철도는 이 지역의 상품 운송을 둘러싸고 치열한 경쟁을 전개하였다. 중동철도이사회는 남만주철도와의 경쟁에서 우위를 확보하기 위해 운임의 할인을 통해 물동량을 중동철도로 흡수하기 위한 정책을 적극 강구하였다. 일찍이 1907년 중동철도이사회는 〈중동철도의 영업방침 및 운임정책에 대하여〉라는 제목의 보고서

를 러시아재무장관에게 제출하였다. 중동철도는 이 보고서에 기초하여 운임정책을 수립하였으며, 1908년에 특별회의를 개최하여 운임 개정에 착수하였다. 중동철도이사회는 운임정책을 결정하는 과정에서 일본과 남만주철도를 적극 견제하였으며, 이러한 사실은 특별회의에서 제기된 다음과 같은 몇 가지 원칙에서 명확히 살펴볼 수 있다.

1) 중동철도 운임정책의 근본적인 목적은 러시아제품을 북만주로 유도하여 만주시장을 장악하는 데에 있다.

2) 외국제품, 특히 일본제품의 북만주 유입을 극력 저지한다.

3) 북만주에서 생산공업의 발달을 조장한다.

4) 러시아의 공업 발전을 위해 만주, 몽고로부터 원료품의 공급을 용이하도록 한다.

5) 만주 상품의 수출은 東行, 즉 중동철도-블라디보스톡 노선을 경유할 수 있도록 노력한다.[6]

이와 같이 만주지역에서 세력을 확대하고 있던 러시아가 일본의 세력 확장을 억제하기 위한 구체적인 방법은 바로 중동철도를 통해 남만주철도를 견제하는 것이었다. 반대로 일본 역시 끊임없이 남만주철도를 통해 만주에서의 세력 확장에 부심하였으며, 이러한 과정에서 중동철도에 대한 견제는 매우 핵심적인 과제가 아닐 수 없었다. 이러한 사실은 "과거 20여 년 동안 일본의 만몽정책은 완전히 대러시아 정책이었으며, 그 핵심은 바로 중동철도와 블라디보스톡에 있었다"[7]라는 기록에서도 잘 나타나고 있다. 따라서 이를 위한 구체적인 방안은 바로 북만주를 포함하여 "동북지역의 물동량을 얼마나 남만주철도 및 일본

6) 南滿洲鐵道株式會社, 『北滿洲と東支鐵道』下, 大阪每日新聞社, 1928.7, pp. 413-414.
7) 東洋協會特別調査部, 『滿洲鐵道政策に關する考察』, 1931.10, p.4.

세력 하의 철도로 흡수하느냐"[8]가 관건이 아닐 수 없었다.

|도표 103|　만주지역 내 중동철도와 남만주철도의 상품 운송량 비교(1913년)[9]

철도별	화물 운송거리 (100만 露里)	여객 운송거리 (100만 露里)	화물 운송수익 (1000 루블)	여객 운송수익 (1000 루블)
중동철도	38,187	14,928	12,648	4,136
남만주철도	45,989	23,032	10,902	4,720

위의 표를 살펴보면 중국 동북지역에서 중동철도와 남만주철도가 화물과 여객의 운송을 분담하고 있었으며, 운송 수익을 대체로 양분하였음을 알 수 있다. 이와 같은 양상은 1920년대 중반의 통계에서도 나타나는데, 대련항과 블라디보스톡항의 상품 운송량의 비중을 비교해 보면, 전자가 55%, 후자가 45%로서 여전히 치열한 경쟁을 지속하고 있었음을 알 수 있다.[10] 이렇게 본다면, 일본이 남만주지역에 대한 지배권을 공고히 하기 위해서는 남만주철도의 정상적인 경영과 발전이 불가결함을 보여주는 동시에, 나아가 북만주로 세력을 확장하기 위한 가장 큰 장애는 바로 중동철도를 기반으로 한 러시아 세력이었음을 알 수 있다. 다시 말해, 남만주철도가 중국 동북지역에서 상품 운송의 분담률을 높여 수익을 증대시키기 위해서는 결국 중동철도를 통한 상품 운송량의 감소가 전제되지 않고서는 불가능한 일이었던 것이다. 이러한 이유에서 일본의 만주정책 역시 자연히 러시아 세력의 억제 및 중동철도의 견제에 중점을 두지 않을 수 없었다.

일찍이 러시아가 삼국간섭과 청러밀약을 통해 중동철도 부설권을 획

---

8)　東洋協會特別調査部, 『滿洲鐵道政策に關する考察』, 1931.10, p.28.
9)　南滿洲鐵道株式會社, 『北滿洲と東支鐵道』下, 大阪每日新聞社, 1928.7, p.273.
10)　町田耘民, 『滿蒙の鐵道戰』, 民衆時論社, 1926.1, p.3.

득한 사실에 대해 일본 총리대신 이토 히로부미는 러시아가 장차 중국을 병탄해 나갈 것을 우려함과 동시에 조선의 동향에 큰 관심을 표명하였다. 그는 조선에서 바람직하지 못한 사태가 발생할 경우 일본으로서는 단호히 저지해 나아갈 것임을 거듭 표명하였다.[11]

일본참모본부의 마쓰가와 도시타네(松川敏胤) 대좌는 "이 철도를 통해 유럽령에 주둔하고 있는 러시아군대를 신속히 극동으로 수송하려는 계획에 특별한 주의를 기울여야 한다"[12]라고 강조하였다. 이렇게 볼 때, 일본군부는 일찍부터 중동철도가 갖는 군사적 역할과 성격에 주목하고 우려하였음을 알 수 있다.

1908년 일본육군성은 한국 북부로부터 중국 길림까지 철도를 부설하여 중국 동북지역으로부터 한국 북부지역에 걸친 방어선을 구축하고, 이를 통해 일본의 세력을 부식하는 것이 정책상 매우 중요하다고 판단하였다. 이에 따라 육군성은 조사원들을 파견하여 6월 15일부터 8월 16일까지에 걸쳐 길림, 局子街로부터 훈춘을 거쳐 회령에 이르는 노선을 답사하도록 하였다. 조사원들은 〈吉林會寧間鐵道線路踏査報告書〉를 작성하고, 해당 노선에 시급히 철도를 부설하는 것이 매우 긴요하다는 의견을 제출하였다. 보고서는 기존의 남만주철도를 통해 만주지역을 발해 및 대마도해협과 상호 연결시켰다면, 장춘-길림-회령을 연결하는 철도의 부설을 통해 만주지역을 한국 및 동해안으로 연결시켜야 한다고 주장하였다.[13]

보고서는 "이 철도가 중동철도의 군사 전략적 효과를 감소시키는데

---

11) 「某報館訪事伊藤問答節略」, 『時務報』4冊, 1896.8.1, p.17.
12) 日本參謀本部, 『秘密日露戰爭史』, 巖南堂書店, 1977, pp.51-52.
13) 鶴見鎭, 「吉林會寧間鐵道線路踏査報告書」, 『吉会鉄道関係』第一卷, 日本外務省, 1911, p.35.

기여할 수 있다"고 지적하면서, "만일 러시아와 일본 양국 사이에 전쟁이 발발할 경우 러시아는 중동철도를 통해 하얼빈으로 야전군을 집중시키게 될 것이다. 그러므로 일본으로서는 한국 북부지역에 있는 일본 주둔군으로 하여금 러시아군을 견제하도록 하면서, 다른 한편으로는 일본의 주력부대를 만주로 집결시켜 결전에 대비해야 한다"고 주장하였다. 즉 "러시아가 중동철도를 통해 하얼빈에 병력을 집결시킨다면, 일본은 청진－회령－길림－장춘 노선을 통해 병력을 효과적으로 수송할 수 있을 뿐만 아니라, 연해주 및 중동철도 연선에 있는 러시아군에게 큰 위협이 될 수 있다"고 주장하였다.[14]

1909년 9월 4일 일본은 중국과 북경에서 〈圖們江中韓界務條款〉을 체결하고 한국과 중국의 국경을 圖們江으로 획정하는 동시에, 길회철도의 부설권을 일본에 부여하였다. 이는 명백히 조선의 보호국으로 자처한 일본제국주의가 종래 한중 간 오랜 국경분쟁의 핵심적인 문제였던 간도의 영유권을 청조에 넘기는 대가였던 것이다. 이 조약의 제6항은 "중국정부는 장차 길장철도를 연길 남쪽으로 연장하여 한국 회령지방 및 한국의 철도와 연결하며, 모든 방법은 길장철도의 전례를 준용한다. 부설의 시기는 중국정부가 상황을 고려하여 일본정부와 협의하여 결정한다"[15]라고 규정하였다.

1913년 10월 일본의 신문은 길장철도를 준공한 이후 장차 한국철도와의 연계를 도모하기 위해 일본정부와 남만주철도주식회사가 기사를 파견하여 철도 노선을 조사한다고 보도하였다.[16] 이러한 움직임은 〈圖

---

z

14) 鶴見鎭, 「吉林會寧間鐵道線路踏査報告書」, 『吉会鉄道関係』第一卷, 日本外務省, 1911, pp.132－133.

15) 北京大學法律係國際法教研室編, 「圖們江中韓界務條款」(1909.9.4), 『中外舊約章彙編』第2冊－2, 三聯書店, 1959, pp.601－602.

16) 「吉長鐵道と朝鮮鐵道との干保」, 『時事新報』, 1913.10.21.

們江(中韓界務條款))을 체결한 이후 처음으로 만주와 한국을 연결하기 위한 구체적인 시도라고 할 수 있다.

조선총독부 총독 데라우치 마사타케(寺內正毅)는 길회철도의 개통에 대비하기 위해 함경선, 즉 원산으로부터 회령에 이르는 393리의 철도노선을 1925년 이전에 완성한다는 계획을 수립하였다. 이에 따라, 1915년 9월 북부기점 웅진에 철도국 건설사무소를 설립하여 철도의 기공에 착수하는 동시에, 남으로는 원산으로부터 철도의 부설에 착공하였다.[17] 1916년 2월 2일 데라우치 마사타케(寺內正毅)는 총리대신 오쿠마 시게노부(大隈重信)에게 전문을 보내어 길회철도를 시급히 부설해야 한다고 청원하였다. 전문에 따르면, 비록 일본이 만주에서 남만주철도를 보유하고 있으나 만주의 주요 시장과 물자의 집산이 북만주에서 이루어지고 있어 북부를 지나는 철도의 부설이 필요함을 강조하였다. 이와함께 길회철도가 개통될 경우 한국 북부와 북만주가 연결되어 일본의 국세를 발전시킬 수 있는 주요한 계기가 될 것이라고 주장하였다.[18]

한국의 언론도 "길회철도는 군사상 우리가 생각하는 이상의 가치를 가지고 있다....이를 통해 군대를 수송할 수 있음은 물론이요, 철도를 경비한다는 구실로 군대를 파견할 수 있게 되는 것이다"[19]라고 하여 철도의 군사적 성격을 지적하였다. 일본의 여론 역시 "일본이 소련과 충돌할 경우 군사력의 증강을 위해서도 길회철도를 부설하지 않으면 안된다"[20]라고 철도가 가지는 군사적 효용성을 제기하였다. 이와함께 길회철도가 가지는 경제적 효용성에 주목하여 "일본의 국세를 남만주

---

17) 咸鏡北道會令商業會議所, 『會寧吉林間鐵道について』, 1927, p.2.
18) 咸鏡北道會令商業會議所, 『會寧吉林間鐵道について』, 1927, p.4.
19) 「朝鮮人이 본 吉會鐵道」, 『東亞日報』, 1924.11.28.
20) 山口昇, 「吉敦鐵道と東滿問題」(1), 『支那』17卷 6號, 1926.6, p.56.

로 한정하지 않고 북만주와 몽고를 개척함으로써 무한의 부원을 개척하는 데에"[21] 부설의 목적이 있다고 지적하였다. 길회철도가 북만주의 물동량을 확보하기 위해서는 중동철도와의 경쟁을 회피할 수 없음은 자명하였다. 이렇게 볼 때, 길회철도의 부설은 당초부터 명확히 중동철도를 겨냥하고 있었다고 할 수 있다.

2. 중국 동북지역 상품유통망의 변화

길회철도는 길장철도의 연장선상에서 부설된 만주 횡단철도로서, 길돈철도, 돈도철도의 완성을 통해 전 구간 노선을 개통할 수 있었다. 일본은 1907년의 〈신봉 및 길장철도에 관한 협약〉 제2조 및 1909년 9월의 〈간도협약〉 제6조에서 길회철도의 부설권을 획득하였다.[22] 길장철도는 만주의 부원인 길림성의 관통노선으로서, 1910년 5월에 착공하여 1912년 10월에 준공되어 영업을 개시하였으며, 이후 1917년 10월 남만주철도주식회사에 경영을 위임하였다.

길림-돈화 간을 연결하는 길돈철도는 길회철도를 구성하는 주요한 구간이다. 1924년 8월 22일 일본내각이 결정한 "만몽에서 철도의 부설과 관련해서는 남만주철도주식회사로 하여금 동삼성정부와 협의하여 처리하도록 한다"[23]는 방침에 따라, 일본대장대신과 외무대신은 남만주철도주식회사로 하여금 길회철도의 부설에 착수하도록 지시하였다. 이에 따라 1926년 2월 1일 장춘에서 길돈철도공정국이 발족되어 같은 달 20일부터 측량을 시작하였으며, 6월 1일에 길림에서 기공식을 거행

21) 「社說」, 『東京朝日新聞』, 1917.4.28.
22) 日本外務省, 「日露講和條約」, 『日本外交年表並主要文書』上, 原書房, 1965, pp.269-270 및 pp.324-325 참조.
23) 日本海軍省, 『吉會鐵道關係』(2), 1924, p.23.

소련은 왜 중동철도를 일본에 매각하였나

하였다. 1927년 10월 12일 길림—額赫穆 간의 43.3킬로미터를 개통한 이후, 마침내 1928년 10월 10일에 길림—돈화 간 210킬로미터에 달하는 노선을 완공하였다.[24] 이후 1931년 11월에 이르러 길장철도, 길돈철도가 합병되어 남만주철도주식회사에 의해 경영되게 되었다.

돈도철도는 돈화와 도문을 연결하는 길회철도의 주요 구성 노선이며, 만주국 수립 이후 가장 먼저 부설되었을 정도로 일본이 심혈을 기울여 완성한 노선이었다. 돈도철도를 부설하기 위한 답사가 이미 1911년 8월에 처음으로 이루어졌으며, 이후 1918년 3월부터 5월에 걸쳐 재차 답사가 이루어졌다. 그러나 중국관민의 반대에 직면하여 순조롭게 진행되지 못하다가, 1931년 12월에 이르러서야 비로소 실측을 개시할 수 있었다. 만주사변 직후인 1931년 12월 관동군은 남만주철도주식회사로 하여금 돈화와 도문 사이의 철도를 조속히 부설하도록 지시하였다. 이에 따라 남만주철도주식회사는 측량 및 건설재료를 신속하게 수송하기 위해 측량대를 3대로 나누어 제1대는 1931년 12월 3일, 제2대, 제3대는 같은달 6일에 장춘을 출발하여 측량을 시작하였으며, 마침내 1933년 2월에 전 노선이 개통되었다.[25] 돈도선의 완성은 사실상 길회철도 전 노선의 완성을 의미하였으며, 기존 북만주에서 중동철도를 중심으로 하는 유통망에 대신하여 새로운 유통망이 형성되었음을 의미하였다.

신설 유통망은 당연히 새로운 종단항구의 정비 및 축조가 필요하였다. 이에 따라 이를 위한 최적 항구로서 한국 북부의 3항, 즉 청진, 웅기, 나진의 세 항구가 후보지로 선택되었으며, 이 가운데에서 조사 및 심의를 거쳐 최종적으로는 나진항이 가장 중요한 기능을 수행하는 핵심 종단항으로 선정되었다. 청진항의 경우 배후 철도와의 거리가 멀고

24) 中村玄濤, 『外地統治史』, 大陸之日本社, 1936, pp.96~97.
25) 丁英順, 「試論滿鐵在朝鮮的鐵路經營及影響」, 『日本研究』1994年 4期, p.53.

항구의 수송능력에도 제한이 있는 것이 약점으로 지적되었다. 웅기항의 경우 풍파가 세고 축항설계상 최대 물동량 수용능력이 500−600만 톤에 불과한 것이 약점으로 지적되었다. 반면 나진항은 항만으로서 최적의 조건을 구비하고 있었다. 철도와의 거리가 짧고 동서북의 삼면이 산으로 감싸져 있으며 항만이 남향을 바라보고 있었다. 또한 灣口 방향으로 大草島, 小草島가 있어 동해의 격랑을 막아주는 자연방파제의 역할을 하여 항구의 물결이 매우 잔잔하였으며, 수심도 깊고 간만의 차는 2尺 이하였다. 이와 같은 자연지리적 이점이 종단항으로서 선정되는 주요한 요인이 되었다.[26] 나진항의 항만 축조 총 비용은 축항비용 1,960만 엔(일본엔), 水道費用 150만 엔, 나진−웅기간 철도 총 15.3킬로미터의 부설비용 440만 엔을 포함하여 총 2,550만 엔에 달하였다.[27]

|도표 104| 나진항 축항 공사

---

26) 「吉會線の開通と内地四港滿鮮間の運輸關係−中」, 『大阪商工會議所月報』312號, 1933.5), pp.61−63.
27) 「吉會線の開通と内地四港滿鮮間の運輸關係−中」, 『大阪商工會議所月報』312號, 1933. 5, p.62.

소련은 왜 중동철도를 일본에 매각하였나

이와 함께 길회철도를 통해 나진항으로 운송된 상품을 태평양을 통해 일본이나 유럽, 미주 등으로 실어 나르기 위해 해운방면의 운송망이 크게 정비되었다. 길회철도의 부설에 발맞추어 특히 일본의 해운업계는 기존 선박의 편수와 항로를 크게 증설하거나 새로운 항로를 개설하였다. 예를 들면, 大阪商船은 阪神, 門司, 北鮮 사이에 주 1회의 정기항로를 개설하고 貴州丸, 武昌丸 등의 선박을 운항하였다. 北日本汽船은 敦賀와 北鮮 直航線을 개설하고 월 3회의 정기항로를 개설하였으며, 敦浦航路를 운항하는 선박편 天草丸으로 하여금 北鮮港에 기항하도록 하였다. 朝鮮郵船은 淸津, 敦賀線의 정기항로를 개설하고 長白山丸을 월 2회 운항하도록 하였으며, 釜山丸을 청진에 기항하도록 하였다. 北陸汽船은 伏木, 블라디보스톡, 北鮮線을 개설하고 北祐丸, 北成丸을 운항하였다. 島谷汽船은 北海道, 新潟, 北鮮線을 개설하고 鮮海丸을 월 3회 운항하였으며, 明石丸, 朝海丸, 日本海丸 등으로 하여금 이 노선을 부정기적으로 운항하도록 하였다. 이밖에도 大連汽船, 近海郵船 등 수많은 해운회사가 이 지역에 노선을 증설하였다.[28]

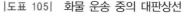

|도표 105| 화물 운송 중의 대판상선

28) 「吉会線を行く(完)」, 『大阪朝日新聞』, 1933.7.1.

이상에서 살펴본 바와 같이 길회철도는 바로 북만주와 한국 북부지역, 태평양을 연결시키는 매우 중요한 의미를 가지고 있었다. 말하자면 "북만주와 북선 간의 교통기관에 일대 새로운 기축이 출현하는 것으로서, 종래 대련항이나 혹은 블라디보스톡항을 경유하여 해외로 운송되던 북만주의 상품 운송 경로에 일대 변화"[29]가 나타나게 된 것이다.

|도표 106| 장춘과 하얼빈 기점의 화물 운송 거리 비교

(단위: 킬로미터)[30]

장춘 기점	장춘−대련	장춘−웅기	장춘−나진	장춘−청진
	704	674	689	658
하얼빈 기점	하얼빈−대련	하얼빈−웅기	하얼빈−나진	하얼빈−청진
	944	708	723	692

열차의 운송거리를 포함하여 화물을 장춘에서 대련을 거쳐 大阪으로 운송할 경우 총 거리는 2,322킬로미터, 청진 경유는 1,693킬로미터, 나진 경유의 경우 1,786킬로미터가 된다. 다시 말해, 대련을 경유하는 경로와 비교하여 청진 경유는 835킬로미터 단축되며, 나진 경유의 경우 776킬로미터나 단축되게 되는 것이다. 또 다른 통계에 따르면 하얼빈 및 장춘을 기점으로 하여 블라디보스톡과 웅기, 나진, 청진, 대련을 경유하여 일본의 각 도시에 이르는 거리와 장춘을 기점으로 이들 도시에 이르는 거리는 다음과 같다.

---

29) 「吉會線の開通と內地四港滿鮮間の運輸關係−上」, 『大阪商工會議所月報』311號, 1933.4, pp.1−2.

30) 「吉會線の開通と內地四港滿鮮間の運輸關係−上」, 『大阪商工會議所月報』311號, 1933.4, pp.2−3.

|도표 107| 하얼빈과 장춘 기점 각 지역까지의 거리[31]

기점	하얼빈			장춘		
출발 \ 도착	門司	瀬戸内 경유 大阪	敦賀 경유 大阪	門司	瀬戸内 경유 大阪	敦賀 경유 大阪
블라디보스톡	1,135	1,426	1,160	1,284	1,284	1,309
웅진	1,030	1,322	1,086	1,014	1,305	1,070
나진	1,028	1,219	1,086	1,012	1,302	1,071
청진	993	1,284	1,185	976	1,267	1,068
대련	1,294	1,589	1,763	1,145	1,435	1,614

아래의 두 노선도는 중동철도에 의한 만주 상품의 유통노와 길회철도 부설 이후 길회철도를 통한 유통도를 각각 보여주고 있다. 그림에서도 볼 수 있듯이 길회철도의 부설 이후 회령을 통해 나진으로 운송되는 만주 상품의 유통망이 블라디보스톡을 통한 유통망에 비해 유리하다는 사실을 한 눈에 알 수 있다.

|도표 108| 중동철도-블라디보스톡의 유통망을 통한 만주화물의 수이출도[32]

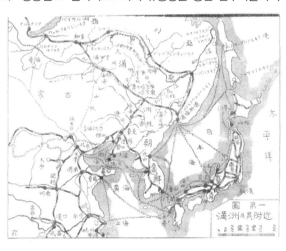

---

31) 「北満の大動脈を繋ぐ敦図線全通と日満交通の一大変革-2」, 『神戸新聞』, 1933.5.16.
32) 南満洲鐵道株式會社, 『北満洲と東支鐵道』上, 大阪毎日新聞社, 1928.7, p.12.

철도로 보는 중국역사

|도표 109| 길회철도-나진의 유통망을 통한 만주화물의 수이출도[33]

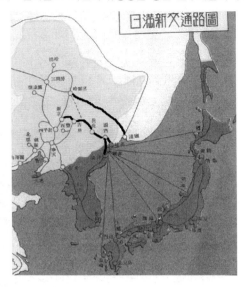

위의 지도에서 짙은 흑색의 두 선 가운데 위는 중동철도이며, 아래
는 길회철도를 나타내고 있다. 한 눈에도 알 수 있듯이 길회철도는 명
확하게 중동철도를 견제하기 위한 병행선이었으며, 북만주에서의 상품
유통을 상당 부분 분담함으로써 중동철도의 발전을 억제하기 위한 목
적에서 부설되었다고 할 수 있다. 이러한 이유에서 북만주의 물동량을
둘러싸고 중동철도와 길회철도는 상호 치열한 경쟁을 피할 수 없었다.

위의 표와 지도에서 보이듯이, 종래 남만주철도와 중동철도 사이의
경쟁에서 후자가 가지고 있던 운송거리 등의 강점이 길회철도의 부설
과 새로운 유통망의 출현으로 말미암아 크게 위협받게 되었음을 잘 알
수 있다. 길회철도는 종래 대련항이나 블라디보스톡항을 경유하는 노
선에 비해 운송거리에서 우위를 확보하고 있었다. 그렇다면 대련항과

---

33) 金志煥, 「間島協約과 日本의 吉會鐵道 敷設」, 『中國史硏究』34輯, 2005.2, p.284.

블라디보스톡항, 나진항을 통한 수이출의 경우 각각 운임은 어느 정도
였을까? 다음의 표에서 잘 나타나고 있듯이 나진항은 여타 항구에 비
해 경쟁력을 갖추고 있었다.

|도표 110| 대련, 블라디보스톡, 나진 출발의 운임 비교

(1톤당 일본엔)34)

	新潟	下關	大阪	小樽	長崎	基隆	釜山
대련	2.37	1.78	2.06	2.62	1.65	2.06	1.65
나진	1.58	1.69	1.96	1.77	1.83	2.55	1.52
블라디보스톡	1.60	1.70	2.12	1.60	1.84	2.57	1.71

　　남만주철도와 길회철도의 경우는 남만주철도주식회사의 통제 하에
서 거리에 따라 합리적으로 물동량을 조절하는 것이 가능하기 때문에
상호 경쟁관계가 아니라 상보적 관계로 전환될 수 있었다. 이럴 경우
대체로 하얼빈을 중심으로 장춘 이북의 물류는 길회철도를 이용하게
될 것이며, 그 이남은 남만주철도를 이용하도록 재편하면 되는 것이다.
그러나 북만주 지역에서 길회철도는 기존 중동철도에 의해 운송되었던
물류의 상당부분을 분담하게 되며, 따라서 길회철도의 완성은 특히 블
라디보스톡을 종단항으로 하는 중동철도의 운송에 일대 변화를 가져오
게 될 것임은 의심의 여지가 없었다.

　　더욱이 1930년에 齊克鐵道가 개통되고 1933년에 拉濱鐵道가 개통
되면서 하얼빈을 거점으로 하는 중동철도의 수송분담률이 더욱 저하됨
에 따라 북만주에서 상품의 운송을 담당해 왔던 중동철도의 독점적 지
위는 한층 동요되었다.35) 제극철도가 개통되기 이전에 극산과 태안 지

---

34) 日本鐵路總局, 『敦化圖們間鐵道の完成と日滿關係』, 1933.9, p.37.
35) 和田耕作, 「東支鐵道運賃政策と北滿市場」, 『滿鐵調査月報』17卷 1號, 1937.1,

역의 농산물은 대부분 안달지방으로 반출되었으며, 또한 필수품들은 하얼빈과 안달을 통해 유입되었다. 인근의 訥河와 嫩江 지역의 상품 역시 치치하얼과 하얼빈을 거쳐 거래되었다. 말하자면 이들 지역의 상품 유통에서 중동철도의 주요 정차역인 하얼빈이 차지하는 위치가 매우 중요하였음을 알 수 있다. 그러나 제극철도가 개통된 이후 이 지역의 상품은 중동철도를 경유하지 않고 이 철도를 거쳐 다시 조앙철도로 운송되는 상품의 수량이 급격히 증가하였다.[36] 이러한 사실은 "제극철도가 완공된 이후 북만주의 상품 운송을 흡수하면서 중동철도의 가치가 옛날과 같지 않다"[37]라고 지적한 사실에서도 잘 알 수 있다. 이와 함께 拉法에서 하얼빈에 이르는 拉濱鐵道의 개통은 중동철도를 가로질러 하얼빈의 대안인 호란에서 해

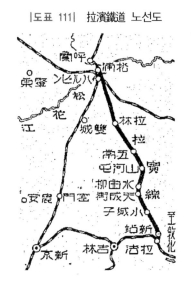

|도표 111| 拉濱鐵道 노선도

륜으로 통하는 호해철도와 접속되기 때문에, 북만주의 상품 유통의 많은 부분을 분담할 수 있게 되었다.[38]

만주국 수립 이후 관동군사령부와 만주국은 철도 노선을 계속적으로 증설해 나가기로 합의하였는데, 즉 1)돈화-도문강선, 2)拉法-하얼빈선, 3)극산-해륜선, 4)拉哈站-黑爾根-大黑河線, 5)통요, 금현-

   p.18.
36) 塚瀨進, 『中國近代東北經濟史硏究』, 東京東方書店, 1993, p.58.
37) 「贖回東鐵交涉之中俄雙方爭點及俄方讓步原因」, 『申報』,1931.4.27.
38) 「北滿の大動脈を繫ぐ敦圖線全通と日滿交通の一大変革-2」, 『神戶新聞』, 1933.5.16.

적봉, 열하선, 6)돈화-해림선, 7)王爺廟-索倫-滿洲里線, 8)장춘-大賚線, 9)연길-해림-依蘭-佳木斯線, 10)신구-義州站, 巨流河站線 등을 들 수 있다.[39] 이와같은 교통망은 길회철도뿐만 아니라 만주지역에서 일본자본에 의한 철도망의 구축과 유통망의 장악을 의미하며, 사실상 중동철도의 기능을 무력화시키는 결과를 초래할 것임은 명확한 일이었다.

|도표 112| 만주국 철도 노선도

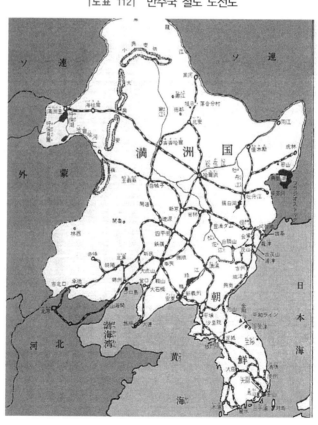

39) 日本外務省編, 『日本外交年表竝主要文書』下, 原書房, 1966, p.219.

3. 상품 운송량의 감소와 중동철도의 매각

길회철도의 각 구간이 점차적으로 부설됨에 따라 부설의 목적인 중동철도의 견제라는 효과가 점진적으로 나타나기 시작하였으며, 그 결과 중동철도의 경영에 적지 않은 타격을 주게 되었다. 이미 1927년 길돈철도가 개통되면서 북만주의 상품 가운데 상당한 부분을 분담하기 시작하였으며, 더욱이 1933년에 마침내 길회철도의 전구간이 개통됨으로써 중동철도를 견제한다는 본래의 목적을 충분히 달성할 수 있게 된 것이다.

1927년 길돈철도가 개통된 이듬해 길회철도 전 구간의 완성이 만주지역의 유통에 미치는 영향에 대하여, "길회철도가 개통된다면 만주의 자원을 회령과 청진을 통해 더 빨리 일본으로 실어가게 됩니다... 또한 일본상품이 물밀듯이 밀려 들어와 만주땅이 일제의 상품시장으로 전락하게 될 것입니다"[40]라고 지적하여, 그 효과와 위험성을 잘 지적하였다.

그렇다면 길회철도는 만주지역에서 어느 정도의 물류 운송을 담당할 수 있을까? 길회철도의 연선이 지나는 지역에는 琿春, 汪淸, 延吉, 和龍, 敦化, 樺甸, 額穆, 永吉, 磐石, 海龍, 雙陽, 舒蘭, 長春, 五常, 楡樹, 阿城, 雙城, 濱江, 呼蘭, 巴彦, 蘭西, 綏化, 慶城, 海倫, 綏愕, 望奎, 通北, 拜泉, 克山, 龍鎭, 訥河가 포함된다. 이들 지역은 대두를 포함하여 두류, 고량, 粟, 옥수수, 소맥, 벼, 육지벼, 기타 잡곡 등이 생산되는데, 여기서 생산되는 곡물의 수량과 이것이 전체 만주지역에서 차지하는 비중은 아래표와 같다.

---

40) 김일성,『일제의 길회선 철도 부설공사를 저지 파탄시키자』(1928.10.7), 조선로동당출판사, 1987, p.1.

|도표 113| 길회철도 연선지역의 곡물생산량과 전체 만주에서의 비중

(단위: 톤, 비중: %)[41]

품목	대두	두류	고량	粟	옥수수	소맥	벼	육지벼	기타잡곡
합계	2,085,700	92,690	1,025,280	1,285,620	380,020	575,520	49,780	72,350	560,750
만주 전체	5,297,820	369,270	4,779,690	3,276,480	1,585,680	1,356,660	154,350	157,840	1,722,760
비중	39.5	25.1	21.5	39.2	24.0	42.4	32.2	45.8	32.5

위의 표에서 알 수 있듯이 길회철도가 지나는 연선지역에서 생산되는 각종 농산물은 무려 612만 7,710톤에 이른다. 이는 만주에서 생산되는 총량의 32.8%로서 약 3분의 1에 해당되는 수치이다. 이 가운데 절반인 약 360여만 톤이 현지에서 소비된다고 추정되며, 나머지 250여만 톤이 길회철도를 통해 한국북부의 종단항으로 운송될 것으로 예견되었다. 이렇게 본다면 기존에 북만주에서 생산되는 상품 운송을 대부분 담당하고 있던 중동철도에 직접적인 타격이 아닐 수 없었다. 대련항을 경유하여 일본으로 수출되던 약 127만 톤은 한국북부 종단항으로 전환될 것으로 예상되었으며, 또한 중동철도와 블라디보스톡항을 통해 일본으로 수출되던 61만 4천여 톤 역시 길회철도로 전환될 것으로 추정되었다. 마찬가지로 유럽으로 수출되는 수량 역시 같은 경로로 비슷한 정도의 수량이 전환될 것으로 예상되었다.[42]

41) 「吉會線の開通と内地四港滿鮮間の運輸關係−中」, 『大阪商工會議所月報』312號, 1933.5, pp.34−35. 琿春 등 길회철도 연선 부근 각 지역에서 생산되는 대두를 비롯하여 각종 곡물의 수량은 같은 쪽에 상세히 기재되어 있으니 참조.

42) 「吉會線の開通と内地四港滿鮮間の運輸關係−中」, 『大阪商工會議所月報』312號, 1933.5, p.38.

도표 115| 거래를 위해 산처럼 쌓여있는 대두(2)

소련은 왜 중동철도를 일본에 매각하였나

|도표 116| 대두의 포장

|도표 117| 대두의 거래 시장

철도로 보는 중국역사

그렇다면 길회철도 전 구간이 완성된 이후 기존 중동철도를 통해 운송되어 블라디보스톡항을 거쳐 수출되던 물류 가운데 어느 정도가 나진항 등 한국 북부항으로의 운송으로 전환될 것인가. 이와 관련하여 기존에 중동철도를 통해 블라디보스톡으로 운송되던 물류 가운데 길회철도를 통해 한국 북부항으로의 운송으로 전환될 것으로 예상되는 구체적인 품목과 수량은 다음과 같이 집계되었다.

|도표 118| 블라디보스톡항으로부터 나진항으로 전환되는 물류 및 수량

(단위: 톤)[43]

품목	총 수출량	일본으로의 수출량	유럽으로의 수출량
대두	813,737	154,040	659,435
소두	12,295	12,275	---
홍두			
고량	286	268	
옥수수			
기타 곡물	27,506	12,180	15,035
豆粕	428,600	428,029	571
麩(밀기울)	7,441	7,441	
豆油	7,489	8	7,481
粟	2,493	201	
합계	1,299,847	614,442	682,522

길회철도의 각 구간이 부분적으로 개통되면서 중동철도의 경영은 점차 악화되기 시작하였다. 더욱이 제극철도, 拉濱鐵道 등 일본자본에 의한 철도망의 구축과 설상가상으로 세계공황의 여파, 그리고 중소관계의 악화 및 중국관민의 반제운동 등이 겹치면서 중동철도의 경영은 더욱 어려운 지경으로 빠져들고 있었다. 이러한 상황은 "대련은 남만주

---

43) 「吉會線の開通と內地四港滿鮮間の運輸關係-中」, 『大阪商工會議所月報』312號, 1933.5, pp.36-38.

철도의 종단항인데, 흑룡강 서부에서 생산된 상품도 조앙철도, 사조철도 등과 접속하여 대련항으로 흡수할 수 있게 되었다. 길림과 흑하 유역의 곡물 역시 이전에는 중동철도로 운송되었으나, 길회철도가 완성된 이후 청진, 웅기항을 통해 반출되게 되어, 그 형세가 블라디보스톡과 이를 통한 해상 출로를 포위하고 말았다. 이러한 결과 중동철도는 단순히 시베리아철도를 통해 유럽과 아시아를 연결하는 역할만을 수행하게 되었으며, 군사적으로도 종래와 같은 역할을 수행할 수 없게 되었다"[44]라고 지적하였다.

이와 같이 1920년대 말부터 본격화된 중동철도의 재정적자는 길회철도 각 구간의 개통에 따른 수송분담률의 저하뿐만 아니라, 세계공황, 중소관계의 악화 등 기타 요인이 더해지면서 더욱 심화되었다. 그러나 무엇보다도 1933년 길회철도 전 구간의 개통은 중동철도의 경영에 결정적인 타격이 될 것임은 명백한 일로 인식되고 있었다. 이와같은 추세는 중동철도가 담당하고 있던 상품 운송량의 변화 속에서도 잘 나타나고 있다.

|도표 119| 중동철도 화물 운송 상황

(단위: 천톤)[45]

	국내화물(A)	수출화물(B)	수입화물(C)	총계(A+B+C)
1920	480	978	215	1,673
1921	447	1,318	301	2,066
1922	755	1,380	348	2,483
1923	749	1,648	407	2,804
1924	716	1,883	428	3,027
1925	712	2,242	432	3,386
1926	1,191	2,528	414	4,133

---

44) 「日蘇糾紛與蘇聯出賣中東路」, 『申報』, 1933. 5. 10.
45) 和田耕作, 「東支鐵道運賃政策と北滿市場」, 『滿鐵調査月報』17卷 1號, 1937. 1, pp. 10-11.

	국내화물(A)	수출화물(B)	수입화물(C)	총계(A+B+C)
1927	1,594	2,767	539	4,900
1928	2,145	2,687	617	5,449
1929	2,306	2,787	512	5,605
1930	1,788	2,026	400	4,214
1931	1,355	2,359	197	3,911
1932	1,144	1,651	193	2,988
1933	1,254	851	185	2,290
1934	1,355	627	105	2,087

이와 같은 상황은 중동철도의 수송분담률을 연도별로 그 추이를 보여주는 다음의 그래프를 통해서도 명확히 확인할 수 있다. 아래의 그래프에서 보이듯이, 중동철도의 경영은 1920년대 말경부터 악화되기 시작하며, 1930년대 들어 이러한 경향이 더욱 급속히 진전되고 있음을 알 수 있다.

|도표 120| 중동철도 수송분담률 그래프

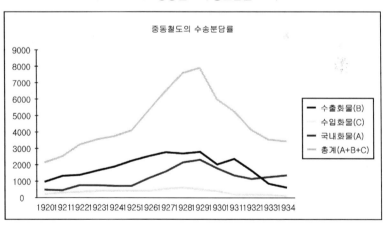

중동철도는 1927년부터 점차 재정이 악화되기 시작하였으며, 1930년 가을이 되면 영업이익의 급감으로 말미암아 종업원들의 임금을 제

때 지불할 수 없을 정도가 되어, 결국 노청은행으로부터 300만 루블의 차관을 도입하여 급한불을 끌 정도에 이르렀다.[46] 이러한 결과 종업원을 대폭 정리, 감원하면서 이들에 대한 퇴직수당의 지불 정지, 신규사업 및 각종 재료 구입의 정지, 기타 각종 긴축정책을 시행하지 않을 수 없게 되었다. 당초 5,600만 루블로 예상되었던 수입이 실제로는 3,200만 루블 이하로 축소되었음에도 불구하고 지출 총계는 영업비 및 비영업비를 더하여 4,100만 루블 이상에 달하였으며, 결국 약 1천 만 루블의 결손이 발생하게 되어 재정난이 더욱 심화되었다.[47] 1931년 4월 중동철도가 러시아인 174명을 포함하여 총 386명의 노동자를 해고하자, 이들은 매일 철도국 앞에서 수십, 수백 명씩 모여 구제금의 지급을 요구하는 시위를 벌였다.[48] 또한 모든 노동자들에게 1개월의 무급휴가를 주어 부족한 예산을 절감하고자 하였다.[49] 그럼에도 불구하고 1930년대 전반기 내내 중동철도의 경영은 여전히 개선되지 못하였다. 중동철도는 1934년 8월분의 예산으로 수입 1,776,000元, 지출 1,117,500元을 책정하였으나, 여객, 화물의 수송이 감소하면서 실제 수입은 1,268,000원, 지출 1,532,000원으로 적자를 기록하였다. 이러한 이유로 중동철도는 8월분 직공의 임금조차 지불할 수 없었다.[50]

일본의 여론은 나진과 블라디보스톡의 상호 경쟁관계를 지적하며, 나진항이 블라디보스톡항을 압도할 것으로 예상하였다.[51] 이는 "일본은 북만주와 동부 몽고지역에서 소련과 치열하게 경제전을 전개해야

---

46) 「中東路借款三百萬」, 『申報』, 1930.9.4.
47) 「東支鐵道の現狀」, 『滿鐵調查月報』11卷 11號, 1931.11, p.140.
48) 「東鐵大裁員工」, 『申報』, 1931.4.11.
49) 「東鐵縮減豫算」, 『申報』, 1931.4.17.
50) 「東鐵收入銳減」, 『申報』, 1934.9.28.
51) 鐵路總局, 『敦化圖們間鐵道の完成と日滿關係』, 1933.9, pp.38-40.

하는데....길회철도는 중동철도에 그야말로 엄청난 위협이 될 뿐만 아니라, 더욱이 블라디보스톡의 번영에 타격을 주어 거의 절망으로 몰아넣게 될 것"[52]이라는 기록에서도 잘 살펴볼 수 있다.

길회철도의 개통은 당연히 중동철도와 블라디보스톡항의 쇠퇴를 가져올 것으로 예견되었다. 이는 "돈도선의 개통에 따른 길회철도 전 구간의 개통과 北鮮 3항의 축항에 따라 새로운 교통로가 출현함으로써 지리적, 경제적 관계로 말미암아 블라디보스톡에 대한 타격은 불가피하다. 동만주는 물론, 북만주로부터 일본으로 수입되는 대두 및 기타 특산물을 비롯하여 각종 상품, 그리고 일본으로부터 북만주 각지로 유입되는 면사포 및 기타 잡화류는 블라디보스톡을 경유하지 않고도 北鮮 3항을 경유하는 새로운 경로를 통해 운송된다. 日滿 양국의 수출입 화물이 연결되고 북만으로부터 유럽 및 기타 각국으로 수출되는 북만주 大豆 역시 블라디보스톡을 대신하여 나진 등으로 반출되게 될 것이다. 이 점에서 블라디보스톡항은 치명적인 타격을 입지 않을 수 없게 된다"[53]라는 기록에서 잘 나타나고 있다.

실제로 길회철도의 완성과 나진항의 발전 이후 철도가 지나는 연선지역의 무역 규모가 크게 신장되고 있었다. 연선지역의 무역액을 살펴보면 1926년 9,332,046원에서 1933년에는 15,437,595원으로, 1934년에는 34,504,950원으로 급속히 신장되고 있음을 알 수 있다.[54]

이러한 의미에서 중동철도의 매각 이유를 경제적 가치의 하락에서 찾는 여론이 매우 많았다. 즉 "소련이 중동철도를 만주국에 매각하려는

52) 山口昇, 「吉敦鐵道と東滿問題(1)」, 『支那』17卷 6號, 1926.6, p.56.
53) 「北滿の大動脈を繋ぐ敦図線全通と日滿交通の一大変革―11」, 『神戸新聞』, 1933.5.25.
54) 張景泉, 「朝鮮北部三港及其對中國東北貿易的影響」, 『吉林師範學院學報』1995年 7期, pp.54-55.

동기는 만주 횡단철도의 부설 앞에서 북만주 왕조의 꿈이 하루 아침에 무너지고, 철도의 경제적 가치를 완전히 상실하고 말았다....중동철도 관계자에 따르면 철도의 장래가 소련에게 비관적이며, 이러한 이유에서 중동철도 매각설이 흘러나오고 있다"[55], "소련이 1억 4천만 엔의 대가로 중동철도를 매각하여 외면상으로 볼 때 큰 이득을 보지 못한 것으로 보인다. 그러나 중동철도가 오늘날 경제적 가치를 상실하게 되었다는 점은 명확한 일이다"[56]라고 보도하였다.

그러면 중국 측은 소련이 중동철도를 만주국, 즉 일본에 매각하게 된 이유를 어떻게 파악하고 있었을까? 당시 중국의 여론 역시 "일본이 현재 동북에서 부설하고 있는 교통망은 대부분 중동철도를 겨냥하고 있다. 이와같은 교통망이 완성된 이후 중동철도의 경영은 큰 타격을 입거나 심지어 파산하고 말 것이다"[57]라고 지적하였다.

이러한 사실은 또 다른 기록에서도 잘 살펴볼 수 있다. 즉 "소련은 중동철도가 계속적인 적자와 결손으로 말미암아 정치, 경제적 가치를 상실하여 전도에 희망이 없다고 판단하여 마침내 매각을 결정하였다." "길장철도를 연장하여 회령에서 조산철도와 연결하는 길회철도는 북만주와 북조선을 연결하게 됨으로써 매우 중대한 의미를 갖는다....현재 소련 측에서는 이 기회에 중동철도의 권리 일체를 일본에 매각 양도할 의향을 비추고 있다. 그 원인은 길회철도의 완성과 개통에 의해 중동철도의 경제적 가치가 대부분 상실되었기 때문이라고 전해진다."[58] "중동철도를 만주국에 양도하는 이유는 만주국이 중동철도와 병행선을 부

55) 『釜山日報』, 1933.12.17.
56) 「中東路讓渡以後之日俄局勢」, 『申報』, 1935.1.27.
57) 朱鴻禧, 「中東路讓渡交涉之面面觀」, 『東方雜誌』31卷 22號, 1934.11.16, p.49.
58) 「吉會線の開通と內地四港滿鮮間の運輸關係-上」, 『大阪商工會議所月報』311號, 1933.4, p.1.

설하여 豆粕, 고량 등 지방의 특산물 가운데 상당수가 이들 노선을 통해 수출되고 있으며, 이러한 결과 중동철도의 수입이 날로 감소하고 있기 때문이다. 소련은 이와같은 손실을 보충하기 위해 매년 국고에서 막대한 재정을 보조하지 않으면 안되게 되었다"[59]라고 지적하고 있다. 이러한 사실은 중동철도의 매각이 철도 경영의 악화와 불가분의 관계를 가졌음을 말해주는 것이다.

주목할 점은 중동철도의 경제적 가치의 하락이 비단 경제적 문제뿐만 아니라, 군사 전략적 가치의 하락을 수반하였다는 사실이다. 이러한 사실은 "만주국이 부설된 이후 중동철도가 그 영토 내에 포함되어 있는 이상, 상업적 가치로 보나, 군사 전략적 가치로 보나 모두 의의를 상실하였다. 군사상으로 보더라도 길림으로부터 직접 '일본해'(東海)로 나올 수 있는 길회철도를 건설하여, 일본으로서는 병력을 신속히 수송할 수 있게 되었다. 이와같은 형세의 변화는 중동철도의 가치를 급격히 실추시키게 되었다. 이를 그대로 방치할 경우 소련으로서는 중동철도를 무상으로 만주에 병합시킬 위기에 처해 있다. 이러한 이유에서 소련은 이를 매각하기 위한 가장 적절한 시점으로 간주하여 실행을 서두르고 있는 것이다"[60]라는 기록에서도 잘 알 수 있다.

소련의 언론도 길회철도의 부설은 중동철도의 효용을 감소시키기 위한 정치, 군사적 성격이 농후하다는 사실을 지적하였다. 즉 "소련의 타스통신에 따르면 만주 북부를 한국 북부 각 항구와 길회철도로 연결시켜 이를 남만주철도주식회사의 경영으로 귀속시키는 것은 군사적 의미가 크다. 왜냐하면 길회철도는 일본 군사당국이 만주에서의 군사정책을 수립하기 위한 가장 근간과 원칙이 되기 때문이다"[61]라고 지적하였다.

59) 「実現確実なる東支鉄の買収」, 『国民新聞』, 1933.6.9.
60) 「実現確実なる東支鉄の買収」, 『国民新聞』, 1933.6.9.

길회철도 전 구간의 개통은 일본과 소련 사이에서 중동철도의 매각을 두고 벌이는 협상의 과정에서도 중요한 변수로 작용하였다. 다시 말해, 일본군부는 길회철도의 부설로 말미암아 중동철도의 경제적 가치가 급격히 하락하였음에 비추어 철도의 매입을 서두를 필요가 없다는 주장을 제기하였다. 1933년 4월 16일 관동군 참모장 고이소 구니아키(小磯國昭)는 만주국의 교통망이 완비되면 중동철도의 존재 가치가 상실되기 때문에 소련의 입장에서는 결국 만주국에 이를 매각하지 않을 수 없다고 강조하였다.[62] 중국의 언론도 "만주국의 철도정책이 완성될 경우 중동철도의 가치가 필연적으로 하락할 수밖에 없기 때문에 적절한 매도 시기를 고려하고 있다"[63]고 지적하였다.

이러한 이유에서 일본육군 수뇌부 가운데에서는 중동철도 매각교섭의 무용론이 광범위하게 제기되었다. 이들에 따르면 만주국 설립 이후 만주에서의 철도망이 예정대로 신속하게 정비, 신설되었으며, 특히 길회철도 전 구간의 개통으로 말미암아 나진, 웅기, 청진 등 한국 북부 3항과의 연락 개통이 가능하게 되었으며, 더욱이 중동철도를 횡단하여 길회철도의 拉法으로부터 호란에 이르는 拉濱鐵道가 완성되면서 중동철도는 가치를 완전히 상실하고 말았다는 것이다. 이러한 결과 중동철도는 경제적으로는 물론, 군사적으로도 거의 일고의 가치도 없게 되었으며, 이러한 이유에서 중동철도의 매입은 불필요하다고 주장하였다.[64]

중국의 언론도 "길회철도와 拉濱鐵道 등이 완성된 이후 중동철도는

---

61) 「日本人揚言對中東路將發揮實力」, 『申報』, 1933.10.7.
62) 「三億円で東鉄売込み─ロシア側の腹」, 『大阪毎日新聞』, 1933.4.17.
63) 「蘇俄出售中東路」, 『申報』, 1933.5.14.
64) 「讓渡交渉に応ず必要なし」, 『大阪時事新報』, 1933.10.2.

경제적으로 이미 독립성을 상실하였을 뿐만 아니라, 일본과 소련 사이에 전쟁이 발발할 경우 중동철도는 승부를 결정할 수 있는 역량을 상실하고 말았다"[65]라고 보도하였다. 결국 중동철도는 경제적 가치와 군사적 가치 모두를 상실하고 말았던 것이다.

결론

근대 이후 제국주의 열강이 철도부설권과 경영권을 장악하는 것으로부터 타국에 대한 침략과 지배를 시작했듯이, 러시아 역시 청러밀약을 통해 중동철도 부설권과 경영권을 획득함으로써 북만주지역을 사실상 자신의 세력범위로 획정할 수 있었다. 따라서 중동철도는 러시아, 이후 소련이 만주지역을 지배할 수 있는 상징적 도구였으며, 대중정책, 나아가 동방정책의 핵심적 통로였다고도 할 수 있다. 이러한 이유에서 중동철도의 매각은 소련의 동방정책에서 매우 중요한 의미를 갖는 일대 사건이었다고 할 수 있다.

기존의 연구에서 일반적으로 지적하고 있듯이 소비에트연방의 중동철도 매각에는 당연히 일본과의 충돌을 회피하고자 하는 정치, 외교적인 목적과 고려도 포함되어 있었음을 부인할 수 없다. 그러나 매각협상에 앞서 소련의 리트비노프가 중동철도의 매각을 '동양의 평화를 수호하기 위한 결단'이라고 강조하기는 하였으나, 이는 어디까지나 대의명분을 강조한 대외적 구호에 가까웠다고 할 수 있다. 다시 말해, 군이 동양의 평화가 아니더라도 소련은 더 이상 중동철도를 유지해야 할 실익과 근거를 상실하고 말았던 것이다.

---

65) 「中東路非法賣買與日俄關係」, 『申報』, 1935.3.19.

동양 평화의 근저에는 중동철도의 경제적 가치의 급속한 하락과 경영의 악화라는 보다 근본적인 원인이 자리하고 있었다. 그리고 이는 바로 일본제국주의가 중동철도의 병행선인 만주 관통노선, 즉 길회철도를 부설함으로써 의도적으로 초래한 결과였다. 길회철도의 부설은 북만주와 한국북부지역, 태평양을 연결시키는 새로운 상품유통망의 출현을 의미하였다. 이에 따라 종래 남만주철도-대련항과 중동철도-블라디보스톡의 양대 유통망을 통해 수이출되던 만주지역의 상품 가운데 적지 않은 부분이 장춘-길회철도-회령-나진으로 연결되는 새로운 상품유통망으로 전환되게 되었다. 이러한 결과 블라디보스톡항의 쇠퇴와 중동철도의 경영 악화는 피할 수 없는 일이었다.

물론 중동철도의 경영 악화를 전적으로 병행선의 부설과 상품유통망의 변화에서만 찾는 것은 온당치 못하며, 세계공황의 여파나 중소관계의 악화, 반제운동 등 여타 원인으로부터 기인하는 측면도 당연히 있었을 것이다. 더욱이 길회철도의 일부 노선이 부분적으로 완성되었다고 하더라도 전 구간이 개통된 1933년 이전에 중동철도에 대한 견제는 한정적일 수밖에 없었을 것이다. 문제는 중소 간의 정치적 갈등과 반제운동 등은 협상을 통한 해결이 불가능한 일이 아니었으며, 세계공황에 의한 경제적 어려움 역시 시간의 문제일 뿐 극복하지 못할 일도 아니었다. 그러나 당초부터 중동철도를 겨냥하여 부설된 길회철도의 전 구간과 齊克鐵道, 拉濱鐵道 등 일본자본에 의한 철도망이 구축된 이후 중동철도의 경영 악화는 피할 수 없는 일로 널리 인식되고 있었다. 더욱이 막대한 경비가 소요되는 경제개발계획을 추진하고 있던 소련의 입장에서, 매년 증가하는 중동철도의 적자를 계속 보전해 나아가야할 이유를 찾기 어려웠던 것이다.

실제로 매각의 당사자인 일본과 소련뿐만 아니라 당시 동아시아 각국에서는 병행선 부설에 의한 중동철도의 경영 악화, 나아가 경영의 파탄은 매우 일반적인 사실로서 받아들여지고 있었음을 알 수 있다. 이와 같은 진퇴양난의 어려운 입장에 처해 있던 소련으로서 일본의 만주침략과 만주국의 수립 등 일련의 정치적 사태에 직면하여 중동철도는 일소 간의 군사적 충돌을 피할 수 있는 매우 적절한 통로와 명분이 될 수 있었던 것이다.

13

고속철도와 21세기 중국의 굴기

― 환발해지역과 장강삼각주지역의 연계 :
京滬鐵道 (2011)

서론

　20세기 중반 이후 자동차공업과 항공산업의 발전으로 말미암아 세계 각국의 교통 중심이 점차 도로와 항공운수 방향으로 이동하면서 상대적으로 철도에 대한 투자는 감소하기 시작하였다. 그러나 산업 발전의 고도화와 전문화로 승객 및 화물의 운송량이 급증하면서 도로와 항공산업이 한계에 이르자 비로소 운송량이 방대하며, 안전하고, 시간에 맞출 수 있으며, 더욱이 환경 오염이 적은 철도 운수에 주목하기 시작하였다. 고속철도는 바로 이와같은 배경 하에서 출현하게 된 것이다.

　고속철도는 일반적으로 시속 200㎞ 이상의 철도를 가리키며, 최초 1964년 10월 1일 일본 동해 신칸센이 정식으로 개통된 이래 일본, 프랑스, 독일, 스페인, 한국, 미국, 영국, 스웨덴, 러시아, 대만, 중국 등이 고속철도를 부설하였으며, 시속 210−515.3㎞의 속도를 주파하고 있다. 전세계의 고속철도 노선은 총연장 4,400km에 달하는데, 이 가운데 신칸센이 1,952km, 프랑스의 TGV가 1,282km, 독일의 ICE가 427km, 이탈리아의 ETR이 237km, 스페인의 AVE가 471km이며, 우리나라도 2004년 4월에 총연장 400km의 고속철도 보유국에 합류하였다.

　21세기 철도의 고속화라는 세계적인 조류 속에서 중국의 고속철도 부설은 특별한 의미를 가지고 있다. 개혁개방 이후 중국경제는 생산관계에 새로운 요소를 도입하면서 생산력이 비약적으로 발전하기 시작하였다. 1978년 이후 20여 년 동안 중국은 연평균 9.6%의 경제성장률을 지속하고 있는데, 이는 세계 평균인 2.8%의 3배 이상을 초과하는 높은 수치이다. 세계은행은 2013년 중국의 경제성장률을 7.5%로 전망하여 지난해의 7.7%에 육박할 것이라 전망하였다. 구매력 평가(PPP)에서도 5조 6천억 달러로서 전 세계의 12.6%에 해당되며, 미국에 이어 세계

제2위의 자리를 확보하고 있다. 상해 포동지구를 중심으로 세계 500대 기업이 거의 모두 중국에 진출해 있으며, 중국은 세계의 자본과 기술력을 흡수하여 이른바 '세계의 공장'이라 불리우고 있다. '중국 특유의 사회주의 시장경제'란 전무후무한 실험의 주요한 골자는 바로 사회주의적 계획경제 내에 경쟁과 합리를 바탕으로 하는 자본주의적 시장경제의 요소를 적극 도입하는 것이라 할 수 있다.[1]

이와같은 위상을 바탕으로 중국은 2008년 올림픽과 2010년 상해박람회를 개최하였다. 중국은 사회주의 경제건설 일정에서 대략 2000년까지 초보적 사회주의 시장경제체제를 건설하고, 2010년에는 비교적 완비된 시장경제체제를 확립하는 것으로 설정하였다. 중국의 경제규모는 2020-2030년 경 미국을 추월할 것으로 전망되고 있다. 미국의 GDP는 1981년 3조 1,109억 달러에서 2012년 16조 2,446억 달러로 5.2배 증가하였지만, 같은 기간 중국은 1,684억 달러에서 8조 2,270억 달러로 48.9배 증가하였다. OECD는 〈세계경제 장기전망〉이라는 보고서에서 2016년 중국의 경제규모가 미국을 추월하여 세계 최대의 경제대국으로 부상할 것이라 예측하였다. 이와 같이 중국은 정치, 군사뿐만 아니라 경제적으로도 막강한 실력과 위상을 갖춘 명실상부한 G2로 부상하면서 중국위협론을 실증하고 있다.

'특유의 사회주의 시장경제'를 추구하고 있는 중국이 최초의 고속철도인 경호고속철도를 부설하는 것은 특별한 의미를 가지고 있다. 경호철도는 중국의 간선 종단철도로서, 중국 최대 도시인 북경과 상해를 잇는 노선이다. 경제가 발달한 동부 연안지역을 관통하는 중국 종단철도로서, 명실상부한 중국철도의 중심선이라고 할 수 있다. 경호고속철도

---

1) 서진영, 『현대중국정치론』, 나남출판, 1997.10, pp.307-309.

는 중국에서 처음으로 건설되는 고속철도로서 이후 중국철도의 발전을
위한 시금석이 될 뿐만 아니라, 상해와 북경을 중심으로 하는 연선지역
의 경제 발전을 위해서도 매우 중요한 의미를 가지고 있다고 생각된다.
여기에서는 경호고속철도의 부설 배경과 그 효과를 통해 중국경제 발
전에서 이 철도가 가지는 의의를 도출해 내고, 이를 통해 21세기 중국
의 굴기를 전망해 보고자 한다.

1. 각국 고속철도의 발전과 중국철도의 현황

일본은 1959년 4월 동해도 신칸센의 부설에 착수하여 동경－대판 사
이의 노선을 동경올림픽 개최시기인 1964년에 맞추어 개통하였으며,
이어서 山陽(1975년 3월), 東北(1982년 6월), 相越(1982년 11월)과 北陸(1997년 10
월) 신칸센을 완성하였다. 1992년부터 동일본, 서일본 및 동해도철도공
사는 모두 막대한 자본을 투하하여 300－350km/h의 속도로 운행할 수
있는 차세대 열차를 개발하였으며, 시험운행에서 350km/h의 속도를
기록하였다. 일본은 총 4개 노선의 신칸센을 운행하고 있는데, 동해도
노선의 부설 경비가 가장 저렴하여 3300억 엔인 반면 山陽, 東北, 上
越 노선의 부설에는 각각 9,100억 엔, 28,000억 엔, 17,000억 엔이 소
요되었다.[2]

프랑스에서는 국영철도인 SNCF가 1960년대 파리－리용 간 여객, 화
물 수송이 포화상태에 이르게 되자 고속철도인 TGV 건설을 추진하게
되었다. 1970년 고속철도 부설 계획을 수립하면서 가능한한 환승구간
을 줄이도록 운행 원칙을 확립하였다. 1976년에 최초의 고속철도인 파

---

2) 華允璋, 「京滬高速鐵路近年期間不宜立項上馬」, 『科技導報』1998年 8期, p.23.

리-리용 동남선의 부설에 착수하였으며, 1981년 남동선 파리-리용간 428킬로미터 가운데 272킬로미터가 완성되고 미개통 구간은 기존선을 활용했으며, 고속차량 TGV-PSE가 최고 속도 380km/h를 기록하였다. 남동선 건설 이후 대서양선, 북유럽선, 유로스타(Eurostar), 딸리스(Thalys), 지중해선이 추가로 건설되었다. 1990년에 TGV 대서양선용으로 개발된 고속차량 TGV-A가 513km/h를 달려 세계최고속도를 기록하였다.[3] 1996년의 통계에 따르면 프랑스 국영철도공사는 이미 1282킬로미터의 고속철도 노선을 보유하게 되었으며, 이는 유럽 고속철도 노선의 절반에 해당되는 수치이다. 그러나 1995년의 통계에 의하면 프랑스 정부는 국영철도회사에 매년 고속철도의 손실 부담금으로 500억 프랑(100억 달러)를 제공하여 적자를 메우고 있는 형편이며, 이는 이 회사 영업액의 거의 절반에 해당되는 수치이다.

독일은 도로 중심 교통정책의 한계와 환경보호 대책의 필요성으로 인해 고속철도의 부설에 착수하였다. 독일의 고속철도 ICE(Inter City Express)는 도시 간 초특급열차로서 하노버-뷔르쯔부르그 간 327킬로미터와 만하임-스투트가르트 간 99킬로미터를 1976년 부설에 착수하여 1991년에 완공했으며, 최고속도 250km/h로 운행을 개시했다. 독일은 고속철도 총연장이 427킬로미터에 달하였으며 속도는 280km/h에 달하였다.

스페인은 1992년 바르셀로나 올림픽과 세비아엑스포 그리고 안달루치아 지역 개발 촉진 등 국내 수송의 어려움을 해결하기 위해 고속철도의 도입이 절실했다. 1987년 마드리드-세비아 간 471킬로미터 구간에 최고속도 250km/h로 달리는 고속철도 부설공사를 시작해 1992년

3) 「해외고속철도-프랑스」(http://ktx.korail.go.kr/)

스페인 고속철도 AVE(Alta Velocidad Espanola)가 개통되기에 이르렀다.[4] 우리나라 역시 2004년 4월 경부고속철도의 개통과 함께 300km/h의 고속철도시대를 맞이하게 되었다.

|도표 121| 일본 고속철도(신칸센) 속도의 발전

(km/h)[5]

연도	열차	운행속도	최고시험속도
1964	0系	210	256
1985	100系	230	275
1991	300系	270	325.7
1992	500系	300	386
1993	star21	350	425
1995	300x	350	433

|도표 122| 프랑스 고속철도(TGV) 속도의 발전

(km/h)[6]

연도	열차	운행속도	최고시험속도
1983	TGV-PSE	270	
1989	TGV-A	300	515.3
1993	EURO-STAR	300	
1995	TGV-NT	350	
1998	TGV-NG	350	

중국철도는 1960년대 초에 시속 120km/h에 도달함으로써 속도에서 당시 일본 동해도 신칸센과 90km/h의 차이를 보였다. 그러나 1990년대 초기 세계 선진국의 철도 속도는 이미 300km/h의 수준에 도달하였는데, 중국철도의 최고 속도는 여전히 120km/h에 머물고 있었다. 즉

---

4) 「해외고속철도-스페인」(http://ktx.korail.go.kr/)
5) 沈志雲, 「京滬高速鐵路建設」, 『中國工程科學』2卷 7期, 2000.7, p.31.
6) 沈志雲, 「京滬高速鐵路建設」, 『中國工程科學』2卷 7期, 2000.7, p.32.

고속철도와 21세기 중국의 굴기

30년래 중국의 철도 속도는 세계 수준과의 차이가 축소되지 못하고 오히려 더욱 확대되었던 것이다.

1998년 말 중국의 전국 철도 총연장은 66,428.5킬로미터로서, 국유철도 57,583.5킬로미터, 지방철도 4,926.7킬로미터, 합자철도 3,918.3킬로미터로 구성되어 있었다. 중국철도망은 북경을 중심으로 한 방사형 간선 철도망과 남북 종단철도, 동서 횡단철도의 격자형 간선철도망의 구조로 되어 있다. 중국철도의 복선화율은 34.2%, 전철화율은 22.5% 수준이며, 20,348대의 동력차와 439,326대의 객차 및 화차가 중국철도망에서 운행되고 있다.

계획경제체제에서 중국철도는 국민경제의 대동맥으로 지금까지 중국교통의 주도적 위치를 차지하고 있으나, 시장경제로의 전환과 이에 따른 도로, 항공, 수운 등 타 교통수단의 급속한 발전으로 철도 수송 분담률이 계속 저하되는 추세이다. 중국철도의 여객 수송량과 화물 수송량은 1995년에 각각 39.6%와 54.0%에서 1998년에는 각각 34.8%와 54.6%로 여객은 감소하였으며 화물은 현상을 유지하는 상태였다.

|도표 123| 중국철도 여객 수송 분담률[7)]

구분	수송인원(백만명)	분담률(%)
1980	922.0	60.4
1985	1,121.1	54.3
1990	957.1	46.4
1995	1,020.8	39.6
1996	935.5	36.3
1997	919.2	35.4
1998	929.9	34.8

7) 『中國交通年鑑-1999』, 中國交通年鑑社, 2000.

|도표 124| 중국철도 화물 수송 분담률[8]

구분	수송톤수(백만톤)	분담률(%)
1995	1,593.5	54.0
1996	1,616.8	52.1
1997	1,618.8	56.8
1998	1,532.1	54.6

위의 표에서 보이듯이 중국철도의 비중은 항공과 도로교통의 발전에 따라 분담률이 저하되었지만, 그럼에도 불구하고 특히 화물 수송 분담률은 여전히 높은 수준을 유지하였다. 특히 철도는 장거리 여객 및 수송에서 중요한 역할을 담당하였다. 일반적으로 중국 자원 분포의 특성에 따라 서북의 석탄자원을 남과 동으로 수송하며, 북쪽의 나무와 석유를 남쪽과 동쪽으로 수송하는데, 자원 수송에서 철도는 매우 중요한 역할을 담당하였다. 중국철도는 경제 발전의 과정에서 중요한 운송 방식으로서 국민경제의 대동맥이며 교통체계의 중추로서, 2003년도 34.7%의 승객 수송과 54.7%의 화물 수송을 담당하였다.[9]

2. 경호고속철도 부설의 배경

위에서 살펴본 바와 마찬가지로 중국철도는 특히 중화인민공화국 수립 이후 줄곧 세계적인 철도의 발전 추세에 부합하지 못하고 낙후되어 왔음을 잘 알 수 있다. 이러한 이유에서 중국정부는 철도 발전의 필요성을 인식하고 적극적인 투자에 착수하게 된 것이다. 중국철도의 발전 계획은 1998-2000년까지 국가가 철도에 투자하는 금액이 2,459억 원

---

8) 『中國交通年鑑-1999』, 中國交通年鑑社, 2000.
9) 羅慶中, 「中國鐵路發展戰略的思考」, 『重慶技術』, 2005, p.173.

(이하 원은 중국위안화를 가리킨다.)으로 1976-1995년 20년 간 투자액 1,959억 원보다 500억 원(한화 약 6조 2천억 원)이나 많으며, 2002년에 총연장 70,000킬로미터를 돌파하였다. 투자의 주요 내역을 살펴보면 신노선 건설 5,340킬로미터, 기존선 복선 건설 2,580킬로미터, 기존선 전철화 4,400킬로미터, 지방철도 건설 1,000킬로미터 등이다.

|도표 125| 경호고속철도 노선도10)

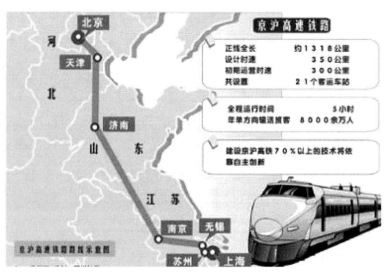

경호철도는 북경, 상해, 천진의 3대 직할시와 하북성, 산동성, 안휘성, 강소성의 4성을 관통하여 명실상부한 중국철도의 종단선이며 중국철도 교통의 기초라고 해도 과언이 아니다. 이 철도는 인구 200만명 이상의 도시인 북경, 천진, 제남, 남경과 상해의 5개 도시, 50만-200만명의 덕주, 서주, 방부, 진강, 상주, 무석, 소주의 7개 도시를 지난다.

10) http://www.cnr.cn/kby/zl/t20060403_504188742.html

또한 북경, 태산, 곡부, 태호 유역 및 청도, 항주 등의 명승고적이 분포하고 있어 1997년 연선의 주요 도시를 찾은 관광객만 450만 명 이상에 달하였다. '사회주의 시장경제'의 부단한 발전과 각 성시 경제 실력의 증강, 성시 규모의 확대에 따라 경호선은 중국에서 가장 활력있는 경제 지역을 관통하는 철도 노선이라고 할 수 있다.

경호철도가 지나는 이 지역의 경제적 특징은 다음과 같다. 우선 경호선 연선 지역에는 공장이 집중되어 있으며 공업화의 정도나 도시화의 수준이 기타 지역에 비해 훨씬 높다. 1996년도 중국정부가 반포한 100대 도시 가운데 75개 도시가 바로 경호 연선 지구 내에 속해있으며, 경제발달, 과학기술, 문화교육 및 생활수준이 높은 지역이라 할 수 있다.

2000년 이 지역의 연간 총생산액은 3.3912억 원으로서 전국 8.5억 원의 40%를 차지하고 있으며, 2000-2010년 간 GDP 연간 증가율은 북경 8%, 천진 10%, 하북 7%, 안휘 11.5%, 강소 12%에 달하였다. 북경은 중등 혹은 선진국 수도의 경제 규모 및 수준을 초과하였으며, 천진은 북방 상업, 무역, 금융의 중심이며, 현대적인 국제 항구도시이다. 상해는 세계적인 대도시로서의 경제규모와 종합적인 실력을 갖추고 있어 명실상부하게 국제경제, 금융, 무역의 중심지라고 할 수 있다. 하북성은 발해만과 북경, 천진을 기축으로 급속히 발전하고 있다. 산동성도 이 철도의 연선에 위치하여 산업중심 지역으로 부상할 것이다.

또한 이 지역은 자원이 상대적으로 부족한 지역이라고 할 수 있다. 경호선 연선지역은 비록 고도로 발달된 공업지역이지만 필요한 에너지 및 원료는 대부분 기타 지역으로부터의 수입에 의존하고 있다. 예를 들면 석탄 수요량의 98%, 강재의 50%, 목재의 90%, 면화의 70% 등을 외부지역으로부터 수입하고 있는 실정이다.[11]

경호철도 연선지역은 면적이 60.37만㎢로서 전국 토지의 약 6.3%에 불과하지만, 이에 비해 인구는 약 3.22억 명으로 전국 총 인구의 26.1%를 차지하는 인구 밀집 지역이라고 할 수 있다. 북경과 상해는 이미 국민소득이 2,000달러와 3,000달러를 초과하였으며 이는 전국 평균의 2.74배 및 4.23배에 해당된다. 수출 총액은 1086.9억 달러로 전국 각 성시 총액의 39.2%를 차지한다. 경호선 연선에는 대형기업이 1,600여 개, 중형기업이 5천여 개에 달해, 각각 전국의 36%와 42%를 차지한다.[12]

|도표 126| 경호선 통과 4성 3시의 국민경제 중의 주요 지표(1997)[13]

성시	인구 (만명)	면적 (100㎢)	국내총생산			총 소비량		
			수량 (억원)	1인평균 (원)	전국평 균비교	수량 (억원)	1인평균 (원)	전국평 균비교
북경	1240	168	1807.5	16658	2.74	1051.5	8480	3.91
천진	953	119	1240.3	13700	2.25	535.0	5614	2.59
상해	1457	63	3360.2	25739	4.23	1325.2	9095	4.19
하북	6525	1900	3950.5	6073	1.00	1195.0	1831	0.84
산동	8785	1567	6650.0	7590	1.25	1906.5	2170	1.00
강소	7148	1026	6685.6	9344	1.54	2106.6	2947	1.36
안휘	6127	1300	2670.6	4359	0.72	849.2	1386	0.64
총계	32235	6143	26364.7	8179		8969.0	2782	
전국(%)	26.10	6.4	35.3					
1인평균				1.35	1.35		1.28	1.28

이와 같은 경제적 배경 하에서 경호철도 연선 지역은 특히 승객 유동 및 운송의 수요가 매우 많아 운수밀도가 매우 높은 실정이었다. 경

11) 胡天軍, 「京滬高速鐵路對沿線經濟發展的影響分析」, 『經濟地理』19卷 5期, 1999. 10, p.101.

12) 吳鳳維, 「建設京滬高速鐵路的必要性與緊迫性」, 『中國鐵路』1999年 6期, p.1.

13) 吳鳳維, 「建設京滬高速鐵路的必要性與緊迫性」, 『中國鐵路』1999年 6期, p.2.

호철도는 중국의 종단 간선이며 이에 연접하는 9개의 지선을 가지고 있다. 경호선은 중국철도의 총연장 가운데 2.8%에 불과하나 12.8%의 승객과 8.6%의 화물 운송을 담당하고 있었다.[14] 1996년의 통계에 따르면 중국의 최대 도시인 북경과 상해를 잇는 경호철로의 각 구간 이용률을 살펴보면 북경-천진 구간이 75%, 津徐 구간이 80%, 徐寧 구간이 90%, 滬寧 구간이 97%에 달하여 운수능력이 사실상 이미 포화단계에 도달하였다고 판단되었다.[15]

경호철도는 1985-1988년 객화 운송량이 지속적으로 증가하여 증가율이 매년 10-15%에 달하였으며, 1988년에 이용률이 이미 90% 이상에 도달하였다. 연선 인구가 전국 인구 분포의 4분의 1 이상을 차지하고 있어, 경호철도는 운수밀도에서 전국 철도 평균의 4배에 이르며, 중국철도 가운데에서 가장 이용률이 높은 철도라 할 수 있다. 경호철도는 승객밀도에서 전국 철로 평균의 5.24배, 화물밀도는 3.54배에 이르고 있어 사실상 이미 포화상태에 달했다고 할 수 있다.[16] 이러한 판단에 근거하여 2000년 이후의 운수 수요에 비추어 고속철도의 부설이 불가피하다고 결론내리게 된 것이다.

이와 같이 높은 인구밀도로 말미암아 막대한 여객 및 화물 운수 수요가 존재하였으며, 또한 자연자원과 생산 능력, 경제성장 등에서 북방과 남방 사이의 화물 교류 및 북경과 상해 등 경제 발전지역 내부 사이의 화물 교류 등 필요성이 존재하였다. 고속철도가 부설된다면 북경과 상해 간 운행 소요 시간이 기존의 17시간에서 5시간대로 단축될 수 있

---

14) 任潤堂, 「京滬鐵路採用輪軌高速系統擴能的合理性」, 『鐵道工程學報』65期, 2000. 3, p.5.
15) 華允璋, 「京滬高速鐵路近年期間不宜立項上馬」, 『科技導報』1998年 8期, p.24.
16) 任潤堂, 「京滬鐵路採用輪軌高速系統擴能的合理性」, 『鐵道工程學報』65期, 2000. 3, p.4.

을 것으로 예상되었다. 경호고속철도가 완성된 이후에는 시속 350km/h의 속도로 열차 거리는 4분 간격으로 운행되며, 열차는 한 번에 승객 1000-2000명을 탑승하게 될 것이다. 그리하여 매일 북경과 상해 사이에 110-120차례 고속열차가 운행하게 된다. 그리하여 매일 22만 명을 운송하게 되며, 이는 중국경제 발전의 견인차 역할을 하게 될 것임에 틀림없었다.[17]

3. 경호고속철도의 부설 계획

중국정부는 철도 발전을 위해 기존 노선의 보수 및 신노선의 부설뿐만 아니라 고속철도의 부설에 착수함으로써 중국철도의 수준을 한 단계 높이려는 노력을 경주하였다. 일찍이 1990년 3월 제8차 5개년계획에 고속철도 기본개발 계획이 포함되었으며, 1991년 3월 국가계획위원회에서 고속철도 부설계획안이 결정되었다. 1991년 5월 중국 철도부 산하에 100여명의 전문가로 이루어진 '고속철도 검토위원회'를 구성하여 철도 부설의 타당성을 검토하기 시작하였다. 1994년 말 철도부는 국가과학위원회, 국가계획위원회, 국가경제무역위원회 및 국가체제개혁위원회와 공동으로 〈경호고속철도 중대기술경제문제 연구보고〉를 제출하고 경호고속철도의 부설은 현실적으로 매우 절실한 과제이며, 기술적으로도 실현 가능하며, 경제적으로도 합리적이고, 국력에 비추어 충분히 감당할 수 있다고 결론내렸다.

1993년 4월 국가과학기술위원회, 국가계획위원회, 국가경제무역위원회, 국가체제개혁위원회와 철도부는 연합하여 〈경호고속철도 중대

17) 王喜軍, 「京滬高速鐵路建設方案淺析」, 『鐵道工程學報』70期, 2001.6, p.7.

기술·경제문제 연구)의 전문조직을 발기하여 47개 단위, 120여 명의 전문가가 참가하여 공정건설 방안, 자금 조달과 운영기제, 국제합작, 경제평가 등 일련의 정책을 입안하기 위한 제반 문제를 논의하기 시작하였다. 이와함께 1994년 5월 31일, 철도부장은 국무원총리 주재 회의 시에 정식으로 경호고속철도의 부설에 관해 보고하고, 이 철도의 부설이 경호(북경-상해) 간의 교통운수 상황을 근본적으로 개선할 수 있다고 보고하였다. 더욱이 동부 연안지역의 경제발전에 상당한 사회, 경제적 효과를 가져올 것이고 현대화 및 산업기술 발전에 중요한 역할을 담당할 것이며, 국민 생활수준과 수요에 부응하게 될 것이라고 보고하였다. 이후 1994년 11월 7일 국무원의 지시에 따라 철도부는 경호고속철도 연구공작을 선포하고 이후 수년 간 관련 연구를 진행하기로 결정하였다. 1998년 10월 철도부는 〈경호고속철도 연구보고〉를 내고 다음과 같은 기본 방침을 결정하였다.

첫째, 경호 연선에 객운 전용선 총연장 1,300킬로미터를 부설한다.
둘째, 25Kv, 50Hz의 전기화를 실행한다.
셋째, 최대 경사도는 1.2%, 최소 곡선반경은 7,000미터로 한다.
넷째, 전 노선에 26개의 역을 설정하고 이 가운데 5개를 이용한다.
다섯째, 운행 속도는 300-350㎞/h로 결정한다.

경호고속철도의 부설 비용에 관해서는 민간자본과 법인의 자본을 유치하고, 국외의 자본도 적극 도입한다는 계획을 수립하였다. 경호고속철도의 3대 자금내원은 첫째, 국내에서 자금을 모집하며, 둘째 세계은행과 외국정부로부터의 차관을 도입하며, 셋째, 외국계은행으로부터 차관을 도입한다는 계획을 수립하였다.[18]

1994년 2월 국가계획위원회에서 〈북경-상해 간 고속철도 부설계획〉이 확정되었으며, 1996년 7월에는 〈북경-상해 간 고속철도 부설기준안〉이 마련되었다. 1997년 철도부는 국가계획위원회에 〈북경에서 상해에 이르는 고속철도 부설 건의서〉를 제출하였다. 1년여의 평가를 거쳐 중국정부는 기본적인 내용을 추인하고 경호고속철도의 부설 필요성에 동의하였다. 2006년 溫家寶 총리가 주최한 국무원 상무회의는 〈경호고속철도 건의서〉를 정식으로 통과시켰다.[19]

고속철도가 통과하는 지역의 지질 조건은 지역에 따라 차이가 많고 노반 침하량도 높아 연약지반 및 강, 하천지역에는 교량을 건설해야 했다.(노반토석은 약 1억천㎥) 예를 들어 무석- 소주 구간은 연약지질 구간으로서 지반의 두께가 약 30미터에 달하여 대부분의 지역에 교량을 건설해야 했다. 교량구간의 총연장은 432킬로미터로서 전 노선의 약 33%를 차지하며, 경호고속철도의 터널 총연장은 약 17킬로미터로서 전 노선의 1.3%를 차지하였다.

운영계획을 살펴보면 경호고속철도는 여객전용선으로 운영되어 대부분 경호선 주변의 여객을 수송하며, 기존 경호선은 화물 수송 위주로 운영하도록 입안하였다. 아울러 중국 여객의 특수성을 고려하여 환승을 최소화시키며, 운영 초기에는 중·고속열차를 병행하여 운행함으로서 여객 수요를 최대한 흡수하는 것으로 계획되었다.

경호고속철도의 목표 속도는 250-300km/h이며, 고속선상에서 운행되는 중속열차의 속도는 160-200km/h로 정해졌다. 중·고속열차의 병행 운행을 효율적으로 조절하기 위해서는 대피선과 ATC시스템 도입이 필수적이며, 향후 속도 향상을 고려하여 노반, 교량, 터널 등의

18) http://www.huash.com/news/2006-04/06/content_5322253.htm
19) http://www.cnr.cn/kby/zl/t20060403_504188742.html

기반시설은 시속 350km의 열차운행 조건으로 설계하였다. 경호고속철도 부설 후 북경-상해 간 운행시간은 5시간대로 기존선 보다 8-9시간 단축되는데, 중·고속열차 운행 시 속도를 고려하여 최소 곡선반경은 7,000미터, 부득이한 경우는 5,500미터로 정하였다.

경호고속철도가 경유하는 지역은 비교적 평탄한 지형으로서 최대 구배는 1.2%, 궤도 간 거리는 5미터, 복선터널 단면적은 100㎡로 정해졌다. 기술 장비는 국내외의 기술을 상호 결합하고, 설비 도입과 기술 도입, 합자(合作)생산 등을 상호 연계하여 점차 국산화율을 제고하며, 국제적으로 2000년대에 고속철도 기술을 선진국 수준으로 끌어올리기 위하여 도입 기술의 요구 수준을 높게 설정함으로서 중국 현실에 맞는 고속철도 기술체계를 확립하도록 하였다. 고속열차의 생산은 '1, 2, 7 모델'을 채택하기로 방침을 세웠는데, 말하자면 열차 총량의 10%는 수입에 의존하고, 20%는 부품의 수입을 통한 조립으로 조달하며, 나머지 70%는 국산화한다는 방침을 가리킨다.[20]

한편 세계의 고속철도 선진국들은 중국의 고속철도 부설 사업을 수주하기 위해 많은 노력을 경주하였다. 일본의 경우 1997년 岡山에서 고속철도 컨퍼런스(JR West와 JR Central 주관)를 개최하였고, 중국 고속철도 추진 관련인사를 초청하여 JR West의 신형 500시리즈 신칸센을 소개하고 시승시킴으로서 신칸센의 대중국 홍보에 적극적으로 나섰다. 일본은 중국 고속철도의 사업을 수주하기 위해 일본의 고속철도 전문가 및 관련 기술정보의 제공에 적극적으로 나섰으며, 중국철도사업에 대한 일본 측 제안사항으로는 중국철도 프로젝트에 대한 일본의 자본 조달, 중국철도 프로젝트에 대한 타당성 검토, 지속적인 기술정보의 교환

---

20) http://news.xinhuanet.com/fortune/2006-04/04/content_4380708.htm

등이 있었다. 특히 일본의 교통성대신 오오기 치가게(扇千景)이 중국을 방문하여 경호고속철도의 부설 과정에서 중일합작을 희망한다는 의사를 전달한 이후 프랑스와 독일, 일본 등의 경쟁이 가열화되었다.

중국은 일본, 독일, 프랑스와의 합작을 위한 검토에 착수한 이후 다음과 같은 문제들이 주요한 과제로 부상하였다. 중국은 일본 신칸센 기술의 도입에 적극적이었는데, 가장 큰 장점은 안전성으로 큰 사고가 발생한 적이 없다는 사실이다. 그러나 전통적인 중일 간의 민족주의적 감정 및 분쟁, 그리고 신호체계를 비롯한 전반적인 기술 이전에 대한 일본의 소극적인 입장 등이 주요한 걸림돌로 남았다. 독일의 경우 자기부상식을 포함하여 전반적인 기술 이전에 부정적이며, 더욱이 자기부상을 포함한 수차례의 기술상의 장애 및 사고 등 안전성의 문제가 걸림돌로 작용하였다. 프랑스의 경우 한국과 스페인에서 이미 고속철도를 부설한 경험이 있으며 기술 이전에도 긍정적인 입장을 표명하였으나, 이전에 중국 심양−진황도 사이의 철도 구간에서 프랑스가 제공한 신호체계 계통에서 나타나는 잦은 사고와 고장 등이 전면적인 도입에 걸림돌로 작용하였다.[21]

전기를 동력으로 하는 고속철도의 부설 필요성은 에너지 및 환경 문제와도 밀접한 관련을 가지고 있었다. 2002년 중국의 교통 운송은 총 6,156.6만 톤의 석유를 소비함으로써 전국 석유 소비량의 24.8%를 차지하였으며, 이 가운데 도로교통이 석유 사용의 75% 이상을 차지하였다. 따라서 이에 상응하는 조치를 강구하지 않으면 2020년도 교통운수에서 소비되는 석유 수량은 총 2.56억 톤으로 전국 석유 소비량의 57%를 차지할 것으로 예측되었다.[22] 이렇게 된다면 중국 에너지 수급에

---

21) http://www.ynet.com/view.jsp?oid=2505566
22) 羅慶中, 「中國鐵路發展戰略的思考」, 『重慶技術』, 2005, p.173.

심각한 문제를 야기할 것임에 틀림없었다.

이러한 결과 교통 운수는 주요한 환경 오염원의 하나가 되고 있으며, 장래 그 정도가 더욱 심화될 것임에 틀림없었다. 중국 대도시의 일산화탄소 배출량의 60%, 탄화수소의 30%, 질산화합물의 50%의 오염원이 바로 교통기구로부터 배출되는 것이다.[23] 이에 비해 기차는 기타 운수 방식에 비해 차지하는 면적이 적고, 에너지 소비가 상대적으로 적으며, 더욱이 오염이 비교적 적은 효율적인 운수 방식인 것이다. 따라서 중국의 에너지문제, 환경, 자원 현황에 비추어 고속철도는 가장 효율적인 교통 운송 수단이 될 수 있을 것으로 인식되었다.

4. 경호고속철도의 경쟁력과 기대 효과

고속철도의 운행 방식에는 크게 바퀴를 사용하여 레일 위를 주행하는 바퀴식(Wheel-On-Rail)과 자력의 흡인 반발력을 사용하여 열차를 부상시켜 주행하는 자기부상식(Magnetic Levitation)의 두 가지 방식이 있다. 바퀴식 고속철도는 레일과의 점착력 한계로 시속 330km/h가 한계라고 생각했으나, 프랑스가 1990년 5월 남부지선 Vendome 구간에서 시속 513.3km/h의 시험운행에 성공함으로써 지속적으로 발전하고 있다. 자기부상식 고속철도는 독일, 일본 등에서 연구 중이며, 이미 지난 1997년 일본이 시속 550km/h의 속도를 갱신한 이래 시속 580km를 목표로 개발 중이다.[24]

중국은 1990년부터 고속철도 부설의 가능성을 타진하기 위한 연구를 시작하였으며, 1991년에 비로소 철도 부설에 대한 본격적인 연구에

---

23) 羅慶中, 「中國鐵路發展戰略的思考」, 『重慶技術』, 2005, p.174.

24) 「고속철도개요」(http://ktx.korail.go.kr/)

착수하였다. 1997년 3월 철도부는 국가계획위원회에 〈경호고속철도 부설건의서〉를 제출하였으며, 위원회는 1998년 9월 중국국제공정자문 공사에 이에 대한 평가를 의뢰하였다. 자문공사는 평가에서 고속철도 의 부설 방식에 대해 검토하였는데, 여기서 기존의 고속철도 운행방식 인 바퀴식과 자기부상열차 방식으로의 부설이 모두 고려되었다. 특히 1998년 당시 총리였던 朱鎔基가 경호고속철도를 자기부상방식으로 부 설할 수 있는 가능성에 대해 검토를 지시한 이후 바퀴식과 자기부상식 을 둘러싸고 격렬한 논쟁이 전개되었다.

자기부상식 고속철도의 장점은 소음이 매우 적고, 에너지 소모가 바 퀴식에 비해 현저히 적으며, 철도의 수명도 바퀴식이 35년 정도인데 비해 80년으로 유리한 점을 가지고 있었다. 더욱이 바퀴식으로 부설할 경우 운행 소요시간이 5-6시간인데 비해 자기부상식의 경우 3시간대 에 주파할 수 있다는 장점이 있었다. 그러나 자기부상열차는 기존의 고 속철도 방식에 비해 더욱 정밀하고 복잡한 구조와 부설 기술이 요구되 었으며, 더욱 복잡한 공전설비 및 통제시스템 등이 요구되었다. 이러한 결과 부설 가격이 바퀴식의 궤도고속철도를 크게 초과하였는데, 즉 2-3배나 많은 비용이 소요될 것으로 추정되었다. 즉 1,300킬로미터에 이르는 경호고속철도를 부설할 경우 바퀴식의 경우 매 킬로미터당 1억 원의 비용이 소요되어 총 1,300억 원의 예산 조달이 필요한데 비해, 자 기부상식의 경우 총 4,000억 원의 예산이 필요하다는 결론이 도출되었 다.[25] 더욱이 독일에서 발생한 자기부상열차의 사고 등 안전성에 문제 가 제기되었으며, 지금까지 상업화된 사례가 거의 없어 일본과 같은 바 퀴식 궤도고속철도의 부설 방식이 타당하다는 결론에 도달하였다.[26]

25) http://www.ynet.com/view.jsp?oid=2505566
26) 王喜軍, 「京滬高速鐵路建設方案淺析」, 『鐵道工程學報』70期, 2001.6, p.8.

철도로 보는 중국역사

경호고속철도는 자국 내의 철도 시공 등을 통해 철도 공사비를 대폭 경감하였다. 예를 들면 한국의 경우 서울에서 부산에 이르는 412킬로미터의 KTX 총 건설비용은 160억 달러로서 이를 중국인민폐로 환산할 경우 3천억 원이 된다. 경호고속철도가 매 킬로미터 당 1억 원의 소요되는 것을 감안하면 한국에 비해 투자비가 3분의 1에 불과한 실정이다.[27]

그렇다면 과연 경호고속철도가 완공된 이후 기존의 항공운수나 도로운수에 비해 경쟁력을 가질 수 있을 것인가. 여행 시간은 거리뿐만 아니라 운수 방식에 따른 보조시간이 계산되어야 한다. 즉 집을 나서서 비행기와 자동차, 기차를 타기 위해 비행장, 고속도로, 기차역에 이르는 시간을 보조시간이라고 한다. 비행장은 보통 도심으로부터 멀리 떨어져 있으며, 탑승 수속이 번잡하며 대기시간도 길다. 고속도로의 기점은 일반적으로 도심의 외곽에 위치하며 출구는 항상 번잡하기 마련이다. 그러나 기차역은 일반적으로 도심에 위치해 있으며 승차도 매우 편리하다. 따라서 일반적으로 300킬로미터 이하의 거리에서는 고속도로가 가장 경쟁력을 가지며 1,000킬로미터 이상의 장거리에서는 항공운수가 경쟁력을 가지며, 고속철도는 일반적으로 150-1,300킬로미터의 거리에서 경쟁력을 가지게 된다. 뿐만 아니라 고속철도의 최대 탑승 용량은 열차당 1,300명에 달하여 매일 20여만 명의 승객을 운송할 수 있을 정도이다. 항공기 탑승은 대당 300-400명, 매일 20회 계산이면 7,000-8,000명의 운송능력에 불과한 실정이다.

더욱이 고속철도는 정시성이라는 장점을 가지고 있다. 말하자면 운행시간이 정시에 맞추어 매우 정확하다. 예를 들면, 일본 신칸센의 경

27) http://www.kantsuu.com/news1/20060405133600.shtml

우 연착 시간이 1분을 초과하지 않으며, 스페인의 AVE 고속철도는 5분을 연착하면 운임 전체를 환불해 준다. 또한 고속철도는 안전성을 확보하고 있다. 1964년부터 일본이 신칸센을 개통하고 30여 년 이래 안전수송여객은 30여억 명이며, 유럽에서도 이미 5억 명을 운송하였는데 지금까지 사망사고가 발생하지 않았다. 전 세계 도로교통 사고는 매년 사망 인원이 25−30만 명에 이르며, 1994년 비행기 추락이 47대, 1,385명이 사망하였다. 그러나 고속철도는 기상의 영향도 받지 않으며, 현대화된 열차와 제어계측 등의 장치로 말미암아 기후 조건에 관계없이 안전하게 운행할 수 있다. 이밖에 고속철도는 사회경제적 효과가 매우 커서 여행시간을 단축하여 사회적 생산가치를 제고시킬 뿐 아니라 연선지역의 경제발전을 촉진시키는 기능을 가지고 있다.

경호고속철도를 부설한 이후 그 이용 가능성과 정도를 예측하기 위해 기존의 중국승객, 특히 북경 수도공항으로부터 제남, 상해, 남경, 항주, 상주 공항에 이르는 2,118명의 탑승객을 대상으로 경호고속철도의 이용 가능성에 대한 표본조사를 실시하였다. 우선 이들 2,118명 승객의 직업을 12군으로 분류해 보니 이 가운데 행정관리 인원, 기업관리 인원과 과학기술 인원이 전체의 86%를 차지하였으며, 이 가운데 최대의 승객이 바로 기업관리 인원으로서 31%를 차지하였다. 이들의 여행 목적은 출장이 57%, 회의 참석이 20%, 상업, 여행, 친척방문 등이 총 21%를 차지하였다. 이 가운데 17%만이 자비 여행객이었으며, 공비 여행객이 83%를 차지하였다. 이들의 연평균 장거리 교통 이용 회수는 18.58회로서 이 가운데 비행기가 13.68회, 기차가 3.62회, 자동차가 1.46회에 달하였다.[28]

28) 胡葉不, 「對京滬高速鐵路潛在市場的調查與分析」, 『鐵道運輸與經濟』24卷 4期, 2002.4, p.34.

이들 승객을 대상으로 교통수단의 선택 시 우선적으로 고려하는 요소를 조사하였는데, 비용을 고려하는 경우는 매우 낮아 5%에 불과하였다. 안전이 49%로 1위, 속도가 40%, 그 다음이 비용으로 5%, 다음이 직행 4%, 쾌적성이 2%에 달하였다. 경호고속철도가 시속 300km/h로 운행된다면 북경－제남 간의 항공이용객 가운데 80.3%가 고속철도의 이용을 선택하였다. 단지 19.7%의 여행객만이 비행기를 선택하였다. 북경－상주 사이는 거리가 비교적 멀어 고속철도의 이용을 희망한 승객이 상대적으로 감소하여 전체의 75.8%이며 나머지 24.2%가 항공을 이용하겠다고 대답하였다. 더욱 장거리인 북경－상해 간 승객은 고속철도가 65.7%, 항공 이용이 33.6%에 달하였다.[29] 북경－항주 간 승객 가운데 고속철도 이용 희망 승객은 61.8%, 나머지가 비행기 이용을 선택하였다. 종합적으로 분석해 볼 때, 경호 연선에서 약 70%의 항공기 탑승 승객들이 장차 고속철도의 이용을 희망하여 단지 30%만이 비행기 이용을 희망하였음을 알 수 있다.

가격을 살펴보면 1996년도 북경－상해 간 항공기 운임은 950원에 이르며, 같은해 철도 운임을 살펴보면 硬座(보통석) 198원, 硬臥(보통침대칸) 346원, 軟臥(상등침대칸) 519원에 달하였다. 한편 경호고속철도의 승차권 운임은 418원 정도인데, 이는 보통침대칸과 상등침대칸의 사이에 해당되는 가격이며, 항공기 운임의 44%에 상당한다.[30] 일반적으로 외국의 경우 고속철도의 운임은 민항 운임의 약 3분의 2에 상당한다. 이렇게 본다면 고속철도는 가격에서 경쟁력을 가지고 있다고 볼 수 있다.

29) 胡葉平,「對京滬高速鐵路潛在市場的調査與分析」,『鐵道運輸與經濟』24卷 4期, 2002.4, pp.34－35.
30) 胡叙洪,「系統論述京滬高速鐵路速度目標値的選擇」,『鐵道工程學報』65期, 2002. 3, p.19.

경호고속철도의 운임을 항공기 운임의 55%로 산정할 경우, 현재 북경
－상해 간의 운임이 1,130원(공항이용료 등 제외)으로 산정할 경우 600－700
원 정도로 추산되고 있다.31) 이와 같이 고속철도는 고속도로의 자동차
에 비해 더욱 빠르고 쾌적하며 안전성이 있고, 시간을 지킬 수 있으며,
전천후로 운행할 수 있는 장점을 가지고 있다. 항공 운수에 비해서도
가격과 안전, 접근성 등에서 우세하다고 할 수 있다.

더욱이 경호고속철도가 완공된 이후에 한중 간의 경제적 협력이 더
욱 강화될 수 있다는 가능성도 제기되었다. 한국에서는 평택, 인천과
그 대안인 산동, 요동 간의 열차 페리 연결이 구상되었다. 이렇게 된다
면 요동반도와 산동반도를 관통하고 있는 경호고속철도가 한중 간의
교역과 물동량의 적지 않은 부분을 담당할 가능성을 배제할 수 없다.
이는 한중 양국 간의 교역과 경제협력, 나아가 동북아의 상생과 발전을
위해서도 바람직한 방안으로 받아들여졌다.

이밖에 경호고속철도는 상해와 북경, 천진 등 연선지역의 경제발전
과 나아가 전체 중국경제의 성장을 견인하기 위해 매우 중요한 역할을
수행하게 될 것이다. 특히 경호고속철도의 종점인 상해는 중국경제 발
전의 견인차 역할을 수행하고 있으며, 세계 금융, 무역시장에서 차지하
는 비중도 매우 높다. 또한 이미 세계 500대 기업이 거의 모두 상해에
진출해 있을 정도로 앞으로의 발전이 더욱 기대되는 지역이다. 더욱이
상해 지역은 2010년도 상해세계박람회를 계기로 아시아뿐만 아니라 세
계적인 도시로 성장하고 있다.

상해지역은 바로 교통의 편리함에서 그 발전의 원동력을 찾을 수 있
을 것이다. 1930년대 상해는 동방의 파리로 불리울 정도로 아시아에서

31) http://news.xinhuanet.com/fortune/2006－04/04/content_4380708.htm

무역과 금융의 중심지였다. 역사적으로 상해가 이와같이 발전할 수 있었던 이유는 바로 열강이 중국에 손쉽게 접근할 수 있는 접근성, 즉 해상교통의 편리함에서 기인하였다고 해도 과언이 아니다. 상해는 바로 태평양으로 진출할 수 있는 지역에 인접해 있으며, 또한 장강의 입구에 위치해 있어 장강 및 기타 강남의 운하 등을 통해 중국 내지로 바로 통할 수 있는 교통의 요지였던 것이다. 이와같은 교통의 장점에 기초하여 상해는 중국 479개 도시 가운데 경제 발전의 정점에 서서 전체 중국경제의 성장을 견인하고 있다.[32]

상해지역의 3차산업이 차지하는 비중은 35-45% 정도이며, 이는 같은 규모의 국외 도시의 70%의 비중에 비해 훨씬 못미치는 현실이다.[33] 이러한 가운데 상해의 3차산업 비중이 곧 50%를 초과할 것으로 예상되며, 특히 이러한 3차산업의 발전에는 교통의 발전, 운송의 신속성 및 대량화 등이 관건이 된다. 상해는 국제도시로서의 발전 과정에서 상주인구 1,500만 명, 유동인구 300만 명의 규모로서 교통방면에서도 고속화가 추진되고 있으며, 수도 북경을 비롯하여 각 대도시와의 신속한 물자 및 인원의 교류 및 유동이 도시의 발전에서 매우 중요함은 말할 나위도 없다.

---

32) 孫有望, 徐行方, 「京滬高速鐵路與上海城市發展的關係」, 『上海鐵道學院學報』, 同濟大學出版社, 1988, p.124.

33) 世界大城市規劃與建設編寫組, 『世界大城市規劃與建設』, 同濟大學出版社, 1988, pp.29-54.

|도표 128| 상해의 야경

|도표 127| 상해의 마천루

5. 경호고속철도의 개통과 중국경제의 발전

2008년 4월 18일 국무원총리 溫家寶는 북경에서 개최된 경호고속철도의 부설을 위한 개공식에 참석하였다. 이후 2011년 6월 30일 경호고속철도는 정식으로 개통을 내외에 선포하였다. 경호고속철도는 총연장 1,318킬로미터로 세계 최장의 고속철도이며, 총 투자액은 2209.4억원에 달하였다. 이와같은 규모는 중화인민공화국 수립 이래 단기성 투자로서 가장 방대한 규모를 자랑하고 있다.

경호고속철도는 총연장 1,307킬로미터(약 24개 역), 총 사업비 약 160억 달러(약 18조 원, 138억 원/km)이며, 수송 능력은 여객 6,000만 명/년(16만명/일)에 달한다. 경호고속철도 구간은 북경을 출발하여 천진, 제남, 서주, 남경을 경유하여 상해까지의 구간으로 노선은 대체로 경호철도 기존선과 평행하게 부설되도록 입안되었다. 북경, 천진, 상해 3개 직할시, 하북, 산동, 안휘, 강소 4개 성을 통과하며, 해하, 황하, 회하, 장강의 4대강을 건넌다.

　최고 시속은 380km/h에 달하며, 평시 310km/h로 운행되고 있다. 열차는 1년에 운송 승객이 편도 8천여만 명에 달하며, 북경남역에서 상해 虹橋역까지 4시간 48분만에 주파한다. 북경에서 상해까지 기차표는 2등석이 555원, 1등석이 935원, 상무석(관광석)이 1,750원에 달한다. 경호고속철도의 여객운송량은 2015년에 80억 회, 2020년에 102억 회, 2030년에 105억 회에 달할 것으로 예측되며 전국 총량의 23% 정도를 점유할 것으로 예측된다.[34]

　경호고속철도는 개통 이래 기존의 경호철도와 객화의 역할 분담을 실현하였다. 다시 말해, 기존의 경호철도는 주로 화물의 운수에 집중하고 있으며, 경호고속철도는 객운 전용선으로 운영되고 있다. 경호고속철도는 매년 운송 여객수량이 8,000여만 명에 달하며, 기존의 경호철도를 통해서는 매년 1.3억 톤에 달하는 화물을 운송하고 있다. 더욱이 경호고속철도는 중국의 독자적인 기술과 표준을 동원하여 완공함으로써 독립적인 기술표준과 지적재산권을 보유하고 있으며, 통신, 신호, 전기 공급체계 등에서도 국제적인 표준을 만족시키고 있다.

　경호고속철도는 기존의 경호철도로 집중된 화물 및 여객의 압력을 상당 부분 해소하였으며, 중국 동부 연안지역의 현대화 노력에 크게 기여하고 있다. 또한 교통운수체계를 정비하고 발전시켜 나감으로써 동부 연안지역의 교통문제의 해소에 기여하였다. 뿐만 아니라 철도가 차지하는 부지가 상대적으로 적으며, 에너지 소모의 최소화를 실현함으로써 환경보호에도 크게 기여하고 있다. 이를 통해 전체 사회의 운수 비용을 절감함으로써 경제 발전과 인구, 자원, 환경의 상호 조화를 실

---

34) 郭雪萌, 「京滬高速鐵路建設對我國經濟發展的影響」, 『綜合運輸』2006年 8, 9期, p.40.

현하고 있다.

2004년 국무원총리 溫家寶는 국무원 제34차 상무회의에서 〈중장기 철로망계획〉을 비준하였는데, 이것은 중국철도 역사상 첫 번째로 만들어진 중장기 발전계획이라고 할 수 있다. 계획에 따르면 2020년까지 중국철도의 영업선은 총연장 10만 킬로미터에 달하게 되며, 이 가운데 시속 200km/h 이상의 여객 전용선이 1만 2천 킬로미터에 달하도록 기획되어 있다. 2007년 10월 국무원 제195차 상무회의는 다시 〈종합교통망중장기발전계획〉을 비준하여 확정하였는데, 여기서 2020년까지 중국고속철도의 총 규모를 1만 8천 킬로미터로 하기로 결정하였다. 뿐만 아니라 중국은 고속열차의 제조에서도 제조원가의 절감에 힘써 구매가격이 스페인에 비해 14% 저렴하고, 한국에 비해 20%, 대만에 비해 40% 저렴하여 가격경쟁력을 갖추고 있다.[35]

중국정부는 2020년이 되면 중국 전역을 철도를 통해 종횡으로 연결하는 장기적인 계획을 수립하였으며, 총연장은 1만 2,500킬로미터에 달할 것이다. 구체적인 노선은 다음과 같다.[36]

가. 4종(綜)

1) 북경-상해 : 총연장 1,318킬로미터, 북경, 천진, 상해 3개 도시와 하북, 산동, 하남, 소주의 4개 성을 관통하며, 환발해와 장강삼각주의 양대 경제구역을 연결한다.

2) 북경-무한-광주-심천 : 총연장 2,260킬로미터, 화북과 화중, 화남지역을 상호 연결한다.

3) 북경-심양-하얼빈(대련) : 총연장 1,700킬로미터, 동북과 관내

---

35) 梁成谷, 「探尋中國高速鐵路發展模式」, 『中國鐵路』 2008年 9期, p.6.
36) 何華武, 「快速發展的中國高速鐵路」, 『中國鐵路』 2006年 7期, p.23.

지역을 연결한다. 진황도-심양 구간은 이미 2003년도에 완공되었다.

4) 항주-영파-복주-심천 : 총연장 1,600킬로미터, 장강과 주강삼각주, 그리고 동남 연해지방을 상호 연결한다.

나. 4횡(橫)

1) 서주-정주-난주 : 총연장 약 1,400킬로미터, 서북과 화북지방을 연결한다.

2) 항주-남창-장사 : 총연장 880킬로미터, 화중과 화동지방을 연결한다.

3) 청도-석가장-태원 : 총연장 770킬로미터, 화북과 화동지방을 연결한다.

4) 남경-무한-중경-성도 : 총연장 1,600킬로미터, 서남과 화동지방을 상호 연결한다.

첫째, 경호철도는 북경, 천진, 상해를 비롯하여 환발해지역, 산동반도, 장강삼각주, 장강 중하류 경제구역의 발전을 촉진할 것이다. 이를 통해 북경을 정치 문화의 중심으로 자리매김하게 되고, 상해를 국제경제, 금융, 무역, 항운의 경제중심지역으로 발전시킬 것이며, 더욱이 연선지역의 도시화를 촉진하게 될 것이다.

둘째, 경호철도의 완성은 동부 연안지역의 발전을 촉진시키고, 다시 이를 통해 서부지구 및 전국경제에 대한 파급효과를 기대할 수 있다. 이러한 과정을 통해 철도 및 기타 관련산업의 발전을 견인하고 나아가 전국경제의 발전으로 이어지게 될 것이다.

셋째, 북경-상해 연선지역의 교통상 병목현상을 해소함으로써 연선

도시 사이의 여행 및 왕래를 활성화하게 된다.

넷째, 연선지역의 시공 개념을 단축시켜 투자환경을 조성할 것이며, 토지 가격의 상승 및 지역경제의 활성화에 기여한다.[37]

다섯째, 경호고속철도의 완성 이후 연선지구의 GDP가 19-21% 제고될 것으로 예측된다.

이와 같이 경호고속철도는 북경, 천진, 상해와 환발해지역, 그리고 장감삼각주의 경제구역을 더욱 긴밀하게 연계할 것이다. 더욱이 각 지역의 투자 우위에 근거하여 생산이 재배치될 것이며, 그 결과 동부 연안지역의 경제적 효과가 전국으로 파급되게 될 것이다.

결론

중국철도는 1876년 영국상인들이 부설한 오송철도에서 시작되는데, 이로부터 130여년이 지난 2010년 최초의 고속철도인 경호고속철도가 완공되었다. 오송철도가 상해를 기점으로 하였듯이 경호고속철도 역시 상해를 기점으로 북경에 이르는 노선으로서, 21세기 중국의 경제성장 동력으로 중국정부가 야심차게 기획한 국가 대형 프로젝트이다. 현재 상해의 교통망 가운데 장거리 승객과 화물의 신속한 운송이 특히 심각한 문제로 대두되고 있다. 비록 북경과 상해 사이에는 이미 철도가 운행되고 있지만 그러나 도시의 급속한 발전으로 말미암아 승객과 화물의 운송량이 급증하여 포화상태에 이르렀을 뿐만 아니라 특히 운송 속도는 시급히 개선되어야 할 과제로 지적되어 왔다.

이러한 의미에서 경호고속철도의 부설은 북경 중심의 화북 경제권역

---

37) 郭雪萌, 「京滬高速鐵路建設對我國經濟發展的影響」, 『綜合運輸』2006年 8, 9期, p.39.

과 상해를 중심으로 하는 화중의 경제권역을 연계할 뿐만 아니라, 환발해 경제지역과 장강삼각주 경제지역을 긴밀히 연계시키게 될 것이다. 2005년 북경 지역의 총 생산액은 6814.5억 원에 달하며, 천진은 3,663.86억 원, 하북성은 10,116.6억 원에 달하고 있다. 이들 지역은 북경을 중심으로 하는 선진적인 경제권역으로 분류할 수 있다. 이와함께 상해를 중심으로 하는 상해, 강소, 절강의 상해경제권역은 2005년 현재 총생산액이 각각 9,143.95억 원, 18,272.12억 원, 13,365억 원에 달하며 연 11.1%, 14.5%, 12.4%의 성장률을 기록하고 있다. 2010년 경호고속철도가 완공된 이후 이들 양대 경제권역이 긴밀한 연계된다면 중국경제 성장에 시너지효과를 가져올 것임에 의심의 여지가 없다.[38]

물론 고속철도의 부설로 인해 북경과 상해 등 연안 성시지역으로의 경제력과 인구 이동, 교육, 노동시장, 사업의 집중화 현상 등은 충분히 예상할 수 있으며, 이러한 이유에서 결과적으로 개혁개방 이후 출현하고 있는 사회적, 계층적 불균형과 사회적 부의 집중현상을 가속화시킬 우려가 있는 것도 사실이다. 그럼에도 불구하고 과거의 경험에서 보이듯이 발전도상의 중국경제가 일정한 수준에 도달하기 이전에는 다소간의 사회적 비용을 지불하더라도 경제성장의 동력을 집중화시킬 필요가 있다고 보여진다. 1949년 중화인민공화국의 수립 이전에도 중국은 이미 상해와 청도, 천진 등 소수 연안도시의 발전을 국가 경제 성장의 동력으로 활용한 바 있으며, 개혁개방 이후에도 동부 연안지역의 선진적인 도시가 경제 발전을 선도적으로 이끌어 온 역사적 경험은 아직 유효성을 가지고 있다고 생각된다.

이와같이 경호고속철도는 중국경제가 가장 발전한 동부 연안지역을

---

38) http://news.xinhuanet.com/fortune/2006-04/04/content_4380502.htm

관통하는 철도로서 노동생산성을 증대시킬 것이며, 시장경제의 활성화와 소득 수준의 향상에 기여하게 될 것이다. 또한 경호고속철도는 전국 정치, 문화의 중심이며 경제관리 중심인 수도 북경과 환발해 경제지구의 중심지인 천진, 그리고 중국 최대의 공업중심지인 상해 등 3개 지역을 더욱 긴밀하게 일체화하게 될 것이다. 이밖에 연선은 산동성 성도인 제남과 철도교통의 중심인 서주, 강소성 성도이며 장강 교통의 중심인 남경, 경제 선진지역이며 가공공업의 중심인 상주, 무석, 소주 등의 도시를 긴밀하게 일체화하게 될 것이다. 이렇게 볼 때, 경호고속철도는 21세기 중국의 비상과 굴기를 위한 견인차라고 해도 과언이 아닐 것이다.

참고문헌

신문, 잡지

『東亞日報』

『朝鮮日報』

『京城日報』

『國民新聞』

『大阪每日新聞』

『大阪時事新報』

『大阪新報』

『大阪朝日新聞』

『滿洲日報』

『滿州日日新聞』

『釜山日報』

『時務報』

『時事新報』

『申報』

『神戶新聞』

『神戶又新日報』

『國民報』

『大公報』

『大阪新報』

『東京日日新聞』

『東方雜誌』

『神戶又新日報』

『外交時報』

『盆世報』

『大阪商工會議所月報』

『東方雜誌』

『支那』

『滿鐵調查月報』

『The North China Herald』

일본정부관련문서

日本外務省, 『滿蒙問題ニ關スル交涉一件1』, 1931.

日本外務省, 『滿蒙問題ニ關スル交涉一件2』, 1931.

日本外務省, 『安奉鉄道関係雑纂』第二卷-3, 1909.

日本外務省, 『清国ニ於テ日本商品同盟排斥一件』第八卷-1, 1909.9.

日本外務省, 『清国ニ於テ日本商品同盟排斥一件』第八卷-2, 1909.9.

日本外務省, 『清国ニ於テ日本商品同盟排斥一件』第八卷-3, 1909.9.

日本外務省, 『清国ニ於テ日本商品同盟排斥一件』第八卷-4, 1909.9.

日本外務省, 『滿蒙問題ニ關スル交涉一件／滿蒙鐵道交涉問題』, 1909.

日本外務省, 『日本外交年表竝主要文書』上, 原書房, 1965.

日本外務省, 『日本外交年表竝主要文書』下, 原書房, 1965.

日本外務省, 『東支鉄道関係一件／鉄道讓渡問題』, 1929.

日本外務省, 『東支鉄道蘇側持株対米讓渡関係』, 1930.

日本外務省, 『蘇連ノ滿州国承認ニ関スル件』, 1932.10.

日本外務省 歐美局, 『支那の東支鉄道買收問題に關する』, 1929.

日本外務省, 『日本へ讓渡関係』分割2, 1933.

日本外務省, 『日本外交文書滿洲事變』, 1981.

日本外務省, 『安奉鉄道関係雑纂』第二卷-3, 1909.

日本外務省, 『明治四十一年中ニ施行又ハ計劃セル事務ノ概要調書』, 1909.

日本外務省, 『鮮滿鐵道連絡一件』(『日本外交文書』44權 2册), 1911.

日本外務省, 『國境列車直通運轉に關する日淸協約調印書』, 1911.11.2.

日本外務省, 『鐵道による對滿貿易發展策に關する意見書』, 1911.12.22.

日本外務省, 『滿蒙問題ニ關スル交涉一件1』, 1931.

日本外務省, 『各種情報資料陸軍省新聞発表(新聞發表 第938號)』(연대불명)

日本外務省, 『日本外交年表竝主要文書』上, 原書房, 1965.

日本外務省, 『日本外交文書』30卷(1897), 日本國際連合協會, 1964.

日本外務省,『日本外交文書』41卷1冊, 日本國際連合協會, 1964.

日本外務省,『各種情報資料‧陸軍省新聞発表 (新聞發表第 938號)』(연대불명)

日本外務省,『滿蒙問題ニ関スル交渉一件/滿蒙鉄道交渉問題』(연대불명)

日本外務省,『滿受大日記(普) 其6:東北事變の國際觀其他雜入者摘要』, 1933.4.1.

日本外務省,『滿州事変,支那兵ノ滿鉄柳条溝爆破ニ因ル日‧支軍衝突関係/排日‧排貨関係』第六卷.(연대불명)

日本外務省,『吉會鐵道關係(2)』(연대불명)

日本外務省亞細亞局,『機密院報告−張作霖の外人保護令』, 1928.3.

日本外務省亞細亞局,『最近支那關係諸問題摘要』, 1923.12.

日本外務省理財局國庫課,『支那鐵道國際管理問題參考資料』3卷, 1919.3.

日本外務省通商局監理課,『鮮滿國境三分ノ一減稅卜支那陸境關稅問題』, 1921.10.

日本外務省,『吉會線問題方ノ件』, 1929.1.

日本外務省,『中国港湾修築関係雑件/連山湾関係 (胡蘆島築港)』, 1930.1.25.

鶴見鎭,『吉会鉄道関係』第一卷, 日本外務省, 1911.

日本外務省理財局國庫課,『支那鐵道國際管理問題參考資料』3卷, 1919.3.

陸軍省調査班,『滿洲事變經過ノ概要』, 1931.12.15.

關東軍參謀本部,『支那國際管理問題に對する研究』, 1923.

關東廳警務局高等警察科,『東北官憲ノ對日訓令集』, 1931.

關東都督府民政府,『滿蒙經濟事情』11號, 滿洲日日新聞社, 1917.7.10.

日本參謀本部,『秘密日露戰爭史』, 巖南堂書店, 1977.

日本參謀本部,『最近支那ニ於ケル對外思潮ノ傾向』, 1924.8.13.

安東木部領事,『鉄道貨物ニ対スル三分ノ一減稅問題』第一卷, 1911.10.29.

日本公使館武官,『最近支那に於ける歐美人被害事件』, 1923.12.

日本公使館武官 林彌三吉,『隴海鐵道土匪列車襲擊ニ關スル件報告』, 1924.10.18.

日本鐵路總局,『敦化圖們間鐵道の完成と日滿關係』, 1933.

日本海軍軍令部,『支那鐵道國際管理に關する利害』, 1919.4.22.

滿鐵北京公所硏究室編, 『支那鐵道槪論』, 中日文化協會, 1927.9.

滿鐵 調査課, 『滿蒙鐵道の社會及經濟に及ぼせる影響』, 1931.7.

滿鐵 調査課 資料係, 『滿洲ニ於ケル排日運動ノ實例』, 1931.9.15.

滿鐵 工務課, 『南滿洲鐵道安奉線紀要』, 1913.

南滿洲鐵道株式會社, 『北滿洲と東支鐵道』上, 大阪每日新聞社, 1928.

朝鮮軍參謀部, 『張作霖の排日に対する秘密訓令に関する件』, 1924.6.14

朝鮮拓植銀行, 『敦圖線及其終端港』, 1933.

朝鮮總督官房文書課, 『間島韓民保護に關する施設』, 朝鮮總督府, 1930.8.

朝鮮總督府鐵道局, 『鴨綠江橋梁工事槪況』, 1914.

日本鐵道省, 『日本鐵道史』上 下篇, 1920.

日本鐵路總局, 『敦化圖們間鐵道の完成と日滿關係』, 1933.9.

『機密院會議-附滿蒙ニ関スル外交報告』, 1927.12.30.

『昭和四年』, 1929.

駐中日本公使館武官, 『支那ノ現狀ト國際管理論』, 1921.1.27.

국문

저서

김지환역, 『구중국 안의 제국주의 투자』, 고려원, 1992.

유신순저, 신승하외역, 『만주사변기의 중일외교사』, 고려원, 1994.8.

金起田, 『朝鮮及國際條約集要』, 天道敎靑友黨本部, 1932.7.

정재정, 『일제침략과 한국철도』, 서울대학교출판부, 2004.

조진구편, 『동아시아 철도네트워크의 역사와 정치경제학Ⅰ』, 리북출판사, 2008.

강성학, 『시베리아횡단철도와 사무라이』, 고려대학교출판부, 1999.

서진영, 『현대중국정치론』, 나남출판, 1997.10.

구대열, 『한국 국제관계사 연구1』, 역사비평사, 2003.

차웅환, 『1920년대 초 북경군벌정부와 열강』(서울대동양사학과 석사학위논문), 1988.

堀川哲南著, 王載烈譯, 『孫文과 中國革命』, 역민사, 1983.9.

석화정, 『러시아의 동아시아 정책』, 지식산업사, 2002.5.

金起田, 『朝鮮及國際條約集要』, 天道敎靑友黨本部, 1932.7.

김일성, 『일제의 길회선 철도 부설공사를 저지 파탄시키자』(1928년10월7일), 조선로동당출판사, 1987.

송한용, 『동북군벌과 일본』, 서도문화사, 2002.

논문

김지환, 「제정러시아의 제국주의와 東方政策의 역사적 고찰:東淸鐵道를 둘러싼 중러관계의 변화를 중심으로」, 『中國學報』50, 2004.12.

김지환, 「間島協約과 日本의 吉會鐵道 부설」, 『中國史硏究』34, 2005.2.

김지환, 「중국 국민정부 철도부의 성립과 隴海鐵道」, 『東亞硏究』49, 2005.8.

김지환, 「中國 東北地域 상품유통망의 변화와 東淸鐵道의 매각」, 『歷史學報』217, 2013.3.

김지환, 「安奉鐵道 改築과 中日協商」, 『中國近現代史硏究』59, 2013.9.

김지환, 「滿鐵과 東北交通委員會」, 『中國近現代史硏究』40, 2008.12.

김지환, 「중국 철도 共同管理案과 北洋軍閥政府」, 『東洋學』43, 2008.

송한용, 「일본과 장학량의 철도교섭」, 『용봉논총』30, 2001.12.

정재정, 「근대로 열린 길, 철도」, 『역사비평』2005년 봄호, 2005.2.

정재정, 「韓末·日帝初期 鐵道運輸의 植民地的 性格」上, 『韓國學報』8-3, 1982.

이수석, 「일본제국주의 정책과 한반도 철도건설의 역사」, 『동아시아 철도네트워크의 역사와 정치경제학』I, 리북출판사, 2008.

유범식, 「한국의 철도부설과정」, 『經商評論』4, 1977.

김영숙, 「東支鐵道 매각 문제를 둘러싼 동아시아 외교관계」, 『한국일본어문학회학술발표대회논문집』2005-7卷, 2005.

김영숙, 「중동철도 매각 문제와 동아시아 외교관계」, 『일본학보』68, 2006.8.

송한용, 「중동로사건에 대한 일본의 대응과 영향」, 『역사와 담론』31, 2001.

김호동, 「1864년 신강 무슬림반란의 초기경과」, 『동양사학연구』24, 1986.

石和靜, 「위떼의 東淸鐵道 부설권 획득 경위」, 『中蘇硏究』71, 1996. 가을.

鄭鎭奉, 「洋務運動期 철로부설에 대한 일고찰」, 『釜山史學』28, 1995.

중문

저서

徐繼畬, 『瀛環志略』(中國木版本, 서초동국립중앙도서관소장), 1873.

魏源, 『海國圖志』62部 (中國木版本, 서초동국립중앙도서관소장), 1876.

『淸季外交史料』106卷 4-6 (1895.1.21), 文海出版社, 1964.

『淸季外交史料』106卷 19 (1895.1.26), 文海出版社, 1964.

『淸季外交史料』110卷 18 (1895.4.6), 文海出版社, 1964.

『淸季外交史料』115卷 19-20 (1895.5.16), 文海出版社, 1964.

『淸季外交史料』119卷 25 (1895.12.27), 文海出版社, 1964.

『淸季外交史料』120卷 21 (1896.3.24), 文海出版社, 1964.

『淸季外交史料』121卷 5 (1896.4.29), 文海出版社, 1964.

湖南農民協會編, 『湖南省第一次代表大會宣言及決議案』, 1926.12 .

北京大學法律係國際法敎硏室編, 『中外舊約章彙編』第一冊-2, 三聯書店, 1959.

北京大學法律係國際法敎硏室編, 『中外舊約章彙編』第二冊-1, 三聯書店, 1959.

北京大學法律係國際法敎硏室編, 『中外舊約章彙編』第二冊-2, 三聯書店, 1959.

吳汝綸編, 『李文忠公全集-奏稿』17卷, 文海出版社, 1965.

『飮冰室合集·文集』, 中華書局, 1936.

宓汝成, 『近代中國鐵路史資料』(中), 文海出版社, 1963

宓汝成, 『中國近代鐵路史資料』1冊, 中華書局, 1984.

宓汝成, 『近代中國鐵路史資料』上冊, 文海出版社, 1977.

宓汝成, 『近代中國鐵路史資料』上·中·下, 台北文藝出版社, 1977.

宓汝成, 『中華民國鐵路史資料』, 社會科學文獻出版社, 2002.

楊家駱主編, 『太平天國文獻彙編』卷二, 鼎文書局, 1973.

嚴中平, 『中國近代經濟史統計資料選輯』, 科學出版社, 1955.8.

陳眞, 『中國近代工業史資料』第4輯, 三聯書店, 1961.

孫文, 『孫中山全集』二卷, 中華書局, 1982.

戴執禮, 『四川保路運動史料』, 科學出版社, 1957.

姜明淸, 『鐵路史料』, 國史館, 1992.5.

『四川辛亥革命史料』上, 四川人民出版社, 1982.

彭澤益, 『中國近代手工業史資料』2卷, 中華書局, 1984.

中國第二歷史檔案館編, 『中華民國史檔案資料匯編』第三輯(外交), 江蘇古
　　籍出版社, 1991.

孫文, 『孫中山全集』二卷, 中華書局, 1982.

『張學良文集』上冊, 新華出版社, 1997.

王光析, 『李鴻章遊俄紀事』, 臺灣中華書局, 1962.3.

李國祁, 『中國早期的鐵路經營』, 中央研究院近代史研究所, 1961.5.

李抱宏, 『中國鐵路發展史』, 三聯書店, 1958.

吳相湘, 『帝俄侵略中國史』, 國立編譯館, 1964.

許滌新, 吳承明, 『舊民主主義革命時期的中國資本主義』, 人民出版社,
　　1990.

傅啓學, 『中國外交史』上, 臺灣商務印書館, 1972.

傅啓學, 『中國外交史』, 臺灣大學法學院, 1957.

蕭一山, 『淸代通史』下, 商務印書館, 1967.5.

李國祁, 『張之洞的外交政策』, 中央研究院近代史研究所, 1970.5.

劉培華, 『近代中外關係史』, 北京大學出版社, 1991.

李抱宏, 『中國鐵路發展史』, 三聯書店, 1958.

上海市地方誌協會, 『上海市地方誌』7篇 (上海陸上交通－交通·郵電), 2003.

李國祁, 『中國早期的鐵路經營』, 中央研究院近代史研究所, 1976.12.

曾鯤化, 『中國鐵路史』, 文海出版社, 1924.

曾鯤化, 『中國鐵路史』1冊, 文海出版社, 1973.

肯德著, 李包宏譯, 『中國鐵路發展史』, 三聯書店, 1958.6.

樂正, 『近代上海人社會心態1860－1910』, 上海人民出版社, 1991.

金士宣, 『中國鐵路發展史』, 中國鐵道出版社, 1986.11.

金士宣, 『中國鐵路發展史』, 中國鐵道出版社, 2000.

李占才, 『中國鐵路史』, 汕頭大學出版社, 1984.6.

中國史學會, 『辛亥革命』, 人民出版社, 2000.

李新, 『中華民國史』, 中華書局, 1982.

隗瀛濤, 『四川保路運動史』, 四川人民出版社, 1981.

李占才, 『中國鐵路史』, 汕頭大學出版社, 1994.

孔經緯, 『日俄戰役至抗戰勝利期間東北的工業問題』, 遼寧人民出版社, 1958.

楊勇剛, 『中國近代鐵路史』, 上海書店出版社, 1997.

陳覺, 『國難通史』, 遼寧出版社, 1991.

『中外舊約章彙編』, 三聯書店, 1959.

『中國交通年鑑-1999』, 中國交通年鑑社, 2000.

王林, 『山東近代災荒史』, 齊魯書社, 2004.8.

貝思飛, 『民國時期的土匪』, 上海人民出版社, 1991.

張靜如, 『北洋軍閥統治時期中國社會之變遷』, 中國人民大學出版社, 1992.

齊錫生, 『中國的軍閥政治(1916-1928)』, 中國人民大學出版社, 1991.

章伯鋒, 『北洋軍閥』4卷, 武漢出版社, 1990.

社會科學院近代史研究所, 『顧維鈞回憶錄』1, 中華書局, 1985.

王曉華, 李占才, 『艱難延伸的民國鐵路』, 河南人民出版社, 1993.

陳樹曦, 『中華民國史交通志』, 國史館, 1993.

郭廷以, 『近代中國史綱』上, 中文大學出版社, 1980.

苑書義, 『中國近代史新編』, 北京人民出版社, 1986.

張其昀, 『建國方略研究』, 中國文化研究所, 1962.10.

楊承訓, 『三十年來之中國工程(下)』, 華文書局, 1967.8.

吳相湘, 『第一次中日戰爭』, 正中書局, 1959.5.

沼田市郎, 『日露外交史』, 大阪屋號書店, 1943.

蔣廷黻編, 『近代中國外交史資料輯要』中, 商務印書館, 1959.5.

劉培華, 『近代中外關係史』, 北京大學出版社, 1991.

傅啓學, 『中國外交史』, 臺灣大學法學院, 1957.

劉培華, 『近代中外關係史』下, 北京大學出版社, 1991.

蕭一山, 『淸代通史』下, 商務印書館, 1967.5.

王紹坊, 『中國外交史』, 河南人民出版社, 1988.

吳相湘, 『第一次中日戰爭』, 正中書局, 1959.5.

李抱宏, 『中國鐵路發展史』, 三聯書店, 1958.6.

李國祁, 『中國早期的鐵路經營』, 中央硏究院近代史硏究所, 1961.5.

王紹坊, 『中國外交史』, 河南人民出版社, 1988.

傅啓學, 『中國外交史』, 臺灣大學法學院, 1957.

胡繩, 『帝國主義與中國政治』, 北京人民出版社, 1961.

王光析, 『李鴻章遊俄紀事』, 臺灣中華書局, 1962.3.

王成組, 『民國經濟史』, 華文書局, 1948.1

王紹坊, 『中國外交史』, 河南人民出版社, 1988.

梁爲楫, 鄭則民主編, 『中國近代不平等條約選編與介紹』, 中國廣播電視出版社, 1993.

褚德新, 梁德主編, 『中外約章滙要』, 黑龍江人民出版社, 1991.

王紹坊, 『中國外交史』, 河南人民出版社, 1988.

논문

金志煥, 「韓國人眼中的臨城劫車案-匪巢探險記」, 『近代史資料』118號(中國社會科學院近代史硏究所), 2008.9.

王業鍵, 「甲午戰爭以前的中國鐵路事業」, 『中央硏究院歷史語言硏究所集刊』31, 1960.12.

高志華, 「李鴻章與中國早期鐵路」, 『學術界』1999年 1期.

郭洪茂, 「日本收買中東鐵路淺析」, 『社會科學戰線』1997年 2期.

丘松慶, 「南京國民政府初建時期的鐵路建設述評」, 『中國社會經濟史硏究』2000年 4期.

羅慶中, 「中國鐵路發展戰略的思考」, 『重慶技術』, 2005年.

梁建中, 「悲哀的命運-中國第一條鐵路覆亡記」, 『中州今古』2004年 6期.

连振斌, 「锡良與安奉铁路交涉」, 『兰台世界』2013年 4期.

凌鴻勛, 「新疆之交通」, 『新疆硏究』, 中國邊疆歷史語文學會, 1964.

林長民, 「鐵路統一問題」, 『時事旬刊』7期, 1920.7.

馬永山, 「日俄戰爭后東北地方官反對日本掠奪路鑛利權的抗爭」, 『史學集刊』1998年 4期, 1998.10.

馬長林, 周利敏, 「吳淞鐵路的斥除及其影響」, 『檔案與史學』2002年 3期.

別林, 「臨城劫車案引發的中外交涉」, 『四川師範大學學報』32卷 4期, 2005.7.

北京大學法律係國際法敎硏室編, 『中外舊約章彙編』第2冊-2, 北京三聯書店, 1959.

史效邴, 「金達與中國鐵路」, 『鐵道知識』2004年 2期.

薩福均, 「三十年來中國之鐵路工程」, 『三十年來之中國工程』(上), 華文書局, 1967.

徐伯達, 「蘇俄對新疆之侵略」, 『新疆硏究』, 中國邊疆歷史語文學會, 1964.

徐有威, 「一位女洋票眼中的临城劫车案」, 『民國春秋』1999年 2期.

薛理勇, 「淞滬鐵路的興建和拆除」, 『舊上海租界史話』, 上海社會科學院出版社, 2002.2.

孫有望, 徐行方, 「京滬高速鐵路與上海城市發展的關係」, 『上海鐵道學院學報』, 同濟大學出版社, 1988.

沈杜榮, 「國民政府與開發西北」, 『固原師專學報』15卷(總第50期), 1994年 3期.

沈印鸞, 「临城劫车案性质初探」, 『枣庄师专学报』1998年 4期.

沈志雲, 「京滬高速鐵路建設」, 『中國工程科學』2卷 7期, 2000.7.

约翰, 本杰明, 「匪巢历险记:一个外国记者回忆临城劫车案」, 『文史精华』1996年 4期.

嚴志梁, 「關于間島問題」, 『歷史敎學』1997年 5期, 1997.10.

吳劍傑, 「張之洞與近代中國鐵路」, 『武漢大學學報』1999年 3期.

吳鳳維, 「建設京滬高速鐵路的必要性與緊迫性」, 『中國鐵路』1999年 6期.

吳晏, 「淞滬鐵路創建始末」, 『20世紀上海文史資料文庫』, 上海書店出版社, 1999.9.

吳惠芳, 「社會盜匪活動的再商確-以臨城劫車案爲中心的探討」, 『近代史硏究』1994年 4期.

王繼傑, 「淞滬鐵路通車」, 『舊上海社會百態』, 上海人民出版社, 1991.2.

철도로 보는 중국역사

王鳳賢, 「九一八事變與蘇聯出售中東鐵路」, 『龍江黨史』1996年 2期, 1966.

王秀田, 「经济侵华的铁证—简述日本对安奉铁路的改築」, 『兰台世界』2006年 19期.

汪朝光, 「臨城劫車案及其外交交涉」, 『南京大學學報』2005年 1期.

王學典, 「臨城劫車案述論」, 『齊魯學刊』1983年 5期.

王喜軍, 「京滬高速鐵路建設方案淺析」, 『鐵道工程學報』70期, 2001.6.

俞彤, 「日本強築安奉铁路始末」, 『丹东师专学报』2002年 1期.

劉三林, 「清政府興築鐵路國策的確立」, 『歷史教學』1994年 1期.

劉愛華, 「淺談蘇聯出售中東鐵路的動因及其消極影響」, 『哈爾濱市委黨校學報』69期, 2010.5.

俞政, 「吳淞鐵路事件中最佳方案的尋求」, 『蘇洲大學學報』1991年 2期.

陸茂清, 「1923: 綁架洋票」, 『史海鉤沉』1997年 12期.

尹虹, 「安奉铁路改築」, 『黨史纵横』2002年 12期.

尹虹, 「安奉铁路改築始末」, 『黨史纵横』2002年 12期.

林慶元, 「從吳淞路案和建平教案看沈葆楨的涉外態度」, 『福建論壇』1994年 3期.

任松, 「從"滿蒙鐵路交涉"看日滿關係」, 『近代史研究』1994年 5期.

任潤堂, 「京滬鐵路採用輪軌高速系統擴能的合理性」, 『鐵道工程學報』65期, 2000.3.

任卓宣, 「辛亥革命四川起義論」, 『四川文獻』168卷, 1978.9.

張景泉, 「朝鮮北部三港及其對中國東北貿易的影響」, 『吉林師範學院學報』1995年 7期.

張德良, 「中日鐵路交涉案與九一八事變」, 『黨史縱橫』1997年 12期.

蔣永敬, 「臨城劫案和文獻(續)」, 『傳記文學』53卷 3期, 1988.9.

全漢昇, 「鐵路國有問題與辛亥革命」, 『中國現代史叢刊』, 正中書局, 1977.

丁英順, 「試論滿鐵在朝鮮的鐵路經營及影響」, 『日本研究』1994年 4期.

趙東喜, 「論李鴻章與近代中國鐵路的興辦」, 『河南職技師院學報』28卷 1期, 2000.3.

萩林, 「临城劫车案性质略见」, 『枣庄师专学报』1997年 2期.

朱馥生, 「孫中山實業計劃的鐵道建設部分與湯壽潛東南鐵道大計劃的比較」,『民國檔案』1995年 1期, 1995.3.

周新華, 「孫中山'實業計劃'述評」,『鎮江師專學報』1994年 2期.

周輝湘, 「李鴻章與中國鐵路業的開創」,『湖南社會科學』2003年 5期.

中國第二歷史檔案館, 「臨城劫車案文電一組」,『歷史檔案』1981年 2期.

曾凡炎, 「洋務時期關于鐵路問題的爭論」,『貴州師範大學學報』1995年1期.

陳毓述, 王玉華, 「試論東北交通委員會抵制滿鐵的業績」,『綏化師專學報』
　　1997年 3期.

陳曉東, 「中國自建鐵路的誕生－唐胥鐵路修建述略」,『蘇洲科學學院學報』
　　2003年 1期.

蔡少卿, 「論北洋軍閥統治時期的兵匪」,『淸史硏究通迅』,1988年 1期.

何一民, 「孫中山與中國早期鐵路建設」,『四川大學學報』1998年 2期.

邢麗雅, 「試論蘇聯向僞滿轉讓中東鐵路的性質和影響」,『齊齊哈爾師範學
　　院學報』1995年 5期.

胡叙洪, 「系統論述京滬高速鐵路速度目標値的選擇」,『鐵道工程學報』65期,
　　2002.3.

胡小林, 「臨城劫車案性質略見」,『棗庄師專學報』1997年 2期.

胡葉平, 「對京滬高速鐵路潛在市場的調查與分析」,『鐵道運輸與經濟』24卷
　　4期, 2002.4.

胡天軍, 「京滬高速鐵路對沿線經濟發展的影響分析」,『經濟地理』19卷 5期,
　　1999.10.

華立, 「新疆的軍府制度」,『淸代的邊疆政策』, 中國社會科學出版社, 1994.

華允璋, 「京滬高速鐵路近年期間不宜立項上馬」,『科技導報』1998年 8期.

일문

저서

『滿洲經濟年報』上, 1937.

東亞同文會, 『支那年鑑』, 1935.6.

『支那問題辭典』, 中央公論社, 1942.

咸鏡北道會令商業會議所, 『會寧吉林間鐵道について』, 1927.

『支那滿洲を繞よる諸問題』, 大阪每日新聞社, 1933.8.

レーマー, 『列國の對支投資』, 東亞經濟調查局, 1934.12.

角本良平, 『鐵道政策の檢証 : JRの未來を探る 1869-1987』, 白桃書房, 1981.

高橋秀直, 『日淸戰爭への道』, 東京創元社, 1996.3.

高橋泰隆, 『日本植民地鐵道史論』, 日本經濟評論社, 1995.1.

高成鳳, 『植民地鐵道と民衆生活: 朝鮮·臺灣中國東北』, 法政大學出版局, 1999.

菊池貴晴, 『中國民族運動の基本構造』, 汲古書院, 1974.

堀竹雄, 『露國の實相』, 博文館, 1904.

貴志彌次郎(關東軍奉天陸軍少將), 『支那國際管理硏究』, 1923.9.10.

鹿島守之助, 『日本外交政策の史的考察』, 鹿島硏究所, 1958.

大竹博吉, 『ヴィッテ伯回想記-日露戰爭と露西亞革命』 上, 原書房, 1932.

德富猪一郎, 『公爵山縣有朋傳』 下, 山縣有朋記念事業會, 1933.

稻坂吉, 『近世支那外交史』, 明治大學出版社, 1929.

東亞經濟硏究會, 『支那經濟通說』, 巖松堂書店, 1924.

東亞問題調查會, 『移り行く支那』, 朝日新聞社, 1937.

東洋協會特別調査部, 『滿洲鐵道政策に關する考察』, 1931.

麻田雅文, 『中東鐵道經營史』, 名古屋大學出版會, 2012.

木村增太郎, 『支那財政論』, 大阪屋號書院, 1927.11.

武知京三, 『日本の地方鐵道網形成史: 鐵道建設と地域社會』, 柏書房, 1990.

米澤秀夫, 『上海史話』, 畝傍書房, 1942.

宓汝成著, 依田熹家譯, 『帝國主義と中國の鐵道』, 龍溪書舍, 1987.10.

山本修平, 『支那における鐵道權利と列強の政策』, 博文館, 1917.

山本有造, 『滿洲國經濟史硏究』, 名古屋大學出版會, 2003.

山縣有朋, 『山縣有朋意見書』, 原書房, 1968.

森島守仁, 『陰謀, 暗殺, 軍刀』, 岩波書店, 1950.

石井滿, 『日本鐵道創設史話 : 鐵道創設八十周年記念出版』, 法政大學出版局, 1952.

石川順, 『支那の鐵道』, 鐵道生活社, 1928.

善隣協會調査部編, 『赤化綿上の蒙古と新疆』, 日本評論社, 1935.

成瀬恭, 『對支回顧錄』(上), 原書房, 1981.

星野佳吾, 『滿洲鐵道政策に關する考察』, 東洋協會特別調査部, 1931.10.

小島憲市, 『支那鐵道槪論』, 中日文化協會, 1927.

沼田市郎, 『日露外交史』, 大阪屋號書店, 1943.

小川透, 『滿洲に於ける紡績業』, 南滿洲鐵道株式會社　庶務部　調査課, 1923.10.

松岡洋右, 『滿鐵を語る』, 第一出版社, 1937.5.

松原一雄, 『外交史』, 丸善株式會社, 1940.

信夫淸三郎, 『近代日本外交史』, 中央公論社, 1942.

信夫淸三郎, 『日本外交史』(二), 每日新聞社, 1974.10.

岩間徹, 『露國極東政策とヴィッテ』, 博文館, 1941.4.

永丘智太郎, 『極東の計劃と民族』, 第一出版社, 1938.7.

吾孫子豊, 『滿支鐵道發展史』, 內外書房, 1944.

吾孫子豊, 『支那鐵道史』, 生活社, 1942.

宇田正, 『近代日本と鐵道史の展開』, 日本經濟評論社, 1995.

原田勝正, 『日本鐵道史: 技術と人間』, 刀水書房, 2001.

原田勝正, 『鐵道史硏究試論』, 日本經濟評論社, 1989.

依田憙家, 『帝國主義と中國の鐵道』, 龍溪書舍, 1987.10.

逸見十朗, 『中華民國革命二十周年記念史』, 1931.4.

日華實業協會, 『支那近代の政治經濟』, 外交時報社, 1931.12.

長野勳, 『日支外交六十年史』, 建設社, 1936.

井上勇一, 『東アジア鐵道國際關係史』, 慶應通信社, 1989.

町田耘民, 『滿蒙の鐵道戰』, 民衆時論社, 1926.

堤一郎, 『近代化の旗手, 鐵道』, 山川出版社, 2001.

朝日新聞社政治經濟部, 『滿蒙の諸問題』, 朝日新聞社, 1931.

中村明人, 『東支鐵道の過去及現在』, 陸軍省調査班, 1932.5.5.

中村玄濤, 『外地統治史』, 大陸之日本社, 1936.

中塚明, 『日淸戰爭の硏究』, 靑木書店, 1968.

支那思想硏究會, 『革命支那の思想研究』, 1929.

川田明治, 『土匪襲擊事件ニ就テ』, 日本參謀本部, 1923.5.10.

靑柳篤恒, 『極東外交史槪觀』, 世界堂書店, 1938.9.

塚瀨進, 『中國近代東北經濟史硏究』, 東方書店, 1993.

河合治三郎, 『私の鐵道生活』, 二水閣, 1936.

논문

安增一雄, 「滿洲に於ける鐵道運賃に就て」, 『滿洲に於ける關稅及鐵道運
　　賃に就て』, 日滿實業協會, 1935.5.

尾形洋一, 「東北交通委員會と所謂滿鐵包圍鐵道網計劃」, 『史學雜誌』86
　　卷 8號, 1977.8.

林福耀, 「日本資本主義發展段階に於ける支那市場の意義」, 『支那經濟事
　　情研究』, 東亞事情硏究會, 1935.2.

百瀨弘, 「東支鐵道をめぐる露支關係」, 『歷史學硏究』1卷 1號, 1933.11.

調査部, 「支那鐵道共管及警備問題」, 『外交時報』452號, 1923.9.

黑田乙吉, 「北滿鐵道賣却交涉」, 『支那滿洲を繞る諸問題』, 東亞調査會,
　　1933.8.

波多野善大, 「下關條約第六條四項の成立した背景について」, 『中國近代
　　工業史の硏究』, 東洋史硏究會, 1961.

上田恭輔, 「吉會鐵道問題に關する一考案」, 『支那』20卷 1號, 1929.1.

D. K. Lieu, 「支那鐵道の國際管理-上」, 『支那』11卷 12號, 1920.11.

D. K. Lieu, 「支那鐵道の國際管理-下」, 『支那』12卷 1號, 1921.1.

栗原純, 「日淸戰爭と李鴻章」, 『日淸戰爭と東アジア世界の變容』下, ゆま
　　に書房, 1997.9.

黑田乙吉, 「北滿鐵道賣却交涉」, 『支那滿洲を繞よる諸問題』, 大阪每日新
　　聞社, 1933.8.

莊階三, 「支那の鐵道」, 『支那問題』7號, 1927.7.

山口昇, 「吉敦鐵道と東滿問題(1)」, 『支那』17卷 6號, 1926.6.

本多弘一, 「北鐵讓渡と其の影響」, 『滿蒙之文化』31卷 7號, 1934.7.

世界大城市規劃與建設編寫組, 『世界大城市規劃與建設』, 同濟大學出版

社, 1988.

井上勇一, 「安奉鐵道をめぐる日淸交涉」, 『東アジア鐵道國際關係史』, 慶應通信出版社, 1989.

馬場明, 「臨城事件と日本の對中國政策」, 『國學院大學紀要』14卷, 1976.

林福耀, 「日本資本主義發展段階に於ける支那市場の意義」, 『支那經濟事情硏究』, 東亞事情硏究會, 1935.2.

神田正雄, 「土匪事件と其の善後措置」, 『外交時報』447號, 1923.6.15.

矢野仁一, 「支那土匪論」, 『外交時報』458號, 1924.1.1.

馬場鍬太郎, 「支那鐵道會計統計」, 『支那硏究』25號, 1931.3.28.

馬場秀夫, 「西部支那-邊疆問題」, 『支那滿洲を堯る諸問題』, 東亞調査會, 1933.

桂城淳, 「支那の鐵道建設に於ける明暗相」, 『支那』28卷 6號, 1937.6.

莊階三, 「支那の鐵道」, 『支那問題』69號, 1927.7.

鮑覺民, 「隴海鐵路の完成と西北の開發」, 『支那經濟硏究』, 改造社, 1939.

降矢英吾, 「支那鐵道硏究」, 『支那經濟事情硏究』, 東亞事情硏究會, 1935.12.

桂城淳, 「支那の鐵道建設に於ける明暗相」, 『支那』28卷 6號, 1937.6.

인터넷

韓國學中央硏究院, 『韓國民族文化大百科辭典』참조(http://encykorea.aks.ac.kr/Contents/Index)

「해외고속철도-프랑스」(http://ktx.korail.go.kr/)

「해외고속철도-스페인」(http://ktx.korail.go.kr/)

「고속철도개요」(http://ktx.korail.go.kr/)

http://www.cnr.cn/kby/zl/t20060403_504188742.html

http://www.cnr.cn/kby/zl/t20060403_504188742.html

http://news.xinhuanet.com/fortune/2006-04/04/content_4380708.htm

http://www.ynet.com/view.jsp?oid=2505566

http://www.huash.com/news/2006—04/06/content_5322253.htm

http://news.xinhuanet.com/fortune/2006—04/04/content_4380708.htm

http://www.ynet.com/view.jsp?oid=2505566

http://www.kantsuu.com/news1/20060405133600.shtml

http://news.xinhuanet.com/fortune/2006—04/04/content_4380502.htm

http://scitech.people.com.cn/GB/25509/58105/59128

사항색인

【기타】

2·7파공 276

3선연락운임제　197, 198, 216, 217,
218, 219, 220, 221, 222, 223,
226, 227

5·4운동 359

【ㄱ】

간도협약　114, 118, 124, 125, 126,
129, 133, 172, 179, 180, 188,
189, 193, 443

개척장도철궤유한공사(開拓長途鐵軌有限
公司) 135

개풍철도 405

건국방략 315

경공철도 340

경봉철도　176, 177, 200, 244, 247

경부철도　160, 161, 162, 165, 185

경인철도 160

경자배관(庚子賠款) 336

경장철도 238, 318

경제건설5개년계획 337

경한철도　　235, 237, 276, 338

경한철도　　235, 237, 244, 247,
252, 276

경호철도　　345, 472, 478, 479,
480, 481, 494, 495, 497

경호고속철도　472, 473, 477, 478,

482, 483, 484, 485, 486, 487,
488, 489, 490, 491, 492, 494,
495, 498, 499, 500

계전철도 238, 318

공거상서(公車上書) 94, 236

공예국(工藝局) 187

공예전습소(工藝傳習所) 187, 188

공정국 조직규정 330

관동철도　　59, 67, 70, 71, 72,
73, 74, 108

광신공사(廣信公司) 137, 380

교제철도 245, 381

국경열차 직통 운행에 관한 일청협약

205, 216

국내철도규칙 164

국민당 제1차 대회선언 328

국민외교후원회 139, 368

군운조례(軍運條例) 335

금애철도 372

금조철도 405

길돈철도　130, 139, 368, 443, 453

길돈철도건설청부계약 130

길장철도　　128, 136, 245, 360,
371, 441

길장철도　　126, 127, 128, 129,
136, 234, 245, 247, 360, 371,
441, 443, 444, 462

길장철로차관계약 246

길해철도　　　134, 136, 137, 360,
　　364, 405
길회철도　　　114, 124, 126, 128,
　　129, 130, 131, 133, 139, 141,
　　144, 147, 149, 150, 151, 153,
　　154, 155, 172, 175, 247, 368,
　　387, 422, 436, 442, 443, 444,
　　446, 448, 449, 450, 452, 453,
　　454, 457, 458, 461, 462, 463,
　　464, 466

【ㄴ】
남강피사건　　　　　　　　265
남만주 및 동부 내몽고에 관한 조약
　　　　　　　　125, 127, 181
남만주철도　　　113, 119, 121, 125,
　　134, 136, 137, 143, 163, 172,
　　174, 179, 180, 198, 207, 218,
　　220, 221, 223, 234, 245, 247,
　　248, 249, 251, 252, 253, 254,
　　255, 257, 258, 260, 261, 353,
　　354, 355, 356, 357, 360, 361,
　　363, 364, 367, 368, 372, 376,
　　380, 382, 383, 385, 388, 405,
　　414, 429, 433, 436, 437, 438,
　　439, 440, 442, 449, 450, 466
남만주철도주식회사　　　127, 129,
　　130, 132, 133, 138, 145, 174,
　　175, 180, 183, 205, 206, 218,
　　219, 221, 222, 226, 246, 362,
　　365, 384, 388, 397, 406, 423,
　　437, 441, 443, 444, 450, 463
네르친스크조약　　　　　　68
노한철도　　　　　　　　237

【ㄷ】
당서철도　　　　　　　　59
대만사건　　　　　　　52, 53
대만철도　　　　　　　　59
대철도망계획　　　　　　140
대한방침에 관한 결정　　　161
대화정책강령　　　　　　363
도문강중한계무조관(圖們江中韓界務條款)
　　　　　　　　　　126, 441
도청철도　　　　　　　　237
독청교주만조약　　　　　233
돈도철도　　　126, 133, 148, 426,
　　443, 444
동방회의　　　　　　　　137
동북교통위원회　　　354, 371
동북교통위원회잠행조직조례　　373
동삼성교통위원회　　　135, 136,
　　404, 405
동삼성국민단체　　　　　186
동삼성육안　　124, 125, 126, 175
동청철도　　　65, 66, 67, 79, 89,
　　90, 96, 98, 99, 100, 101, 103,
　　108, 114, 115, 116, 142, 143,
　　144, 145, 148, 149, 150, 152,
　　154, 249
동포철도　　　　　　　238, 318

【ㄹ】
랍빈철도(拉濱鐵道)　　　450, 451,
　　457, 464, 466
러일강화조약(포츠머스조약)　　118,
　　119, 120, 169, 192, 207, 355,
　　362, 436
러일전쟁　　13, 67, 78, 89, 107,
　　109, 110, 113, 118, 119, 120,

123, 127, 144, 159, 164, 167,
169, 170, 175, 181, 192, 199,
201, 204, 207, 209, 225, 234,
261, 353, 355, 356, 389, 433,
436

롱수철도 336

롱해철도 272, 316, 332,
336, 337, 338, 339, 340, 341,
342, 343, 344, 345, 346, 347,
348, 349

리바디아조약 322

리튼보고서 357, 421

리튼조사단 357, 417

【ㅁ】

마가리사건 44

마관조약 84, 85, 86, 87, 207,
231, 232

만몽사철도차관계약 246

만몽오로철도 358

만주국에 의한 중동철도 매수 원칙에
관한 각서 424

만주사변(9·18사변) 13, 130,
140, 141, 142, 151, 262, 342,
353, 357, 369, 370, 379, 382,
383, 384, 385, 387, 388, 390,
391, 413, 414, 415, 417, 444

민업철로조례 328

【ㅂ】

법고문철도 356, 357

변락철도 237, 338

변법운동 74, 232

보로동지회 241, 242

보로운동(保路運動) 241, 242,

247, 261

봉소협정 144, 396, 400, 402, 403,
405, 409, 411, 412, 427, 428

봉해철로공사 136

북녕철도 345, 358, 371, 375, 380

【ㅅ】

사조철도 137, 380, 458

사천보로동지회 241

산동건국자치군 273

산동철도 234, 247, 249, 252,
253, 260, 261

삼국간섭 66, 78, 81, 83, 84, 86,
88, 89, 91, 92, 109, 110, 115,
154, 207, 233, 397, 433, 439

상이홍장서(上李鴻章書) 326

상해불매일화회 185

상해사변 366

서원차관 246, 358

성도혈안 242

시베리아철도 10, 11, 56, 57, 65,
67, 68, 69, 71, 73, 74, 79, 81,
87, 89, 94, 95, 97, 98, 99,
103, 108, 109, 114, 116, 117,
118, 128, 143, 150, 163, 164,
166, 200, 207, 323, 324, 395,
458

신령철도 238, 318

신법철도 121, 122, 125, 172

신봉 및 길장철도에 관한 협약
128, 443

신축조약 286

신해혁명 13, 211, 231, 232,
241, 242, 261, 326, 336, 372,
395, 396

실업건설정서안　337, 343, 379
심해철도　134, 136, 137, 364,
　　371, 378, 405

【ㅇ】
아편전쟁　12, 31, 35, 60, 315
안봉철도　120, 121, 125, 159,
　　160, 166, 167, 168, 169, 170,
　　171, 172, 173, 174, 175, 176,
　　177, 178, 179, 180, 181, 182,
　　183, 185, 187, 189, 190, 191,
　　192, 193, 197, 198, 199, 200,
　　206, 207, 208, 209, 210, 216,
　　217, 220, 221, 222, 223, 224,
　　225, 226, 245, 382
안봉철도 개축 및 길장철도 차관 세목
　　에 관한 건　173
안봉철도경고동포지함(安奉鐵道警告同胞
　　之函)　184
안봉철도에 관한 각서　176, 177
안봉철로구지장정(安奉鐵路購地章程)
　　125, 177, 180
안휘철도　238, 318
압록강철교　10, 197, 198, 200,
　　202, 203, 204, 205, 207, 208,
　　209, 213, 216, 223 224
양제철도　364
양무운동　12, 29, 74, 232
연려거일　91, 93
오송도로공사　39, 42, 43, 51
오송철도(吳淞鐵道)　29, 30, 31,
　　37, 40, 41, 42, 44, 47, 48,
　　49, 50, 53, 59, 60, 61, 498
오송철로유한공사　39, 42
요녕외교협회　369, 384

우수리철도　148
운남철도　233, 249, 253, 257, 260
워싱턴회의　260, 285, 403, 429
월한철도　235, 237, 240, 317,
　　336, 337, 340
유구사건　52
유일각성학생연합회　184
의화단운동　107, 265, 283, 288,
　　336, 398
이화양행　36, 44, 47, 48, 316
일만의정서　140, 141, 142
일소중립조약　414, 415
일화배척운동　181, 184, 185, 186,
　　187, 188, 189, 190, 191, 193
임성사건　265, 266, 267, 271, 272,
　　273, 275, 281, 282, 283, 284,
　　285, 288, 289, 291, 292, 295,
　　299, 300, 309, 310, 319, 320

【ㅈ】
장하철도　238, 318
전만일본인자주동맹　382
절강철도　238, 318
정무기황　268
정조철도　380
정통철도　380
제1차 봉직전쟁　319
제2차 봉직전쟁　319, 320
제극철도(齊克鐵道)　137, 380,
　　450, 451, 457
제이피 모건(J.P.Morgan)　409
조산철도(潮汕鐵道)　237, 462
조선국경통과철도화물관세경감취극
　　(朝鮮國境通過鐵道貨物關稅輕減取極)
　　212, 216

조앙철도　137, 371, 380, 451, 458
중국문제처리방침요강　　140, 387
중동로사건　　　　　405, 406
중동철도　　　395, 396, 397, 398,
　　　399, 400, 401, 402, 403, 404,
　　　405, 406, 407, 408, 409, 410,
　　　411, 412, 413, 414, 415, 416,
　　　419, 420, 421, 422, 423, 424,
　　　425, 426, 427, 428, 429, 433,
　　　434, 435, 436, 437, 438, 439,
　　　440, 441, 443, 444, 448, 449,
　　　450, 451, 452, 453, 454, 457,
　　　458, 459, 460, 461, 462, 463,
　　　464, 465, 466, 467
중동철도 부설 및 경영에 관한 조약
　　　　　　　　　　　　　395
중동철도양도협정　　　　426
중미속약(中美續約)　　　　38
중소협정　　　144, 396, 400, 402,
　　　403, 409, 412, 421, 427, 428
중일전쟁　　　　　　　262
중화민국철도법　　　　334
진고철도　　　　　　　59
진노철도　　　　　　　237
진진철도　　　　　317, 318
진포철도　　　234, 237, 265, 268,
　　　269, 270, 274, 275, 276, 283,
　　　285, 289, 291, 297

【ㅊ】
천진조약　　　　　74, 233
천한철도　　　　　　240
천한철로공사속정장정(川漢鐵路公司續訂
　　　章程)　　　　　　238
철도, 항만, 수로, 항공로 등의 관리 및

선로의 부설, 관리에 관한 협약
　　　　　　　　　　　　132
철도관리통일안　　　　329
철도부설5개년계획　　　337
철도십만리부설계획　　　326
철도이권회수운동　　134, 316, 317,
　　　318, 319, 396, 402, 405, 407,
　　　408, 409
철도자판운동　　134, 237, 240, 318,
　　　354, 355, 360, 388, 389, 390,
　　　402
철로간명장정　　　237, 238, 317
철로건설결의안　　　　331
철로건설대강　　　336, 379
철로정리10대정책　　　328
철로채무정리위원회규정　332
청러밀약　　65, 66, 79, 89, 90,
　　　92, 93, 96, 97, 99, 100, 101,
　　　104, 108, 114, 115, 207, 395,
　　　436, 439, 465
청일전쟁　　13, 59, 65, 66, 72,
　　　74, 75, 76, 77, 78, 79, 80, 81,
　　　82, 84, 86, 87, 90, 91, 93, 94,
　　　96, 106, 108, 114, 123, 154,
　　　175, 207, 231, 232, 233, 236,
　　　237, 241, 316, 347, 433, 436
청프전쟁　　56, 58, 61, 68, 233
총리해군사무아문　　　58

【ㅋ】
카라한선언　399, 400, 403, 428
크림전쟁　　　　　　67

【ㅌ】
타시칸철도　　　　　323

타통철도　　　364, 371, 380, 405

토서철도　　　323, 324, 349

【ㅍ】

파리강화회의　　　253, 254, 256,
　　　359, 402, 429

평수철도(平綏鐵道)　　　323

포츠머스조약　　　119, 120, 169, 355

【ㅎ】

학봉철도　　　405

한국병합에 관한 건　　　163, 198

한일강제병합　　　224

한일의정서　　　161

한일잠정합동조관(韓日暫定合同條款)
　　　160

합판동성철로공사합동장정(合辦東省鐵
　　　路公司合同章程)　　　208

호녕철도　　　59, 237

호로도축항계약회의　　　373

호항로　　　345

호해철도　　　134, 364, 405, 451

화물부채운송규칙(貨物負債運送規則)
　　　330

회의동삼성사의정약(會議東三省事宜正約)
　　　118, 127, 136, 169, 170, 171,
　　　199, 208, 355, 357, 389

훈정기경제건설실시강요방침안　　　379

훈정시기 약법에 의거하여 국계민생규정
　　　으로 그 실시를 확정하는 방안
　　　337

훈정시기경제건설실시강요방침안　337

인명색인

【ㄱ】

가미오 미츠오미(神尾光臣) 106
가쓰라 다로(桂太郎) 204
강광인 104
강유위 94, 236
강작민(康作民) 135
강희제 122
건륭제 321
경친왕 혁광(慶親王 奕劻) 96, 355
고무라 긴이치(小村欣一) 137, 363
고무라 주타로(小村壽太郎) 120, 169, 176, 199, 355
고문성 281
고유균 253, 286, 400
고이소 구니아키(小磯國昭) 464
고이케 초우조(小池張造) 124, 176, 187, 205
고토 신페이(後藤新平) 362
골든 35
공친왕(恭親王) 혁흔(奕訢) 53, 58, 79, 82
곽기재(郭其才) 273, 277, 281, 305
곽송령 135
구홍기 355
기쿠치 다카하루(菊池貴晴) 187
귀쯔라프 31
그리스콘(Griscon) 248
기무라 에이이치(木村銳市) 137, 377

【ㄴ】

나동(那桐) 190
나문간 426
노무라 야스시(野村靖) 88
녹스(Knox) 248
니콜라이(Nicholas) 2세 92, 96

【ㄷ】

다나카 기이치(田中義一) 137, 138, 150, 363, 364, 367
단기서 246, 358
단방(端方) 190
당금원 277
당재상 106
데라우치 마사타케(寺內正毅) 246, 442
데부치 가쓰지(出淵勝次) 137
덴비(Denby) 82
도고 시게노리(東鄉茂德) 151
도고 헤이하치로(東鄉平八郎) 119
도널드(W.H. Donald) 369
도이하라 겐지(土肥原賢二) 385
도패륵(濤貝勒) 190

【ㄹ】

라인슈 257
렌퍼(Lenfers) 280
로바노프(Robanov) 69, 89, 91, 102, 207

로버트슨　37
리차드(Timorthy Richard)　69
리트비노프(Maksim Maaksmovich
　　Litvinov)　142, 413,
　　423, 426, 434, 465
린드버그　369

【ㅁ】

마건충　52
마쓰가와 도시타네(松川敏胤)
　　98, 116, 440
마쓰오카 요스케(松岡洋右)
　　129, 130, 138
마쓰이 이와네(松井石根)　137, 363
마쓰카타 마사요시(松方正義)　88
마이어스　36
마치노 다케마(町野武馬)　138, 367
막덕혜　406
머레이(Murray)　32
메드허스트(Medhurst)　42, 43
메이어(Mayer)　43, 44, 48,
　　244, 250
모리슨　31
모리시마 모리도(森島守人)　415
모홍빈　37
무라비요프　100
무쓰 무네미쓰(陸奧宗光)　89
무토 노부요시(武藤信義)
　　137, 142, 363
문정식　76
문테(A. E. Munte)　287

【ㅂ】

방황례　375
베커(John Baker)　249, 257

부르스　36
부의　418
브라운　36
브리지먼　31
비테(Witte)　13, 65, 79, 87, 89,
　　90, 95, 96, 99, 100, 108, 109

【ㅅ】

사역선(史譯宣)　298, 301, 302
사이토 마코토(齊藤實)　254
사토 야스노스케(佐藤安之助)　180
서계여　33, 34, 35
서세창　121, 172, 253, 256, 260
서용의　76
서태후　56, 70, 71, 72, 76, 79,
　　93, 108
석량　176, 199
석장신　240
선천경(扇千景)　486
설복성　51
성선회　48, 59, 105, 237, 338
셔먼(Schurman)　284
소우렴(邵友濂)　82
손계지　273, 274
손과　315, 329, 336, 375, 379,
　　409, 427
손문(손중산)　231, 241, 242, 243,
　　315, 326, 327, 333
손미송　281
손미요(孫美瑤)　266, 271, 273, 274,
　　276, 277, 278, 279, 280, 281,
　　282, 291, 297, 298, 304, 305,
　　311
손미주　273, 274
손봉조(孫鳳藻)　298, 302

손육문	76
순친왕(醇親王) 혁환(奕環)	58, 68, 71, 73
순패륵(洵貝勒)	190
숭후	322
스즈키 요타로(鈴木要太郎)	124
스탈린	426
스티븐슨	36, 37
시게미쓰 마모루(重光葵)	151, 375
시데하라 기주로(幣原喜重郎)	353, 405
시마다케 지로(島竹次郎)	172
시조기	139, 253
심기(沈祺)	172
심병성	39, 42, 43
심보정	43, 47, 49, 50
심서린	256, 277

【ㅇ】

아베 노부유키(阿部信行)	137, 363
아베 모리타로(阿部守太郎)	356
안재홍(安在鴻)	296
알렉산드르 2세	67
알렉산드르 3세	73, 80
알렌(Young John Allen)	69
앤더슨(Anderson)	277, 280
야노 마코토(矢野眞)	385
야다 시치타로(矢田七太郎)	364
야마가타 아리토모(山縣有朋)	165, 166, 198
야마모토 조타로(山本條太郎)	138, 367, 406
야마자 엔지로(山座圓次郎)	245, 358
야쿱벡	321
양계초	34, 253, 310
양사이	244, 256, 257, 258, 259, 260
양심수	104
양유	102
양필(良弼)	190
엄복	104
에브레이(Ebray)	338
에토 도요지(江藤豊二)	367
여운형	266, 271, 279, 295, 296
여원홍	246, 277, 279
엽공작	252
오가타 요이치(尾形洋一)	353
오스미 미네요(大角岑生)	137, 363
오육린(吳毓麟)	278, 279, 297
오정방	235
오치창	70
오쿠마 시게노부(大隈重信)	442
오토리 게이스케(大鳥圭介)	160
오패부	279
오하시 쥬이치(大橋忠一)	413
온가보(溫家寶)	484, 494, 496
온세진(溫世珍)	277, 298, 302
옹동화	76, 79, 82, 96
완유화(阮惟和)	205
왕경춘	252, 253
왕계상	273, 281
왕대섭	252, 253, 256, 257
왕도	50
왕문소	105
왕수의	281
왕용빈(王用賓)	183
왕은영(王恩榮)	135
왕음번(王蔭藩)	183
왕이철	385
왕정정	253, 377
왕지춘	92, 93

요시다 시게루(吉田茂)　　137, 363

요시자와 겐기치(芳澤謙吉)

　　137, 363, 364, 414

용제광　　271

우드헤드(Woodhead)　　250

우치다 고사이(内田康哉) 132,　151,
　355

욱뚬스키(Uchtomski)　　99

웅병기　　277, 278

웅희령　　256, 257

원세개　169, 190, 199, 245, 246,
　270, 327, 355, 358

웨이드　　43, 47

위무영　　130

위신조　　253

위원　　33, 35

유곤일　　91, 92, 104, 105

유명전　　54, 55, 58

유수춘　　139, 368

유청원　　273, 281

육랑(毓朗)　　190

육종여　256, 257, 258, 262

육징상　　212, 253

이병장　　277

이성탁　　259

이완용　　126

이주인 히코키치(伊集院彦吉)　124,
　175, 176, 190, 209, 210, 212

이타가키 세이시로(板桓征四郎)

　　140, 387

이토 히로부미　74, 75, 82, 88, 89,
　97, 106, 107, 165, 204, 440

이홍장　37, 38, 43, 44, 48, 51,
　52, 53, 55, 56, 57, 58, 59,
　61, 68, 69, 70, 71, 72, 73,
　74, 76, 79, 83, 89, 90, 93,
　94, 96, 97, 99, 100, 106,
　108, 115, 207, 236, 325, 326

임장민　　252, 256, 257, 258

임칙서　　32

【ㅈ】

장가량　　54, 55, 56

장가오　　332, 333, 337

장개석　139, 337, 364, 366, 369,
　373, 374, 376, 379, 386, 389

장건　　90

장건공　　271

장경요　　271, 304, 305

장문동(張文棟)　　183, 274, 286

장소증　　277, 279

장음환(張蔭桓)　　82, 106

장작림　129, 130, 135, 353,
　362, 363, 364, 365, 366, 367,
　371, 389

장종상　　246

장중신　　105

장지동　77, 92, 94, 104, 105, 317

장학량　113, 134, 138, 139, 140,
　141, 353, 362, 366, 367, 368,
　369, 370, 371, 373, 374, 375,
　376, 377, 383, 385, 389, 390,
　391, 406

장해언　　55

장훈　　271, 305

저사진(褚思振)　　281

전능훈　　258

전중옥(田中玉)　271, 274, 277,
　279, 286, 297

정개법　　273

정관응 56

정덕전 176

정사기(鄭士埼) 280, 281, 298

정여창 74

정일창 53

정효서 142

제섭원 277

조걸마 272

조곤 280, 281, 290, 291

조던(Jordan) 244, 284

조시민 373

조여림 254, 255, 256, 257, 258, 262

조정인 288

조진 139, 368, 373

종천위 52

좌종당 52, 57, 58, 68

죤 헤이 234

주기조 48

주덕륜 55

주소양 406

주용기(朱鎔基) 488

주자제 252, 256, 257

주천륜 273

주천송(周天松) 273, 281

증곤화 46

증기택 58, 68

지예(志銳) 76

진규 57

진금두(陳金斗) 305

진록 256

진무정 259

진천화 236

【ㅊ】

찰스 골드만 272

【ㅋ】

카라한 382, 383, 399, 400, 403, 405, 406, 412, 423, 426, 428

카시니(Cassini) 79, 87, 93, 96, 97, 115

코다마 켄타로(兒玉源太郎) 362

코르프(Korff) 73

킨더(C.W.Kinder) 70, 71, 72, 73, 100

【ㅍ】

파크스(Parkes) 37

페리(Perry) 35

포스터(John W. Foster) 94, 236

포웰(J.B.Powell) 297, 300, 306, 307, 308

풍국훈(馮國勳) 298, 302

풍준광 42, 43, 44, 46, 48

프레타스(J. Batalha de Freitas) 277, 284

【ㅎ】

하기와라 슈이치(萩原守一) 356

하봉옥(何鋒鈺) 277, 286, 298

하야시 곤스케(林權助) 161

하야시 다다스(林董) 87, 88

하야시 히사시치(林久治郎) 373

하염삼 259

하타 슌로쿠(畑俊六) 363

하타 에이타로(畑英太郎) 137

한지근(韓智根) 296

할렛(Hallet Abend) 408

해리먼(Harriman)   248
허경징   83, 94, 95, 102, 103
허응규   91
허정림(許鼎霖)   205
호부신   93
호유덕   176
혼비(Edmund Hornby)   44
혼조 시게루(本庄繁)   132

홍량품   55
홍수전   33
홍인간   32, 33
황국장(黃國璋)   172
황팽년   70
휴스(Hughes)   289, 371
히로타 고키(廣田弘毅)   142, 151